国家哲学社会科学基金重大项目
"海外华侨生存安全预警与救护机制研究"（11&ZD062）资助

海外同胞安全研究

安全预警与风险应对

**RESEARCH ON
THE SECURITY OF OVERSEAS
COMPATRIOTS**
Early Warning and Risk Response

骆克任 等 著

社会科学文献出版社
SOCIAL SCIENCES ACADEMIC PRESS (CHINA)

课题组主要成员

项目首席专家　骆克任

课题组主要成员（按工作先后顺序）

丘　进　王　超　李鸿阶

黄　平　夏莉萍　王丽霞

谢婷婷　者美杰　马占杰

林炜铃　李淑燕　庄　蕾

前　言

本书主要基于华侨大学首个国家哲学社会科学基金重大项目"海外华侨生存安全预警与救护机制研究"（11&ZD062）的研究成果而写成。第一章"确保海外同胞安全是头等要事"是基于课题总报告（骆克任、王超、谢婷婷）对该课题的相关理念、研究路径和方法，以及海外安保概况等内容进行前置介绍。第二章"海外涉侨突发事件的统计分析与救援响应"中前一部分的海外涉侨突发事件统计分析内容，是基于该课题和国务院侨务办公室课题"完善涉侨事件防治机制、促进侨社和谐发展"（GQBY2011046）（骆克任、王超）的研究成果汇总所得，后面涉及海外涉侨突发事件的政府救援响应等内容是基于子课题"华侨生存安全预警的政府政策文本研究"（丘进、王丽霞）成果修改而成。第三章"海外同胞安全局势研究"是基于海外同胞突发事件数据库的案例分析（骆克任、王超、林炜铃、李淑燕、庄蕾），华侨华人蓝皮书《华侨华人研究报告（2013）》的"全球涉侨突发事件的危害等级研究"（骆克任、王超），以及中国企业投资协会海外投资咨询委员会的"高风险国家社会安全局势分析年度报告"（中石油）和大量网络相关资料，经过整理和分析而成。专题调查研究内容则是由课题"中国企业在民主转型过程中的缅甸所面临的社会安全风险及对策研究"（者美杰）、"泉州籍印尼侨胞面临的风险及应对策略研究"（马占杰）的成果编纂而成。第四章"海外同胞安全预警及应对机制的构建"是汇集教育部哲学社会科学研究重大课题攻关项目成果——《华侨华人在中国软实力建设中的作用研究》专著（黄平等），以及子课题"发达国家侨民生存安全预警与救护机制研究"（夏莉萍）、"海外华侨生存安全预警的后续工作研究"（李鸿阶）的研究成果，经过编纂形成。本书不仅凭借课题的涉外突发事件数据库资料对海外同胞安全环境进行了预警和告知，而且对海外同胞生存风险应对的理论研究做出了分析，同时将维护中国海外利益事业作为己任，与时俱进地对建设民间的海外安全防控信息网络及海外利益智库进行了实践探索，为今后中国海外利益安全保障积累了一些经验。感谢参与课题的各位专家的辛勤付出。

骆克化

目 录
Contents

绪 论 ……………………………………………………………………… 1

第一章 确保海外同胞安全是头等要事 …………………………… 6
　第一节 海外同胞近况 ……………………………………………… 6
　第二节 海外同胞安全与风险防控的概况 ……………………… 12
　第三节 国内外研究现状述评 ……………………………………… 38
　第四节 研究路径和方法的确立与调整 ………………………… 54

第二章 海外涉侨突发事件的统计分析与救援响应 …………… 63
　第一节 全球涉侨突发事件的分类与事由 ……………………… 63
　第二节 海外涉侨突发事件的危害情况统计 …………………… 82
　第三节 海外涉侨突发事件的政府救援响应研究 …………… 104

第三章 海外同胞安全局势研究 …………………………………… 118
　第一节 海外同胞国别安全风险预警 …………………………… 118
　第二节 65国（地区）的安全局势及风险防控 ……………… 132
　第三节 专题调查研究 …………………………………………… 200

第四章 海外同胞安全预警及风险应对机制的构建 …………… 240
　第一节 海外同胞风险应对机制的形成及其发展 …………… 240
　第二节 发达国家海外公民安全风险之应对 ………………… 248
　第三节 新时期我国海外风险的防控 ………………………… 261

第四节　海外同胞安全预警与事故应对的规程 …………………… 266

第五节　预警管理体制与预警指标体系的设计 …………………… 280

第六节　保障海外利益安全的有关建议 ……………………………… 294

参考文献 …………………………………………………………………… 299

附　录 ……………………………………………………………………… 315

CONTENTS

Introduction   / 1

Chapter One   The Survival Security of Overseas Compatriots

is the Vital Issue   / 6

   Ⅰ Recent Situation of Overseas Compatriots   / 6

   Ⅱ Overview of Survival Security and Risk Response   / 12

   Ⅲ Research Review   / 38

   Ⅳ Establishment and Adjustment of Research Approach and

     Methods   / 54

Chapter Two   Statistical Analysis and Rescue Response of

Overseas Emergency   / 63

   Ⅰ Classification and Reasons of Overseas Emergency   / 63

   Ⅱ Statistics of Overseas Emergency   / 82

   Ⅲ Response of Government on Overseas Emergency   / 104

Chapter Three   Survival Security Situation of Overseas

Compatriots   / 118

   Ⅰ Security Early Warning of Various Countries   / 118

   Ⅱ Survival Security Situation and Risk Prevention and Control

     in 65 Countries   / 132

   Ⅲ Special Investigation and Study   / 200

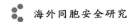

Chapter Four   Construction of Overseas Security Early Warning and Response Mechanism   / 240

Ⅰ Formation and Development of Overseas Compatriots Risk Response Mechanism   / 240

Ⅱ Security Risk Response in Advanced Countries   / 248

Ⅲ Chinese Overseas Risk Prevention and Control in New Era   / 261

Ⅳ Regulation of Overseas Compatriots Security Early Warning and Response   / 266

Ⅴ Design for Early Warning Management Institution and Index System   / 280

Ⅵ Suggestions for Completing the Overseas Security Emergency Mechanism   / 294

Reference   / 299

Appendix   / 315

绪　论

　　保障海外同胞安全是维护我国海外利益的头等要事，研究与之紧密相关的安全预警和救护问题是当今中国之急需。因此，国家哲学社会科学基金设立了"海外华侨生存安全预警与救护机制研究"（11&ZD062）这个重大项目。承担该项目的华侨大学课题组攻坚克难，在基础研究方面，不仅从机理上对海外同胞安全预警和风险应对机制寻求理论指导，提出了与时俱进的两种海外同胞安全预警办法，也对海外涉侨突发事件的分类、事由、危害等级进行了分析，构建了海外同胞安全环境的预警监测指标体系，并对全球各大洲进行了分国别的中期安全风险评估和预警，同时通过自身体验，指出当前中国海外利益安全防控的首要关键问题是信息缺失，对此提出了成系列的具有战略意义的专业应对之策。在应用层面，项目通过实践探索形成的政、产、学、研、用五位一体的"中国海外发展研究中心"运作架构，以及"海外同胞＋互联网"的预警模式，为建设维护中国海外利益的专业智库积累了一定的经验。其研究取得的一批阶段成果，也得到了国家领导人和政府相关部门的重视和采纳；实践中建设的全球华侨华人网站和相关数据库，也将成为中国海外利益研究的重要信息来源。本书对该国家哲学社会科学基金重大项目做了全面的介绍，希望能对建设中国海外利益安全保障体系起到参考作用，同时也希望能为我国开拓海外安全学做出贡献。

　　当今国际政治安全局势日益严峻，新情况和新问题不断出现。特别是大国地缘政治博弈加剧，恐怖主义威胁上升，震惊全球的恐怖袭击事件时有发生。另外，现代信息技术使一个国家内部的问题会迅速外溢为国际性的危机，暴力恐怖活动、民族分裂活动、宗教极端活动、环境问题、资源问题、贫困问题，以及流行性疾病防治等，会从一个国家或地区内部迅速蔓延到世界各地。

在这样风险巨大的全球环境下，我们有常住海外的 6000 万名华侨华人、每年上亿人次流动于世界各地的出境公民，以及 3 万多家境外注册的中资企业、数万亿美元的海外资产，这些人员、企业和资产随时面临着各类安全问题。对此，习近平总书记在 2015 年就要求有关部门加大投入和保障，加强境外安全保护工作，确保我国公民和机构安全。所以"海外华侨生存安全预警与救护机制研究"项目（以下简称本项目）将研究目标确定为：与时俱进地响应国家发展战略的急需，通过调研海外同胞安全问题，为加强国际合作，维护海外同胞安全，构建和平安宁的人类命运共同体，做些理论和实践方面的探索。

研究一个新项目的过程就是一个探索和认知的过程。本项目在研究中，基于获得的认知，在原先开题计划的传统建库建模和预测的技术路线上，增加了图 0－1 右部的海外同胞安全信息情报网络建设和情报分析模块，完善了项目的工作计划。

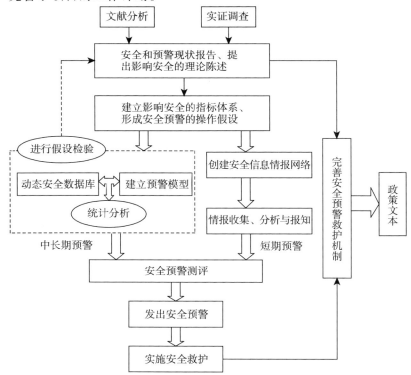

图 0－1　海外同胞安全预警和救护研究路线

本项目在基础研究和应用研究方面均有一定的收获。

基础研究的成果包括海外安全理念和安全预警两个方面，提出的重要理念如下。

（1）维护我国海外利益是当今国家的头等要事，而确保海外同胞的安全是其重中之重。

（2）海外安全风险涉及常住海外的华人和在海外流动的中国公民，这两部分人可统称海外同胞。在其他民族人的眼中，他们都是一样的"中国人"。但是中国在应对海外同胞的海外风险时，其政策对于海外的中国公民和外籍华人应当有所区别，前者属于救护本国人，后者属于救助外国人。

（3）海外同胞是我们海外发展的群众基础，他们是"一带一路"倡议的受益者，也是行动的中坚力量。当今海外6000万左右的华侨华人和每年上亿人次出入境的内地居民，是中国海外发展的得天独厚的人力资源。

（4）"群众路线＋互联网"是大数据时代与时俱进地解决海外安全风险防控的利器。搭建全球海外同胞网络交互平台，鼓励中国海外非政府组织发展，将信息触角和工作网络伸遍全球，是应对海外利益急速拓展但维护力量不足的创新办法。

（5）国际大统战是维护中国海外利益的重要法宝。"一带一路"倡议涉及众多国家，过去传统的统战思维和做法已经不适应全球大发展的需要，今后统战的范围、对象、任务和方法都亟须与时俱进地改进，应当尽快树立国际大统战的战略思维，并构建周详的实施规划。

（6）维护海外利益需要软、硬实力一起抓。目前中国"走出去"的硬实力尚可，软实力不足。我们亟须增强海外文化软实力，争得海外话语权，以促进民心相通，而依托海外华社、华媒、华校和华商促进海外我方非政府组织发展是个可行的办法。

（7）海外安全防控事关国家安危，又是项复杂的系统工程，需要国家有专门机构来统一部署和领导，并借助官、产、学、研、用五位一体等协同创新机制，走市场化道路来持续进行。

（8）海外安全预警和救护的关键和难点在信息、消息和情报的收集、分析和预警报知方面。应对之策是建立现代的互联网信息系统和线下配套的信息网络，同时研发传统的海外安全数据库和预警模型，前者适用于近期风险报知，后者适用于中长期安全预警。

（9）打破体制机制束缚，实现情报信息共享。海外安全预警需要多方信息和各方合作，国家不仅要保证信息安全，也要制定信息共享法则，避免因噎废食，以利于信息交流、共享和使用。

（10）建立体制内外若干个中国特色的海外利益智库，是科学决策和可持续发展的需要。这类智库要能给政府、企业和海外同胞提供必要的战略性的专业决策意见，也要成为相关高层次专家的储备池，并承担传播海外利益相关信息和知识的责任。

（11）建设信息网络、数据库及智库是国家利益安全保障的战略性基础工程，尽管费时费力，但长远来看仍是低投入高产出的。为了避免力量分散、进展缓慢、重复建设和难以使用，以及克服现今管理体制机制下的低效率，此类基础性工程需由国家集中力量优先建设。

（12）为了满足中国对海外利益安全保障人才的需求，应该在学科发展、力量组织和培训服务各方面上做好工作。例如，在我国学科体系中，于一级学科国家安全学中设置"海外安全学"。又如，成立全国性的中国海外发展研究社团，以便汇聚和调配人力。再如，针对民营企业的特别需要，搭建"走出去"的培训平台。此外，组织若干个中国的国际研究基金，向全球发布建设"一带一路"需要的重大课题，满足"一带一路"沿线国家的学者对研究项目和研究经费的迫切需求，同时弥补我们在海外安全研究力量方面的不足。

在预警研究方面，本项目通过对文献和 21 世纪的 850 个全球涉侨突发事件的分析，取得四个成果：一是总结出涉侨突发事件的 10 种事件类型和 9 个事发原因（事由），见表 0 - 1；二是掌握了全球涉侨突发事件的概况；三是对全球各地涉侨突发事件的危害等级进行了评定及预警；四是分析了海外涉侨突发事件的政府救援响应情况。

表 0 - 1　涉侨突发事件类型与事由的划分

项目	分类	含义
事件类型	自然灾难	由非人类可以预测或控制的一些自然因素造成，波及海外侨胞的突发事件
	民族歧视	排挤海外侨胞的个人或群体行为，包括不公平对待、针对性打击、驱逐等个体或群体事件
	政治骚乱	所在国政局不稳导致的大规模且性质恶劣的群体事件，诸如武装绑架、政治屠杀、国内战争等

项目	分类	含义
事件类型	人为事故	主观或非主观的交通事故、爆炸、火灾等,有人为因素的突发事件,目标不是中国人
	一般犯罪	社会常见的普通犯罪事件,受害人一般不超过3人,多以谋财为主
	武装暴力	受害人在3人以上的性质恶劣的严重社会群体犯罪事件,多以武装分子带有政治目的的劫持、绑架、杀害为主,针对性强
	边境摩擦	国家边境界线有争议,导致在中国陆地或海洋边境产生的突发事件
	游行示威	华人维权或所在国居民反华的大规模集体示威行动
	学生事件	由中国海外留学生群体所发起的突发事件
	其他事件	不能按照上述事件归类的其他涉侨突发事件
事由	政教矛盾	由不同政治、宗教因素催生的有针对性的矛盾
	经济纠纷	海外同胞与当地居民之间因经济利益产生的纠纷
	文化习俗	海外同胞与当地居民之间因文化习俗差异而发生的隔阂
	社会犯罪	为了钱财或色相而针对海外同胞实施的侵害
	意外事故	非人为主观因素而导致的突发事故
	种族排斥	针对海外同胞的歧视、抗议、压迫等不平等行为
	华人维权	海外同胞为了自身权利保护而产生的游行、运动、抗议等行为
	个人问题	海外同胞或当地居民的个人性格、心理、家庭等问题
	事由不详	新闻报道内容未反映出的事由

本书在应用研究方面,对建设海外安全信息网络和智库进行了探索,对海外生存风险应对机制及其政策提出了一些建议。这些应用实践,只是对维护中国海外利益安全保障事业进行了一点小小的试验。万事开头难,特别是涉及创新和协同的运作,因受到现有机制的约束、传统观念的阻碍,今后继续发展的困难应该不小。但是,我们认为研究的方向绝对没错,在以习近平同志为核心的党中央的领导下,类似的研究会越来越多,成果会越来越丰富,期盼本项目的小苗能成长为遮阳避雨的大树。

第一章 确保海外同胞安全
是头等要事

第一节 海外同胞近况

一 内容注释

　　中国是世界上人口最多的国家，在海外的中华儿女数量庞大、分布广泛，随着全球化的发展，整个人类的安全形势也面临新的挑战，因此国家哲学社会科学基金设立了"海外华侨生存安全预警与救护机制研究"这个重大项目，本书就是基于该项目研究报告的成果撰写而成，但是作者将原课题的研究对象和研究内容进行了调整。在本书中，作者将中国海外同胞看作由两部分人构成，一部分是华侨华人，其中"华侨"指定居国外的中国公民，"华人"则是移居国外并加入外国籍的人（包括他们的后裔，即"华裔"），他们是同胞中居住在海外的常住人口；另一部分是去国外旅游、探亲、求学、务工经商的各类中国公民，他们是同胞中的海外流动人口。由于海外发生危及同胞安全的突发事件时，这些黄皮肤、黑眼睛的海外同胞，通常会被一视同仁地当作中国人，其安全风险程度并无区别，而且在海外的人口统计分析中，没有明确统一的区分华侨和华人的口径和数据资料，加之一旦面临共同的海外安全风险，中国政府将责无旁贷地关注所有涉事的海外同胞，所以本书将原项目的海外华侨这个研究群体，扩展为海外同胞来论述。

另外，原项目开题之初，考虑到社会科学的特点和研究的实用性，将课题扩展为"海外华侨生存安全预警与救护机制研究"，增加了另外一个关键词"救护机制"。然而通过调查得知，在众多的涉侨突发事件中，大多数事件还没有达到需要进行生命救护的层次，但是积少成多，量变会发展到质变，小事会变成大事，所以凡是涉及安全的事情还是需要积极应对的，故又将"救护机制研究"变更为"应对机制研究"，这样的改动应该更加准确和实用。

基于以上考虑，本书最终确定从预警和风险应对的角度对海外同胞安全问题进行研究。

二 中国人口国际化

研究海外同胞安全预警和风险应对，首先要知道当前海外同胞的规模和分布，以及未来的发展态势。为此，这里我们从全球化大趋势下，来察看中国人口国际化进程的现状和未来。

本研究离不开全球经济演变的现实。全球经济发展的趋势会对世界范围内的各类生产要素进行重新配置，同时也影响着人口的国际迁移和流动。人口国际迁移的核心与实质是劳动力在国际劳动力市场上的再分配和流动。劳动力的全球流动又与商品、资本、信息在世界市场中的流动密切相关。由于潜在的人口迁移动力没有消失，再加上全球经济结构变化的影响，人口迁移规模超过了以往的水平。究其原因，一是相比于发达国家而言，欠发达国家的劳动力呈现快速增长趋势。根据国际移民组织（International Organization for Migration，IOM）预测，到2050年世界范围内的国际移民总数将达4.05亿；发达国家的劳动力人口保持6亿人规模，而发展中国家在2020年就会达到24亿，2040年会达到36亿。二是全球经济一体化进程中所发生的变化。有人说世界正在经历全球化的退潮，全球化退潮和以美国为首的发达国家对于全球或者地区贸易投资规则的改变，是当今世界的两个重要变化。我们不能只看到发达国家的变化，还要看到如今作为全球第二大经济体的中国，在以习近平同志为核心的党中央的领导下，"一带一路"倡议所带动的新发展势头日益显现，正在为全球经济一体化注入新的动力。在此趋势下，国际人口迁移会有新的动向，中国人口国际化的水平将大大提高，中国会和发展中国家一起探索出新的全球共同发展之路。这一动向也可以帮助发达国家解决对流动劳工的需求，化解发达国家人口老龄化所带来的社会和经济困境。

在未来的几十年里，国际人口迁移在迁移规模、影响范围和复杂程度上都将发生一定程度的转变。伴随着这些转变，在经济增长以及社会和文化的创新中将有新的机会产生，而这些转变亦可以恶化现存的问题和产生新的挑战。国际移民组织在 2010 年的报告中指出："当今，世界上大多数国家（不仅仅是发展中国家）缺乏一种有效管理国际迁移人口的能力，更不用说应对新的变化。"为了帮助各个国家、国际或区域性的组织、民间团体和私营部门为未来人口迁移面临的机遇与挑战做好准备，这份世界移民报告提出了一套必要的、长远的和全面的应对人口迁移综合能力建设的方法（International Organization for Migration，2010）。

改革开放后，中国海外新移民人数急剧增长，形成了新一轮中国人口国际迁移浪潮。可以预测随着中国参与全球化程度的加深，中国人口国际迁移必将加速，各国的中国移民人数也必将急剧增加。中国移民在促进中国与各国之间的经济、社会、文化发展的同时，可能也会在新社会中产生不同类型的问题。知识经济时代，各国的新一代中国移民在国籍、地域、经济、职业、文化和社会阶层等方面将呈现出全方位、多种类的变化趋势。同时由于中国今后的改革开放的趋势将是逐渐融合于世界经济的国际化进程中，中国经济与海外新移民的经济也会由单向影响为主变为相互作用、相互影响。

三　当前海外华侨华人的情况

根据对现有数据进行统计的结果，海外的华侨华人有统计数据的人口达到了 5000 万人左右，如果将非正规的海外移民估计进来，目前海外的华侨华人有 6000 万人左右，这个数据应该是可靠的。在表 1 - 1 中，列出了本次研究统计的全球华侨华人在各地的分布情况。从中我们可以看到亚洲侨胞最多，占了 74.90%，特别是沿"一带一路"的东南亚地区就占了71.00%，其次是美洲，占了 16.50%，各大洲华侨华人占居住地总人口的1.12%，大洋洲的华侨华人占比最高，占了 2.51%；亚洲的华侨华人占居住地人口的 1.59%，其中东南亚华侨华人占居住地人口的 5.93%，中亚华侨华人占居住地人口的 1.45%；北美洲的华侨华人占居住地人口的1.27%。我们看到全球华侨华人的分布，符合过去人口迁移的规律，呈现了由近到远的梯度分布。过去受信息、资金和交通等因素的制约，人们往往选择近处迁移，所以我国周边东南亚的华侨华人人数多、占比高。这些地方正是"一带一路"重要的沿线区域，这里的华侨华人不仅会受益于"一带一路"建设，也是"一带一路"建设的主力之一。华侨华人人数的分布情况为我们侨务工作力量的放置指出了方向，在华侨华人多的地方，显然我们为侨服务的精力自然要花得多些。而华侨华人占当地人口比例大的，对当地的贡献度自然也大，当然涉及各种突发事件的概率也会大些。从流向看，当前华侨华人主要流向发达国家，但近年来流向非洲、南美洲等发展中国家的华侨华人数量也与日俱增。相关数据显示，目前在非洲国家中，大约有华侨华人 79 万人，其中 90% 左右为新移民，主要是来自浙江、广东和福建等地的华商。其中，南非、毛里求斯、马达加斯加和留尼汪岛是华侨华人最为集中的国家和地区，占非洲华侨华人总数的 80% 以上。

表 1-1 世界各洲华侨华人人口数量与分布

洲别	华侨华人数量（万人）	占全球华侨华人的百分比（%）	占居住地人口的百分比（%）
亚洲	3700.97	74.90	1.59
东南亚	3508.16	71.00	5.93
东北亚	128.18	2.59	0.64
南亚	17.45	0.35	0.01
西亚	17.00	0.34	0.15
中亚	30.18	0.61	1.45
美洲	815.10	16.50	0.99
北美洲	573.00	11.60	1.27
中美洲	39.60	0.80	0.96
南美洲	202.50	4.10	0.62
欧洲	263.70	5.34	0.40

洲别	华侨华人数量（万人）	占全球华侨华人的百分比（%）	占居住地人口的百分比（%）
西欧	136.15	2.76	0.87
中欧	20.00	0.40	0.20
南欧	51.00	1.03	0.42
北欧	6.00	0.12	0.25
东欧	50.55	1.02	0.19
大洋洲	82.24	1.66	2.51
非洲	79.62	1.60	0.14
全球	4941.63	100.00	1.12

注：本表为骆克任教授在 2016 年 5 月完成的统计，详细数据和来源见书后附录。

这里要强调的是，由于各国的华侨华人统计口径和数据来源不同，加上许多非正规移民的估算误差，所以追求海外华侨华人的准确人数是很困难的。重要的是要知道海外华侨华人的大体规模和人口的分布，这样才能明确我们为侨服务的重点和方向所在。

四　中国出入境人口与发展态势

随着我国改革开放的深入，原公安部出入境管理局数据显示，中国公民出入境的人数急剧增加，特别是国际金融风暴后的 2008 年至今，出入境人次增长更快，见图 1-1。在出入境人群中，中国内地居民的数量在 2001 年还和外国人差不多，随后逐年增加，从 2010 年起更是大量稳定增加，2010~2017 年的年均增长率高达 22.31%，平均每年增加 2543 万人次，自 2014 年已经超过了港澳台居民出入境数量，在 2017 年占了全部出入境总量 5.98 亿人次的 48.83%，达到 2.92 亿人次，比上一年增长 6.89%，见图 1-2、图 1-3。

随着我国改革开放的不断深入和"一带一路"倡议的逐步推进，今后中国内地居民出入境人数快速增长的势头仍将持续。对以往数据使用二次曲线模型，我们可以得到判定系数 $R^2 = 0.992$ 的高优度拟合，从而预测 2020 年的中国出入境总量将达到 7 亿多人次，内地居民出入境量达到 4 亿人次以上。然而海外世道并不太平，保护我国海外同胞安全的工作将越来越繁重。基于

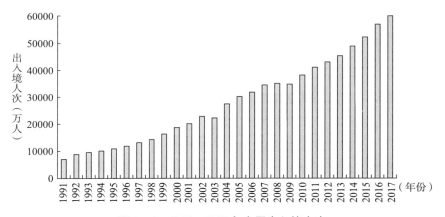

图 1 – 1 1991～2017 年中国出入境人次

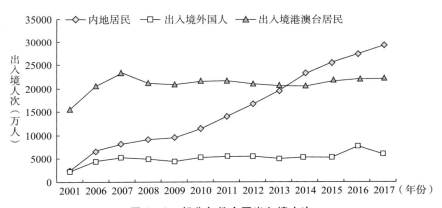

图 1 – 2 部分年份全国出入境人次

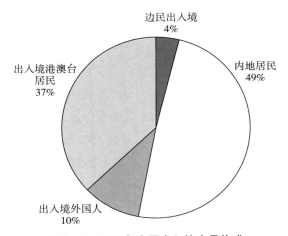

图 1 – 3 2017 年中国出入境人员构成

以人为本的原则,维护海外 6000 多万名华侨华人与庞大的"走出去"人群的生存和发展安全,成为实现中华民族伟大复兴过程中的一件重要大事。

第二节　海外同胞安全与风险防控的概况

一　全球严峻的安全局势

当今国际政治安全局势日益严峻,新情况和新问题不断出现。近年来,世界经济仍旧低迷,大国地缘政治博弈加剧,特别是暴力恐怖活动威胁上升,世界范围内发生多起震惊全球的恐怖袭击事件。在美国,2016 年 6 月 12 日,极端组织"伊斯兰国"制造了 30 年来最惨烈的大规模恐怖枪击案。在欧洲,原本比较安全的地方也不断发生恐怖袭击事件。2016 年,在法国首都巴黎发生了一系列严重的恐怖袭击事件。进入 2017 年,2 月 3 日在巴黎卢浮宫、3 月 18 日在巴黎奥利(Orly)机场发生恐怖袭击。英国在 2017 年发生多起恐怖袭击,3 月 22 日伦敦西敏寺大桥上的恐怖袭击造成 5 人死亡,40 多人受伤;5 月 22 日,英国曼彻斯特体育场音乐会上,自杀式袭击者引爆炸弹,致 12 名儿童在内的 22 人死亡,23 人伤势危重;6 月 3 日晚,英国伦敦市中心又发生 3 起严重恐怖袭击事件。另外,仅 2017 年 4 月一个月间,俄罗斯圣彼得堡地铁发生自杀式炸弹袭击,造成 14 人死亡;瑞典斯德哥尔摩闹市区歹徒开货车冲撞人群,造成 4 死 15 伤。在中东,土耳其首都安卡拉曾发生 2 起自杀式炸弹袭击事件,2017 年元旦,在土耳其最大城市伊斯坦布尔一间夜店内狂欢庆祝新年的大批民众遭两名枪手袭击,造成至少 39 人死亡、超过 50 人受伤。在埃及,2017 年 4 月 9 日,北部城市坦塔和亚历山大也有两起针对基督教徒的恐怖袭击事件,遭遇连环炸弹袭击,导致最少 45 人死亡,超过百人受伤;2017 年 5 月 26 日,在埃及南部明亚省(Minya),一群基督教徒在前往教堂祷告的途中,遭到蒙面武装分子拦截和开枪袭击,28 人被射杀、25 人受伤。同样的事件还发生在其他大洲,如泰国曼谷四面佛景区爆炸案、西非马里首都巴马科市中心的丽笙酒店袭击案等重大的恐怖事件,而巴格达的爆炸案件更是家常便饭。又如，在菲律宾，"伊斯兰国" 2017 年 5 月 23 日对棉兰老岛发起袭击，并占领马拉维市。菲律宾国防部部长称，至少 3 名政府军死亡，12 人受伤，大批民众逃离家园；在印度尼西亚，2017 年 2 月 27 日，万隆政府大楼遭恐怖袭击，袭击者引爆压力锅炸弹，5 月 8 日早上，一名极端分子要求释放被印度尼西亚 88 反恐部队逮捕的极端分子，将一个自制的土炸弹在印度尼西亚西爪哇万隆市政府门口停车场引爆，所幸无人伤亡。北京伟之杰安保服务有限公司独家授权的自媒体 "安保专家" 公众号显示，在巴基斯坦，2017 年 5 月 2 日至 8 日一周内共发生 6 起恐怖袭击事件，2 起武装袭击，3 起炸弹爆炸袭击和 1 起地雷爆炸袭击，共造成 2 名安全部队人员死亡，6 名警察和 5 名安全部队人员受伤，处决了 7 名被捕的核心恐怖分子骨干。除了以上所列全球近期的安全事件外，中东和北非的动荡局势仍存在，恐怖主义蔓延的局势仍未得到有效控制。

展望今后一段时间，在海外华侨华人主要集聚的东南亚，恐怖组织在泰国、马来西亚、印度尼西亚等地加快渗透，其中马来西亚可能成为恐怖组织扎根东南亚的桥头堡，而新上任的缅甸政府面临重大挑战，机遇和冲突并存。在南亚，塔利班组织内斗加剧，"伊斯兰国"的影响力和势力范围进一步扩大，阿富汗和巴基斯坦政局错综复杂。在非洲，腐败问题积重难返，恐怖活动和武装冲突阴影笼罩，加上多国政局不稳，安全风险始终存在。在中东，"伊斯兰国"问题持续发酵，伊朗和沙特阿拉伯断交给地区安全蒙上阴影，民众不满可能引发新一轮"茉莉花革命"。在中亚，乌兹别克斯坦伊斯兰运动重新抬头，经济下行引发社会治安形势恶化，区域安全挑战不容小视。在拉丁美洲，油价低迷影响了一些国家的经济状况，犯罪率持续走高。

另外，现代信息技术使得一个国家内部的问题会迅速外溢为国际性的危机。传统安全中的战争问题是这样，非传统安全问题更是如此，暴力恐怖活动、民族分裂活动、宗教极端活动、环境问题、资源问题、贫困问题以及流行性疾病等，都是从一个国家、一个地区内部发生而迅速蔓延到世界各地的。这些安全问题都将影响全球发展，世界对此的治理需求大幅上升。

在中国共产党的正确领导和全中国人民的共同努力下，中国经济发展形势稳中有进。2017 年，中国国内生产总值（GDP）82.7 万亿元，连续 7

年稳居世界各国经济总量第二位，同比增长 6.7%，中国对世界经济增长贡献率几近 1/3。随着中国国家经济战略"走出去"的实施，中国作为最大的发展中国家，对外贸易规模不断扩大，对一些比较落后贫穷的第三世界国家，采取对口支援、直接投资，拉动这些国家的经济，中国企业在这些国家经济建设中发挥着重大作用。

2013 年 9 月 7 日，国家主席习近平在哈萨克斯坦纳扎尔巴耶夫大学发表演讲时表示："为了使我们欧亚各国经济联系更加紧密、相互合作更加深入、发展空间更加广阔，我们可以用创新的合作模式，共同建设'丝绸之路经济带'。……以点带面，从线到片，逐步形成区域大合作。"2013 年10 月 3 日，国家主席习近平在印度尼西亚国会发表演讲时表示："中国愿同东盟国家加强海上合作，使用好中国政府设立的中国—东盟海上合作基金，发展好海洋合作伙伴关系，共同建设 21 世纪'海上丝绸之路'。"2014 年 5 月 21 日，习近平在亚信峰会上作主旨发言时指出："中国将同各国一道，加快推进丝绸之路经济带和 21 世纪海上丝绸之路建设，尽早启动亚洲基础设施投资银行，更加深入参与区域合作进程，推动亚洲发展和安全相互促进、相得益彰。"

据中国商务部最新数据，2016 年，中国与"一带一路"沿线国家营业额占同期总额的 47.7%，中国企业与沿线国家新签合同占同期对外合同总额的 51.6%。2016 年，中国企业对"一带一路"相关国家直接投资额达293.5 亿美元，仅中欧班列就已累计开行 3000 多列。截至 2016 年底，中国企业在"一带一路"沿线国家建立初具规模的经贸合作区 56 个，入区企业 1082 家。为东道国增加了近 11 亿美元税收和 18 万个就业岗位。2016 年 1 月，中方发起的亚洲基础设施投资银行开业运营，成员总规模达 70个，丝路基金首批投资项目也正式启动。

2017 年 5 月 14 日至 15 日在北京举行的"一带一路"峰会上，中国宣布将向新丝路基金增资 1000 亿元人民币。此外，中国将鼓励金融机构开展人民币海外基金业务，规模预计约 3000 亿元人民币。中国国家开发银行、中国进出口银行将分别提供 2500 亿元和 1300 亿元等值人民币专项贷款，用于支持"一带一路"，在未来 3 年中，还将向参与"一带一路"的发展中国家与国际组织提供 600 亿元人民币援助。这所有资金加起来，高达8400 亿元人民币，按当时汇率约合 1200 亿美元。这些表明，中国作为

"一带一路"倡导者，正在做出重大贡献。

在此大好形势下，中国企业"走出去"将出现国企大型基建项目为先导，民企制造业项目随后跟进的格局。然而，海外投资并购跨越了不同的国家或地区，其面临的风险远比境内投资并购更为复杂，而伴随着人员大量"走出去"，其生存发展安全遭受海外突发事件威胁的概率也大大提高，所以做好思想上和行动上的各种风险防范的准备是非常必要的。

事实上，目前全球安全局势影响着中国对外投资的安全，也威胁着我国海外同胞的生命和财产安全。近年来，屡屡有中国公民在海外被害，如在菲律宾，中国公民被枪杀；在巴基斯坦，中国公民在恐怖爆炸中身亡；在马里，中国公民被恐怖分子枪杀；在中东，中国公民被恐怖分子杀害……这一切表明，确保海外6000多万名华侨华人和大批出入境人员的生命安全已经成为中国海外利益保护的重要任务。习近平主席在2015年11月21日就我国3名公民在马里人质劫持事件中遇害做出重要批示，对这一残暴行径予以强烈谴责，向遇难者家属表示深切慰问，要求有关部门加大投入和保障，加强境外安全保护工作，确保我国公民和机构安全。中国将加强同国际社会的合作，坚决打击残害无辜生命的暴力恐怖活动，维护世界和平与安宁。

二 海外同胞安全现状与评估

我国是一个移民输出大国，海外移民历史悠久。目前华侨华人总数已超过6000万，遍布世界100多个国家和地区。根据《中华人民共和国归侨侨眷权益保护法》，华侨是指定居在国外的中国公民。华侨或华人后裔已加入居住国国籍的称为外籍华人。1978年改革开放后出国定居的海外移民常被当作中国的新移民，这些新移民主要包括：留学生移民（在海外受教育后合法定居当地或移民第三国），技术移民（因为本人的教育、经历或技术专长从中国移居海外），通过家庭团聚、婚姻关系的移民和非法移民。

中国的海外移民，特别是当代新移民，他们为所在国的经济建设与发展做出了重要贡献，取得了当地人民的信任和尊重，其自身的经济实力也不断增强。海外华侨华人经济地位的提高，促使其更加重视文化教育和参与社会公共事务，而且他们的社会地位也随之逐步改善和提高，许多年青一代华人取得所在国公务员、会计师、医师、律师的任职资格，有的还担任了议员、部长、州长等重要职务。海外华侨华人在获得经济成功的同时，还通过自身的实践把中华文化传播到世界每一个角落，增进了外国人民对中华文明的了解，促进了彼此间的友谊，为"和谐世界"建设和中国文化软实力的提升做出了积极贡献。

纵观历史，海外华侨安全一直受到来自不同方面的威胁。沧桑中国，百年耻辱，海外华侨生活历尽艰辛。那些在海外漂泊的老一代华侨，付出了自己无尽的汗水与鲜血，谱写了一段顽强的海外生存曲。中国公民的海外安全问题早在明朝中叶就曾经发生过，但还属于个别事件。近年来海外华侨正当权益遭到侵害的案例已是屡见不鲜，安全问题成为困扰我国海外同胞的问题之一。与此同时，海外华侨也积极展开维护合法权益、保障自身安全的实践活动；中国政府也充分提高处置海外突发事件的能力，建立有效的海外安全预警系统。但由于国际社会的各种不安定因素还持续存在，保障海外同胞安全的工作还任重而道远。

1. 海外同胞安全风险的类型

根据相关资料的统计和分析，海外同胞的安全风险主要来自以下若干方面。

（1）自然灾害。随着生态环境的持续恶化和近年来地质活动的加剧，全球范围内的自然灾害持续增加，主要包括火山喷发、地震、海啸、洪涝、森林大火等，此外还有流感、霍乱、疟疾等传染性疾病。这些灾害突发性强、分布范围广泛、不可预测因素较多，成为影响海外同胞安全的最主要的自然因素。

（2）政治危机。虽然和平与发展是当今世界的主流，但从目前来看，国际社会的不稳定因素依然存在，局部地区甚至还相当严重。中东、非洲和南美一些地区热点问题错综复杂，部分国家政局动荡。这些国家和地区的政治危机引发复杂的连锁反应，所导致的游行示威、骚乱冲突和战乱成为当前海外同胞生存最主要的安全隐患之一，其中还特别包括针对华人的排华运动和杀害惨案，这些危机导致海外同胞经济受损、生命安全受到影响。

（3）治安刑事案件。海外同胞在日常生活中，遭遇最多的安全问题就是盗窃等一般的治安问题和勒索绑架、武装抢劫乃至谋杀等严重的刑事犯罪问题。目前，这类治安刑事案件呈高发态势，某些华裔社区还经常遭到其他族裔不法分子的恐吓与威胁，特别针对华人的犯罪行为也是有增无减。

（4）恐怖袭击。目前海外同胞已面临卷入恐怖袭击的偶然性风险。由于恐怖活动并无特定的袭击对象，而海外同胞人数众多，分布又极其广泛，所以海外同胞已然处于恐怖袭击的阴霾之下。

（5）经济纠纷。海外同胞从事商业活动十分普遍，新移民也大多经营超市、餐馆和商铺，因此海外同胞面临经济纠纷的风险也较高。受文化习俗影响，海外同胞习惯将省吃俭用省下的积蓄汇到家乡，这却使一些海外同胞遭受"洗钱"的罪名。此外，中国公民在海外劳务输出中的经济纠纷屡见不鲜，海外同胞遭受商业欺诈、留学陷阱、骗婚等现象也时常发生。

（6）其他安全问题。海外同胞除上述五类主要的安全问题之外，还面临其他个别的安全隐患。第一是海外交通意外，中国公民在海外旅游之时，由于不熟悉当地交通规则和地形环境，或者由于个人的疏忽，而酿成的交通事故也时有发生。第二是违法行为，部分海外同胞无视当地的法律法规，有意或无意地从事非法活动而导致不必要的经济损失，甚至危及生命安全。

2. 海外同胞安全风险的特征

（1）海外安全风险日益增大，领事保护与协助案件数量和办案率①快速上升。相关资料显示，近年来，海外华侨合法权益遭受侵害的案例正在逐年增加，其中针对同胞的严重刑事犯罪更是急剧增加。

在海外同胞安全风险中，绑架（劫持）中国公民是一类发生较多的严重事件，根据近年来此类事件情况，可以得到问题的变化和特点。下面通过中国企业投资协会海外投资咨询委员会 2016 年采自国际安保资讯公司的数据，我们可以看到近年来全球绑架事件中涉及我国海外公民的情况。根据表 1–2、表 1–3 中的数据，可以看到中国人在国外面临的绑架风险已经由 2013 年的第 8 位上升到 2015 年的第 2 位，事件发生地点基本在欠发达地区。

---

① 领事保护与协助案件指中国公民在海外因客观原因或自身原因陷入困境，我国驻外机构为其提供协助的案件；办案率计算方式为：领事保护与协助案件数（件）/内地居民出境人次（万人次）。

表 1 - 2　2013 ~ 2015 年全球被绑架人数排名前 10 的国家

排名	2013 年	2014 年	2015 年
1	叙利亚	埃及	埃及
2	菲律宾	印度	中国
3	法国	中国	印度
4	巴基斯坦	叙利亚	突尼斯
5	英国	斐济	韩国
6	印度	土耳其	叙利亚
7	土耳其	阿富汗	菲律宾
8	中国	突尼斯	伊拉克
9	意大利	越南	孟加拉国
10	黎巴嫩	格鲁吉亚	俄罗斯

注：中国受害人是指持有中国护照的人。

表 1 - 3　2013 ~ 2015 年中国受害者被绑架案件的发生国

非洲	东南亚	欧洲和原苏联地区	拉丁美洲	其他
喀麦隆	马来西亚	塔吉克斯坦	墨西哥	阿富汗
利比亚	缅甸	西班牙	巴拿马	伊拉克
尼日利亚	菲律宾	—	委内瑞拉	巴基斯坦
马达加斯加	泰国	—	哥伦比亚	土耳其
莫桑比克	—	—	—	汤加
纳米比亚	—	—	—	所罗门群岛
苏丹	—	—	—	—

　　出现以上情况的主要原因如下。一是我国对外开放，以及近年来实施"走出去"战略，中国有越来越多的人员和企业跨出国门，每年上亿人次的人在国外旅游、留学、经商和开拓业务，使发生绑架事件的概率大大提升；二是我国融入国际市场晚，发达国家已经占领了低风险的海外市场和地区，中资企业不得不选择那些有待开发的欠发达国家和地区开展业务，然而那些地方安全风险大；三是随着中国国际影响力增强，绑匪为了提高劫持筹码，选择绑架中国人来要挟当地政府，以期达到政治或经济目的；四是中国国民经济水平大幅度提升，绑匪为了勒索钱财，自然也会将绑架目标转向中国人。

　　根据外交部有关中国境外领事保护与协助案件总体情况的数据，统计结果如图 1 - 4 所示。2013 年后，中国境外领事保护的协助案件出现"量率齐升"的加速发展态势。2016 年有 1.37 亿人次的内地居民出境，领事保护与协助办理的案件达 10 万多件，内地居民出境中，平均每万人次就有 7.3 件案件得到了我国领事的保护和协助办理。在严峻的海外安全风险形势下，在内地居民出境人次快速增加的同时，中国领事保护与协助办案数量也能够同步大幅增加实属不易。这应该和中国领导人对海外利益安全保障的重视，以及中国外交部近年来创新多种领事保护工作的办法有很大关系。以上情况说明，当前中国公民"走出去"面临着复杂的海外安全形势，中国外交部领事保护任务工作繁重。

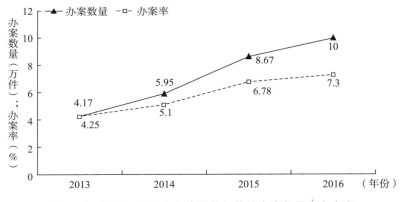

图 1 - 4　2013 ～ 2016 年领事保护与协助办案数量和办案率

　　（2）海外安全风险种类越来越多。海外华侨传统的安全问题多集中于治安与刑事案件，但随着国际社会不安定因素的增加和暴力恐怖活动的扩散，海外华侨还面临非传统安全问题，其不可预测和控制的成分相应提高，在恐怖袭击和绑架、海盗等非传统安全事件中，海外华侨正逐渐从过去被殃及变为直接目标。这导致海外华侨所面临的安全风险系数已经超过了历史上的任何时期。在所有案件种类中，出入境受阻、社会治安、经济和劳务纠纷案件继续分列前三位。2015 年我国驻外使领馆共协调处理出入境受阻案件 7750 件，同比增长 165%，跃升至案件类型首位。特别是在我国游客集中的韩国（济州岛）、马来西亚等周边国家和地区，游客入境受阻案件呈现爆发增长态势，分别为 4300 件（增幅 163%）、1523 件（增长 14 倍）。同时，我国驻外使领馆处理社会治安类案件 6487 件，主要涉及偷盗抢劫、人身伤害、绑架勒索等；经济和劳务纠纷类案件 4844 件，主要涉及劳资纠纷、拖欠工资、商业合同纠纷等。上述三类案件总和为 19081 件，约占全部领事保护案件的 61%，同比增长 143%。

（3）海外安全风险涉及范围越来越大。一是涉及的国家和地区范围扩大。海外同胞传统的安全问题多集中在东南亚等华人华侨聚居区，但由于中国公民海外业务特别是新移民潮的兴起，中国公民的足迹遍布世界任何角落，呈现出广泛分布、相对集中的特点。因此，当代海外同胞的安全问题也扩散到了世界的众多角落。中东、南亚、非洲、南美甚至欧洲发达国家和地区也相继出现涉及华侨安全的暴力犯罪事件。二是涉及的海外同胞身份多样。海外安全事件所涉及的对象，几乎囊括了我国各类出国人员，包括政府官员、维和军人、中国企业驻外员工、劳务人员、非法移民、出境旅游人员，以及海外华侨华人等。

（4）亚洲地区是案件最集中的地区，并且案件比例继续扩大。我国亚洲周边地区集中了海外 74.72% 的华侨华人和赴周边国家旅游、留学、工作的中国公民。2015 年，发生在这个地区的领事保护与协助案件总数为 47513 件，占全年总数的 55%，同比（上年占比 48%）有明显增加。例如，泰国、韩国、日本、新加坡等周边国家，随着游客人数的增长，案件数量有明显增加，仅我国驻泰国使领馆处理的案件就多达 12307 起，占总数的 13.9%，同比增加 49.3%。而上述 4 国处理案件总量达 31857 件，占全年案件总数的 36.8%。

（5）非洲地区办案率远远高于其他四大洲。尽管非洲的华侨华人人数没有其他地方多，但是近年来，我国在非中资企业、工程项目和劳务人员数量迅速增加。据不完全统计，2015 年我国公民赴非超过 200 万人次，在非中资企业达 4200 余家，务工人员达 45 万余人。同时非洲地区经济发展相对滞后，部分国家政局不稳，社会治安不靖，突发传染疫情不断，对我国在非机构和人员安全带来严峻挑战。特别是社会治安领域，由于中资机构项目营地多位于人烟稀少的偏远地区，安全防范意识和能力相对不足，极易成为犯罪分子袭击的目标。在上述因素的共同影响下，非洲地区的办案率高居各洲之首。统计显示，2015 年除非洲外各大洲办案率基本持平，非洲地区办案率明显高于其他各洲 2 倍或 3 倍以上，如图 1 - 5 所示。

（6）海外同胞损失的程度越来越严重。在海外同胞的传统安全事件

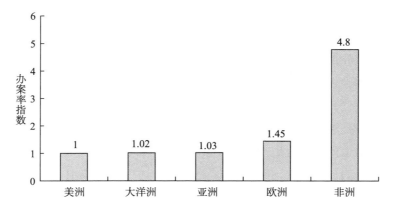

图 1-5 2015 年五大洲海外中国公民办案率指数对比

注：办案率指数以美洲为 1 作为参照。

中，以财产损失为主，但是新近的华侨华人的安全问题日益严重，华侨不只遭受财产损失，更多的是遭到人身伤害、暴力侵犯和牢狱之灾，华侨华人殒命海外的案例更是不胜枚举。

3. 发生海外同胞安全事件的原因

在海外同胞遇险频率不断提升的同时，安全事件发生的原因呈现出以下多样化趋势。

一是融入世界的活动越多，遇险的概率也越高。随着我国实施"走出去"战略，进行"一带一路"建设，中国公民出境规模肯定会不断扩大，他们进行公务、投资经商、移民、劳务输出、留学、旅游等各种活动，遭遇安全问题的风险也会随之增加。

二是中国"威胁"论与种族歧视的影响。中国经济高速发展的态势下，海外移民的增加及中国企业"走出去"与对外投资增加，被"中国威胁论"者污蔑为搞"人口入侵""对外经济扩张""争夺能源"；某些西方媒体无端夸大中国移民人数，担心其地将被中国移民占领；同时海外部分国家和地区的族群对华人的歧视依然还很严重，他们还经常发动各种排华运动，抵制中国商品。这导致海外华侨华人容易成为所在国社会问题的"替罪羊"。

三是全球各种不安全因素增多。地质活动和各类传染病，地区政治危机，恐怖袭击和海盗活动，以及世界范围内的贫富分化，这些影响安全的因素都在加剧刑事案件的增多。

四是不同民族文化习惯的差异。华人社会的各种文化习俗也是诱发华侨华人安全问题的一个因素。例如，使用现金支付、储蓄、周末工作等习惯，也很意外地诱发了不法分子对勤劳致富的华侨华人财富的垂涎。华侨华人往家乡大规模汇款的行为也很容易被贴上"洗钱"的标签。华侨华人在遭受权益侵犯后的隐忍也助长了犯罪分子的嚣张气焰。

五是少数海外华侨华人自身素质有待提高。海外华侨华人素质参差不齐，自身的素质问题也引发了某些安全问题。例如，非法移民、黑社会犯罪、制假贩假、洗钱等海外华侨华人中的不法行为不仅损害了中国形象，也极易使华侨华人遭到血光之灾。此外，西方国家的间谍情报机关极力在当地华裔甚至中国留学生中间网罗中文人才及"中国通"，用于对华情报搜集与渗透，这也值得引起高度关注。

4. 海外同胞应对安全风险的策略

海外同胞在长期的海外社会生活中，积累了如下诸多生存之道。

（1）依靠祖国及其外交机构。祖国的强大关乎海外同胞的荣辱与安危。中国政府在保障公民海外安全方面发挥着重要作用。海外同胞在合法权益遭受侵犯的时候，一般会主动到当地中国使领馆寻求帮助。

（2）海外同胞自身的团结。一项调查表明，92.3%的公众认为，只有华人华侨之间团结互助，才是最好的解决办法；而63.9%的公众认为，华人华侨在过去总是"一盘散沙"，目前仍旧不够团结，而安全危机能够促进华侨华人社会的团结。在巴西籍华人陈建湛被巴西警察殴打致死事件后，在华联会的倡议下，巴西各界侨胞一致决定建立里约华侨华人危机处理中心，以便在侨胞遇到紧急困难时有处可寻，同时能使危机得到迅速高效的解决。这个危机处理中心有各个侨社和各省的代表参加，成为跨省份、跨社团的新型侨团。这个事件使巴西广大侨胞空前团结起来。同样还有南非华人警民合作中心的成功案例。

（3）学会掌握法律武器保护自己。海外同胞在自身权益遭受侵害之后经常选择破财消灾来息事宁人，这导致针对华侨盗窃和抢劫的不法分子有恃无恐，愈发嚣张。因此，越来越多的海外同胞认识到要摒弃金钱和面子的束缚，自觉地拿起法律武器捍卫自身的合法权益，这才是维护海外同胞安全的正确途径。

（4）积极融入当地社会，结成维权统一战线。海外同胞在维护自身权益的过程中深刻地意识到，积极主动地融入当地社会，适应当地文化习俗和学习当地化的表达方式非常重要；而在维权进程中团结一切可以团结的力量，争取当地主流社会舆论和媒体的支持更是至关重要。

（5）提高自身素质，增强防范意识。提高自身的安全保护意识，熟悉当地自然与社会文化环境，特别是文化习俗与法律条文，自觉地远离非法活动，积极为当地社区发展贡献力量，避免炫富，这些都是保障自身安全的重要措施。

三　中国海外风险防控的情况

中国海外利益到哪里，安全防控就要跟到哪里，特别是安全情报收集和分析工作就要先行到哪里。中国海外利益保护、海外同胞安全预警和应对，是随着中国海外利益不断拓展而提出来的重要问题。当中国对外开放进入了国际体系之后，随着国际参与度加深，海外同胞剧增，对中国海外同胞安全的保护难度越来越大。2015年中国公民仅出境旅游的人数就达1.2亿人次。海外安保工作显然成了"刚需"（张欣，2016）。下面我们从国家、民间和市场三个层面观察中国的海外安全风险防控情况。

（一）　国家是海外同胞的安全伞

要保障海外同胞的安全，需要中国国家综合实力的发展，中华民族的强大来做坚强的后盾。在全球经济一体化的历史背景下，中国改革开放后，特别是随着中国"走出去"战略和"一带一路"倡议的推进，海外同胞的安全也被迅速地卷入全球的安全风险之中。中东、北非动乱，海外同胞受危，中国政府和中国人民成为他们最坚强的后盾。2011年以来，中东、北非国家发生了震惊世界的变化：突尼斯、埃及、利比亚、阿尔及利亚、也门、约旦、巴林、苏丹等国发生巨大动荡。埃及穆巴拉克政府的下台、利比亚卡扎菲政府的战争等，这些不稳定的政治因素，再加上中国的崛起，国家之间的贫富差距，以及仇富心理的作祟，直接影响了海外同胞的生存与生命安全，针对海外同胞的新的仇富心理、暴力恐怖活动、排华情绪成为威胁海外同胞安全的新问题。"一带一路"倡议所涉及的沿线60多个国家，大都处于发展中或不发达状态，总体安全形势复杂，特别是暴力恐怖活动的蔓延，增加了中资企业项目进驻的风险。据商务部不完全统计，2010～2015 年，中资企业各类境外安全事件，共发生 345 起，造成了一定的人员伤亡和财产损失，并且仍呈上升趋势。所有这些海外同胞的安全保障问题，越来越受到国家的高度重视。

中国政府有义务建立一套有效的海外同胞安全预警和救护机制，制定可操作的"保侨"制度，处理一系列国际突发事件，充分保障海外华侨的生存与财产安全，体现中国政府对海外华侨的安全责任与历史责任，展示中国的大国形象，团结中华民族，实现中华民族的复兴强盛。

中华人民共和国成立以来，中国政府已多次帮助同胞紧急撤离险境。第一次大规模撤侨行动发生在 2008 年 11 月。当时，泰国曼谷机场因为反政府示威游行被迫关闭，3346 名中国公民因此滞留。当中国驻泰大使馆官员去机场看望同胞时，有人激动地唱起了《歌唱祖国》。继那次成功撤侨之后，中国政府又多次与国家民航及旅游部门携手，组织和帮助处于海地、吉尔吉斯斯坦、埃及、利比亚等动乱地区的中国公民安全撤离。随后的 2011 年，中国政府在利比亚撤侨行动中，通过海、陆、空多种途径安排把 35860 名中国公民安全地撤回祖国大陆，没有一人死亡，充分体现了我国政府对海外公民人身安全的重视和保护海外华侨的决心。2015 年 4 月 25 日，尼泊尔发生 8.1 级地震。灾难发生的 5 天里，中国外交部领事保护热线"12308"的接通量暴增 10 倍。这次，中方安全接回在加德满都机场滞留的 5600 多名中国公民。所有这些我国大规模的政府营救行动，无不彰显国家后盾的力量，五星红旗下的每次安全撤离，都让海内外同胞大受鼓舞。据外交部领事保护中心常务副主任李春林介绍，除大规模撤侨行动之外，海外领事保护官员的日常工作更多的是应对个体紧急情况，如护照等证件被盗、出入境受阻、人员失联等。中国外交部部长王毅说："不管面对多大困难，本着外交为民的宗旨，我们都会尽心竭力，做好领事保护工作。"国务院总理李克强在 2014 年十二届全国人大二次会议举行的记者会上说："政府要尽职履责，尽自己最大的可能，通过加强国际合作来确保在海外我国公民的生命安全。"据统计，自 1998 年以来，中国公安部已在美国、英国、泰国、阿富汗、巴基斯坦、塔吉克斯坦等 31 个国家派驻了 62 名中国警务联络官。通过与驻在国警务机构的合作，他们多次在境外成功解救被绑架的中国公民、被拐卖的中国妇女等，是维护境外公民人身财产安全的强大后盾。

据阿根廷《国家报》2016 年 6 月 13 日报道，13 日，阿根廷安全部在联邦警局召开的记者发布会上宣布，中国特派警员和阿根廷联邦警察合力捣毁阿根廷最大的华人黑帮组织"貔貅"，并逮捕 40 人。这次行动对于保护地方安全和宁静十分重要，尤其是在保护在阿根廷的华人安全方面。

除了一线外交官，中国还将领事保护具体化和形象化为多媒体服务平台：通过中国领事服务网（cs. mfa. gov. cn）、外交部全球领事保护与服务应急呼叫中心 12308 热线，以及微信公众号"领事直通车"，中国政府可以对海外同胞全年无休地实施救助与提供咨询。

中国政府历来重视侨务工作，每年政府工作报告都强调要认真贯彻党的侨务政策。一方面，国务院侨务办公室和地方各级侨务办公室全面贯彻落实党的侨务政策，以《中华人民共和国归侨侨眷权益保护法》及其实施办法为核心，认真组织实施侨务法律法规，充实、完善涉侨政策法规，坚持依法行政、依法护侨，进一步推动侨务工作规范化和法制化。另一方面，中国政府十分重视海外华侨的安全问题。当今世界，新的政治格局在逐步形成。中国作为第三世界最大的发展中国家，充分体现大国责任，对亚洲、非洲、拉丁美洲一些不发达国家援助项目大，投资资金数目高，派遣人数多。一些国家不稳定的政治局势，使海外华侨的人身财产安全时刻受到威胁。中国政府心系中国公民的安全状况，面对塔吉克斯坦骚乱、埃及和利比亚动乱等国际突发事件，中央政府多次召开紧急会议，制订撤侨方案，成功实现零伤亡撤侨，展示了中国保护本国公民的信心和决心。

中国海外同胞安全是伴随中国海外利益不断拓展而日益严重起来的。随着对外交往的拓展，中国的海外利益保护任务越来越多，涉及海外同胞安全保护的难度也越来越大。例如，海外同胞安全保护涉及其他国家，通常是采取事后保护、事后声明等措施，很难进行事前保护，尤其是事前预防性保护。然而事后生命保护主要是拯救或补偿性的，对于海外同胞人身安全实际上是被动的保护。

如上所述，在未来的几十年里，环境的变化与国际移民之间的关系将变得错综复杂，随着国际迁移形势的转变，以及伴随这些转变而出现的机遇和挑战，我国保护海外公民的工作将要应对新产生的各类问题。

（二）同胞联手是自身防护的重要办法

在尼泊尔，2015 年大地震之后的加德满都，这里的中餐馆是夜晚为数不多亮灯的地方。它们为滞留同胞提供食物和免费住宿。其间，不少当地的中国旅游从业者为帮助滞留同胞回国，义务奔忙于机场和市区之间。同年 8 月，泰国曼谷四面佛爆炸案发生后，距离爆炸点只有百米左右的警察总医院大厅里不断有华侨华人志愿者前来帮忙，其中有专业的医生、翻译，也有献血者。

在南非，由侨社发起的华人警民合作中心成立以来，为配合当地警方打击针对华人的各类犯罪发挥了巨大作用，成为中国国务院侨务办公室首批 12 个"海外华侨华人互助中心"之一。这个中心是海外同胞自发成立的自助自救平台，同胞自己挺身而出，调动官方、民间多方资源，联防联治，弥补于万一。由于各国法律和政策的区别，海外同胞可以因地制宜地参照进行。

近年来每年有数以百万计的中国公民去欧洲旅游。欧洲社会安全程度尽管比较高，但旅行者仍有可能遇到交通安全、自然灾害，甚至恐怖袭击等情况。鉴于法国和意大利等地社会治安问题多发，当地华侨华人或携手走上街头，通过游行示威表达安全诉求，或联合当地警方和律师通过座谈会等形式，加强警民沟通，并为同胞普及法律法规常识。2016 年 2 月，欧洲华人旅游业联合总会在英国伦敦启动中国公民旅欧应急救援基金，针对中国游客遭遇的突发事件搭建互助平台。中国驻英大使馆参赞兼总领事费明星接受采访时表示，成立这项基金是非常好的创意，为欧洲的华人旅行社提供了互助渠道，也是政府领事保护的有益补充。今后如果旅欧中国公民遇到紧急情况，旅行社可通过该项机制对其提供帮助。

目前互帮互助已经成为海外同胞遇到危难时的一种常态。2016 年 3 月 22 日布鲁塞尔恐怖袭击发生后，中国驻比利时大使馆立即启动应急机制，多方了解中国公民下落，联系移民局疏通过境同胞签证问题；海南航空公司为滞留同胞安排食宿，并紧急协调航班输送旅客；比利时江苏商会、华人青年联合会等社团为同胞送去饮用水、水果，并提供用车服务；滞留同胞多数从事基础建设和矿业开发等工程，需要前往非洲几内亚、塞拉利昂等国，在比利时的中资企业专门安排联络人，统一协调并满足同胞需求。

在忙碌安置同胞的过程中，中国驻比利时大使曲星感慨万千："看着这些动人的场景，我反复在想，中华民族经历了那么多艰难困苦，能够走到今天，正是因为有这种社会责任感和互助克难的民族意志。"

（三）发展安保行业是维护海外利益的必要措施①

除去上面介绍的中国政府和民众共同防范海外同胞安全风险，中国海外安保行业正在逐渐打造一支强有力的队伍，而对于"走出去"的中国企业而言，安全管理能力正在成为企业海外业务的核心竞争能力之一。

在"一带一路"倡议以及"国际产能合作"的大背景下，随着中国企业"走出去"的浪潮，中国海外安保行业也迎来了快速发展的机遇。2015年，中国实现对外投资流量1200亿美元，存量1万亿美元，境外注册中资企业超过3万家，总资产6.4万亿美元；境外各类劳务人员102万人，留学生近200万人，华侨五六百万人，内地居民出境1.27亿人次。根据中国对外承包工程商会的数据，2016年中国派驻到海外的劳务人员约200万人，90%集中在亚洲和非洲国家，其中绝大部分是"一带一路"沿线国家。2017年上半年，投资超过10亿元的海外项目有33个，其中85%集中在上述国家和地区。这样一个庞大的"海外中国"构成了巨大的海外利益保护压力，同时也是安保行业的蓝海市场。但是目前中国安保公司能够参与的"一带一路"中国海外安保市场的份额，是十分有限的。

相对于中国国内的安保公司而言，一些知名的西方安保公司，有着几十年、上百年的发展历史，在"一带一路"沿线国家区域内，或依托殖民文化延续影响力，或凭借霸权主义扩张强化执行力。而中国安保公司，与它们有着本质上的不同，尚处于开展"一带一路"海外安保工作的起步阶段，通过"与人为善、防御优先"的姿态，构建自己的海外安保执行力。

中国安保公司建设"一带一路"海外安保业务，主要有三个模块。第一，出国人员培训，这是提升出国人员海外安全素质的有效方式，也是开展海外安保工作的必要前提。第二，安全情报，包括风险评估、动态跟踪、风险预警等多个方面，在海外安保工作中起着领衔作用。第三，驻地安防，包括人防、物防、技防等多个方面，是海外安保工作具体执行环节

---

① 黎江：《"一带一路"推进过程中如何做好海外安保》，《亚太日报》2016年7月2日。

的主要内容。此外，根据不同的个案，还有特种护卫、紧急救援及撤离、海上安保等个案模块。

中国海外安保行业大致始于 2004 年，尽管起步较晚，却成长迅猛，取得了一定的效益。这表现在两个方面：第一，市场规模急剧扩张。据初步测算，2015 年，中国海外安保的市场规模达到了 103 亿美元。中石油、中石化、中海油三家中资巨头一年的海外安保费用大约为 20 亿美元。市场成长性非常可观。第二，安保公司大量涌入。这样一个百亿级别的市场正吸引着越来越多的国际安保公司、中国安保公司进入。但总体而言，市场需求缺口依然很大，频发不断的中国海外安全事故就是明证（李少杰，2016）。

中国海外安保行业服务的地区主要在风险级别处于中等以上、中资企业集中的国家和地区，典型的有中东、北非、撒哈拉以南的非洲、东南亚和拉丁美洲地区。服务对象一是政府，特别是中国政府的驻外使领馆。二是各种类型的中资企业。大型的能源企业（中石油、中石化、中海油）、基建系统（中铁系统、中铁建系统等）、航运企业（中海、中远等）和一些大型的通信企业（华为、中兴）等大量购买和使用安全服务。三是一些有特殊安全需求的个人。服务内容基本涵盖了安保服务的所有类别，包括风险评估、安全咨询和设计、安全培训、现场保护、安保审计，以及紧急撤退和紧急医疗服务。目前，公安部没有专门针对中国海外安保行业的监管规定，实际上由公安部主管的中国保安协会在相当大的程度上承担着海外安保公司的行业监管角色。

目前，中国的海外安保企业尚在起步阶段，中国最大的海外安保企业公开宣称的营业额也只达到了国外同行的一个零头，业务能力、业务模式、服务水平都还在初创的阶段。从市场和企业本身来看，当前中国海外安保行业存在的主要问题有四个方面：一是市场有效容量不足，二是企业规模不足，三是业务能力不足，四是国际化水平不足。

对于海外安保公司来说，其综合实力主要取决于情报分析和整理能力，获取项目所在地周围的安全风险信息并进行研究，进行近期数据统计和趋势分析是安保最重要的工作，但是中国安保企业由于进入海外安保时间短，缺乏国际化的资本运作经验和海外战略性布局能力，使得自己在当地情报网络建设和专业化分析方面能力不足，而弥补这些能力需要投入大量的资金和时间。中国交通建设股份有限公司国际工程分公司副总经理蔡传胜指出，目前企业的安全信息主要是从中国驻外使领馆、驻在国执法情报机关和友好人士等处获取，或者以超高的价格向国外专业安保及数据公司订购情报产品，企业所能享受到的与自身安危息息相关的情报服务严重不足。

总之，在"一带一路"倡议及"国际产能合作"的推动下，中国海外安保的市场需求正在觉醒，只要创造良性的市场竞争环境，我们就可以乐观地预期，在不远的 3～5 年内，就能看到中国字号的安保企业在国际舞台上展露风采。

四　认清海外风险态势，提高风险防控能力

毫无疑问，安全是人的根本利益，我国总体国家安全观要求以人民安全为宗旨。随着"一带一路"倡议的推进，我国越来越多的企业和人员"走出去"已经成为一种新常态。根据中国公安部出入境管理局最新统计数据，2017 年中国出入境总量达到 5.98 亿人次，其中中国内地居民出入境数量已经达到 2.92 亿人次，比上一年增长 6.89%，加上长期身居海外的 6000 多万名华侨华人，形成了当今中国海外庞大的同胞人群。但是，我国当前的海外安全防控能力远不能够满足海外同胞的安全保障需求。认清海外安全风险走势，迅速提高风险防控能力，已经成为推进"一带一路"倡议和保障海外同胞安全的急需。

（一）"一带一路"下的海外利益安全保障

当前我国的海外利益安全保障的一个重要任务是为"一带一路"倡议的推进提供支持，所以正确和全面地理解"一带一路"倡议，了解相关的海外安全形势，显得尤为重要。

1. "一带一路"的由来和价值

我国古代"丝绸之路"的价值可以归结为两点：一是自中国汉朝以来，亚欧大陆上的人类，先后探索了南北两条连接亚欧非的文明贸易和人文交流的通路；二是探索过程形成了世界各国共有的"和平合作、开放包容、互学互鉴、互利共赢"的丝绸之路精神，其中值得特别弘扬的典型就

是当年的"郑和精神"。

正是基于对以上古代"丝绸之路"的认可，早先俄罗斯、哈萨克斯坦、伊朗、蒙古国甚至美国都提出过"丝绸之路"或者"新丝绸之路计划"，联合国计划开发署也提出过"欧亚大陆桥"的概念，但是这些国家或国际组织的建议，最终都只是停留在纸面上。

中国国家主席习近平审时度势，在 2013 年提出的"一带一路"倡议，正是源自古代的光辉历史，倡议所倡导的内涵有利于在当代发扬光大传统丝绸之路精神。"一带一路"倡议提出后，受到广泛欢迎。例如，第 71 届联合国大会协商一致通过关于阿富汗问题第 A/71/9 号决议，欢迎"一带一路"等经济合作倡议，鼓励各方通过"一带一路"倡议等加强阿富汗及地区经济发展，呼吁国际社会为"一带一路"倡议建设提供安全保障环境（中华人民共和国常驻联合国代表团，2016）。

为什么中国提出的"一带一路"倡议能受到广泛欢迎？理由至少有以下几点。

（1）"丝绸之路"源于中国，体现了中华传统的文化精髓。例如，在"一带一路"关键地带的东南亚，人们一直崇拜和尊奉"郑和精神"，郑和被人们视为圣人，被沿线人民永远怀念。三宝山、三宝井等许多美丽的故事广为流传，许多国家还修建了纪念郑和到访的建筑物，如马来西亚马六甲的三宝庙、三宝井、三宝亭；印度尼西亚爪哇有以郑和命名的三宝洞、三宝垄、三宝港；马六甲还成立了国际郑和学会、郑和文化馆。

（2）倡议所提的全球互联互通，有助于破解全球贫穷和贫富悬殊的困境。当今世界，各种乱象根源在于发展中国家和发达国家的贫富差距过大。中国的"一带一路"倡议，首先要搞立体的交通网络，其次还要把产业带到国外去，这些正是"一带一路"沿线国家急需的，如非洲工业化刚刚起步，那里的人们相信中国的经验："要致富，先修路，要快富，修高速"。

（3）中国有高速发展的成就和"和而不同"的共赢理念。俗话说眼见为实，中国用不到 10 年的时间修建了 2 万千米的高铁，占世界的 60% 以上。按照中国的"十三五"规划，所有 50 万人口以上的城市，都将通过高铁连接在一起。可见，借助中国这些建设的经验和力量，能够帮助"一带一路"沿线发展中国家建设基础设施，进行修路造桥，补上他们的经济发展短板，达到和中国一起发展的目的。

（4）"一带一路"倡议是在探索国际合作以及全球治理的新模式，企图为世界和平发展增添新的动能，以便产生积极和长远的影响。中国通过"一带一路"，不仅要实现中国的复兴，而且也希望"一带一路"沿线的各种文明得到共同复兴，和发展中国家一起实现现代化。

2. 对"一带一路"的两点理解

（1）需全面认识"一带一路"倡议。一些人将"一带一路"仅视为以前的陆上和海上两条丝绸之路，其实"一带一路"的空间要广阔得多。"一带一路"是中国倡议大家来搞开放的经济体系，是一个巨型的新型国际区域合作平台，其空间边界是模糊和包容的，并不仅仅是南北两条线路直接覆盖的区域，也不只是陆路和海路。例如，完全可以结合现代交通和网络条件，搞"空中丝绸之路""网上丝绸之路"来与时俱进地提高合作效率，这凸显了东方智慧的精妙。

（2）"一带一路"倡议希望实现的美好愿景，需要大家一起"边干边学"来创造。"一带一路"倡议是想通过海外各国和国内各地来参与搭建一个新型的国际区域合作平台，让大家通过共同奋斗来造福全世界人民。这个美好梦想的实现需要长期艰苦的探索过程，就如中国当年改革开放初期提的"摸着石头过河"一样。各方若怀揣"等靠要"心态来参与"一带一路"合作项目是不现实的，参与的各国不可以将其当作中国的对外援助项目，而中国各地政府和企业也不应该将其当作向中央政府索要投资项目和优惠政策的机遇。另外，参与"一带一路"的各方需要摆正"利"和"义"的关系，因为"一带一路"的建设绝不是简单的经济项目，而是包含着高尚的"和平合作、开放包容、互学互鉴、互利共赢"的丝绸之路精神，所以在各自的利益追求上要"义"字为先，"利"字恰当。

3. 严峻的海外安全形势

在"一带一路"倡议下，我国正在信心满满地大踏步向前，企业和人员"走出去"的步伐越来越快，然而海外同胞安全的环境更趋复杂，安全问题日益具有综合性、复杂性和多变性。一是安全风险大小与人口基数和地域分布紧密相关，随着中国居民生活水平的提高，出境旅游的人口数量大、流动性大、分散性大，管理难度也大；随着我国"走出去"步伐的加快，到海外工作的人员和投资的企业数量在迅速增加，且很大比例的人和单位是分散到相对落后的地方，这些都将导致海外同胞安全风险增加，安保难度增大。二是我国经济利益快速向海外拓展，海外同胞经济利益安全的不稳定性、不确定性也在增加。三是社会制度、意识形态和风土民情与很多国家不同，加之一些国家政治动荡和恐怖主义势力的活动加剧，使得我国维护海外同胞安全的任务更加艰巨。四是随着高新技术、信息网络技术发展，中外交流更加频繁，海外同胞安全问题日益凸显。

近年来，我国外交部及驻外使领馆处理各类领事保护案件的情况，也证明了当今海外安全局势的严峻，在 2006 年其处理这类案件 3.1 万余件，到了 2016 年，已经增加到 10 万多件，而且案件涵盖了社会动乱、恐怖袭击、刑事案件、劳务纠纷、交通事故等方方面面。面对这些突发事件，中国外交部和驻外使领馆则必须第一时间采取紧急行动，启动协调机制，维护海外同胞的生命安全和合法权益，这给现有的中国外交部涉外安全机构和人员带来极大的挑战。

另外一个特别值得关注的新常态情况是，据易观与惠租车联合发布的《中国海外出行市场白皮书 2018》，2017 年中国出境旅游达 1.29 亿人次，成为中国境外最主要的流动人口，2010～2017 年中国出境游人次的复合增长率达 12.27%。剔除占比超过 50% 的赴港澳台人次，2017 年出国旅游的人次超过了 6000 万，2010～2017 年的这项数据的复合增长率超过 20%。其中有 7482 万人次的自助游，2010～2017 年出境自由行的人次复合增长率达到 9.07%。如此看来，今后会有越来越多的公民选择出国旅行，并采取自由行的方式。这些境外游的人分布在全世界一百多个国家中，而且其中大部分人是集中在春节、十一长假和寒暑假期间出游，他们的人数之多、分布之广、时间之集中、行动之自由，都给中国政府维护其生命和财产安全带来困难。另外，据携程旅行网和中国旅游研究院联合发布的《向中国游客致敬——2016 年中国出境旅游者大数据》，2016 年我国出境旅游花费达 1098 亿美元，人均花费 900 美元，最高金额 138 万美元。虽然出境游人数只占我国旅游总人数的 3%，但出境游消费占到全国旅游消费的 16%，难怪中国游客被称为"移动的钱包"，给人的印象就是"中国人有钱"。这么一个分散在世界各地游逛的庞大"有钱"人群，不引起各种别有用心的人的关注都难。鉴于近年来中国出境游的这些情况，对于这个特殊的海外人群，需要研究制定专门的风险应对管理办法，以有效地维护他们旅游当中的安全。

事实上，我国不仅海外同胞的安全问题越来越严重，我国企业"走出去"投资亏损的问题也应引起重视。2014年8月中国国际贸易促进委员会副会长王文利透露，当时中国有两万多家企业在海外投资，"90%以上是亏损的"（张倩，2014）。而德勤（中国）中国区发展总经理金建在2016年12月接受媒体采访时也说："我们做过一个统计，现在中国企业海外投资包括并购，成功率只有5%。"（金建，2016）笔者认为，尽管投资回报有个滞后过程，项目签约并不等于投资成功，是否成功还要看投入产出，甚至要看项目是否适应当地的风俗文化，能否融入当地的社会，能否被人接受，能否得到持续回报，所以上面所说亏损和成功的比率并不一定准确，但能够在一定程度上反映当前我国海外投资的情况。

另外，从一些典型的案例也可以得知，受政治、经济、文化、社会和自身能力等多因素干扰，中国海外项目频频受阻。例如，阿富汗艾娜克（Aynak）铜矿项目工程总投资42亿美元，工程期限为2008年至2038年，目前因安全问题、文物搬迁及政府官员调整等因素，已是无利可图，几近停止；中缅密松大坝工程、莱比塘铜矿项目被叫停，皎漂—昆明铁路工程计划被取消；委内瑞拉高铁项目停摆，中铁75亿美元打水漂（张德笔，2016）；斯里兰卡科伦坡港口城项目、希腊比雷埃夫斯港口项目以及中泰"高铁换大米"计划的一波三折。

所以，从以上情况看到，在没有和平安全的国际环境中，若没有"走出去"硬、软实力的良好配合，我国海外利益安全就难以保障，"走出去"就难以顺利进行。

4. 谨慎落实"一带一路"建设

从上面的情况看，"一带一路"倡议虽有非常美好的愿景，但是在落实其中的项目建设时，还需要十分慎重，不仅需要信心与实力，还要有远见和智慧。每个项目都要做到未雨绸缪，维护我国海外利益。下面我们列举一些值得关注的问题。

（1）解决支撑宏大计划的实力问题。"一带一路"沿线主要是发展中国家，若主要依靠中国推动，是否会发生战略透支情况？对此，中国要避免只分中国蛋糕的情况，要形成中国和其他国家一起来做大蛋糕的局面，建设的项目不要被合作对象误认为是中国的对外援助，要讲求投入产出，按照市场的商业逻辑行事，实现"走出去"而不是"送出去"，以确保持续发展，避免明朝"宝船弊政"现象重演。一定要在互惠互利、合作共赢的基础上实现好的经济社会效益。当然，中国要推动"一带一路"倡议，最根本的还是要先解决好本国的问题，这样才具有倡议号召的软实力和实现"一带一路"的宏大设计的硬实力。

（2）应对风险的能力问题。"一带一路"建设中，中国要去的地方，大多是其他大国过去规避投资和合作风险大的地带，所以要事先考虑能否应对可能遇到的风险、能否回收投资并盈利等问题。绝对不能够出现像审计署原副审计长董大胜在2015年两会期间透露的，超过4万亿元人民币的央企境外资产都基本没有审计的情况（董伟，2015）。国家一定要完善管理机制，按照经济和外交的需要，计划好海外项目投资的节奏，并严格管控海外投资各阶段进展；督促企业建立安保制度，加强安保培训，全面提升企业海外风险防范的能力。

（3）如何形成适合海外发展的模式的问题。以往我国"走出去"企业亏损和众多项目一波三折的原因，与我们自身发展管理模式在外水土不服是有关的，也与我们文化中的缺点有关，如爱虚荣、讲面子、重形式等。如果不探索出海外因地制宜的在各国的发展模式和政策，那么以往的损失难免还会发生。为此"走出去"的企业和人员也要了解海外投资地的政策法规和国际惯例，加强与所在国家企业和人员的合作，形成适合投资地的良好发展模式。

（4）解决安全预警和风险防控的政策和技术问题。例如，从理论发展和实际操作上，研究怎么统筹信息安全和信息共享问题，如何获取及时有效的预警信息，如何防范海外暴恐和分裂势力的渗透问题，如何形成全球安全防控的有效机制。又如，从人才队伍建设上如何聚集和加快培养维护我国海外利益安全的高层次人才，如何搭建民营企业所需要的"走出去"培训平台。

（5）海外利益安全保障的立法势在必行。2014年4月15日习近平总书记提出了"总体国家安全观"，要求走出一条中国特色国家安全道路。他要求"要切实维护我国海外利益，不断提高保障能力和水平，加强保护力度"。2017年中国政府工作报告也提出要"加快完善海外权益保护机制和能力建设"。每一位海外同胞都是国家海外利益的拓展者和承载者。以立法的方式，为他们的海外权益提供有效的法律保障，并从法律层面进一步规范海外权益保护工作，这不仅是维护我国海外利益的具体体现，也将进一步提升维护我国海外利益的能力。

5. 案例分析：从瓜达尔港启用，谈缜密行事

如上所述，"一带一路"存在机遇，也有挑战。现在我们再以中巴经济走廊建设为例，做一些利弊分析。2016年11月13日，中巴官员见证了首批中国商船从瓜达尔港出海，中巴经济走廊联合贸易车队首次试联通成功，此事战略意义重大。中国外交部部长王毅把"中巴经济走廊"描述为"一带一路"交响乐中的"第一乐章"，这项里程碑项目具有"一带一路"先行试点的意义。中巴经济走廊从中国新疆喀什到巴基斯坦瓜达尔港，全长3000千米，北接"丝绸之路经济带"，南连"21世纪海上丝绸之路"，是贯通南北丝绸之路关键枢纽，是一条包括公路、铁路、油气和光缆通道在内的贸易走廊，也是"一带一路"的重要组成部分，预计总工程费将达到450亿美元，计划于2030年完工。截至2017年年中，共有19个项目在建或建成，总投资额185亿美元，能源项目进展迅速，道路建设初步联通，社会效应开始显现，双方合作总体进展顺利。

显然瓜达尔港启用，中巴经济走廊贯通，对于中巴两国来讲，有以下两方面的益处。

（1）中巴经济走廊有助于中国破解马六甲困局，可以保护能源大通道，也能大大增强中国在中东以及南亚的影响力。在美国"重返亚太"政策下，美国和新加坡有密切的军事合作，一旦中美发生冲突，中国必经马六甲海峡的进口石油会遭美方封锁，而开通新疆喀什—瓜达尔—中东的这条路线，可以绕开印度南端海域、马六甲、南海航路，不但省了钱，还从陆路把中国、波斯湾和阿拉伯海连接起来，开辟了一条绕过马六甲海峡的内陆能源通道，在关键时刻打破某些国家对中国可能实施的能源封锁，使周边的战略格局产生重大改变。

（2）中巴经济走廊远景规划包括修建新疆喀什市到巴基斯坦西南港口瓜达尔港的公路、铁路、油气管道及光缆"四位一体"通道，带动中巴双方在走廊沿线开展重大项目、基础设施、能源资源、农业水利、信息通信等多个领域的合作，创立更多工业园区和自贸区。如此将带动巴基斯坦经济发展，稳定巴基斯坦当前局势，减少恐怖主义滋生的土壤。

建设中巴经济走廊，不仅对中巴两国发展具有强大推动作用，优化巴基斯坦在南亚的区域优势，有助于促进整个南亚的"互联互通"，更能把南亚、中亚、北非、海湾国家等通过经济、能源领域的合作紧密联合在一起，形成经济共振，其建设将惠及近30亿的人口。

中巴经济走廊尽管前景广阔，但风险不小，还需认真调研，做好应对预案。现在中巴经济走廊只是试联通成功，至于建成和运营还存在以下问题。

（1）这条通道近期并不具备商业化的条件，且周边形势不容乐观。原因有以下几点：一是成本太高，包括运输商业成本和沿途大量的安保成本；二是瓜达尔市缺水缺电，并且陆地交通基础设施不足，这些将制约瓜达尔港的进一步发展；三是中巴经济走廊北面紧挨持续动荡中的阿富汗，瓜达尔—喀什运输线附近常有恐怖组织活动，修建和维护铁路公路的未来不确定性大，或者说安全风险非常高。另外，东边还有印度对中巴经济走廊密切关注，因其认为克什米尔是印度领土上的地区，所以对中巴在此建设经济走廊心存戒备。

（2）巴基斯坦内部政局稳定性存在不少问题。例如，长期困扰该国中央政府的俾路支分裂主义问题错综复杂；在巴基斯坦西北部普什图族聚集地区，腐败、宗教极端主义和贫富差距，使那里的恐怖主义愈来愈失去了控制；军队存在上、下层不同的对华态度等，都是中巴经济走廊建设顺利实施的障碍，使在2030年项目完工之前存在难以预料的情况。

（3）我国新疆维稳局势需要未雨绸缪。从我国自身安全角度分析，新疆安全稳定是首要的重大问题之一，民族分裂分子和境外恐怖主义分子，通过各类流血事件制造恐慌。一旦中巴经济走廊建成，地处周边特殊民族和文化环境之中的新疆，其地缘环境很可能恶化，恐怖主义组织等不安定力量将会非常方便地向新疆渗透，特别是南疆地区，维持安定的难度将会增加。

通过以上个案分析看到，"一带一路"的各项重大建设项目，必须先要谨慎评估相关利害，对于容易出现的地缘政治和经济、文化等风险，要有清醒的认识和科学的分析，在此基础上做出决策。

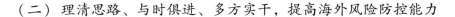

（二）理清思路、与时俱进、多方实干，提高海外风险防控能力

本书把海外安全风险涉及常住海外的华侨华人和在海外流动的中国公民统称为海外同胞。海外同胞是我们海外发展的群众基础，是"一带一路"倡议的受益者，也是落实倡议的重要力量。

海外同胞安全风险防控可以采用以下主要思路：一是群众路线和互联网技术结合的办法，依托海外同胞这个庞大的群体，借助信息大爆炸时代带来的技术优势，来解决海外大面积的安全保障需求。二是维护海外利益的这个国际大统战法宝。当今"一带一路"的形势发展要求我们现有的统战理念在统战的范围、对象、任务和方法各个方面，都要与时俱进地进行研究，并制定出创新的战略和战术。三是维护海外利益需要软、硬实力一起抓。目前我国"走出去"的硬实力尚可，软实力不足。我们亟须增强文化软实力，争得海外话语权，为此十分需要推进海外我方非政府组织的发展。四是海外安全防控事关国家安危，国家应该在积极引导的同时，切实支持官、产、学、研、用的协同创新机制。五是安全预警和救护的关键和难点在于情报的收集、分析和预警报知，应对之策应该是建立现代的互联网情报系统和线下情报站，同时辅之以传统的海外安全数据库和预警模型，前者适用于近期预警报知，后者适用于中长期安全预警。六是打破体制机制束缚，实现情报信息共享。海外安全预警需要多方信息和各方合作，国家不仅要保证信息安全，也要制定信息共享法则，积极推进信息的交流和共享。七是建立体制内外若干个中国海外利益研究智库，以应对科学决策和可持续发展的需要。这类智库要能够应政府、企业和海外同胞所需，及时提供决策意见，同时成为相关高层次专家的储备池，并传播海外利益相关的信息和知识。建设过程中需要特别重视推进民间智库和我国海外非政府组织的建设。八是由中央国家机关来管理费时费力的情报网络、数据库及智库等基础工程建设，以避免现今管理体制机制下的不作为，保证达到低投入高产出效果。九是在政治学或安全学下补设"海外利益与安全"二级学科，以填补我国学科体系在这方面的缺失，促进我国维护海外利益的理论发展，保障海外同胞安全的理论研究和人才培养跟得上形势发展。

第三节　国内外研究现状述评

一　国内研究的现状

关于海外同胞的研究，主要是从社会学、政治学、经济学、历史学、地理学、心理学等多学科角度，对海外同胞面对的文化冲突、经济压力、教育的适应性、伦理道德、文学美学、生存状况、安全问题等相关命题进行的研究。专门针对海外同胞安全或者安全机制研究的资料很少，通过查找国内关于安全机制、华侨华人等相关方面的研究资料并对其进行整理分析，可以得到有关完善海外同胞安全预警机制的启示，有助于课题的研究。经过对大量的文献资料进行分析，现将国内关于海外华侨安全机制相关研究的现状，综述如下。

（一）关于安全预警机制的研究

通过对中国权威的中文期刊数据库 CNKI（China National Knowledge Infrastructure，即中国知网）和维普数据库的查询，以"安全预警"为篇名的研究，成果较为丰硕，截至 2016 年 6 月 5 日，网络数据库平台共检索出 3482 条研究记录，其中以"安全预警机制"为篇名的研究，检索出 368 条记录，但是以"华侨安全预警机制"为篇名进行检索，还没有发现有国内学者涉及这方面的研究。通过对近十年的文献资料分析与整理，发现国内关于安全预警机制的研究，主要集中于以下五个方面。

第一，关于我国公共环境安全预警机制的研究。关于我国公共环境安全预警机制的研究，主要集中于公共场所危机事件、公共食品安全、城市公共环境安全等方面。梁诚子（2009）从"海恩法则"在不同环境研究和推广的适用性、公共安全对应急事件及时处置的客观要求、建立健全大众化的应急处理系统网络等三方面，对我国公共安全环境的创新进行了详尽的研究和论述。何伟怡和陈伟珂（2005）在城市公共安全两级预警机制的基础上，探讨了基于原发事故预防的城市公共安全初级预警的基本模型及其理论依据，并就建模技术提出了一个集成化构想。张文昌和于维英（2005）基于对一系列危害公共安全事故的思考，从建立健全各级管理组织机构、加大宣传力度、提高公民安全知识与安全意识、注重公民安全技能的培养、建立公共安全公告公示制度、建立健全公共安全预警网络几个方面，提出建立我国公共安全预警机制。霍晓莉等（2011）从我国现存的食品安全问题出发，对我国在食品公共安全防范及预警机制上存在的问题进行简要分析，提出构建和完善社会食品公共安全防范及预警机制，以提高我国食品安全防范及预警的能力，加强食品安全管理的建设等，构建我国食品公共安全预警机制。

第二，关于我国生态安全预警机制问题的研究。关于我国生态安全预警机制的研究，主要集中于我国自然环境生态安全、城市生态安全、农业生态安全等领域。王瑾和张广磊（2011）对生态安全预警机制进行了简要分析，并从法律与政策的视角指出了对当前生态安全预警机制的相关规定。同时提出了当前规定的不足，并对健全完善生态安全预警机制，以充分发挥其在生态安全中的作用提出了几点建议。吉中会和张华兵（2007）在中国地理学会 2007 年学术年会上发表论文，以江苏省盐城市为例，对 2005 年的人均生态足迹和人均生态承载力进行了计算，结果发现盐城市存在生态赤字，并用层次分析法计算出各指标的权重，通过多级模糊运算建立判断矩阵、灰色关联模型建立灰色关联度优势，对各单元生态安全进行综合评价，根据不同的生态安全等级，分别从工程技术、生态恢复、人文教育等角度，建立市域城市生态安全系统。韩晨霞等（2010）在国内外已有的研究基础上，从压力—状态—响应三个方面构建了石家庄市生态安全预警评价指标体系，并基于模糊数学模型，结合 Excel 程序，建立了生态安全预警评价计算模型（FE 模型）。利用所构建的指标体系及 FE 模型，从时间尺度上（1999～2020 年）对石家庄市的生态安全预警状态进行了定量评估和动态趋势分析。结果表明，石家庄市的生态安全预警状态从一般逐渐过渡到良好。马晓钰和叶小勇（2012）年在新疆"脆弱生态环境－人口"系统安全预警机制研究中，建立了人口承载力预警模型。

第三，关于我国部分行业安全预警机制的研究。关于我国行业安全预警机制的研究，主要集中于建筑业、食品生产与加工业、机械制造业、图书档案管理行业等。肖顺武（2010）以我国粮食安全预警机制的完善涉及的三个核心问题，探讨完善我国粮食安全预警机制。陈俊武（2010）认为科学合理的安全预警机制能够帮助图书馆及时发现可能发生的突发事件和存在的危机，及时启动各种应对措施，使图书馆的损失降到最低。齐凯等（2011）根据现有安全预警理论以及起重机械使用过程中存在的问题，提出建立起重机危险源辨识和报警的机制。该机制由先进的测试与分析系统、高素质的研究型人才、企业单位的配合与支持以及足够的经费四部分支撑，利用实时监控、数据分析、警报处理和修理排除故障四个环节的循环运行，使得安全监控与起重机作业同步进行。杨照海和黎晓林（2010）通过对风险分析内涵、本质特征的探讨，认识了风险分析在动物性食品安全管理中应用的必要性，并就建立动物性食品安全管理预警机制提出建议，以为保障动物性食品安全提供参考。于谨凯等（2011）基于可拓物元模型探索了我国海洋油气业安全评价及预警机制问题。魏中许等（2013）基于情报信息融合视角，探索了民航空防安全威胁预警机制创新。

第四，关于我国部分地区安全预警机制的研究。关于我国部分地区安全预警机制的研究，主要以部分省市为例，如北京市、黑龙江省、石家庄市、杭州市等，探讨该省市相关安全预警机制构建的问题。袁林和何鸣（2010）认为北京市当前应当采取组建药品安全预警信息系统、建立预警信息发布机制、完善药品安全预警相关政策法规、大力发展和构建预警系统的技术支撑体系等措施推动预警体系的建立和发展。王军等（2006）对河北省农业生态安全预警机制进行了理论探讨，并基于生态学拓适原理和乘补原理、生态幅概念和耐性规律以及经济学效益分析和环境库兹涅兹曲线原理建立了农业生态安全的理论基础，并从观念、技术和政府作用等方面进行了障碍性分析，最后提出了相应的对策。张小平（2009）对黑龙江省大豆加工产业的安全预警机制进行了研究，并论述了黑龙江省安全预警机制建设的必要性、农产品（大豆）加工预警体系建设项目的必要性、黑龙江省农产品（大豆）加工监测预警系统建设的主要任务目标。

第五，关于我国部分组织安全预警机制的研究。关于我国部分组织安全预警机制的研究，重点集中于对该组织相关安全问题预防的探讨，这些组织有电网企业、学校等。李观红（2010）在其硕士学位论文中对电网企业的安全管理预警机制进行了研究，并分析了电网企业安全生产现状，从电网结构、电网技术、电网事故、电网运行四个方面入手，建立了电网安全预警评价指标体系；采用改进的层次分析法和多目标线性加权函数法构建了电网安全状态的评价模型；提出了电网企业安全管理预警信号系统及实施的保证措施；最后进行了实证分析，结果表明该预警机制的建立具有一定的实用价值和理论意义。郭永强（2010）针对社会环境的大变迁带给我国高校复杂的内外部环境，论述了高等教育的安全稳定关系到国家经济的发展和社会和谐，高校的安全管理问题就显得日益突出，旨在探讨如何防范高等学校潜在的安全问题，建立相应的校园安全管理预警机制。林咏梅（2008）认为学校网络安全预警机制包括预警主体、预警组织、预警对象、预警制度、预警指标体系、警级、预警手段等七个方面的构成要素。学校网络安全预警机制的运行是监测、分析、决策三大系统的动态过程，每个子系统又包括若干环节。建立学校网络安全预警机制应注意指标的科学性、警情的真实性、建模的特殊性、责任的明确性。陈天利等（2013）研究了高校学生管理工作中的安全稳定预警机制的构建。

（二）关于华侨华人的研究

通过在中国权威的中文期刊数据库 CNKI 和维普数据库中的查询，以"华侨华人"为篇名的研究，成果较为丰硕，截至 2016 年 6 月 5 日，网络数据库平台共检索出 1201 条研究记录。这些记录表明，随着华侨华人群体规模的不断壮大，以及华侨华人群体与中国关系越来越密切，国内外关于华侨华人的研究成果颇为丰富。改革开放后，中国海外新移民人数急剧增长，新移民逐渐引起学术层面、政府层面的重视，国内外关于新移民的研究成果也逐渐增多。

华侨华人研究是涉及政治、经济、文化、历史、民族、人口、国际关系等诸多领域的综合性研究，是历史学、经济学、民族学、社会学、文化学、人类学、国际关系学等学科共同关注的热点问题。中国学术界对华侨华人研究始于清末，梁启超是当时关注华侨华人问题的主要学者，其著述的《美国华工禁约记》是清末中国学者第一部涉及美国华人的著作，该书对加利福尼亚华工的历史以及美国政府有关华工的各种禁例进行了概述并提出了美人排斥华人之论据。

民国时期的学者对华侨华人问题比较重视，20 世纪 30 年代是华侨华人研究的高峰期，如何汉文（1931）所著的《华侨概况》综合了以前的研究成果，对欧洲、南非、美洲、西印度群岛、澳大利亚及南洋各地华侨的概况和所面临的问题进行了论述，并探讨了华侨与中国未来产业的密切关系；黄遵宪（1933）所著的《留学日记》真实记录了清末留学日本的中国学生的情况。日本侵华战争开始后，华侨华人的研究重点转移到与中华民族生死存亡相关的问题上来，林云谷（1938）的《抗战与华侨》、黄警顽（1940）的《华侨对祖国的贡献》就是这一时期的主要著作。战后，由于国内战乱和政局的不稳定，华侨研究有所停滞，但仍出现了一批颇具影响力的论著，如丘汉平（1945）的《战后华侨问题》、张荫桐（1946）的《南洋华侨与经济之现势》、陈里特（1946）的《中国海外移民史》等。此外，"华侨民族主义论"是这一时期较具影响的理论，该理论认为与国内人士相比，华侨对于革命更加热心，是中国革命和建设的主要力量。

中华人民共和国成立后，尤其是改革开放后的30多年，国内华侨华人问题研究呈现全面推进的趋势，有关华侨华人的研究成果迭出。仅 CNKI 和维普数据库两大学术资源网收录的相关学术论文已达 4000 余篇，可谓成果颇丰，相关论著也不断问世。目前已出版的专著主要有朱杰勤（1989）的《东南亚华侨史》、高伟浓（1993）的《走向近世的中国与朝贡国关系》、朱国宏（1994）的《中国的海外移民——一项国际迁移的历史研究》、庄国土（2001）的《华侨华人与中国的关系》、钱江和纪宗安（2009）合著的《世界华侨华人研究》等。北京大学华侨华人研究中心主任周南京（2002）主编的《华侨华人百科全书》最具系统性和代表性。该书以多学科的视角从理论和学术上综述了华侨华人社会形成与发展的轨迹，其内容涵盖人物、历史、社团政党、经济、教育科技、新闻出版、法律条例政策、社区民俗、文学艺术、著作学术、侨乡等华侨华人研究领域的所有方面。

相比较而言，国内其他学者的研究内容则稍显单一，缺乏系统，或是单就华侨华人发展历史进行综述，或是对某一时代背景下华侨华人存在问题进行探讨，又抑或是对某一特定区域华侨华人问题及其与相关领域的研究。概括起来，国内学者对华侨华人的研究呈现以下几个特点。

第一，研究取材的广泛性。国内学者对华侨华人的研究涉及历史、经济、华工、留学生、新移民、侨务政策、华侨华人与祖居国关系等多个方面。海外华侨华人历史的研究是国内学术界长期研究的传统课题，代表著作有陈碧笙（1991）的《世界华侨华人简史》、葛剑雄（1997）的《中国移民史》等。聂德宁（2007）认为，第二次世界大战前，马来西亚的华侨在对马来西亚社会经济发展产生重要影响的同时，也对中马的贸易关系发展产生了巨大影响。经济方面，郑学益（1997）主编的《商战之魂——东南亚华人企业集团探微》分别论述了新加坡、马来西亚、泰国、印度尼西亚和菲律宾的华人企业集团的发展情况；李鸿阶和廖萌（2009）认为华侨华人的经济活动能否融入住在国，不仅关系到自身的生存发展，而且对我国与住在国经济关系将会产生重要影响。华工、留学生和新移民方面，吴凤斌（1988）的《契约华工史》一书对契约华工制的兴起及各地区的华工进行了详细的论述，并认为华工在经济发展和反殖斗争方面对当地的贡献最大；黄利群（1990）所著的《中国近代留美教育史略》考察了近代以来中国向美国选派留学生的过程及留学生回国后在中国现代化进程中所起的重要作用；郭玉聪（2006）认为21世纪初中国留学生大幅增长的原因是经济全球化的深入发展和各国对人才的争夺；李其荣（2007）认为，做好新移民的研究工作，有利于他们在当地的生存和发展，有利于所在国的民族团结和经济发展。对侨务政策的研究，毛起雄和林晓东（1993）编著的《中国侨务政策概述》较系统地介绍了当代中国的侨务政策；张秀明（2008）认为改革开放以来侨务政策的演变促进了华侨华人与中国的互动，"合作双赢"是华侨华人与中国关系的主旋律。华侨华人与祖居国的关系，一直也是中国侨史界研究的重要课题。吴前进（2003）的《国家关系中的华侨、华人和华族》把华侨华人的处境、作用和中国与居住国的关系联系起来，从历史演变和双边互动两个层面进行了深入的探讨。任贵祥（2009）认为海外华侨华人积极致力于祖国的统一大业，是《反分裂国家法》的推动和拥护者。大冢丰（2012）以东南亚诸国华语汉语教科书之分析为例，论述了海外华人华侨对全球中文推广的参与。刘宏（2013）在《公共外交季刊》上讲述了华侨华人的"中国梦"。裴援平（2015）在《求是》杂志上专题阐释了华侨华人与抗日战争。陈志明（2016）分析了博物馆、文化遗产与华侨华人之间的关系。

第二，研究地域的广袤性。国内的华侨华人研究成果涉及五大洲华人足迹所能到达的国家和地区。除了以朱杰勤（1989）的《东南亚华侨史》、李春辉和杨生茂（1990）的《美洲华侨华人史》、张秋生（1998）的《澳大利亚华侨华人史》、李安山（2000）的《非洲华侨华人史》、李明欢（2002）的《欧洲华侨华人史》为代表的综合性研究著作外，国内其他一些学者也对东南亚、北美、南美、非洲、大洋洲及欧洲等移民集中的国家和地区展开了深入的研究。方金英（2001）以历史发展为线索，探讨了东南亚"华人问题"的形成、发展及相关政策演变史，以及"华人问题"的现状和发展趋势；赵欣（2007）对近代旅美华侨华人社会的形成和发展、中国传统文化在北美的传播以及西方文化在中国的传播问题进行了详细的研究；李艳林（2007）分析了华人在巴西、阿根廷等国开拓南美市场的动因和现状，并指出华人凭借勇于拼闯的精神在南美取得的发展，为中国企业开拓南美市场提供了一个良好的商业基础；万晓宏（2007）从经济、华文教育、参政、安全处境四方面分析了南非华人的生存状况，认为华人在南非从事工商业发展空间较大，参政意识的提高使参政人数显著增多，华文推广前景看好而安全处境恶化是当前南非华人面临的最大挑战；张秋生和孙红雷（2007）以澳大利亚移民部有关历史档案为依据，指出 20 世纪八九十年代澳大利亚华人新移民数量增多，移民年龄多在 25 ~ 44 岁，移民类别以经济移民、家庭团聚移民和人道主义移民为主；郭剑波和陈红丽（2009）研究了青田华侨华人在欧洲传播中国传统文化和在侨乡传播欧洲文化方面的重要作用，并认为青田旅欧华侨华人是中欧文化互动的重要载体，华侨华人不仅促进了欧洲多元文化的发展，而且促进了侨乡经济的发展。张月（2012）分析了日本华侨华人与中国对日本的公共外交。袁源（2014）讨论了北美华侨华人专业人士跨境活动的载体。杨发金（2015）分析了拉丁美洲华侨华人的历史变迁与现状。刘金卫（2016）研究了缅甸华人华侨与"一带一路"建设之间的关系。

第三，研究视角的多元性。改革开放以来，国内关于华侨华人的研究呈现出多学科、广视角的特征。饶芃子（1999）主编的《中国文学在东南亚》从发展华文文学的视角对华侨华人在传播中国文化过程中的作用进行研究。林蒲田（1995）主编的《华侨教育与华文教育概论》从华文教育的角度，以华文教育的起源、华文教育的现状与发展趋势、新时华文教育的改革与发展、华侨捐资办学等为主要研究内容对海外华侨华人展开研究。朱杰勤（1991）主编的《海外华人社会科学家传记》选取了 23 名著名华人社会科学家的生平事迹，评述了他们对世界的贡献。随着中国文化对世界影响力的不断加强，以文化视角研究华侨华人的成果也日益增多。吴建雍（1999）所著的《18 世纪的中国与世界：对外关系卷》在大量运用东印度公司有关档案和外国学者研究成果的基础上，认为早期华工在中外文化交流中起到了不可替代的桥梁作用；梁英明（2006）认为在多民族社会中，不同民族文化的相互接触和交流是不可避免的，这种交流将促进不同文化间的逐渐融合；韩震（2009）认为全球化进程为华侨华人的文化认同带来新特点。此外，还有少数学者从国家软实力构建的角度研究华侨华人。杨刚和王志章（2010）的《美国硅谷华人群体与中国国家软实力构建研究》以硅谷华人社群为研究主体，深入研究了国家软实力、美国硅谷与华人社群的形成、硅谷印度人与华人的实力比较、硅谷华人社群"软实力"与"硬实力"、硅谷华人社群在构建中国软实力中的作用、硅谷华人社群"软实力"与建设创新型国家的关系、硅谷华人社群软实力的构建等几个问题。陈正良等（2009）认为华侨华人在弘扬中华文化、传播中国形象、维护国家统一、促进国际理解、连接全球经济网络、增强民族凝聚力和促进中国社会健康发展方面推动了中国软实力的形成；陈奕平和范如松（2010）认为通过发挥华侨华人个人、海外华人传媒、华文教育及华侨华人社团的作用，可以有效地提升中国的国家软实力。这些不同视角的研究成果，把我国华侨华人的研究提升到一个新的历史阶段。

第四，研究方法的多样性。国内学者对华侨华人的研究多基于文献法、实证法、抽样法、访谈法、对比分析法等。例如，Li（1999）的专著 *We Need Two Worlds：Chinese Immigrant Associations in a Western Society*（《我们需要两个世界：一个西方社会中的华人移民社团》），以荷兰华人社团形成和发展的历史为研究内容，通过充分利用各种文献资料，采取社会调查和口述历史的研究方法，论证了华人移民身处"两个世界"的社会形态；张学惠（2002）的《华侨华人在祖籍地的作用方式研究——对融籍华侨华人创新"作用方式"的实证分析》一文，采取了定量和定性研究相结合的方法；陈云云和张晨辉（2010）的《和谐世界视域中的华侨华人》通过定性分析的方法，回答了为什么数千万海外华侨华人是构建和谐世界的重要推动力量。总之，无论研究采取什么样的方法，是将理论与实践相结合，还是将社会科学研究方法与自然科学研究方法相结合，都夯实了华侨华人研究的理论基础，初步形成了华侨华人研究的专题史、跨化交流、软实力提升等研究模型，为今后进一步开展对该领域的深入研究奠定了较好的基础。

（三）关于华人华侨生存与安全问题的研究

通过在中国权威的中文期刊数据库 CNKI 中以篇名查询，截至 2016 年 6 月 5 日，得到结果："华侨生存"8 篇、"华人生存"68 篇、"华侨安全"28 篇、"华人安全"59 篇，发现国内学者关于华人华侨生存与安全问题的研究领域主要集中在以下几个方面。

第一，关于华侨华人相关生存问题的研究。高伟浓（2003）对华人新移民在澳大利亚、新西兰的生存适应性进行了分析。刘瑞常等（2004）通过"西班牙：鞋子引起的麻烦""南非：社会犯罪威胁华人""巴基斯坦：使馆全力解决突发事件"三个方面介绍了海外华人安全状况。张禹东（2005）从华侨华人文化的双重特性出发，探讨了宽容作为华侨华人的生存方式的意义与价值。李安山（2005）对 1854～1962 年牙买加地区的华人社区的形成与发展，以及华人的生存、适应与融合进行了深入研究。黄昆章（2007）以泰北美斯乐"云南村"为例，探讨了泰国华人争取生存发展相关问题。全博（2008）在其硕士学位论文《法国华人的来源及其生存方式的变迁》中探讨了移民职业能力与生存方式之间的关系，同时也通过对比早期和当代华人在职业、社会经济地位、日常生活以及政治和文化上生存方式的差异来了解法国华人生存方式变迁的过程。王晓鹏（2008）通过调查研究，对南非华人的生存状况进行了调查，剖析了南非华人在南非生活的一系列问题和不稳定因素。乔鲍（2007）介绍了欧洲华人的生存状态。李其荣（2008）通过对美国和加拿大的新华侨华人的文化认同分析，探讨了这些地区华人寻求生存方式的同一性，认为加强对华侨华人文化认同的研究，对于华侨华人融入主流社会，充分发挥华侨华人在传承中华文明中的作用，以培育有利于中国和平发展的国际舆论氛围，具有重要意义。盖建平（2009）以文学视角，通过进入木屋诗的具体文本，结合历史对早期美国华人的生存经验的解读，分析了华人的丰富感性与真挚诗情、华人生存斗争与文学创作的紧密关系。

第二，关于华侨华人相关安全问题的研究。白庆哲（2004）以全球化时代的新安全观和移民之间的关系为视角，试就新安全观的内涵以及海外华人移民与中国的国家安全之间的关系进行了分析。严筠和胡文辉（2007）探讨了海外华人安全风险增大的原因，以期从根源上了解海外华人安全风险的产生。华达（2007）对纽约华人的安全状况进行了介绍。君君（2008）对海外华人安全问题进行了透视。胡文辉和严筠（2009）对建立全方位、多层次的海外华人安全风险防范机制提出了几点思考，主要包括：增强我国公民海外安全风险防范意识和防范能力；建立健全安全风险评估机制和预警系统；发挥商业保险的作用；建立我国海外务工人员劳务风险基金等。赵桂娟（2009）以厦门同安竹坝华侨农场社会保障制度改革的研究为标的，研究了该地区华人华侨的农村安全与社会保障问题。

第三，关于华侨华人生存与安全相关信息数据库的研究。徐云（2001，2002，2007）在文章《华侨华人文献信息专题数据库建设的理论与实践》《华侨华人文献信息资源保障体系与共享网络的建设》《"华侨华人文献信息专题数据库"建设思路与实践评价》中，多次提出我国建立华人华侨相关信息资源库的观点，并介绍了"华侨华人文献信息专题数据库"建设的背景、思路和主要内容，总结了建设过程中的实践经验，并在主要特色、应用价值等方面进行了自我评价，并提出了坚持特色、严格执行标准化、加强宣传和维护、处理好知识产权问题、做好人员的专业配备等进一步加强建设的措施。岳艳明（2009）以华侨华人信息数据库建设为例，分析了高校图书馆特色数据库建设的现状及存在的问题，提出了关于特色数据库建设特别是华侨华人信息数据库建设的对策和建议。

第四，关于我国各级政府部门对归国华侨生存政策的研究。例如，劳动和社会保障部与国务院侨务办公室（2007）颁布《关于认真贯彻落实国务院推进华侨农场改革和发展意见的通知》，文件要求吉林省、福建省、江西省、广东省、广西壮族自治区、海南省、云南省等侨乡大省及其侨务管理机构，对华侨农场人员就业培训、劳动关系处理、解决相关历史遗留问题、参加基本养老保险和医疗保障高度重视，充分贯彻落实国务院6号文件精神，促进华侨农场改革和发展。广东省劳动和社会保障厅（今人力资源和社会保障厅）2003年颁布《关于切实做好华侨农场职工养老保险纳入地方统筹有关问题的通知》（粤劳社〔2003〕59号），把华侨养老保险完全纳入地方统筹，全面保障华侨农村职工的养老生活。浙江省人民政府2006年下发了《浙江省华侨权益保障暂行规定》（浙政发〔2006〕75

号），要求省为各级政府、机关、事业单位要充分保障归国华侨的基本权益，贯彻国务院相关文件精神，做好相关侨务工作。福建省人民政府办公厅 2007 年转发了《关于做好我省华侨农场职工参加城镇职工基本医疗保险工作意见的通知》（闽政办〔2007〕189 号），要求妥善解决好全省华侨农场职工的医疗保险问题，维护华侨农场职工的合法权益，实现华侨农场广大职工共享改革发展的社会成果。

二　国外研究的现状

（一）关于安全预警机制的研究

通过在国际权威的论文数据库 Web of Science 和 Google 学术论文库进行检索，发现国外对安全预警机制的相关研究成果还是比较丰富的。以 Web of Science 为例，通过关于主题 "early warning system/mechanism" 的文献资料检索，对检索结果进行分析，发现共有专题英语论文 4568 篇，涉及人类生活的方方面面。经过整理分析，关于安全预警机制的研究，主要有以下几个特点。

第一，研究的学科分布较广。关于安全预警机制的研究，人文社会科学和自然科学都有较多的研究成果。经统计，各个学科领域研究论文主要分布如下：公共环境和公共卫生科学（841 篇）、环境科学和生态学（757 篇）、传染病学（527 篇）、卫生保健学（404 篇）、数学（323 篇）、药物学（322 篇）、工程学（319 篇）、毒物学（317 篇）、工艺学（288 篇）、气象学（269 篇）、生物化学和分子生物学（51 篇）、神经学（46 篇）、行为科学（37 篇）、心脏病学（34 篇）、心理学（33 篇）。

第二，研究的视角运用较宽。安全预警机制涉及领域广，研究视角宽，不同学者根据其研究的领域，来探讨各种理论、方法、背景对安全预警机制的影响，以及具体运用。选取部分近几年最新相关研究成果呈现如下：Yoo 等（2012）以熵理论为视角研究了安全运算的稳定性问题。Fahjan 等（2011）以绝对速度为视角研究了城市地震预警系统。Chong 等（2011）以全球综合数据库为视角对安全预警进行了评估。Elshazly（2011）以经验疗法为视角探讨了货币危机的预防机制。Alcik 等（2011）

以行为生态病毒理学为视角对环境质量预警系统进行了评估。Chiyo 等（2011）以分子观测技术为视角研究和评估了大象的生存安全问题。Sawant（2010）以项目融资案例为视角研究了大规模经济基础建设安全问题。Amitrano 等（2010）以微弱活动分析为视角研究了大规模不稳定岩石层的安全机制。Weaver 等（2010）以观察急症处理为视角研究了病人安全预防方法。Neumann 等（2010）以脂肪代谢障碍为视角研究了艾滋病患者自相关生理安全问题。Brils 等（2014）以整体风险为视角研究了欧洲河流水域安全问题。Martin（2008）以经验模式为视角研究了流行病的安全预防机制。

第三，研究的国家和地区较多。关于安全预警问题的研究，许多学者结合某一国家和地区某些实际问题，通过调查收集一手资料，进行相关安全预警的研究，选取部分近几年最新相关研究成果呈现如下：Locatelli 等（2011）研究了意大利国家毒品滥用安全预警机制。Krefis 等（2011）对加纳儿童疟疾安全预警进行了研究。Raziei 等（2011）对伊朗气候变化安全预警进行了研究。Yoon 等（2011）对日本青鳉安全问题进行了研究。Colóngonzález 等（2011）对墨西哥温湿环境变化安全预警进行了研究。Jenkins 等（2011）对澳大利亚医院病人临床问题的安全预警进行了研究。Sissoko 等（2011）对西非荒漠草原的农业、生活和气候变迁的安全问题进行了研究。Tonini 等（2011）对萨摩亚群岛环境安全预警机制进行了研究。Kilic 等（2011）对土耳其石油污染安全预警机制进行了研究。Lauterjung 等（2010）对印度尼西亚海啸的安全预警问题进行了研究。Laneri 等（2010）对西北印度的疫疟安全预警问题进行了研究。Nordvik 等（2010）对挪威北部的季节变化进行了安全统计分析。Korostelina（2010）以历史教育的视角，研究了俄罗斯与乌克兰安全预警问题。Suess 等（2010）对德国禽流感安全预警问题进行了研究。Christenson 等（2010）对新西兰 Ruapehu 火山口湖的安全问题进行了深入探讨。Kamigaichi 等（2009）对日本地震安全预警问题进行了研究。Allen 等（2011）对美国加利福尼亚州地震安全预警进行了研究。Sivalal（2009）对马来西亚健康安全问题进行了探讨。Werner 等（2009）对英国英格兰、威尔士和苏格兰洪水预警问题进行了研究。

（二）关于华侨华人的研究

国外学者对于华侨华人的关注和研究起步较早。民国时期，美国学者宓亨利《海外华人的地位及其保护》的中文版在 1928 年由上海商务印书馆出版，日本学者长野朗 1929 年在参考了李长傅所著《华侨》和宓亨利的著作的基础上写成了《中华民族之国外发展》一书，较详尽地论及了华人移民世界各地的情况，对后来的研究起到了非常重要的参考作用。改革开放后关于华侨华人的研究越来越密集，著述成果颇丰，从地域上看，以美国华人、东南亚华人、加拿大华人为重点；从研究对象上看，以研究华工、华商、华人精英的较为集中，其中澳大利亚的王赓武、美国的周敏、陈依范、吴元黎等研究贡献较大。

随着全球化、信息化步伐加快，世界变得更加扁平，国家之间竞争越来越表现为由硬实力和软实力所构成的综合国力的竞争。软实力是 1990 年由美国哈佛大学约瑟夫·奈提出的。如今，软实力作为全新的理论体系已经更加完善，应用价值彰显，研究成果不断涌现。从目前掌握和查阅到的文献来看，近年来，国外对华侨华人及国家文化软实力的研究大致表现为以下几个特点。

第一，关于华侨华人研究的时空维度。根据目前已经搜索到的文献资料，学界对华侨华人的时间维度多建立在断代史的基础上，如《美国华人的历史和现状》（宋李瑞芳，1984）、《秘鲁华工史》（斯图尔特，1985）、《炎黄子孙——华人移民史》（潘琳，1992）、《从苦力到主人翁——纪念华人到古巴 150 周年》（德格拉，1997）。

而在空间维度上，国外学者的研究成果涉及了各大洲华侨华人所在的国家和地区，北美、南美、东南亚、欧洲、非洲、大洋洲都无一遗漏，但研究侧重点各有不同，例如对于欧美的华侨华人，学者们更侧重于经济往来、学术交流、技术合作和文化冲突等。对于非洲和大洋洲的华侨华人学者们更侧重于国家层面的政治、经济事务，如 Mohan 和 Tan - Mullins（2009）从宏观的层面探讨了当代中国移民在非洲的政治、经济、社会和文化方面的深刻影响，Harris（2006）用比较和对照的方式探讨了中国劳工在南非面临的种族主义和排斥中国的现象。对于东南亚和南亚的华侨华人，关于华商力量、文化传承和创新、民族认同的文献较为集中，如 Frost

（2005）探讨了新加坡华人的认同形成原因及影响。

　　第二，关于对象的研究。从研究对象来看，华人社团、华人精英、华工是研究重点，除此之外，留学生群体作为华侨华人的主要来源也受到了更多的关注，如 Bail（法国）等探讨了海外华人的爱国主义问题，分析海归对中国政治、经济和社会领域发展所产生的影响。又如，Kleining（2008）探讨了华人社群在中国经济奇迹中的作用。

　　第三，关于研究内容和方法。已有的华侨华人研究的微观层面主要集中于华商企业、历史、形象、商业形式和内容等，而宏观研究则主要集中于海外华人精神层面、华侨华人政策、移民进程、海外投资、民族认同及文化适应等，如 Berger 和 Hefner（2003）在 "Spiritual Capital in Comparative Perspective"（《当代视角下的精神资本》）中阐述了民主、善治等软层面的力量在海外经济活动中的地位，认为海外华人是着眼于新型精神资本和中国商业活动之间的群体。在华人政策方面，Barabantseva（2005）在 "Trans – nationalising Chineseness：overseas Chinese policies of the PRC's central government"（《跨国界华人化：中国政府的海外华人政策》）文中，分析了吸引海外华人回国参与中国现代化建设的机制和中国领导层怎样利用全球移民制度、跨国界主义、传媒和跨文化交际来巩固执政党的合法地位，认为应发挥中国的政治先进性，重视中国文化、促进中国经济的发展。

（三）关于华侨华人生存与安全问题的研究

　　通过在国际权威的论文数据库 Web of Science 和 Google 学术论文库进行检索，以英语为主，发现国外对华侨华人生存与安全的相关研究成果非常少。以 Web of Science 为例，通过关于主题 "overseas Chinese safety/ security/life/survival" 进行模糊匹配检索，对检索结果进行分析，发现关于华人华侨安全问题的研究非常少，生存问题的研究有一定的研究成果，经统计共有专题英语论文 103 篇，其中一部分文章是由中国学者以英文论文发表的关于华人华侨安全与生存问题的研究。

　　国外学者对华人华侨生存与安全相关问题有一定的研究，主要集中于社会学、生理学、经济学、考古学、医学等领域。选取部分近几年最新相关研究成果呈现如下：Katila（2010）对在芬兰的华商家庭进行了关于道德秩序的研究，通过调查取样，了解了华商在芬兰的生存特点，讨论了华商家庭在家庭、性别和伦理方面的建设。Gadzala（2009）对肯尼亚的华商企业进行了研究，探讨了华商企业以及中国人在肯尼亚的生存困境。Mullins（2008）对华人身份识别进行了研究，探讨了美国华人的生存状态与如何更好地融入美国社会主流。Fosha 和 Leatherman（2008）对美国南达科塔州 Deadwood 地区的中国人生存经验进行了研究，探讨了该地区唐人街的华人华侨基本的生活状态和社会结构。Reinhard 等（2008）对美国加利福尼亚州 San Bernardino 地区的唐人街进行了研究，探讨了该唐人街的形成以及华人的生存现状。Voss 和 Allen（2008）以考古学的视角，对美国加利福尼亚州 San Jose 地区的唐人街进行了田野研究，探讨了该地区华人华侨的家庭与世界之间的关系，分析了该地区华人生存现状，以及社会集体和社区机构。David 等（2007）对澳大利亚昆士兰 Brisbane 地区的中国老移民的社会隔离进行了研究，剖析了其生存现状，谈论了其社会保障政策的制定与实施。Parker 等（2007）对在美国的西方化的中国人进行了抑郁状态与生存状况的研究，发现无论是生于美国的华人还是美国外的华人，中国人比美国人在一生中抑郁率显著较低，其生存心理状态较好。Nieto（2003）对在西班牙的中国人的生存现状进行了介绍，并对相关华商企业、华人组织、华人社区、华人家庭等进行了探讨，发现华人对西班牙国家经济建设做出了一定的贡献。

三 以往研究的不足

综观国内外学者对华人华侨相关问题的研究，不难发现，国内已有研究主要集中在探讨国内学者与相关华人华侨工作者的使命和责任方面，文献不仅数量多、质量高、视野开阔、见地深刻，而且有利于我们更好地理解华人华侨生存与安全问题研究的意义，认识华人华侨对中国国家建设的重要功能和作用，把握华人华侨研究现状，为华侨安全预警机制的研究做好了铺垫。然而就华侨安全机制研究而言，国内外的相关研究人员较少，研究内容也相对欠缺，亟待更新观念、丰富成果、创新机制。

（一）研究成果非常少，主题内容不突出

中文以 CNKI 学术资源网收集的文献为例，以"华侨华人"为主题的研究论文和报告有 15536 篇，英文以 Web of Science 学术资源库收集的文献为例，以"overseas Chinese"为主题的研究论文和报告共有 4568 篇。把华人华侨与生存安全结合起来进行查询，研究文献非常少：国内文献有"华侨生存"8 篇、"华人生存"35 篇、"华侨安全"19 篇、"华人安全"37 篇，且大多数文章是介绍性的期刊，没有进行深入探讨，少部分学术论文没有成体系地研究华人华侨生存与安全问题；国外文献有 103 篇，但很多文章没有对华人华侨安全问题进行专题研究，而是在其研究主题中有一定的涉及。通过分析以前的文献资料发现，一方面文献资料现有成果非常少，不利于华人华侨安全预警机制的专题研究，提高了后续研究的难度；另一方面却为后继学者开辟新的视域和新的课题提供了机会，使后继学者有望取得创新性成果。

（二）研究理论较零散，研究方法显得单一

整体上讲，根据掌握的所有文献情况，关于华侨华人的研究理论零散、内容分散、方法单一，实证较少，缺乏系统性、集中性和完整性，海外华侨华人融合问题的对策缺乏针对性和操作性。尤其值得注意的是，随着时代的发展，国际形势的变化，关于新移民的特点、变化和新趋势的与时俱进的研究亟待补充，这些为本研究提供了突破和创新的思路，也将成为我们研究的重点和难点。对于华人华侨安全问题，现有研究虽然通过实证法、抽样法、访谈法、对比分析法等调查方法，介绍了某一地区华人华侨的生存与安全现状，但过于对某一微观问题进行研究，理论高度有待提升，缺乏一个宏观战略思想指导华人华侨安全预警机制的建设。另外，以往对于海外华侨华人的分布数据不少是通过二手资料来估算的，准确度和及时性较差，更没有建立相关的动态数据库。

（三）研究成果转换率低，难以形成政策文本

经过文献资料分析发现，绝大多数关于华人华侨以及其生存与安全问题专题论文的研究，都停留在学术层面的探讨，缺乏有效的成果转换机制。很多论文的研究成果无法形成政策文本，难以在实际中进行操作，虽然问题在不断地被发现和研究，但是问题依然存在，并没有得到很好的解决。科学研究应该为人类发展服务，关于华人华侨安全预警机制的研究，不仅要在调查中取得一手的数据资料、在理论上不断完善和创新，更要通过建立预警系统的实践，将理论陈述转化形成可操作的实在政策文本以及有效的预警行动，为政府的决策提供参考，提升课题研究的应用价值。

第四节　研究路径和方法的确立与调整

一　研究的基本路径

（一）理论和实践的探索

通过对国内外新形势与中国海外华侨剧增两大现实背景的研究分析，进一步了解课题的相关研究内容和基本情况，确定研究的理论、实践和前瞻三大目标，并根据研究的目标做好前期的准备工作。通过对现有文献的综述、基本问题的假设、核心概念的界定和相关理论的阐释四个方面的铺垫，课题组召开成员大会，做好研究方案、预算规划、研究进度和考核方案，全面开展研究。基于社会学、公安学、统计学、公共管理学、法学、政治学、民族学、经济学，以及控制科学与工程、计算机科学与技术、环境科学与工程、软件工程、安全科学与工程等学科知识，以及相关研究领域人员的安排，针对本书研究的问题，展开有关预警对象（海外同胞）和预警事件的调查研究工作。调查研究通过定量的调查和数据的统计分析，定性研究的文献法和访谈法，从地域、经济、文化、社会四个空间角度，对我国海外华侨及其生存的安全问题以及预警机制的构建，进行资料收集，为研究分析做好准备。通过对海外同胞安全研究现状与政府工作回顾、当今海外同胞安全现状抽样调查与分析、海外华侨安全信息数据与评价指标设计、海外华侨安全突发事件的预警系统研究、海外华侨事件的预警后续工作研究，以及华侨安全预警的政府政策文本研究等六个方向的调查报告汇总，形成最终的调查报告。基于初始的设计，研究的成果将在理论层面建立海外同胞安全理论体系。通过文献分析和从网络及各种媒体搜集的2000年后的涉侨突发事件，建立相关数据库，寻求影响海外同胞安全的因素，建立海外同胞安全测评的指标体系；分析这些因素与海外同胞安全的因果关系，建立可以用于安全预警和报知的理论模型；然后通过工作假设步骤，建立可以用于假设检验的模型，经过数据库资料的验证，再建立可以用于实际预警的模型，并对动态变化的数据库进行预警分析，形成预警报知，以期填补海外同胞安全预警在报知方面的空白，完善我国海外利益和安全防控方面的理论基础等。另外，通过上面取得的数据积累和理论认知，分析研究完善海外同胞安全的救护机制。结果在实践层面，将建立海外华侨华人信息库，包含预警对象和安全的相关信息，最后提出具有操作性的海外同胞安全的整套预警方案和救护机制的政策文本。

（二）问题的发现

对于一种新鲜事物的研究，往往不像人们预料的那样，常常会发现新问题，进而需要寻求新的办法。在本次理论基础研究的过程中，果然发现了重要的问题。其中一个重要问题就是传统建库建模的预警办法，存在两个很难克服的困难。首先是影响海外同胞安全的因素中，有很多是社会学、心理学等方面的因素，很难准确量化，因此使建库和建模非常困难，如是否出兵伊拉克，对于小布什和克林顿来说，会因他们各自的性格、习惯的不同而产生不同决定，很难有什么规律可循。其次，很多关键的数据是难以拿到的，特别是对那些欠发达的国家，统计资料非常缺乏，而安全风险却恰恰会经常发生在那里，况且我国"走出去"不久，海外的情报采集系统还没有形成，而国内各个部门有限的情报和数据目前还不可能共享，所以在有限的数据和指标体系下，所建模型的有效性和可靠性就有很大问题了。经过本书相关研究人员的努力，我们认为利用原先的设计思路，只能有一个初步的理论框架，在这个框架下形成的粗浅的预警模型，只能对海外同胞安全风险做些大体的战略层面的预警，起到一些指导性的作用。然而，我们实际上需要的是根据动态及时的准确情报，做出短期的风险防范报知。

如何解决实际问题而避免泛泛空谈，是我们这个实际应用性很强的项目要特别注重的。我国要能够尽快明确维护海外同胞安全的关键问题是什么，针对这个重大问题采取什么办法解决，这也是本书必须面对的攻坚任务。

（三）建立中国特色的海外安全情报网络

1. 尽快完善中国海外安全情报网

"情报比导弹更重要"，这是美国"9·11"事件后深刻而沉痛的反思。应对全球危害中国海外利益的各种突发事件，最理想的是要做到"早发现、早预警'，而最关键的是情报的搜集、研判和报知，为此必须搭建全方位的海外安全防控情报网，首先保证情报工作先行一步。美国"9·11"事件后至2013年，至少有60多起针对美国的恐怖图谋被挫败，其中除了几次是因为"好运气"外，其他大多要归功于情报部门和执法部门。

在国外，重视反恐情报的典型做法有不少。例如，英国秘密保安局、军情六处、政府通信总部及国防情报局等情报机关都有责任实时监控恐怖主义动向，为反恐提供预警。在这些情报机构之上，英国政府设有联合情报委员会，直接对内阁负责。这一机构对各个情报机构的信息进行统筹，定期向内阁提供安全威胁评估。又如，以色列的"预防性反恐"工作，除了对恐怖组织的内部机密情报进行分析外，还对恐怖网络进行舆情分析，经过两方面结合的再分析，进行国际协作预警，由此提高预防恐怖主义事件的概率。

在我国，维护海外利益与保障海外安全日益成为国家重大急需的任务，然而目前不仅观念和理论上缺少研究，实际工作在体制和机制上也存在不少问题。例如，我们知道，外交部的领事保护中心和在世界各地的领事机构，由于人员少而事情太多，以及国家缺少相关法律规定等原因，这些政府相关机构一直忙于日常事务的应对。又如，政府各个部门也掌握了不少世界各地的信息，然而由于管理的制度和部门的利益，资料信息难以交流和共享，更不用说提供给大学和研究机构使用了，所以浪费了大量宝贵的信息资源。再从市场上说，世界500强等大企业在开拓新市场时，先要投入很大比例的资金进行前期市场调研，摸清情况再做决策，所以国外有不少如麦肯锡、毕博、盖洛普等著名咨询公司为其服务。而中国大型央企"走出去"往往独自一体，中国民间企业"走出去"则缺乏引导和组织，也往往不重视调查研究，对海外的东道国缺乏政治、法律、文化、宗教、社区等环境的充分调查了解，更不能结合自己的特点、能力进行风险规避的设计，建立必要的预警机制。这种缺少市场调研和咨询公司支持的投资，自然风险极大，效益难以保证。所以在中国建立强大的海外安全情报系统、形成有效的市场调研咨询环境是"走出去"战略中必须布局的工作。

2. 大数据时代下的与时俱进

在"一带一路"倡议下，中国在海外的项目、人员势必快速增加，为了超前于海外利益拓展对安保的需求，我们应该具备大数据时代的先进工作手段，使用互联网技术，凝聚海外同胞，为建立我国海外安全保障的信息系统服务。过去中国的国家安全工作主要是面对国内，国外任务不多，一直按照传统的工作模式运作，然而现在中国是全球第二大经济体，那么需要面对的是整个世界，那么多人、那么多事、那么多信息，没有与时俱进的办法，怎么管得过来？所以必须有创新的办法来支持中央的战略发展需要。

另外，我们要采用"海外同胞＋互联网"这种工作模式，建立我们自己的情报网和数据库，这需要较大的前期投入，但是如果和海外突发事件的损失比较，以及从长远收益看，那显然是低投入高产出的基础工程。然而像情报网和数据库这样的工程，毕竟是耗时耗力的事情，在短期内也难以见到明显效果，所以这类长远性计划按照如今层层报批的手续，很难想象能够不被耽误下来，这是需要中央和国家层面出面组织领导的战略性基础工程。

3. 加强战略研究，提高行动水平

（1）与时俱进地确立新时代国家利益的相关理论。习近平主席强调，要高举和平、发展、合作、共赢的旗帜，统筹国内国际两个大局，统筹发展和安全两件大事，牢牢把握坚持和平发展、促进民族复兴这条主线，维护国家主权、安全、发展利益，为和平发展营造更加有利的国际环境，维护和延长我国发展的重要战略机遇期，为实现"两个一百年"奋斗目标、实现中华民族伟大复兴的中国梦提供有力保障。他提出要切实维护我国海外利益，不断提高保障能力和水平，加大保护力度。针对新时期的这些要求，我们应该根据国际国内形势的发展和我们的权益，提出我国新的国家利益观念，明确我国在海外存在哪些正当合理的利益，包括这些海外利益的种类、性质、范围和法律依据，以及海外利益会受到哪些来自哪里的威胁，我们有哪些权利和手段可以及时有效地维护和拓展我们海外的利益。

（2）制定中国海外利益维护与拓展的战略框架。要想维护自己的国家利益，就必须有具远见卓识的全球战略。必须抓紧研究和制定一个适应国内外环境变革的海外安全保障战略框架和行动准则，针对海外利益的轻重缓急，提出适合我国"走出去"战略和"一带一路"倡议的海外安保指导方针和政策。

（3）设计切实可行的海外利益拓展规划。有了海外利益维护和拓展战略，也需要有一个缜密高效的行动规划来执行，这个规划特别要首先落实中国海外情报网络的建设计划，以确保海外利益走到哪里，安全保障就能够跟到哪里。由于国际环境的不断变化，这个规划的制定是一项配合国家发展战略的长期工作。

（4）研究别国如何维护与拓展海外利益。其中包括重新审视和比较分析英国、美国、日本、俄罗斯等国海外利益发育、培植和拓展的做法，厘清他们各自的海外利益来源、构成和战略部署，考察它们的情报网络，并对照中国历史的经验教训，研究我国如何捍卫和拓展国家利益。

（5）加强中国"走出去"的案例研究。目前从战略层面和实际操作方面来研究中国企业"走出去"的成果还很少，定量分析更是匮乏。"走出去"战略的核心目标是拓展中国海外利益，对"走出去"战略进行定量分析，有利于我们理解中国海外利益维护与拓展的现状，为制定科学完备的国家战略体系提出有针对性的政策措施，并有助于海外利益情报网络服务的设置。

（6）加快海外利益研究智库的基础工程建设——建立国家和民间安全情报网络。安全预警和救护的关键和难点在于是否有完善的安全情报网络，完善的安全情报网络便于进行情报的收集、分析和预警报知。然而，情报网络建设是件费时费力的工作，但又是战略发展上必须有的，长远看是低投入高产出的事情，所以此项工程需由国家层面统筹实施。具体建设时需要注意：一是建立现代的互联网情报系统并结合线下情报网络，同时辅之以传统的海外安全数据库和预警模型，前者适用于近期预警报知，后者适用于中长期安全预警。二是基于我国的问题，必须打破体制机制束缚，实现情报信息共享。海外安全预警需要多方信息和各方合作，国家不仅要保证信息安全，还要制定信息共享法则，积极推进信息的交流和共享。三是需要建立若干个体制内外的海外利益研究智库，这是科学决策和可持续发展的需要。这类智库要能够应政府、企业和海外同胞所需，及时提供决策意见，成为相关高层次专家的储备池，并传播海外利益相关的信息和知识。四是建设过程中要特别重视依靠海外同胞这一宝贵资源，推进民间智库和我国海外非政府组织的建设。有了维护中国国家利益的非政府组织网络，就为情报收集提供了有效及时的信息资源和渠道，也为预警信号的判别和可能突发事件的推断，提供了可靠的信息数据来源。

二　研究采用的方法

（一）规范研究

本书总结归纳国内外关于海外同胞安全预警问题的相关研究成果，在充分了解海外同胞安全问题内涵的基础上，统计分析预警对象（海外侨胞）的规模、分布和生存现状，以及内地居民出境的现状和发展趋势；分析当前我国政府、民众和安保市场对海外同胞安全的预警现状；借鉴西方发达国家对本国海外同胞安全预警的经验做法。基于一般和个别、抽象和具体的原则，对我国海外同胞安全预警相关理论和实践进行学理性分析和研究，以探索分析符合我国外交与国情的海外同胞安全预警机制的新视角，构建起我国海外同胞安全预警机制的理论体系和政策模式。

（二）文献分析研究

文献法是根据一定的研究目的或课题，通过查阅文献来获得资料，从而全面、正确地了解和掌握所要研究问题的一种方法。本书的文献分析研究有以下几个步骤。第一，通过浏览全球图书网络资源系统、Web of Science、CNKI、国家图书馆、学校图书馆等网络资源，按照关键字进行搜索，并对资料进行初步的分析和筛选，以提取对本书有用的资料；第二，根据相关搜索结果，结合现有研究成果，购置相关研究领域的图书，以获取最新研究成果并为研究准备图书资料；第三，根据不同研究领域分专题建立文献数据库，了解、分析海外同胞安全研究的研究现状，以及各国在针对本国海外华侨安全预警方面工作的基本情况。

（三）比较研究

本书将采用纵向比较与横向比较相结合的方法，以全面地获得我国海外同胞相关二作的发展历史和研究现状，并通过比较和借鉴，探索构建我国海外同胞安全预警的有效模式与路径。在纵向比较方面，本书将对我国学界和政府针对海外华侨安全问题的研究和工作进行历史回顾，以总结经验和教训。在横向比较方面，包括以下三点：首先，将我国现有海外同胞安全预警工作与西方发达国家相关工作进行比较，包括机构设置、制度建设等方面的比较，以了解我国政府海外同胞安全预警能力的现状；其次，将我国海外同胞安全预警能力与政府海外突发事件应对能力进行比较，找出两者能力的相通性与差异性，并借鉴相关经验；最后，将我国海外华侨安全预警能力与我国军事实力和综合国力进行比较，找出其内在联系，探索我国海外华侨安全预警机制建设的根本保障因素。

（四）实证研究

所谓实证研究，即通过对从调查中得到的样本数据进行检验来验证关于对总体所做的假设与推理的过程，也被称为归纳推理。本书所采用的实证研究主要基于海内外媒体报道、统计数据、问卷调查的资料来进行定量分析研究，并进行理论归纳总结。在实证研究中，将主要采用以下方法。

第一，大数据分析方法。依靠互联网媒体、微信、报纸期刊，搜寻2000年至今有关涉侨的850个突发事件案例，建立案例数据库，结合文献分析、网络舆情分析方法和文本分析方法等，通过现代统计分析技术，寻找案件类型、事发原因，判断全球各大洲国家的涉侨安全的风险等级。同时依靠案例研究发现的因果关系，形成关于生存安全的理论陈述，并构建预警指标体系，通过对数据的环境模拟研究，获取有关海外华侨安全系统的各种变量之间的关系，进而形成海外同胞安全的操作假设，最后经过假设检验，建立可操作的计算机预警模型。

第二，问卷调查法。问卷是社会调查中用来收集资料的一种工具，用来测量人们的行为、态度和社会特征。问卷根据其使用方法可以分为自填式问卷和访问式问卷。本书将结合自填式问卷和访问式问卷，按照研究目标进行问卷设计，然后对海外华侨和归国华侨以及与拥有大量海外华侨的公司、组织或机构，进行问卷调查，以便真实地了解他们对我国海外华侨安全预警机制与能力的认识和评价。在研究手段上，本书将在采用传统纸质问卷的基础上，结合互联网开展网络调查，采用电子问卷的方法进行信息收集。电子问卷一方面能在短期内获得大量样本数据，另一方面能够远程访问国外的被调查对象，这将大大提高研究效率，减少研究成本。对问卷调查的结果，将采用专业的统计分析软件，如用 SPSS 等进行数据和信息分析。

第三，统计分析法。从全球化的高度、世界移民变动的宽度，尽量收集有关海外华侨的数据资料（如各国人口普查数据、移民统计资料、内务部统计资料，以及国际移民组织、联合国有关机构的数据资料），以及他们安全方面的数据，科学构建海外华侨安全的测评指标系统，建立相关数据库，以更充足扎实的数据配合本研究。

第四，系统工程的方法。本书将采用系统建模、系统优化、决策方法、系统性能评价、系统能力分析等系统工程的方法对我国海外同胞安全预警环境和条件进行研究，对我国海外同胞安全预警能力进行局部和总体分析，发现预警和救护机制中的关键问题，寻求能够高速有效进行海外同胞安全预警的办法。

（五）学者与实际管理部门工作者相结合的办法

本书得到国家和福建省的有关政府部门以及中国新闻社、华侨大学、厦门大学、西南大学、华东师范大学、部分海外华侨团体等组织机构的大力支持，为学者与实际部门工作者紧密结合创造了良好的条件。本书将坚持理论与实践相结合的原则，深入政策制定和实施部门开展调查研究，研究我国海外华侨安全预警机制存在的主要问题，针对问题，形成符合我国外交和国情的海外同胞安全预警和救护机制的研究专报和政策文本，使应用对策研究能充分体现理论研究与实际调研相结合、理论部门与实际部门相结合、理论工作者与实际工作者相结合的特质，并使提交的应用对策真正能为党和政府的决策提供思路和可供操作的方案与措施。

（六）实践探索的方法

本书的应用性强，为了加强实际操作性，我们还动员政府、企业、学校、科研机构和海外社团一起探索建设海外信息网络和数据库，共建海外利益安全研究的民间智库，试图利用互联网技术和海外同胞资源，探索建立有效的全球海外同胞安全的信息情报网络，利用现代信息搜索技术，及时采集影响海外同胞安全的预警信号，通过舆情分析和大数据挖掘，判断可能存在的突发事件，为海外同胞生命与财产安全可能出现的危险提供预警和报知。

第二章　海外涉侨突发事件的统计分析与救援响应

　　为了掌握海外同胞生存环境中的风险情况，首先要采集海外华侨华人遇到的危害安全的突发事件案例，结合骆克任教授承担的国务院侨务办公室"完善涉侨事件防治机制，促进侨社和谐发展"课题任务，我们进行了案例搜集工作，至 2016 年 5 月共收集了涉及海外同胞突发事件的案例 850 个（简称涉侨突发事件）。基于相关文献分析的经验，我们对这些案例进行了事件的类型分类，寻找了事发的原因，建立了突发事件危害程度的指标体系及其评分标准，进行了数据的统计分析，基本了解了海外同胞在全球安全风险中的情况，并分析研究了未来 10 年内可能出现的涉及我国海外同胞安全的风险分布和危害等级情况。最后选择了有代表性的 65 个国家进行安全环境的评估，指出了在未来一个中期范围内海外同胞需要防范的风险。

第一节　全球涉侨突发事件的分类与事由

一　较大涉侨突发事件的回顾

　　涉侨突发事件，一般是指在非中国境内突然发生的，会给华侨华人等造成或者可能造成严重危害或损失，需要采取应急处置措施，予以应对的自然灾害、事故灾难、公共卫生、社会安全、政治冲突等事件。中国移民海外的历史久远，华侨华人在海外分布广泛，海外华侨华人对中华人民共和国的成立及发展做出过重大贡献，他们的人身和财产安全，直接关系到中国的政治、经济等利益。近年来，涉侨突发事件不断发生，本研究通过对涉侨突发事件的回顾，初步发现重要的涉侨突发事件一般是劫持枪杀、社会犯罪、战争骚乱、天灾人祸等类型，如表 2 - 1 所示。

表 2 - 1　近几年部分重大涉侨突发事件历史回顾

事件名称	表现形式	发生时间	发生地区	损失程度	处理过程
福清男子国外开超市，惨遭枪杀	劫持枪杀	2016.4	南非	老板胸部和腰部中枪身亡	省市公安部门多方协调，并开启"绿色通道"
南非发生武装抢劫案，1 名中国女游客身中 6 枪遇害	劫持枪杀	2016.3	南非	一名女性游客不幸中 6 枪身亡，华人司机也受了重伤	中国驻德班总领事介入
西班牙一华人做饭引发森林大火，被控疏忽纵火罪	天灾人祸	2015.9	西班牙	周边 1.4 公顷的森林和土地被火灾毁之殆尽	这名中国籍男子被指控疏忽纵火罪并被当地国家宪兵逮捕
曼谷四面佛爆炸	社会犯罪	2015.8	泰国	中国游客死亡 7 人，住院治疗 26 人	警方抓获一名四面佛爆炸案重要嫌疑人，法院对 7 名嫌疑人发出通缉令
休斯敦华裔家庭遭灭门成"冷案"，华人购枪自保	社会犯罪	2014.3	美国	休斯敦市郊华裔一家四口惨遭枪杀	华人购枪自保成热潮
华人商店再遭持枪抢劫，欧洲华人总会提抗议	持枪抢劫	2014.2	意大利	数名国籍不明的蒙面匪徒手持短枪恐吓游客、店员	欧洲华人旅游业联合总会致函政府保护华人财产与安全
罗马华人仓库区数家华商批发店仓库被大火焚毁	社会犯罪	2013.5	意大利	数家华商批发店仓库被大火焚毁，受灾面积达上万平方米	当地警方加强对华人仓库周边的治安巡逻
中国女子南非遭抢劫遇害	劫持枪杀	2013.6	南非	3 名凶犯潜入南非一家中国超市抢劫，残忍杀害了 34 岁的女店主，劫犯逃跑前还企图以煤油焚尸	警方抓获两名疑犯，追捕另外一名逃犯

续表

事件名称	表现形式	发生时间	发生地区	损失程度	处理过程
飓风"桑迪"袭击美国，大量民众受影响	天灾人祸	2012.10	美国	65人死亡，数万人无家可归，部分地区失去电力供应	大量行政资源投入抗灾防灾救灾工作，民众全力防范飓风威胁
菲律宾首都枪击事件，华人1死2伤	劫持枪杀	2012.1	菲律宾	1名菲籍华人死亡，2名菲籍华人受伤	3名伤者被送往医院，其中1人抵达医院时已死亡
苏丹反政府军劫持事件	劫持枪杀	2012.1	苏丹	29名中国工人被劫持，1人失踪	29名被劫持中国工人获救，1人遇难
罗马灭门案	社会犯罪	2012.1	意大利	华人2死1伤	驻意大利中国使馆介入
"10·5"湄公河惨案	劫持枪杀	2011.10	泰国、缅甸	13名中国船员遇难	湄公河惨案告破，相关船员家属得到妥善安置
日本"3·11"大地震	天灾人祸	2011.3	日本	灾区华侨华人损失严重	中国政府积极救援
利比亚撤侨	战争骚乱	2011.2	利比亚	损失数百亿美元	撤离在利比亚的3.3万多名华侨华人
马尼拉劫持事件	社会犯罪	2010.8	菲律宾	21名香港同胞被劫持	8名香港同胞遇难、6人受伤
海地地震	天灾人祸	2010.1	海地	8名中国维和人员遇难	中国政府积极参与救援
阿尔及利亚抢砸事件	社会犯罪	2009.8	阿尔及利亚	华人受伤、财务受损	驻阿尔及利亚大使看望遭受冲击的商铺和受伤华人，阿警方加强对该区的治安管理

注：近十年是华侨华人有关突发事件的高峰期，表格中只选举了小部分涉及人员伤亡或重大财产损失的案例

（一）政治排华：中国侨胞惨遭杀害和侮辱

政治排华往往会产生大规模的仇华运动，给我国海外侨胞带来无法估量的伤害，在世界历史发展进程中产生极其恶劣的影响。例如，1962年10月的一场中印边界之争，使两国关系滑入谷底，印度政府开始制造一系列恶劣的排华事件。1966年4月印度尼西亚在苏哈托与总统苏加诺的权力斗争期间，爆发反共浪潮，进而演变成为反华高潮，发生大规模排华事件。从1977年开始，越南全国掀起排华高潮，把大批华侨驱赶出国，被越南驱

赶回国的华侨达 10 万余人。1998 年 5 月 14 日，印度尼西亚再次发生大规模排华运动，总统苏哈托纵容印度尼西亚军队以及一部分暴民，对在印度尼西亚的华人实施了极不人道的迫害，持续 3 天之久，大量华人惨遭杀害。

（二）劫持枪杀：制造涉侨事件成为政治活动手段

对中国侨胞的劫持或枪杀成为一些反政府武装组织或恐怖组织要挟当局政府的一种复仇行动。这些武装分子企图通过要挟中国政府，利用外交，达到自我的政治目的。例如，2004 年 4 月，来自福建省的 7 名务工人员在伊拉克费卢杰地区被绑架，绑架分子要求政府与之谈判；2007 年 6 月，巴基斯坦红色清真寺成员闯入一家按摩院绑架了 9 名人质，包括 6 名中国籍女子，要求关闭该按摩院；2008 年 4 月，在印度尼西亚的一家中国矿业企业，7 名中国员工和 1 名印度尼西亚人遭歹徒劫持，要求与政府谈判；2008 年 11 月，9 名中国工作人员在苏丹被武装分子绑架，要求政府答应有关政治条件，在政府人质营救行动中，4 人获救，5 人不幸遇难。

（三）社会犯罪：治安不良危及海外涉侨生命财产安全

海外涉侨的盗窃、抢劫、谋杀、纵火、绑架、强奸、暴力殴打等社会犯罪案件频频发生，给华侨华人的人身安全和财产安全带来巨大威胁。在治安欠佳的国家，则更易发生此类事件。例如，2002 年 8 月，中国留学生在德国被残忍杀害，凶手仅被判刑七年半；2010 年 5 月，中国全国人大常委会副委员长乌云其木格率团过境巴黎被抢；2010 年 12 月，乌拉圭首都蒙得维的亚市先后发生两起中国商人遭遇袭击事件，导致 1 人死亡、1 人重伤。2011 年 7 月，世界各地的对华犯罪事件出现一个高峰期，如西班牙首都马德里的华人住家连遭洗劫，意大利普拉托市 1 名华人在工厂被杀，纽约唐人街频发抢劫盗窃案，阿根廷一华人超市被置包裹炸弹和勒索 10 万美金的字条，等等。

（四）战争骚乱：海外涉侨安全环境突变恶劣

一些政局不稳定的国家或地区，其反政府武装或社会团体与政府对抗，并产生大规模社会骚乱甚至战争。面对这样的暴动或战争，中国政府采取积极的撤侨行动，提高了国际影响力。例如，2006 年 4 月 18 日，所罗门群岛首都霍尼亚拉发生骚乱，危及当地华侨华人的人身、财产安全，60 多家华侨华人店铺被焚。因为中国政府与所罗门并未建交，后经多方努力，中方包机将侨胞分四批从所罗门群岛撤至巴布亚新几内亚，再由国内起飞的政府包机专程将 310 名侨胞撤回广东。2006 年 4 月东帝汶骚乱，中国驻东帝汶使馆安排 200 多名侨胞进入使馆避难，5 月 29 日，中国政府两架包机顺利接回 243 名侨胞。2006 年 7 月黎以冲突，中国外交部和驻黎巴嫩、叙利亚、塞浦路斯等使馆密切配合，分批安全撤离在黎巴嫩的中国公民共计 167 人。2006 年 11 月汤加骚乱，中国政府派包机协助 193 名老弱妇孺侨胞经斐济回国，并进行妥善安置。2008 年 1 月乍得战乱，在驻乍得使馆的协助下，300 多名中资机构人员和侨胞分两批自乍得边境安全撤至喀麦隆、加蓬境内。2010 年吉尔吉斯斯坦发生骚乱，其卫生部公布，骚乱造成 75 人死亡，超过 977 人受伤，大批华人商店被毁，中国政府派专机接回本国公民。2011 年 2 月埃及动乱，中国派遣两架专机赴埃及紧急撤侨。2011 年 3 月一场由利比亚本国人民引发的利比亚骚乱演化成内战，引起世界高度关注，中国政府采取积极措施，在利比亚撤侨达 3.3 万之多，成为中国在冷战结束以来最大的一次撤侨行动，令世界震惊。

（五）天灾人祸：带来难以预测的巨大伤害

突发性自然灾害和事故灾难，虽然不是针对我国侨胞的仇华排华人为事件，但是这些天灾事故，也是海外涉侨的严重安全问题。特别是特大自然灾害与事故，会给所在国的各国居民带来不可估计的损失。例如，1986 年 4 月，乌克兰境内切尔诺贝利核电站核泄漏事故，给人类带来巨大伤害。2010 年 3 月，智利发生里氏 8.8 级特大地震，政府当天表示，可证实的在地震中罹难的人数为 279 人。2010 年 10 月，印度尼西亚官员 30 日称，袭击印度尼西亚西部沿海地区的海啸已经造成 413 人死亡，上百人仍然失踪。2011 年 3 月，日本近海发生 9.0 级强烈地震，引发海啸，日本气象厅称这是世界观测史上最高震级地震。

综上所述，虽然涉侨突发事件种类繁多，损害程度不同，并且影响因素各不相同，但是，从事件发生的性质上划分，不同涉侨突发事件可以归纳到一定的类型之中。

二 涉侨突发事件的类型细分

比照 2006 年中国国务院发布的《国家突发公共事件总体应急预案》，海外涉侨突发事件的类型与国内公共突发事件的类型具有一定的相似性，但又有着明显的不同①。与国内公共突发事件相比较，对于海外涉侨突发事件，我国政府的行政手段更加难以介入与防治。由于国外更多不可控因素的影响，涉侨突发事件的发生更难以预防。通过对所收集的文献资料与国内突发事件的类型之比较，从众多的涉侨突发事件当中，我们找到不同事件的共同因素，提取了构成涉侨突发事件的五个主要类型：自然灾害类、事故灾难类、公共卫生事件类、政治文化冲突事件类和社会经济安全事件类。

（一）自然灾害类

自然灾害是指自然界遵循本身运动规律，产生突然变化所造成的财产损失、人员伤亡、社会失稳、资源破坏等，这是一系列人类不可抗拒的灾害事件。自然变异运动成为灾害必须具有两个基本条件：一是要有自然异变作为诱因；二是人、财产、资源等遭受不同程度的损失。各国自然灾害类的涉侨突发事件，没有政治、经济、文化、社会等方面因素的直接影响，在性质上与一般自然灾害类突发事件具有类似性。自然灾害的预报任务主要由气象、地质和生物等研究机构来承担。例如，2004 年 12 月 26 日，印度洋地震海啸席卷了南亚和东南亚的十几个国家，在此次地震海啸中遇难者总人数超过 14 万名，其中包括 12 名中国人。除此之外，2010 年 10 月，袭击印度尼西亚西部沿海地区的海啸造成 413 人死亡。2010 年 3 月，智利发生里氏 8.8 级特大地震，罹难人数近 800 人。2010 年 1 月 13 日，加勒比岛国海地发生里氏 7.3 级地震，造成 22.25 万人丧生，19.6 万

---

① 就突发事件本身性质而言，并没有国界之分。中国发生的突发事件，在国外也时常发生，因此突发事件具有普遍性特点。国内相关突发事件的研究非常成熟。但由于国内突发事件研究对象与本书的研究对象具有地域上和身份上的区别，在涉侨突发事件分类过程中，有些类型具有一定相似性，如自然灾害、事故灾难、公共卫生事件等，但有些类型具有自身的特点，如政治文化冲突和社会经济安全事件等。

人受伤，其中包括 8 名中国维和人员遇难。

（二）事故灾难类

事故灾难是具有灾难性后果，直接由人的生产、生活活动引发的，并且造成人员伤亡、经济损失或环境污染的意外事件。事故灾难主要是由人们无视规则的行为所致，主要包括交通事故、工矿商贸等企业的各类安全事故、核辐射事故、工伤事故、公共设施和设备事故、生态破坏事件和环境污染等。涉侨事故灾难虽然是由人为因素造成的，但这些因素不是针对某一族群而产生的，而是在所在国生活圈内随机发生的，因此涉侨事故灾难具有偶然性和非主观性。一般情况下，事故灾害具有以下基本特征：随机性、因果性、规律性、高损坏性、必然性（宋英华，2009）。例如，2012 年 2 月 22 日，阿根廷首都布宜诺斯艾利斯发生一起城铁列车出轨事故，造成至少 49 人死亡，逾 600 人受伤，其中有 3 名华人在此次事故中受伤。2009 年 6 月 1 日，从巴西里约热内卢飞往巴黎的法航 447 号航班途中发生空难，坠毁在大西洋，导致 216 名乘客和 12 名机组人员全部丧生，其中包括 9 名中国公民。

（三）公共卫生事件类

公共卫生事件，是指已经发生或者可能发生的、对公众健康造成或者可能造成重大损失的事件。公共卫生事件主要体现在造成或者可能造成社会公众健康严重损害的重大传染病疫情、群体性不明原因疾病、重大食物中毒以及其他严重影响公众健康的事件方面。公共卫生事件的主要特征包括全球性、突发性、非常规性、危险性。特别是大面积流行性疾病，严重威胁生命安全与社会稳定。例如，艾滋病、大型流感、瘟疫、疟疾、登革热、手足口病等都是全球性的传染疾病，这些传染疾病或传染性强，或传播速度快，或病死率高，不但对海外华侨华人的身体健康和生命安全构成威胁，而且很可能会通过各种途径传入国内，一旦传入将严重影响到我国的社会稳定、经济发展、国家安全和人民生命健康，如前几年爆发的禽流感、口蹄疫、非典型肺炎、炭疽病等。世界各国所发生的公共卫生事件具有内在规律的一致性，因此涉侨公共卫生事件与国内公共卫生突发事件具有相似性。

（四）政治文化冲突事件类

如今，中国的世界影响力越来越突出，再加上在全球化推动下，国际移民不断增多，国家之间的交流不断增强，中西方的政治文化价值观念也在融合中不断发生冲突。一般情况下，政治冲突是指在不同国家政治体系中，由于全球格局利益的不一致和对同一利益追求而产生的矛盾；而文化冲突则是两种或者两种以上的文化相互接触所产生的竞争和对抗。无论是政治冲突，还是文化冲突，都容易产生不同国家和民族之间的矛盾，引发争斗事件。由于中西文化价值观念不同、全球利益格局不同，表象的文化冲突往往会引发深层次的政治冲突，这些冲突会不断波及我国海外侨胞。与国内政治文化冲突事件不同之处在于，我国海外侨胞等往往会成为所在国政治博弈的牺牲品，或是文化排挤的对象，有的甚至是带有宗教战争性质的排华运动，"1998 年排华骚乱"就是一个典型的例子。在印度尼西亚这场"黑色五月暴动"的大规模排华运动中，数千名华人遭到迫害，数以千计的华人社区店铺遭到摧毁和焚烧。不同地区和种族因为宗教问题、文化问题以及国家间的政治问题等往往会引发针对其他种族的骚乱、恐怖事件，有时甚至演变为局部地区战争，而身处"异乡"的海外侨胞就成为这种冲突和摩擦的直接受害者。

（五）社会经济安全事件类

社会经济安全类涉侨突发事件，是指由所在国涉及侨胞等的社会与经济问题产生的，影响了当地社会稳定发展，威胁社会大部分成员的共同生活，破坏社会正常活动，妨碍社会协调发展的一系列涉侨犯罪事件。这类事件往往与政治大背景和利益群体特点有关，是因价值、规范和利益冲突所引起的。一般是针对特定地区、特定群体的暴徒犯罪行为与排华行为。例如，2004 年 9 月，西班牙东部城市埃尔切发生了一起针对当地华人鞋商的示威抗议活动，抗议分子放火烧掉了该市中国鞋城的 50 多位中国鞋商的店铺。2006 年 4 月 18 日，所罗门群岛首都霍尼亚拉发生骚乱，波及当地华人的人身、财产安全，60 多家华侨华人店铺被焚。除此之外，还有 2003 年 7 月菲律宾马尼拉发生的排华宣传等都是威胁到海外侨胞安全的排华事件。近年来发生的出境旅游安全事故也引起了社会的广泛关注。2010 年 8

月 23 日，菲律宾首都马尼拉发生了一起重大的劫持案，劫匪劫持了来自中国香港的旅游车，因没有得到妥善处理酿成车上 8 名人质死亡、6 人重伤的悲剧。

以发生在世界各地的涉侨突发事件为研究的基础资料，以突发事件的典型案例分析为切入点，对比研究不同地点和性质的涉侨突发事件，以及事件发展模式，由此可以寻求通过侨务工作搭建涉侨事件防治机制的方法，以促进海外华侨社会的和谐发展。随着我国海外侨胞人数日益增多，因经济利益与文化磨合带来的矛盾和冲突时而发生，与此同时，一些国家政治、经济和社会动荡对海外侨胞在当地的生存发展也带来影响。

三　主要涉事群体的基本特征

（一）外出务工人员

近年来我国对外经济合作与交流不断发展，企业境外工程项目日益增多，劳务人员也随着企业而"走出去"，纷纷到海外打工。据统计，我国对外输出的劳务人员约占出境人数的 10%，随着劳工队伍不断壮大，海外劳工的健康安全问题也备受关注。

劳动力的国际流动形式基本上有两种：一是移民，即具有劳动能力的人在国与国之间迁移；二是临时性劳动力流动，即一国劳动力在国外从事短时期工作，工作完成后即回国，这是发展最快也是最重要的劳动力流动形式。临时性劳动力流动又有自发的和有组织的劳动力流动两种。目前，我国劳务输出方式主要有五种：一是通过对外承包工程带动的劳务输出，各种形式的承包工程需要承包公司派遣相关的项目管理、设计、施工、安装调试和技术培训人员为工程项目提供劳务；二是境内企业法人与国外雇主签订劳务合同派出劳务人员；三是在境外投资的企业派出管理人员、技术人员以及培训人员；四是通过成套设备和技术出口需本国劳务人员进行安装调试、技术指导、人员培训等而产生的劳务输出；五是民间劳务输出，劳动者个人通过各种渠道自己联系出国谋职。我国劳务输出基本上采取有组织地派遣劳务人员出国工作的形式。

最新统计数字显示，海外劳务人员所从事的行业中，从事制造业、建筑业和农林牧渔业的外派劳务人员占据劳工大军的绝大多数，约为75%。其中又以制造业工人为最多，占外派劳务总数的40%左右，建筑业比重超过10%。而科教文卫、设计咨询和IT服务业所占比重均不足1%。因此说明普通劳务工人仍然是我国外派劳务大军的主力。由于普通劳工在海外从事的工作普遍存在强度大、风险高、污染严重等特点，其生存状况堪忧，事故伤害以及各类疾病的发生成为影响劳工人身健康与安全的主要原因。据中国驻韩使馆领事部提供的数据，2007年共有43名中国籍劳工在韩国工作时死亡，中国籍的劳工工伤死亡人数占到外籍劳工工伤死亡总数的45%左右。此外，自然灾害、恐怖行动、战争、政治和工人运动、当地疾病以及绑架、抢劫等犯罪活动都会造成海外劳工的安全危机，越是在非洲、拉丁美洲和东南亚等发展中国家居多的地区，中国海外劳工发生意外的概率就越高。2012年1月28日，苏丹南科尔多凡州，中国中水电公司一处公路建设工地遭当地反政府武装苏丹人民解放运动袭击，29名中国工人遭劫持。此外，在2004年和2008年，苏丹曾两次发生中国工人遭劫持事件。2011年10月5日，两艘搭载13名中国船员的船只在泰国境内被不明武装分子劫持，13名船员全部遇害。在2008年和2010年，阿富汗先后发生了两起中国工人遭绑架事件。

（二）在外经商的中国人

20世纪八九十年代"走出去"的华商，普遍接受了良好的现代教育，受到现代企业管理的训练，不断扩大经营范围，经商领域扩展到外贸、房地产开发、化工等项目，有的还涉及电脑、建筑、金融等领域。例如，仅在罗马、米兰、普拉托从事服装进出口贸易的中国温州籍意大利华商企业就有400多家，产品辐射欧洲各国。随着全球化时代的到来，华商的网络更是遍布全球。华商遍布于世界近200个国家和地区、总人数近9000万。

一方面华商在海外的异军突起，另一方面不少国家近期经济低迷，失业率不断攀高，因此针对海外华人的犯罪活动日趋猖獗，靠着勤劳致富的华人则首当其冲成为当地一些不法分子抢掠的对象，针对华商的袭击、敲诈勒索、殴打等事件屡屡发生，严重危及华商人身及财产安全。例如，2004年发生在西班牙埃尔切的火烧温州鞋事件曾惊动全球；2012年针对华人的犯罪在意大利各地屡屡发生，令守法经营的华商防不胜防；2011年10

月，中国人在坦桑尼亚的两家民营企业接连遭到持枪歹徒抢劫，1 名中国女性公民不幸中枪，不治身亡。

（三）出国留学的中国学生

鼓励出国留学一直是我国的强国之策，改革开放以来各类派遣出国留学人员总数近 40 万人，分布在世界上 100 多个国家和地区。美国国际教育研究所近期发布的年度报告显示：2010～2011 学年，中国留美学生总数为 15.7 万余人。随着越来越多的学子走出国门求学，海外留学生的安全也备受关注。近年来有关海外留学生事故的报道屡见不鲜，轻则损失财物，重则性命堪忧。2012 年 4 月 11 日凌晨，美国洛杉矶南加利福尼亚大学的两名中国留学生在一辆宝马车中遭枪击身亡。同年 4 月 18 日凌晨，南加利福尼亚大学附近的费格洛拉大街再次发生持枪抢劫案，一名枪手试图抢劫四名学生时，被巡逻的校警遇到，校警开枪击伤并逮捕了抢劫者。2012 年 4 月 5 日，中国一名留学生在英国伯明翰被一辆没有警车标志的黑色宝马警车撞伤，送医院抢救后于 5 日下午不治身亡。

在海外留学生的突发事件中，车祸、溺毙、打劫、性侵害和突发自然灾害等，是留学生最容易遇见的安全事故。追究其背后的深层次原因，发现中国留学生身上存在诸多安全隐患。首先，中国留学生的自我保护意识普遍较弱。近几年来，中国留学生除了人数的绝对增加，还出现了低龄化趋势。这些小留学生多是独生子女，独立生活和自我保护能力更加欠缺。他们不了解异国的文化、法制差异，且因年龄小而心理素质差，处事过于单纯，容易相信他人，这些问题都会给犯罪分子带来可乘之机。其次，现在一部分中国学生盲目攀比炫富，在不少国家，中国学生俨然已与"暴发户"画上等号。确实有些家庭条件比较好的学生，出国只是为了换张文凭或混一段海外留学经历，留学生活好像是为了旅游、买奢侈品等，这也是中国留学生频频遭遇黑手的重要原因。发生在美国洛杉矶南加利福尼亚大学的中国留学生在宝马车中遭枪击事件就是炫富导致的悲剧。研究发现，工人、商人、学生等人员容易遭受到突发事件，其主要有以下共同特征。

第一，自身的脆弱性。海外华侨华人的自我保护意识薄弱，其缺乏安全知识、逃生技能知识以及应急逃生技能和自救互救能力，对识别危险因素如恐怖组织、路边炸弹等缺乏常识。

第二，对所在国情况了解不够透彻。海外侨民在当地国家和地区缺乏经验，不熟悉当地的人情风俗，不了解当地的宗教文化，不懂得所在国的法律知识和规则，缺乏文化认同感等，也容易导致意外事故甚至发生当地的反华排华现象。

第三，相对懦弱性。海外侨胞身处异国他乡，在遇到事情的时候为避免引发更多的麻烦，往往选择躲避的方式，认为要大事化小，小事化了。然而这种处理问题的方式不仅不能避免灾祸，而且会让犯罪分子抓住这种懦弱胆怯的心理特点，助长他们的犯罪气焰。

第四，炫富露富。世界各地针对华人进行袭击的原因是多方面的，但很多袭击事件的发生都有一个共同原因，就是华人露富。有些华人爱炫富，开着豪华车出入赌场等娱乐场所，这很容易给人一种中国人都是"大款"的印象，因而使其成为犯罪分子的下手对象。

四　涉侨突发事件的原因分析

（一）祖（籍）国方面的事由

（1）中国海外影响力的提升被动荡国家反政府武装当作政治筹码利用。2011 年，中国超过日本成为世界第二大经济体。作为世界上最大的发展中国家和联合国安理会常任理事国，中国没有忘记对第三世界欠发达国家的援助与支持，特别是非洲和拉丁美洲地区的国家。中国国务院新闻办公室 2011 年 4 月 21 日发表的《中国的对外援助》白皮书指出，截至 2009 年底，中国累计对外提供援助金额达 2562.9 亿元人民币，其中无偿援助 1062 亿元，无息贷款 765.4 亿元，优惠贷款 735.5 亿元。除了资金支持，援助的主要方式包括成套项目、一般物资、技术合作、人力资源开发合作、援外医疗队、紧急人道主义援助、援外志愿者、债务减免。这些国际援助加强了中国与援助方政府的合作关系以及中国的影响力。然而，受援国反政府武装分子正是利用中国的影响力，劫持中国海外流动人口来进行政治要挟，妄图通过国际外交制约达到自我的政治目的。近几年发生在刚果、埃及、苏丹、索马里、巴基斯坦、委内瑞拉等国家的反政府武装组织劫持中国公民事件，正是基于这种政治企图的暴力行为。

（2）中国在新的世界格局中的地位引发对方政客打压而带来不安全因素。冷战结束后，美国充当"世界警察"的角色，对发展中国家的内政进行大肆干预。近年来，随着各发展中国家的经济发展，全球化程度不断提高，中国、俄罗斯、印度、巴西等国家的发展，对以美国为首的西方各国谋划的世界政治格局产生巨大威胁。中国经历百年沧桑，终于发展成为一个综合实力强并有着世界影响力的大国。经济的发展与利益的诉求，致使一些西方国家认为中国的发展威胁着世界的发展，并以"中国威胁论"排挤中国。特别是对于局势动荡地区，西方列强通过培养亲西方政治精英，大力排挤中国在该地区的利益，并逐步在地缘政治上对中国进行包围，企图遏制中国的发展。世界大格局、政府之间的关系，直接影响了中国侨胞在所在国的社会待遇。

（3）中华民族的文化价值观与海外的差异导致海外同胞同当地居民的生存冲突。文化价值观是不同民族在不同区域经过长期的历史发展所形成的具有本民族特色的价值观念体系。无论思维方式或语言表达，还是长期以来形成的风俗习惯，中国人与其他民族均有着一定的区别。在这种区别的影响下，人们就可能形成对同一事物的不同认识。再加上政治信仰的区别，以及在社会化过程中形成的不同人生观和世界观，加剧了中国人和其他民族在价值观上的不同。不同价值观的人群在相处过程中，难免会产生对彼此文化不适应甚至反感的心理状态，于是产生一系列"文化冲突"现象。可以这么说，"文化冲突"是一种地域冲突的体现，也是一种价值冲突的表现。文化冲突处理不当，就很有可能演变成为一种"捍卫"自我文化价值观的个人或集体的冲突。

（4）中国百年国耻的影响使不少外国人仍然存在歧视与排挤华人的情绪。中国百年国耻，侨胞在外的艰辛历程，使中国人的形象在许多外国公民的认知中还没有彻底改变。但是，这种伤害却成为部分人所谓的"国家荣耀"，成为他们政治宣传的"基础"，激发一些年轻人的所谓"爱国热情"。在这样的政治目的的宣传下，再加上文化差异与政府媒体别有用心的宣传，致使许多不明事实真相的外国公民，对中华民族产生敌对歧视情绪，"中国猪""东亚病夫""黄种狗"等恶性侮辱性词语，深印在一些极端社会分子的脑海中。这本来只是一些"文化差异"的小冲突，在政府媒体的诱导下，可能演化成为具有政治色彩的暴力犯罪。

（5）中国海外流动人口数量的剧增增加了突发事件危害的机会。2007年，中国社会科学院发布的《2007年：全球政治与安全报告》显示，在成为世界上最大移民输出国的同时，中国流失的精英数量也居世界之首。总的来说，去发达国家的主要是技术移民，而去欠发达国家的主要是劳务人员。欠发达地区的劳务人员容易成为政局动乱国家中政治博弈的受害对象，而发达国家的技术移民容易成为社会犯罪突发事件的主要受害对象。各种类型的国际迁移和流动人口增加，提升了突发事件产生的概率。旧金山、悉尼、渥太华等地方不断发生针对华人的抢劫事件，就说明了这个问题。

（6）中国海外突发事件防治能力的不足难以全面保障海外流动人口的安全。对于专门针对中国海外公民突发事件的应急预警机制，中国尚且处于研究构建阶段。海外华侨与华人的信息欠缺，也增加了涉侨突发事件的救护与救助的困难，政府行政资源的调配与干预难以准确介入，防治难以有效进行。针对国内公共突发事件，中国各级政府出台了相关突发公共事件的预案。各类突发公共事件按照其性质、严重程度、可控性和影响范围等因素，一般分为四级：Ⅰ级（特别重大）、Ⅱ级（重大）、Ⅲ级（较大）和Ⅳ级（一般）。而海外涉侨突发事件的预警与救护，在操作层面上还具有相当大的难度。然而，尽管现阶段政府对中国侨胞的救护和救助能力有限，但可以从几次大的撤侨行动与人质解救行动中看到政府做好这方面工作的决心和信心。目前针对海外涉侨突发事件，中国主要采用的是外交手段，即通过领事保护机制，尽最大努力来确保海外华侨的安全。

（7）中国的和平外交原则误被反华势力看作中国政府的软弱无能。中国的和平外交原则，是中国维护世界和平、处理国际关系的重要准则，也是符合《联合国宪章》、体现联合国文件精神的外交原则。而这种和平外交原则，却被部分敌对分子错误地视为中国政府的软弱与无能。在这样的观念下，反华分子的犯罪活动更容易肆无忌惮，再加上所在国政府打击无力，进一步促使了事件的升级。

（二）居住国方面的事由

（1）一些国家政局动荡、治安状况不佳，致使仇华势力或反政府武装比较猖獗。在世界政治格局逐步重新形成的过程中，一些国家内部政局不稳，动荡四起，加上以美国为首的西方国家通过各种形式打压中国影响力，增加了海外侨胞安全的威胁。例如，西方媒体所称的"阿拉伯之春"运动，就是西方霸权主义暗中支持下的西亚、北非反政府武装活动，在这个过程中也试图排挤中国在该地区的利益，打压当地中国的影响力。当今不少政局动荡的欠发达国家，正是中国政府国际援助的重点区域，也是中国政府与其当局友好合作的国家，如巴基斯坦、埃及、刚果、苏丹、利比亚、叙利亚、伊拉克、伊朗、委内瑞拉等国。许多中资企业在这些国家进行投资和派遣劳务人员，帮助建设基础设施，而西方反华势力则在这些政局不稳的地区，暗中挑拨和煽动那里的反政府势力对中方人员进行政治和经济打压。

（2）当地自我保护政策和社会分层矛盾促发了针对"中国人"的突发事件。例如，在意大利、法国、俄罗斯等欧洲国家，华侨华人在当地的生意发展迅速，在逐步显示其重要地位的同时，客观上威胁了当地一些人的经济利益，挤占了当地居民的市场资源和就业机会。在欧债危机下，这种矛盾显得越来越突出，并进一步演化成为中国人与当地人的冲突。中国人生意的迅速发展与当地市场的冲突，成为居住国排华的重要原因之一。另外，社会分层问题，贫富差距加大，是当今世界各国均面临的重要问题之一。由于西方发达国家在社会福利制度与分配制度方面比较完善，这样的问题不是特别凸显，但是对于发展中国家而言，特别是在华侨华人较多的东南亚国家，这些问题日益严重。例如，有关专家分析，在印度尼西亚占人口少数的华人掌握着巨额的社会财富，该国社会严重的分层和贫富差距，致使一些社会底层分子有针对性地向中国人实施犯罪行为，而当地政府的不作为和转移矛盾的做法，直接威胁"中国人"在当地的安全。

（3）缺乏外国公民保护机制的国家更难以防治突发事件产生的损失。中国侨胞突发事件频发的一个重要原因就是居住国对外国公民的预警和保护机制很不健全，涉侨突发事件难以预料，一些亚非拉的发展中国家，也没有足够的力量来保护外国公民。在那些政府统治力量薄弱、各方列强分裂、内战四起的国家，解决本国内部问题还处于困难阶段，更无暇顾及保护外国公民，更谈不上预警与保护机制的构建。例如，苏丹、利比亚、叙利亚、阿富汗、伊拉克、埃及等亚洲和非洲落后国家，长期处于分裂动乱之中，其政府统治都自身难保，一旦发生针对中国公民的突发事件，当局政府则缺失保护力量，从而加重中国侨胞的损失。

（4）对犯罪团伙或反政府武装打击的不力致使相关恐怖活动死灰复燃。由于各国治安防备体系不同，再加上复杂的政治原因，一些国家的犯罪团伙或反政府武装组织难以从根本上被彻底消灭。特别是在全球化大背景下，不少犯罪团伙或反政府武装组织具有国际化特征，有些则演化成为国际恐怖组织。这些组织往往有严密的情报系统和反侦察系统，其触角遍布全球各地，这给当局政府的清剿行动带来巨大困难。例如，本·拉登"基地"恐怖组织成员散布全球，躲藏在不同的国家和地区，作为军事实力强大的美国都难以从根本上剿灭，更何况一些治安系统欠发达的发展中国家。虽然一些恐怖活动不是针对华侨群体开展的，但是这些恐怖活动给各国社会带来严重威胁，中国海外侨胞也难以幸免。

（5）世界上一些"仇共"行为泛化为仇视"中国人"的行为。第二次世界大战结束以后，资本主义阵营和社会主义阵营进入长期的对立状态。随着社会主义阵营和苏联的解体，中国成为最大的社会主义国家。假想敌苏联瓦解以后，中国自然成为西方资本主义阵营新一轮的假想敌。以美国政客为首的西方政治精英，在地缘政治战略上，逐步采取包围中国的策略。而在政治观念上，通过全球化大肆宣传西方价值观，掀起反共高潮。一些政治极端分子，则把反共与反华联系起来，试图对中国进行"分化""西化"，支持民族分裂活动。在那些政治宣传下，部分居住国的当地居民，特别是容易被煽动的青年学生，往往将政教矛盾泛化为民族情绪，对当地中国人进行攻击报复。

（三）海外涉事群体的原因

（1）生活背景或文化传统不同而引发的冲突事件。一方水土养一方人，不同地域的民族，有着自己的生活方式。文化冲突就是不同民族文化在传播过程中的相互竞争和对抗状态。文化传播的最终结果有三种形式：一是文化间相互欣赏，多元并存；二是一方文化借鉴并融入另一方，发展出新的文化；三是一方文化被完全替代或抵制。消极的文化冲突事件往往会从个体之间的文化冲突演变成群体间的冲突，甚至形成大规模的政治冲突。由于受到历史发展、经济制度、地理环境等方面的影响，中国人与西方人在思维模式、道德观、价值观、文化观、利益观、法制观、人际观等方面有着明显的不同。中西方文化在全球化进展中摩擦是必然的，海外中国公民和华人与居住国的当地居民的文化冲突事件也在所难免，然而个别冲突事件时常发生则是群体种族冲突事件的导火线。2011 年，意大利罗马、法国巴黎、西班牙马德里爆发大规模华侨华人示威游行事件，正是以个别华侨华人遭受当地极端分子的犯罪活动为导火线，欧洲华侨华人联合起来进行的群体示威活动，游行人数超过万人。

（2）不文明举动、犯罪或炫富等行为引起不满与仇恨。早期出国的中国海外侨胞主要以劳务输出为主，在国外饱受磨难。这个人群基本由农民或走投无路的社会底层人口构成，为生活所迫，其不文明举动和犯罪活动，曾给迁入地的居民留下不好的印象。新时代海外移民，除了正规留学、技术移民和国家派遣的劳务人员外，还有一些是国内暴发户，其中的一些人在美国、澳大利亚、加拿大等国家大肆花钱、炫富，引起当地人的反感、不满，甚至仇恨，特别是那些有着种族歧视的极端分子或社会底层分子，看到这些难免会有报复情绪。根据对资料的分析，西方发达国家的涉侨突发事件，主要是社会犯罪案件，出现频率最高的三个词是抢劫、谋杀、绑架。抢劫成为西方发达国家涉侨突发事件案例报道中出现频率最高的一个词。所以，海外华侨炫富心理与行为，是引起社会犯罪突发事件的一个重要诱因。

（3）挤占当地社会和经济资源而引发矛盾和对立。由于生存需要，移民必须参与居住国的经济活动。海外同胞在经济活动过程中，由于文化传统和生存观念不同，又不注意与当地居民的共赢，经过长期积累，逐渐与当地人形成了经济上的分层和社会上的对立。海外侨胞的勤劳节俭反而在有些地方打乱了当地人经商秩序。众所周知，许多欧洲国家的商店营业时间与正常上班时间一样，周末休息，周一到周五正常经营八小时。但是，中国人商店的商业经营时间是整周，且早上至深夜一直营业，加上凭借中国的廉价劳动力和低价商品与当地商户竞争，中国移民客观上逐渐挤占了当地人有限的市场，加大了当地人的就业困难，无形中引起当地民众对中国人的仇视情绪，形成了以种族划分的对立阶层。在中国商人较多的罗马、马德里、巴黎、旧金山、马尼拉等城市，就是因此经常爆发当地居民针对华侨华人的群体事件，或者抵制中国制造的运动。

（4）中华民族的一些美德被部分外国人误读成软弱可欺。中国人的文化传统深受儒家影响，中华民族奉行的"仁爱孝悌、谦和好礼、诚信知报、克己奉公、修己慎独、见利思义、勤俭廉政、笃实宽厚、勇毅力行"等美德，没有一个与武力相关。中国人爱好和平，愿意与世界各族人民共同发展。但是，这种爱好和平和不崇尚武力的品德，在许多国外人眼中却成为软弱、无能、懦弱的表现，认为中国人可以任人宰割，也使海外侨胞容易成为极端分子的欺压对象。

（5）自身防御能力有限导致难以规避突发事件的风险。面对突发事件，侨胞自身的预警与保护能力是十分有限的。自古中国人从小接受的教育就是要"顺""忠""孝"。而进入现代，中国人从小接受应试教育，缺乏危机教育以及相关自我保护的教育，这也导致突发事件发生后，其自己容易受到伤害。

（四）周边国家关系的事由

由于领土的争议、资源的争夺等政治和经济因素作用，中国与一些周边国家时有摩擦，进而影响到去这些国家旅游的中国公民和在这些国家生活的中国侨胞。根据近几年的新闻报道，南海、钓鱼岛附近海域、黄海邻近朝鲜半岛的公海等区域，成为中国与相关国家产生摩擦的重点地域，其中渔民作业问题而产生的外交摩擦问题最为突出。根据事件发生的频率和影响程度，中国与周边国家的此类摩擦主要有以下几个层级。

第一层级，渔民作业时误入他国领海而被扣押时产生的摩擦，转而上升成为中国与该国外交关系的交涉。例如，2010年9月19日，韩国对于在其专属经济海域进行捕捞活动的中国籍拖捞船辽章渔25068号（41吨级）渔船，进行了"拘捕"。这类事件主要是中国渔民的个人行为违反了国际公约，引起他国的拘捕，进而受到处罚。由于这类事件的性质不是国家层面带有政治色彩的故意行为，属于渔民个体的行为，只要不出现人员伤亡，便不会引起两国外交关系的紧张与大的摩擦。

第二层级，一些中国周边国家，为了获得外交上的积极主动权，显示国家强硬态度，进而在一些边境经济区域作业问题上，做出有违常规的行为。

第三层级，在多国边境交会地带，一些非政府组织或反政府组织，为了获得所在国的政治地位或经济利益，利用伤害中国人来达到目的。例如，2011 年 10 月 5 日上午发生的震惊中外的湄公河惨案，两艘搭载 13 名中国船员的船只在"金三角"泰国境内被不明武装分子劫持，13 名船员全部遇害。经多方努力，涉嫌制造惨案的"金三角"毒枭糯康于 2012 年 5 月 10 日由老挝正式移交中方。这种报复行为是一些反华势力试图通过破坏中国与周边国家友好合作的外交关系，以获取自身政治或经济利益。

第四层级，由于国家之间的领土争端，某一国单方面行动与侵权，进而导致两国关系紧张。例如，中印藏南地区问题、中越南海争端等。近几年一些国家不顾国际公约、恣意挑衅，引起与中国外交关系的紧张，在舆论的影响下，导致两国国内民众对对方国家不满，进而影响到在这些国家工作、旅游、学习和生活的中国人。

第五层级，一些国家试图转嫁国内严重的社会矛盾而做出迫害境内中国人的暴行，导致两国外交关系进入低谷。例如，1998 年的印度尼西亚排华运动，使大规模的华侨华人受到迫害。

（五）突发事件产生的其他事由

有些海外突发事件不是针对中国人的，只是一些意外的天灾人祸，其作用范围涉及事发地的所有人群，如自然灾害类、事故灾难类和公共卫生安全类的事件。这些事件发生的原因主要包括以下几种。

（1）突发自然灾害。大规模的突发自然灾害会严重威胁人类生命安全，带来不可估计的损失。突发自然灾害给人类的影响是非常深刻的，会带来人员伤亡。有的自然灾害之后，还伴随着突发公共卫生事件，即疾病的传播。自然灾害爆发的主要原因一是自然界的内在运动，二是人类对生态的破坏。

（2）特大意外事故。意外事故是指行为人的行为虽然在客观上造成了损害结果，但不是行为人故意所为，而是不能抗拒或者不能预见的原因引起的。例如，交通意外事故是指那些意外事故与人类交通工具联系在一起，形成对相关交通工具使用者损害的事件。狭义的交通事故是指陆上车辆事故，广义的交通事故除了陆运事故，还包括水运事故和空运事故两个方面。

（3）其他事故原因。其他事故原因是指除了自然灾害、交通意外事故以外，其他的非人为主观因素所导致涉及中国侨胞的伤害事件，如森林大火、楼房自燃、核辐射与泄漏、不明原因传染病等。虽然这种突发事件情况较少，但是，一旦发生，也会造成相关人员财产的严重损失。

第二节　海外涉侨突发事件的危害情况统计

一　量化办法与资料来源

由于研究的资料主要来自新闻报道，根据已有的资料特点，本节涉侨突发事件的危害等级主要采用两种研究方法：文献资料法和内容分析法。通过文献资料分析，对突发事件做出定性的理论陈述，为内容分析的定量研究打下基础。

本次收集的研究目标文献要求符合以下几点：一是收集 2000 年至 2016 年具有突发性和影响性的涉侨突发事件；二是新闻报道主要来自中国外交部官方网站、中国新闻网、人民网、新浪网、《环球时报》、《暨南大学侨情简报》、新加坡联合早报网等国内外著名华文网站或报刊，以保证信息的权威可靠；三是新闻内容要比较翔实，报道字数一般要求超过 200 字，涵盖关键信息，以便做进一步研究分析；四是资料收集过程具有随机性。在资料查询中，凡是满足上述前三条要求的涉侨事件新闻，都采集入库，进行编号。通过一年多时间的收集整理，共收集 850 条涉侨突发事件的新闻报道案例，发现涉侨突发事件主题多样、内容丰富，且事由复杂。

基于文献资料分析，对 850 条新闻个案采用内容分析法进行深入量化分析。内容分析法是对文献内容进行客观、系统、量化分析的一种科学研究方法，常用于政治学、新闻传播学、图书馆学、社会学等领域。为了保证内容分析法的科学性、文本分析的信度，研究人员统一构建了指标体系，并进行分析评价。在此指标体系下，对事件危害等级进行评分和综合判断，最后输入 SPSS 数据库，进行分析。指标体系信度计算公式为：

$$R = \frac{2M}{N_1 + N_2}$$

其中，M 表示两个研究人员对指标选择意见一致的指标数；N_1 和 N_2 是两个研究人员各自选择的指标数。经过计算，$R = 2 \times 5 / (6 + 7) \approx 0.77$，即文本分析指标设计信度为 0.77。衡量涉侨突发事件危害等级的指标体系及其评分标准，如表 2 - 2 所示。

表 2 - 2　衡量涉侨突发事件危害等级的指标体系及其评分标准

代码	指标	等级	分值	解释	指标性质	备注
LL	生命损失 (loss of life)	高	2	人员伤亡损失巨大，死亡人数在 3 人以上	正指标	该指标主要反映突发事件中海外侨胞生命损失程度
		中	1	人员伤亡损失严重，死亡人数为 1～3 人		
		低	0	人员伤亡损失轻微，无死亡人数		
LP	财产损失 (loss of property)	高	2	财产损失巨大，1000 万美元以上，或是事件一旦发生，损失额度难以评估	正指标	该指标主要反映突发事件中海外侨胞的财产损失程度，包括事件一旦发生，财产损失的预测
		中	1	财产损失严重，损失额度在 10 万美元以上，1000 万美元以下		
		低	0	财产损失轻微，损失额度为 0～10 万美元		
NP	涉事人数 (number of people)	多	2	新闻报道涉事海外侨胞超过 10 人，或报道涉事人数太多，难以统计	正指标	该指标主要反映突发事件中涉及的中国海外侨胞人数，可据此分析事件发生的规模
		中	1	新闻报道涉事海外侨胞在 3～10 人		
		少	0	新闻报道涉事海外侨胞在 1～3 人，含 3 人		
TM	词条查询 (term modifiers)	多	2	谷歌相关中文词条搜索在 100 万条以上，华界媒体传播范围非常广	正指标	该指标主要反映突发事件在华界网络媒体传播的范围广度
		中	1	谷歌相关中文词条搜索在 10 万～100 万条，华界媒体传播范围较广		
		少	0	谷歌相关中文词条搜索在 10 万条以下，华界媒体传播范围较窄		

根据以上指标以及评分标准，对收集到的 850 个案例进行评分汇总，涉侨突发事件的危害等级 $G = LL + LP + NP + TM$，其分值 G 的取值范围为 $0 \leqslant G \leqslant 8$，其分为五个等级，最高级为一级，是危害最严重的突发事件，

最低级为五级，是一般性质突发事件，即各国常见的诸如社会犯罪类突发事件，具体级别分类如表 2 - 3 所示。

表 2 - 3　涉侨突发事件危害等级划分

等级	得分	信号	解释
一级	8	红色	在华界社会影响巨大，事件性质非常恶劣，产生严重的不良社会影响
二级	6 ~ 7	蓝色	在华界社会影响很大，事件性质很恶劣，产生很不好的社会影响
三级	4 ~ 5	绿色	在华界社会影响较大，事件性质比较恶劣，产生比较不良的社会影响
四级	2 ~ 3	黄色	在华界社会影响一般，常见不可规避突发事件，产生负面社会影响
五级	0 ~ 1	白色	在华界社会影响较小，常见一般社会突发事件，产生负面社会影响

二　数据的统计与分析

（一）各大洲的突发事件概况

根据 850 个案例的数据统计各大洲 10 类涉侨突发事件类型与事由，按照事件发生的数量进行统计。由于各个洲统计发生事件的基数不同，按洲划分事件发生的类型才具有可比意义。其统计结果如表 2 - 4 所示。

表 2 - 4　各大洲分类型的涉侨突发事件数

单位：件

主要类型	大洲						总计
	北美洲	大洋洲	欧洲	南美洲	亚洲	非洲	
自然灾害	2	2	1	2	3	0	10
民族歧视	14	3	22	5	12	4	60
政治骚乱	1	4	1	5	18	26 （27.1%）	55
人为事故	23	24 （27.0%）	49 （24.0%）	4	34 （18.1%）	5	139 （16.4%）

续表

主要类型	大洲						总计
	北美洲	大洋洲	欧洲	南美洲	亚洲	非洲	
一般犯罪	70 （32.6%）	18 （20.2%）	72 （35.3%）	24 （41.4%）	36 （19.1%）	38 （39.6%）	258 （30.4%）
武装暴力	1	1	1	6	12	15 （15.6%）	36
边境摩擦	0	0	0	0	8	0	8
游行示威	3	1	9	1	13	0	27
学生事件	23	12	5	0	7	2	49
其他事件	78 （36.3%）	24 （27.0%）	44 （21.6%）	11 （19.0%）	45 （23.9%）	6	208 （24.5%）
总计	215	89	204	58	188	96	850

注：括号中的数值为各大洲相应突发事件占该洲总突发事件数的比例，为了表格清晰，表格只显示比例超过15%的事件。

表 2-4 显示，在随机收集的 850 件突发事件中，北美洲、欧洲、亚洲为突发事件高发的大洲，分别占总突发事件数的 25.3%、24.0%、22.1%，合计占总数的 71.4%。从各大洲来看，北美洲的一般犯罪和其他事件占总数的 68.8%；大洋洲的人为事故、其他事件和一般犯罪占总数的 74.2%；欧洲的一般犯罪、人为事故和其他事件占总数的 80.9%；南美洲的一般犯罪和其他事件占总数的 60.3%；亚洲的其他事件、一般犯罪和人为事故占总数的 61.1%；非洲的一般犯罪、政治骚乱和武装暴力占总数的 82.3%。我们发现，从各大洲事件类型的概率来看，除非洲外，其他各洲的一般犯罪和其他事件均为高突发事件类型，大洋洲、欧洲和亚洲均存在较高比例的人为事故。而在非洲，政治骚乱和武装暴力却是该地区的仅次于一般犯罪的高突发事件类型，两种类型合计达 42.7%。

如果剔除难以避免的自然灾害，一般犯罪、人为事故和其他事件的突发事件在各国均普遍存在。各洲主要需应对的危害较大的突发事件类型是：北美洲的学生事件和民族歧视；大洋洲的学生事件；欧洲和南美洲的民族歧视；亚洲的政治骚乱、游行示威、民族歧视和武装暴力；非洲的政治骚乱和武装暴力。我们也可以看出，民族歧视是除非洲以外其他各洲要防范的主要事件类型，学生事件是北美洲和大洋洲需重点防范的事件类型；而政治骚乱和武装暴力在亚洲和非洲则非常突出，成为需重点防范的事件类型。

从表2-5可以看出，各大洲所有涉侨突发事件的事由中，个人问题和社会犯罪成为主要事由，占总事由的53.5%。在北美洲事件的事由中，个人问题和社会犯罪为主要事由，占总事由的64.2%。大洋洲的事由中意外事故、个人问题和社会犯罪成为主要事由，占据总事由的79.7%。欧洲的事由中个人问题、社会犯罪为主要事由，占总事由的58.9%。南美洲的事由中，社会犯罪、个人问题为主要事由，占总事由的58.6%。亚洲的事由中，个人问题、种族排斥、政教矛盾为主要事由，占总事由的56.9%。非洲的事由中，社会犯罪、政教矛盾为主要事由，占总事由的76.1%。

表 2-5　各大洲分事由的涉侨突发事件数

单位：件

事由	大洲						总计
	北美洲	大洋洲	欧洲	南美洲	亚洲	非洲	
政教矛盾	0	3	1	6	28	33 （34.4%）	71
经济纠纷	6	1	21	5	8	2	43
文化冲突	4	0	0	0	1	0	5
社会犯罪	49 （22.8%）	16 （18.0%）	44 （21.6%）	24 （41.4%）	20	40 （41.7%）	193 （22.7%）
意外事故	30	28 （31.4%）	13	6	27	3	107
种族排斥	14	5	24	4	28	3	78
华人维权	5	1	10	1	9	0	26
个人问题	89 （41.4%）	27 （30.3%）	76 （37.3%）	10 （17.2%）	51 （27.1%）	9	262 （30.8%）
事由不详	18	8	15	2	16	6	65
总计	215	89	204	58	188	96	850

注：括号中为各大洲相应突发事件事由占该洲总突发事件数的百分比，为了表格清晰，表格占比只显示15%及以上的事件。

从事由角度看，如果剔除意外事故、事由不详和各个国家均存在的个人问题事由，社会犯罪、政教矛盾和种族排斥是危害较大的事件事由，三种事由的事件数占所有事件数的40.2%。其中，社会犯罪成为各洲发生事件的主要事由；政教矛盾在亚洲和非洲引发事件的次数多；种族排斥在亚洲和欧洲引发事件的次数多。

（二）各大洲涉侨突发事件危害程度的指标构成统计分析

按照前面建立的衡量涉侨突发事件危害等级的指标及其评分标准，我们对所有案例进行指标的统计，得到了表 2-6 的结果。

表 2-6　各大洲涉侨突发事件危害程度的指标构成统计分析

单位：件

指标	细分指标	大洲						总计
		北美洲	大洋洲	欧洲	南美洲	亚洲	非洲	
	各洲突发事件数	215	89	204	58	188	96	850
生命损失	无生命损失	139（64.7%）	46（51.7%）	169（82.8%）	41（70.7%）	125（66.5%）	49（51.0%）	569（66.9%）
	生命损失中等	63（29.3%）	36（40.4%）	30（14.7%）	13（22.4%）	45（23.9%）	32（33.3%）	219（25.8%）
	生命损失严重	13（6.0%）	7（7.9%）	5（2.5%）	4（6.9%）	18（9.6%）	15（15.6%）	62（7.3%）
财产损失	财产损失少	159（74.0%）	70（78.7%）	146（71.6%）	27（46.6%）	112（59.6%）	34（35.4%）	548（64.5%）
	财产损失中等	45（20.9%）	14（15.7%）	48（23.5%）	26（44.8%）	32（17.0%）	39（40.6%）	204（24.0%）
	财产损失严重	11（5.1%）	5（5.6%）	10（4.9%）	5（8.6%）	44（23.4%）	23（24.0%）	98（11.5%）
关联程度	报道次数少	124（57.7%）	66（74.2%）	90（44.1%）	14（24.1%）	89（47.3%）	16（16.7%）	399（46.9%）
	报道次数中等	75（34.9%）	22（24.7%）	80（39.2%）	15（25.9%）	43（22.9%）	25（26.0%）	260（30.6%）
	报道次数多	16（7.4%）	1（1.1%）	34（16.7%）	29（50.0%）	56（29.8%）	55（57.3%）	191（22.5%）
涉事人数	涉侨人数少	137（63.7%）	63（70.8%）	102（50%）	25（43.1%）	65（34.6%）	34（35.4%）	426（50.1%）
	涉侨人数中等	32（14.9%）	15（16.9%）	37（18.1%）	6（10.3%）	27（14.4%）	18（18.8%）	135（15.9%）
	涉侨人数多	46（21.4%）	11（12.4%）	65（31.9%）	27（46.6%）	96（51.1%）	44（45.8%）	289（34%）

续表

指标	细分指标	大洲						总计
		北美洲	大洋洲	欧洲	南美洲	亚洲	非洲	
	各洲突发事件数	215	89	204	58	188	96	850
词条查询	词条查询少	143 (66.5%)	62 (69.7%)	145 (71.1%)	41 (70.7%)	120 (63.8%)	49 (51.0%)	560 (65.9%)
	词条查询中等	60 (27.9%)	21 (23.6%)	52 (25.5%)	17 (29.3%)	58 (30.9%)	37 (38.5%)	245 (28.8%)
	词条查询多	12 (5.6%)	6 (6.7%)	7 (3.4%)	0 (0.0%)	10 (5.3%)	10 (10.4%)	45 (5.3%)

注：括号中的数值为各洲相应事件事由指标构成占该洲总突发事件数的比例。

下面对表 2 - 6 进行分析。

1. 生命损失统计分析

统计数据显示，在 850 个事件中，无生命损失占主导的总共有 569 件，占 66.9%。欧洲无生命损失事件占比达到 82.8%，说明该洲涉侨突发事件伤亡最少，但非洲和大洋洲无生命损失的占该洲比例远小于全球的百分比，说明这两个洲涉侨突发事件发生涉侨人员死亡的概率相对较高。

生命损失中等的事件总共有 219 件，占全球突发事件数的 25.8%。从各大洲看，非洲（33.3%）、北美洲（29.3%）和大洋洲（40.4%），死亡人数百分比均超过 25.8%，其余 3 个洲所占比例相对较小。据生命损失与事件类型、事由交叉分析得知，生命损失中等的事件中，其他事件（31.1%）、一般犯罪（29.2%）、人为事故（15.1%），占总类型的 75.4%，为主要类型。意外事故（23.7%）、个人问题（23.7%）、社会犯罪（23.3%），占总事由的 70.7%，为主要事由。

生命损失严重的总共有 62 件，占 850 件突发事件的 7.3%（见表 2 - 6）。各大洲事件中，百分比比较大的是非洲（15.6%）、亚洲（9.6%）、大洋洲（7.9%）。另根据该类事件关于事件类型和事由交叉分析的数据显示，一般犯罪（22.6%）、人为事故（21%）、武装暴力（14.5%），合计 58.1%，成为三大主要类型。而意外事故（29%）、社会犯罪（22.6%）和事由不详（12.9%），合计 64.5%，成为造成突发事件重大人员伤亡的主要事由，具体各大洲生命损失情况如图 2 - 1 所示。

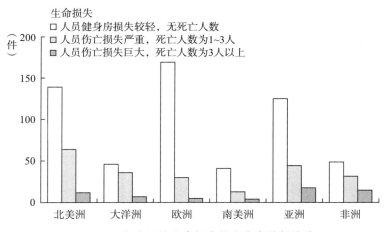

生命损失
□ 人员健身房损失较轻，无死亡人数
□ 人员伤亡损失严重，死亡人数为1~3人
■ 人员伤亡损失巨大，死亡人数为3人以上

图 2 − 1　各大洲按生命损失的突发事件数统计

2. 财产损失统计分析

在财产损失计分过程中，许多报道并没有具体指出财产损失额度，而在现实生活中，突发事件造成的财产损失，也往往只是估算，也不能给予一个精确的取值。虽然生命是无价的，但是我们讨论认为，为了量化研究的方便，在报道内容没有给出具体数据的时候，生命损失按照损失 1 人（即死亡 1 人）以 100 万美元进行估算。超过 10 人，按照财产损失指标第三档进行归类，即"财产损失巨大"一栏。从全球来看，850 件突发事件中财产损失少的占主导，比例为 64.5%，但非洲和南美洲各自占比远远小于全球比例，分别为 35.4% 和 46.6%，说明这两个洲事件发生时财产损失较为严重。850 件突发事件中财产损失中等，占 24.0%，但南美洲和非洲的比例分别高达 44.8% 和 40.6%，说明这两个洲事件发生时财产损失总体表现为中等。850 件突发事件中财产损失严重，占 11.5%，主要发生在非洲和亚洲，且这两洲的该事由占比分别达到 24.0% 和 23.4%。各大洲按财产损失的突发事件数统计如图 2 − 2 所示。

进一步把该指标与事件类型和事由进行交叉分析得出：财产损失少的总共有 548 件，主要事件类型为其他事件（33.0%）、一般犯罪（28.5%）、人为事故（17.3%），总共占了 78.8%。这类损失的原因中，个人问题（37.6%）和社会犯罪（20.6%）占据总事由的 58.2%，成为主要事由；财产损失中等的总共有 204 件，主要事件类型为一般犯罪（44.6%）、人为事故（13.7%）、其他事件（9.3%）、武装暴力

（8.8%），总共占了76.4%。这类损失的原因中，社会犯罪（34.8%）、个人问题（24.0%）、政教矛盾（12.3%）成为三大主要事由，占总事由的71.1%；财产损失严重的总共有98件，主要事件类型为政治骚乱（29.6%）、人为事故（16.3%）、武装暴力（13.3%）和一般犯罪（11.2%），占了总事件类型的70.4%，另外游行示威也占到10.2%。这类损失的原因中，主要事由为政教矛盾（37.8%）和意外事故（21.4%）两大类，占总事由的59.2%。

3. 关联程度统计分析

关联程度主要测评该类事件在国内外相关中文报道中的可查询到的粗略次数，指的不是同一事件，而是同类事件。所有850件突发事件中，报道次数少的最多，占46.9%，报道次数中等的占30.6%，报道次数多的占22.5%。但在非洲和南美洲的突发事件中，报道次数多的分别达57.3%和50.0%，说明这两洲发生的突发事件中有较多事件是媒体关注的热点事件。

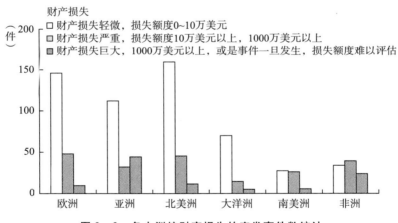

图 2－2　各大洲按财产损失的突发事件数统计

按照事件类型与关联程度的交叉分析：报道次数少的涉侨突发事件总共有399件，主要类型为其他事件（36.3%）、一般犯罪（22.8%）、人为事故（20.1%）。报道次数中等的总共有260件，主要事件类型为一般犯罪（31.9%）、人为事故（19.6%）、其他事件（18.5%）。报道次数多的总共有191件，主要事件类型为一般犯罪（44%）、政治骚乱（14.7%）。

从以上分析可以看出，全球中文新闻媒体对涉侨突发事件报道，是有选择性的，而且报道的方面集中在该国的其他事件、一般犯罪、人为事故、政治骚乱四大类型。从另一个角度讲，对研究相关大洲此类事件爆发的频率，有一定的启示。例如，非洲的一般犯罪事件、政治骚乱、武装暴力相关报道频率较高，能够查询的类似事件，一年就会超过 6 件，虽然分不同国家、不同地区和不同时间，但是可以说明，非洲该地区的新闻报道重点和事件发生的主要类型集中在哪些方面，这为抓住主要矛盾和问题的深入研究，提供了关键信息。

4. 涉事人数统计分析

850 件突发事件中，涉事人数少的事件占主导，为 50.1%，其次是涉事人数多的事件，占 34.0%。大洋洲的涉侨人数少的事件比例最大，比值为 70.8%，北美洲为 63.7%，均超过 50%。而涉侨人数多的亚洲（51.1%）、非洲（45.8%），超过或接近该洲突发事件总数的一半，说明这两个洲的突发事件具有涉事人数多、群体性事件多的特点。各大洲按涉事人数的突发事件数统计如图 2-3 所示。

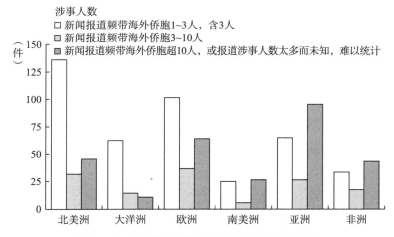

图 2-3　各大洲按涉事人数的突发事件数统计

进一步研究涉事人数与事件类型和事由的交叉分析，发现新闻报道涉侨人数少的事件总共有 426 件，事件类型占比为一般犯罪（36.6%）、其他事件（29.6%）和人为事故（16.7%），总共占 82.9%。这类事件中的主要事由为个人问题（36.4%）和社会犯罪（26.3%），占了总事由的62.7%；新闻报道涉侨人数中等的总共有 135 件，主要类型为一般犯罪

（28.1%），其他事件（25.9%）、人为事故（23.7%），总共占了77.7%。这类事件中的主要事由为个人问题（40.0%）、社会犯罪（23.7%），占了总事由的63.7%。新闻报道涉侨人数多的突发事件总共有289件，主要类型为一般犯罪（22.1%）、其他事件（16.3%）、政治骚乱（15.9%），总共占了54.3%。这类事件中的主要事由为政教矛盾（20.4%）、个人问题（18.3%）、社会犯罪（17.0%），占总事由的55.7%。

5. 词条查询统计分析

词条查询是根据全球著名搜索引擎谷歌搜索中文版，以个案展开搜索，而统计出网络词条数，可以在一定层面上，反映该事件在全球网络的记录传播次数。以中文为基础语言进行搜索，反映的是该事件在全球华文网络的记录传播次数，对分析媒体和人们对某些事件是否有倾向性关注，有一定的启示作用。亦可以根据涉侨突发事件危害程度的传播性，进行侧面判断与预测。统计资料显示，词条查询少的占主导地位，总共有560件，除了非洲为51.0%外，各大洲均超过60%；词条查询中等的事件，非洲（38.5%）、亚洲（30.9%）、南美洲（29.3%）排名靠前，占此类传播指标总数的45.7%。词条查询多的事件中，非洲（10.4%）、大洋洲（6.7%）、北美洲（5.6%）排名前三，占此类传播指标总数的62.2%。非洲、北美洲和亚洲成为网络传播较广的主要事发大洲。

按照网络词条与事件主要类型和事由的交叉分析，发现词条查询少的事件总共有560件，主要事件为一般犯罪（32.7%）、其他事件（28.2%）、人为事故（16.1%），占事件总类型的77%。主要事由为个人问题（33.3%）和社会犯罪（22.5%），占总事由的55.8%。词条查询中等的事件有245件，主要事件类型为一般犯罪（25.7%）、人为事故（18.4%）、其他事件（17.6%），占总类型的61.7%。主要事由为个人问题（26.5%）、社会犯罪（24.1%）、政教矛盾（14.3%），占总事由的64.9%。词条查询多的涉侨突发事件总共有45件，主要类型包括一般犯罪（26.7%）、政治骚乱（22.2%）、其他事件（15.6%），占总类型的64.5%，其主要事由包括个人问题（24.4%）、政教矛盾（24.4%）、社会犯罪（17.8%）三个方面，占总事由的66.6%。

各大洲按词条查询的突发事件数统计如图2-4所示。

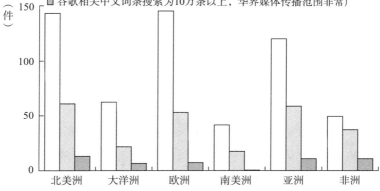

图 2 - 4 各大洲按词条查询的突发事件数统计

（三）各大洲涉侨突发事件危害等级的统计分析

从事件计数看，发生数量最多的两个洲为北美洲（25.3%）和欧洲（24.0%），其他各洲依次为亚洲（22.1%）、非洲（11.3%）、大洋洲（10.5%）、南美洲（6.8%）。从危害等级看，各大洲突发事件依危害程度大小排序，如表 2 - 7 所示。

表 2 - 7 按大洲划分的事件等级分布

单位：件

大洲	危害等级					总计
	一级事件	二级事件	三级事件	四级事件	五级事件	
北美洲	1 （0.5%）	3 （1.4%）	22 （10.2%）	79 （36.7%）	110 （51.2%）	215
大洋洲	3 （3.4%）	1 （1.1%）	4 （4.5%）	26 （29.2%）	55 （61.8%）	89
欧洲	0 （0）	3 （1.5%）	19 （9.3%）	80 （39.2%）	102 （50.0%）	204
南美洲	0 （0）	3 （5.2%）	7 （12.1%）	28 （48.3%）	20 （34.5%）	58
亚洲	1 （0.5%）	18 （9.6%）	39 （20.7%）	73 （38.8%）	57 （30.3%）	188

大洲	危害等级					总计
	一级事件	二级事件	三级事件	四级事件	五级事件	
非洲	1 （1.0%）	8 （8.3%）	34 （35.4%）	37 （38.5%）	16 （16.7%）	96
合计	6 （0.7%）	36 （4.2%）	125 （14.7%）	323 （38.0%）	360 （42.4%）	850

注：括号中的数值为各大洲相应事件等级占该洲总事件数的比例。

前面的等级分类中，我们可以将一级、二级和三级事件总称为恶性事件。非洲的涉侨突发事件等级集中趋势明显，三级、四级事件总计占74.0%，其中四级事件比例最高，占38.5%，加上一级和二级事件则占比高达83.3%。这些事件在华界社会影响较大，事件性质比较恶劣，产生了比较不良的社会影响。亚洲的四级和五级事件占主导，但是恶性事件占到总事件的30.9%，可见亚洲涉侨突发事件的危害程度也非常大。南美洲的突发事件危害较非洲和亚洲要轻些，主要集中在三级（12.1%）、四级（48.3%）和五级（34.5%）事件中，一级、二级事件占比较少。三个较发达的大洲，北美洲、大洋洲和欧洲以四级、五级突发事件为主，分别占各州调查事件的87.9%、91.0%和89.2%，涉侨的突发事件在华界社会影响较小，常为一般社会突发事件，会产生一些负面影响，但还是偶尔有性质较为恶劣的突发事件发生。

从危害严重性看，一级、二级、三级事件主要爆发在以下几个区域：一级事件主要爆发在大洋洲（占全球同级事件的50.0%，下同），二级事件主要爆发在亚洲（50.0%）和非洲（22.2%），三级事件相对比较分散，主要爆发在亚洲（31.2%）、非洲（27.2%）和北美洲（17.6%）。根据前文分析，大洋洲的一级事件主要体现在自然灾害上面。特别是新西兰，是一个地震与龙卷风频发的国家。自然灾害一旦发生，破坏性大，波及面广。二级、三级事件中，非洲主要以武装暴力为主。三级事件中，北美洲则主要是群体运动或经济纠纷较多。而亚洲地区，情况极为复杂，严重事件覆盖面较广，从一般犯罪、政治骚乱、人为事故到武装暴力、种族排斥，事件一旦发生，性质比较恶劣。特别是东南亚国家潜在的排华运动，极有可能发展成为一级突发事件。

（四）涉侨突发事件危害等级与事件类型及事由的交叉分析

进一步检查事件类型与等级的交叉分析，发现一级事件的主要事件类型为自然灾害（33.3%）和政治骚乱（33.3%），占一级事件的66.6%。主要事由为政教矛盾（50%）和意外事故（33.3%），占总事由的83.3%。从中可以看出自然灾害可能是造成意外事故的主要原因，而政教矛盾则是造成政治骚乱的主要原因。

二级事件的主要事件类型为人为事故（27.8%）、武装暴力（25%）、政治骚乱（19.4%），占二级事件的72.2%。主要事由为政教矛盾（30.6%）和意外事故（25%），占总事由的55.6%。

三级事件的主要事件类型为一般犯罪（24.8%）、政治骚乱（24.8%）、其他事件（12%），占三级事件的61.6%。主要事由为政教矛盾（27.2%）、社会犯罪（19.2%）、个人问题（15.2%），占总事由的61.6%。

四级事件的主要类型为一般犯罪（31.6%）、其他事件（23.2%）、人为事故（13.6%），占四级事件的68.4%。主要事由为个人问题（28.2%）、社会犯罪（25.7%）、种族排斥（13%），占总事由的66.9%。

五级事件的主要类型为一般犯罪（33.6%）、其他事件（32.5%）、人为事故（19.7%），占五级事件的85.8%。主要事由为个人问题（41.7%）、社会犯罪（22.8%）、意外事故（12.5%），占总事由的77%。

（五）事件总体分析

（1）一般犯罪、其他事件、人为事件和民族歧视是涉侨突发事件的主要类型。

根据研究发现，虽然涉侨突发事件的发生难以预测，但是，过去各大洲所发生的众多事件中，媒体报道较多的前四类事件，依次是一般犯罪、其他事件、人为事故和民族歧视。一般犯罪是各大洲共存的最主要涉侨突发事件，而其他事件和人为事件较多发生在北美洲和欧洲，其中，北美洲最为突出。具体来看，各大洲事件排名前两位的主要类型是：北美洲为其他事件和一般犯罪，占该洲总事件的68.9%；大洋洲为其他事件和人为事故，占该州总事件的54.0%；欧洲为一般犯罪和人为事故，占该洲总事件的 59.3% ；南美洲为一般犯罪和其他事件，占该洲总事件的 60.4% ；非洲为政治骚乱和一般犯罪，占该洲总事件的 66.7% ；亚洲事发情况复杂，排名前三位的类型分别是其他事件、一般犯罪和人为事故，合计为 61.1% 。

（2）个人问题、社会犯罪、意外事故、种族排斥是涉侨突发事件的主要事由。

各大洲突发事件发生的事由有所不同。北美洲突发事件的主要事由为个人问题和社会犯罪，占 64.2% ；大洋洲的主要事由为意外事故、个人问题和社会犯罪，占 79.7% ；欧洲的主要事由为个人问题、社会犯罪和种族排斥，占 70.6% ；南美洲的主要事由为社会犯罪、个人问题，占 58.6% ；亚洲的主要事由为种族排斥、政教矛盾和个人问题，占 56.9% ；非洲的主要事由为政教矛盾和社会犯罪，占 76.1% 。可见，尽管各洲所发事件的类型相同，但事由有所不同。其中，个人问题、社会犯罪、意外事故、种族排斥成为涉侨突发事件排名前四位的事由，占了总事件的 75.3% 。抓住各大洲突发事件的主要类型和事由，能帮助我们更有针对性地对海外涉侨事件进行预警和救护。

（3）北美洲、欧洲、亚洲和非洲是危害侨胞生命和财产安全的主要事发地。

从危害生命安全方面分析，北美洲、欧洲和亚洲，主要事件发生类型为一般犯罪和学生事件，涉侨死亡人数大多不超过 3 人，体现为一般的社会犯罪，其中政治事由不明显。北美洲的涉侨死亡比例偏高，但总体而言，事件平均死亡人数没有超过 3 人。就大规模人员死亡而言，即死亡人数超过 3 人的事件中，最多的是亚洲、大洋洲、非洲。进一步研究发现，亚洲出现过情况复杂的大规模侨胞死亡事件，主要事由是政教矛盾和意外事故，并伴随有民族矛盾、经济纠纷和个人问题。非洲突发事件的主要事由为政教矛盾，由政治冲突导致的政治骚乱波及侨胞，当地武装暴力针对侨胞进行打击。大洋洲突发事件的主要事由为难以抗拒和预测的自然灾害，如新西兰地震，发生频率不高，但事件发生后影响较大。

从财产损失分析，各大洲突发事件中，巨大财产损失的案例在亚洲和非洲最多，占此类指标总数的 68.4% 。财产损失额度在 0 ~ 10 万美元的主要事件类型为其他事件、一般犯罪、人为事故，总共占了 78.8% 。发生的主要事由为个人问题、社会犯罪和意外事故，占总事由的 70.8% ；财产损失额度在 10 万～1000 万美元的主要事件类型为一般犯罪、人为事故、其他事件，总共占了 67.6%，另外武装暴力和政治骚乱也占到了 16.6%。发生的主要事由为社会犯罪、个人问题、政教矛盾，占总事由的 71.1%；财产损失在 1000 万美元以上，或是事件一旦发生，损失额度难以评估的主要事件类型为政治骚乱、人为事故、武装暴力三类，占总事件类型的 59.2%，另外要注意一般犯罪和游行示威也占到 21.4%。发生的主要事由为政教矛盾和意外事故两大类，占总事由的 59.2%。

以上分析说明，政治骚乱、武装暴力、自然灾害、人为事故这四类涉侨突发事件一旦发生，侨胞的生命与财产损失往往是非常严重的。可见政治骚乱和武装暴力类的突发事件应该成为公共安全预警的重点问题。而一般犯罪，从严格意义上讲，包含学生事件，虽然爆发事件多，但是涉事侨胞的生命与财产损失在一般水平，大多数是各个国家都无法避免的公共突发事件，这些公共突发事件的主要事由很少有政治或文化因素，但其存在间接影响，直接导致的事由多为个人问题、民族歧视和经济纠纷。

（4）涉事人数多的事件主要在亚洲、欧洲、北美洲、非洲，其次是南美洲和大洋洲。

研究发现，对涉事人数超过 10 人的较大规模涉侨突发事件，或报道人数未知，或难以统计。这些事件的主要类型是一般犯罪、其他事故、政治骚乱、人为事故，总共占 66.8%。其发生事由为政教矛盾、个人问题、社会犯罪、种族排斥，占总事由的 69.9%。而这些事件主要出现在亚洲、欧洲、北美洲和非洲。欧洲出现的大规模涉侨突发事件主要是游行示威类，而报道集中在法国、西班牙和意大利三个国家。大洋洲涉事人数多的主要是自然灾害和学生事件两大类，那里自然灾害事件涉事侨胞人数最多，学生事件常见的也只是一般社会犯罪事件，在 1～3 人。在北美洲，特别是美国和加拿大，涉事人数以 3 人以下的为主，主要是以个人事由为主的一般犯罪事件。特别需要关注亚洲，亚洲情况较为复杂，游行示威、政治骚乱、武装暴力、种族排斥均可以形成大规模的突发事件，事件的大小规模，也没有规律可言。

（5）涉侨突发事件危害等级多属四级、五级，且事件具有突发性、随机性和复杂性。

分析涉侨突发事件危害等级可知，四级、五级事件分别占 38.0% 和

42.4%。二级、三级事件中以亚洲和非洲的最多。其中亚洲以一般犯罪和人为事故为多,非洲以一般犯罪、政治骚乱和武装暴力为主,这些等级的事件在华界社会影响较大,事件性质比较恶劣,社会影响较坏。北美洲和欧洲的涉侨突发事件也有较多的三级事件,但在华界社会影响一般,常见不可规避突发事件。最严重的一级事件中,大洋洲占了50.0%,亚洲、北美洲和非洲各占16.7%左右。

在各级涉侨突发事件中,亚洲不仅事件发生情况较为复杂,而且各级事件都有相当比例的发生;北美洲则有性质较为恶劣的人为突发事件发生;欧洲常见一些不可规避的突发事件。

事件危害等级与主要类型、事由、地域分布的皮尔森值及斯皮尔曼相关系数表明,突发事件危害等级与事件主要类型、事由、地域分布没有多少关系。这说明,全球涉侨突发事件具有突发性、随机性、复杂性,基本没有规律可循。

(6)各大洲突发事件中,网络华界媒体关注重点各有不同。

从网络华文媒体宣传得知,在10万~100万条网络记录传播中,亚洲、欧洲、北美洲的突发事件排名靠前,占此类传播指标总数的72.9%。在超过100万条的事件中,北美洲、亚洲、欧洲、非洲的突发事件排名前四位,占此类传播指标总数的84.5%。亚洲和非洲是网络传播突发事件较广的主要大洲,且多为性质恶劣、影响广泛的大规模涉侨突发事件。这些大规模的事件一旦爆发,会引起网络新闻媒体的大量关注。如果仔细研究就会发现,欧洲一旦出现事由为个人问题的学生突发事件,就会引起华界网络媒体舆论哗然。南美洲和亚洲在媒体事件报道方面或是类似事件发生频率方面,显示类型较多,事由复杂,似乎没有规律可循,但对政教矛盾、民族歧视、经济纠纷等问题所产生的事件,会给予更多的关注。报道非洲的涉侨突发事件,集中在政教矛盾与社会犯罪,而政教矛盾更成为报道关注的焦点。大洋洲此指标的最高级别中,没有数值反映,说明大洋洲爆发的事件,没有引起华界的大规模网络宣传。以上结果对涉侨突发事件危害程度有一定影响,因为危害程度的大小,除了客观的生命财产损失外,在人们心中的影响也是不可忽视的。新闻媒体的选择性报道,不仅可以从侧面说明这些媒体的关注点,也说明华界传媒认同的危害事件的影响力度。但是,这种办法也存在一些不足:一是一些真正危害程度较大的国家或地区，往往是新闻媒体不发达的地区，是难以报道的；二是新闻媒体的报道难免带有记者的主观或政治色彩，无论是报道的语气，还是表达方式，不一定科学；三是新闻媒体报道是有选择性的，只能从侧面反映问题，而不能全面反映问题。

三　结论与讨论

研究的结论：当今严重的全球涉侨突发事件（一级、二级、三级）主要集中爆发在亚洲和非洲两大区域，以政治骚乱、武装暴力和影响恶劣的一般犯罪为主，主要表象原因是政教矛盾、社会犯罪、个人问题和种族排斥。其中，非洲的突发事件爆发大多数会伴随大规模人员死亡。亚洲情况复杂，往往伴随着性质恶劣的针对性犯罪、排挤甚至是政治上的清除运动，特别是东南亚一些国家。北美洲、大洋洲和欧洲突发事件等级不高（四级、五级），是各国常见的波及侨胞的公共突发事件，主要原因是个人问题。南美洲恶性事件主要为三级事件，事由主要为个人问题和社会犯罪。

从涉侨突发事件各大洲危害等级的分布、类型和事由中发现，针对侨胞的突发事件频繁爆发，其深层次原因包括以下几个方面：一是中国作为祖（籍）国而言，在世界新的经济与政治格局下，国家实力日益增强、文化价值观的差异、西方对中国的歧视、突发事件预警机制的缺失以及一些国家对中国基本外交政策的误读等，都可以促发针对性的涉侨突发事件。二是从居住国方面而言，政局的动荡、社会分层的加重、社会犯罪的猖獗、政府打击的无力以及敌对势力别有用心的排挤等，也不利于侨胞的安全。三是就侨胞自身而言，文化与生活的冲突、不文明的举动、犯罪和炫富行为、挤占当地市场和资源、海外华侨华人黑社会势力犯罪、不团结、舍财免灾等，是诱发涉侨突发事件的重要原因。四是从中国周边关系而言，政治的博弈、领土的争议、资源的争夺、军事的冲突等，形成紧张的国际关系，进而影响到去这些国家的中国公民和在这些国家生活的华人的安全。五是一些非针对中国人的意外危害事件，如自然灾害、意外事故、公共卫生安全等事件，这些事件是不可规避的。

根据各大洲的不同情况，要降低突发事件发生的概率，中国政府、侨胞和海外流动人口应该从以下几个方面入手，提高海外侨胞的安全水平。

（一）加强非洲侨胞自我安全意识的教育，通过外交手段，促进非洲地区的和平建设

对于非洲的海外侨胞而言，由于非洲地区相对落后，政局不太稳定，经常发生政治骚乱，甚至发生国内战争，如刚果、苏丹、利比亚、埃及、索马里等，在自我安全防范意识上，要格外重视。所在国的中国侨胞不要参与派系斗争，以免引火烧身。建议当地侨胞在该国政府允许的条件下配备枪支弹药，以备防身之用。海外中国侨胞应该团结，不应该与当地人一起针对中国新移民或办事人员并对其进行打击，如非洲福清帮中国人，在本地涉侨突发事件中扮演了极不光彩的角色。另外，不要在非洲炫富、抢夺当地资源、排挤本土群众等，这些也是引起涉侨突发事件高发的重要原因，此类事件在南非高发。中国政府应该通过外交手段，在联合国的指导下，积极参与到动乱国家的和平建设过程之中，并为贫穷落后国家提供一系列援助和贷款，树立负责任的大国形象；大力加强领事馆的建设，及时为公民提供保护，建立与当地政府沟通的渠道，预警大规模动乱发生；在涉侨突发事件出现时及时撤侨，中国政府在也门和利比亚的成功撤侨就是很好的案例，在全球华界被称为佳话。

（二）提倡侨胞与南美洲居民精诚合作，减少炫富行为，促进当地经济的共同繁荣

对于南美洲的海外侨胞而言，注重与当地居民的精诚合作是很必要的。由于南美洲一些国家正处于发展之中，相关移民政策不够完善，国家政局不够稳定，贫富差距巨大，如巴西的里约热内卢和阿根廷的布宜诺斯艾利斯等，严重的社会犯罪成为影响侨胞安全的重要因素。这些严重的社会犯罪主要是针对钱财而发生的，包括偷盗、抢劫、绑架、劫持等。因此，南美洲的侨胞要特别注意与当地人建立共享的经济利益机制，在当地多做慈善，多做社会公益事业，让当地人觉得中国人的到来不是一件坏事。侨胞也应该切记，不要把炫富、攀比、投机等行为带到该洲或其他大洲，在法制不够完善的南美诸国，针对性的突发事件依然频发。中国政府应该加强与南美诸国的合作交流，促进文化的传播；依托外交手段，督促

政府大力整治国内治安，加强国内针对中国侨胞的保护，及时为侨胞提供相关安全信息。加强对当地华社的援助和支持，促进当地侨胞的民族团结，这在一定程度上有利于减少突发事件的发生。

（三）加强与亚洲国家之间的交流沟通，建立互信平台，减少政府行为的排华事件

对于亚洲的海外侨胞而言，特别是东南亚的侨胞，在生命与财产安全的自我保护上要特别重视。亚洲情况十分复杂，根据资料分析，东南亚主要国家的针对性突发事件较为突出，包括经济纠纷、游行示威、政治骚乱、边境摩擦等各种类型，且比例接近，原因涵盖意外事故、种族排斥、政教矛盾、华人维权等各种因素。因此，对于东南亚的海外侨胞而言，在融入当地生活的过程中，注意建立与当地人利益共享的机制，反馈经济发展带来的好处。不参与政治斗争，通过以和平为主的手段，维护自身的权益。若发生类似印度尼西亚的大规模排华事件，侨胞应该团结起来，坚决抵制非法行为。国家层面坚持和平共处五项原则，加强国家之间的沟通与合作，制定好大规模撤侨突发预警方案。

印度尼西亚、菲律宾、越南、马来西亚、缅甸的侨胞应该特别重视预警机制方案的制定，与中国大使馆保持紧密联系，以减少突发事件可能造成的伤亡。亚洲其他地区（中亚、南亚、西亚）的主要突发事件是由国际或国内政教矛盾引起的，因此，侨胞应该特别注意中国大使馆的作用，在政治不稳定地区（如吉尔吉斯斯坦、也门、约旦、阿富汗、伊朗、伊拉克等），应注意及时参与到撤侨行动中。准备前往这些地方的中国公民，应该减少出行。对于诸如印度、巴基斯坦、阿联酋等国家或地区，虽然没有大的政局不稳，但国内贫富差距巨大，社会犯罪猖獗，侨胞也要注意自身防卫意识的提高和自我保护，一旦发现危险信号，应立即向大使馆求助。另外，印度也是与中国有边境摩擦和历史纠葛的国家，该地区的中国海外公民应该特别重视大使馆的保护作用。

（四）改变欧洲侨胞的商业运营理念，遵守当地法律，减少投机取巧的不当行为

对于欧洲国家的侨胞而言，共享经济利益的机制建设，显得十分重

要。根据事件分析，西班牙、意大利、俄罗斯、法国、英国等国家，时常发生针对性的涉侨突发事件，很多表象原因是一般犯罪的抢劫、偷盗、排挤多发，背后深层次原因是所在国移民政策不够完善，侨胞与当地居民在经商方面冲突不断。建议侨胞尊重当地人的经商理念和风俗，注意联手当地人做强做大本土经济，参与社会公益建设，减少排挤当地人生存空间的行为，减少投机、炫富、排斥、欺压等行为，促进自身与当地居民在政治、经济、文化等各方面的融入。在国家层面，中国应加强与欧洲的合作，用贸易带动双边经济的增长，减少因经济问题而发生的犯罪事件。

（五）提升海外留学生犯罪防范意识，融入当地生活，减少文化冲突的负面效应

对于北美洲和大洋洲等移民国家，常见的是社会一般的犯罪事件、自然灾害和意外事故产生的事件，这是在任何地方都难以避免的。这些一般的犯罪事件，除北美洲的墨西哥、大洋洲的所罗门群岛较为严重以外，其他均为常见的因个人问题而产生的突发事件，这些事件很少涉及政治因素，危害程度不大，生命与财产损失也不是难以估计的。特别是把教育产业作为带动国内经济增长重要产业之一的澳大利亚、新西兰、加拿大，中国留学生事件显得格外突出。中国留学生事件实质上也是一般犯罪，只是为了研究对象的确定性和特殊性，而将其专门划定为一类事件。此类事件在澳大利亚和新西兰较多，常因学生之间的个人问题，而产生社会犯罪。因此，北美洲和大洋洲的侨胞，要特别注意减少个人不当行为，包括不文明举动、财富外露、投机倒把等，避免引起社会犯罪。另外，留学生要特别注意自我安全的防控，减少因文化冲突而引起的犯罪事件。国家层面应该对留学生加强安全常识教育，通过大使馆提醒海外侨胞自我安全防范，以有效地减少伤害。

总之，针对各大洲突发事件的不同，海外侨胞安全预警与救护机制建设的重点应该在非洲和亚洲。非洲的预警关键是国家政局的发展情况，由于政局不稳，常常会出现有伤亡和财产损失的涉侨突发事件。中亚和西亚国家，要预防其恐怖袭击和国内战争。而中国周边的东南亚和东亚国家，包括南亚的印度，由于历史矛盾的积淀、边境摩擦和种族排斥，在国家发展过程中，很可能出现政府层面的大规模排华事件，中国政府必须事先做

好战略准备。南美洲是一个危害程度在不断上升的大洲，加上一些国家政局不稳和巨大的贫富差距，未来很有可能出现小规模的涉侨突发事件，导致生命财产损失，必须重视，但难以出现政府层面的排华运动。欧洲在移民发展过程中，也面临着新移民数量剧增与移民政策不完善带来的社会问题，虽然出现大规模的游行示威，但由于欧洲国家社会发展较为稳定，难以出现政府层面的排华行动。北美洲和大洋洲诸国，多数是移民政策完善的国家，海外侨胞主要面对的是社会犯罪问题，为了减少对那里海外侨胞的伤害，他们自身应该加强安全有关的教育。

从突发事件的缘由来分析，为了防控相关的生存风险，我们可以采取面上预防与根上治理的双重办法。

对面上预防而言，首先需要建立海外生存预警数据库。这项工作包括明确中国海外流动人口安全预防机制的基本内涵和功能，确立海外安全预警指标体系，研发预警模型，建立安全预警数据库，在理论、技术和信息层面做好分地区实施动态预警监测的准备工作。然后，分四个阶段构建预警应急处理系统。

第一个阶段，利用海外情报系统对高频突发事件的国家进行定点跟踪监测。收集的信息包括监测点的定点调查数据，以及该国相关政治、经济、社会、文化、军事、环境等诸多信息。

第二个阶段，对于海外安全预警数据库信息进行专业性分析与处理，掌握关键有效信息，进行模型仿真预测，并形成报告，向国家主管部门汇报。

第三个阶段，对预警情报，国家政府部门应制订和实施预防行动计划。国家可以充分调动包括政府职能部门、海外侨社、海外企业、军队等各种资源，进行有组织有计划的护侨和救助工作。

第四个阶段，对外发布信息，争取国际支持与合作。当我国收集到突发事件的可靠信息时，应积极与外国当局沟通，联合国际各界力量，来保障中国海外流动人口的生命与财产安全。

对于从根上治理而言，主要是通过加强双边和国际上在政治、经济、社会、文化、环境等各方面的合作与交流，促进沟通与理解，减少突发事件。从根上治理包括以下几个方面。

第一，政治外交方面，大力提倡与坚持和平共处五项原则，在不损害国家利益的基础上，与世界各国建立平等互信的关系。但对于领土主权问题，决不让步。

第二，文化沟通方面，提倡文化的相互交流、相互理解、相互欣赏，实现多元文化并存与共荣。坚决抵制民族中心主义和文化霸权主义，承认各民族各地区文化的差异性，倡导文化包容性发展。

第三，经济合作实现互惠共赢。中国海外流动人口要遵从移民公德，并遵守当地经济秩序和法律法规；加强与当地的合作，实现互利互惠；努力创造就业岗位，促进当地就业率提升；关注公益事业，分享自己的成果，提升当地人的友好度。

第四，提高个人素质和修养，提升自我安全防范意识，重视求助系统的建立，熟悉当地法律和治安系统。

第五，加强环境合作，携手保护地球。尽量降低海外中国公民到高频自然灾害国家的出行率，并加强相关自我救助知识的学习。

第三节　海外涉侨突发事件的政府救援响应研究[*]

本节在历史和区域研究的视野下，以侨胞最多的东南亚为对象，采取多阶段涉侨案例与政策分析方法，系统研究明朝至今中国政府对海外华侨遭遇突发事件的救援响应，分析中国政府的护侨思想、意愿与能力。研究认为，大国之路是风雨之路、情感之路与责任之路，中国政府应当推动和完善海外安全观，从主动性、合法性和文化性三方面培养护侨意识，通过增强综合国力实现民族复兴，强化政府护侨能力。建议防止"不干涉他国内政"变成不作为的借口，在国际法、人道主义与民族感情框架下确立救援行动准则，在海外华侨遭受严重安全危机时，应从保护国家海外利益的高度，保留安全力量介入的权利。

一　研究背景

近年来，中国作为祖（籍）国担负海外护侨责任的行动受到广泛关

---

[*] 本节由王丽霞、肖群鹰主笔。

注，关于华侨安全诉求的讨论变得非常活跃。研究者采用谷歌搜索引擎，以"护侨"加年份为关键词，搜索分析 2001 年至 2012 年上半年（截至 6 月 30 日）的舆情焦点和规模变化。结果发现随着关键词变化，被搜索出的网页数量平均年增长 20.4%，特别是当搜索词为"护侨 2010 年"时，被搜出的网页规模比上年猛增 82.2%，达到了 73.8 万条；使用"护侨 2012 年"关键词检出网页量继续增加，并达到了 106 万条。虽然按以上方法检索出的网页会有交叉或定位不准，但检出结果能在一定程度上反映各年份"护侨"舆情的变化态势。从互联网舆情分析看，近 10 年海内外对护侨的关注度呈上升趋势，2010 年有关护侨责任的讨论突然增多，2012 年上半年对护侨议题的讨论较为频繁，上述情况说明"护侨"已成为华人世界的焦点议题。

因互联网社会的舆情变化，有些学者也开始关注政府护侨问题的研究。以"护侨"为关键词，检索 CNKI 的期刊论文库、博士学位论文库和硕士学位论文库的文献摘要，删除无关发文之后，可获得 51 篇相关文献。从谷歌与 CNKI 检出数量的巨大差异看，当前海外护侨以民间热议为主，学术层面的跟进研究与引领作用仍然较差。从发文时间看，研究当代政府护侨问题的文献集中于 2010 年及以后，说明护侨议题成为学术领域关心的问题主要是近几年的事，这与互联网检索结果可以相互印证。

比较分析被检出的研究文献，可以看到，已有研究较多地介绍历史人物的护侨思想和贡献，回顾晚清、民国时期以及中华人民共和国成立初期中国的侨情与护侨活动，或者解读海外华侨社团组织功能。但直接涉及当前阶段护侨问题的研究并不多，且主要局限于三方面：一是护侨行动研究，学者们分析了近年来中国政府的几次重大海外护侨活动，如 2006 年所罗门群岛护侨（米立公，2006）、2008 年泰国撤侨（黎海波，2011）和 2011 年利比亚撤侨（新晋商编辑部，2011）行动等，普遍对政府护侨持赞赏和支持态度，认为海外华侨是我国重要的海外资源，应将海外华侨的利益作为中国国家利益的一部分予以保护。二是领事护侨工作研究，提出要在国际法框架下运行领事保护机制，在保护国家和个人的权益的同时，善意履行人权保障义务（毛竹青，2011；黎海波，2009）。三是华侨保护的法律问题研究，包括探讨华侨国内活动保护（吴文海，2006）、海外华侨权益保护（刘志军，2010），以及海外军事护侨的法律问题等（温聪，

2011)，认为法律运用是护侨行动顺利进行的关键。这些研究从政治、行政、法律，乃至军事理论视角展开，突破了海外华侨研究长期拘束于历史学或人类学研究的境况，具有重要的学术意义和实用价值，但是仍存在下列不足：从研究方法看，已有研究中极少有纵贯的时间序列的案例分析，难于历史地、全面地揭示华侨安全问题，无法反映国际排华仇华突发事件的总体侵害特征，以及晚清以来中国政府救援响应态度的变化；从研究内容看，已有研究比较重视海外护侨的法理问题和技术问题，但对政府的护侨责任、护侨能力和护侨意愿等更本源的问题缺乏探讨，这种情况与管理的系统论观点相悖，不利于中国政府科学应对海外华侨的安全诉求；从研究的敏感点看，由于近年来护侨行动的增多，国内外华人社会对于中国政府的护侨责任与能力、救援措施的恰当性已经出现了一些争议，但极少见有研究涉及。

本节基于历史和全球的视野，以东南亚华侨所遭遇的各类突发事件为例，系统地分析和研究中国政府对海外侨民的安全保护问题。之所以选择东南亚华侨作为研究对象，是因为其是中国海外侨民的主体。庄国土（2009）研究表明：东南亚的华侨华人总人数约有3348.6万，占了世界华侨华人总数的73.5%，居住地域也比较集中。在历史发展进程中，东南亚华侨受过各类仇华排华突发事件的伤害，遭受了巨大的生存风险。当前，美国强势重返亚太，南海主权问题摩擦增多，东南亚零星角落还存在仇华排华情绪，东南亚华侨的生存风险有激化的可能性，因此对其安全诉求，中国政府很有必要关注。

二 突发事件的危害后果与中国政府响应

明朝万历年间（1573～1620年）以来，东南亚华侨受到各类突发事件的蹂躏与迫害，对此，不同朝代不同阶段的中国政府对策迥异。

（一）东南亚针对华侨的突发事件

东南亚华侨主要遭遇以下几类突发事件。

（1）杀害事件。1603年（明朝万历年间），西班牙殖民者收缴华侨铁器导致起义反抗，马尼拉的华侨约2.5万人被杀害；此后，在清政府统治时期，西班牙殖民者为打击华人经济、巩固殖民统治，又于 1662 年、1686 年、1762 年杀害清理吕宋华侨华人。历次杀害累计近 10 万人。乾隆五年（1740 年），荷属东印度公司强制巴达维亚城（今雅加达）聚居华侨迁移，引发华侨起义。从 10 月 9 日连续 3 天在城内进行灭绝性杀害，约 1.5 万名华侨死亡，鲜血染红了雅加达河，史称"红溪惨案"。1942 年 2 月，日本占领新加坡，对当地华侨华人进行了为期 3 天的种族"肃清行动"，战后审讯证据显示杀害 2.5 万~5 万人。1965 年 9 月 30 日，印度尼西亚发生政变后，苏哈托军人集团对印度尼西亚共产党进行大清洗，大批华侨遭逮捕和杀害，史称"九三〇事件"；印度尼西亚各地也发生杀害驱赶华侨事件，大量被驱杀的华侨同政治运动并无关联，估计约 30 万名华侨在残酷血洗下被杀害。1998 年亚洲爆发金融危机，5 月 13 日苏哈托政权为转嫁矛盾，再次对印度尼西亚雅加达等地华裔居民进行有组织的虐待和杀害，一批华人公司、超市、工厂被砸毁或抢劫，当地大量华侨受到冲击逃亡海外，史称"黑色五月暴动"。

（2）驱赶事件。1959 年，印度尼西亚西爪哇等城市频发排华事件，印度尼西亚政府通过一系列法令扶持原住民经济、打压华人资本，年底又颁布了"总统 10 号令"，禁止华侨在县级以下地区经商，这道法令被某些地区的军事掌权者延伸为不准华侨在县级以下的地区居住。结果大批华侨被剥夺土地，赶出乡村，迁入集中营，50 多万名印度尼西亚华商失去生计，10 万多名华侨遭遣返。1975~1979 年，柬埔寨建立以波尔布特为首的"民主柬埔寨"政权，在国内号召"一举建成共产主义"，推行极端残暴的政治运动，实施驱赶、内部清洗和禁锢等，导致全国人口死亡约 1/5，华侨华人人数也由 60 万下降到 30 万。越南南北统一后，于 1977 年推行"净化"边境方针，公然大规模驱赶华侨出境，并没收其财产；1979 年与中国发生边境战争后全面驱赶华侨，由于道路无法通行，大量华侨被迫下海逃难成为"船民"。

（3）政治冲突。1907 年，荷属东印度殖民政府要求当地华侨加入荷兰殖民地国籍，迫使华侨服兵役，遭到大多数华侨强烈反对和抵制。1912 年 2 月 19 日，荷兰殖民者统治下的印度尼西亚爪哇岛泗水市的华侨举行集会，庆祝中华民国成立。荷兰殖民当局派军警武力干涉，开枪打死华侨 3 人、伤十余人、百余人被捕。愤怒的华侨闭门罢市以示抗议，荷兰殖民当局出动大批军警强迫开市，又逮捕千余人，史称"泗水事件"。1969 年 5 月 13 日，马来西亚华人反对党竞选获胜进行庆祝，马来人前来干涉，双方发生冲突，华遭受伤害，这场种族暴乱是有计划的行动。2008 年 8 月 26 日，由于"柏威夏寺"的申遗问题，泰国爆发大规模反政府示威游行，发生内乱，曼谷国际机场也被迫关闭，3400 余名中国公民无法撤回本国，中国政府组织了撤侨行动。

（4）社会安全事件。2010 年 8 月 23 日，菲律宾马尼拉市一辆装载 22 名中国香港游客的旅游车被歹徒劫持，菲律宾警方突击解救失效，8 名人质被杀、6 人受伤，绑匪被当场击毙，公众对菲律宾当局和警方营救不周表示了强烈愤怒。2011 年 10 月 5 日，"华平号"和"玉兴 8 号"两艘中国船只在泰国境内湄公河段被不明武装分子劫持，船只搭载的 13 名中国船员全部遇害。

从上述突发事件看，东南亚华侨的安全威胁主要来自西方殖民者、日本侵略者、东南亚本土极端民族主义和宗教主义者、政治斗争中的敌对势力、歹徒海盗等。以上势力有些业已成为历史，在东南亚国家不复存在，有些仍然阴魂不散，时刻威胁着华侨的安全。参考 Hoff 等（1984）对突发事件危机源的划分，分析东南亚华侨所受伤害的类型，可将危害东南亚华侨安全生存的危险源归为四类：一是外来殖民侵略危机，指殖民侵略势力为维护非法统治，对华侨的压制和杀戮，如西班牙、荷兰、日本侵略者和殖民者的迫害；二是阶段性转换危机，指在政权更迭、经济危机、领土争端或者战争爆发时，以莫须有的罪名对华侨进行的诬蔑和迫害，如印度尼西亚政权转换中苏哈托政权的迫害、红色高棉的政治运动、越南对华侨的驱赶等；三是社会文化结构危机，指企图改变社会结构，违反社会准则和道德规范的冲突，如菲律宾、印度尼西亚、马来西亚等的民族歧视和种族冲突等；四是母国心理情感危机，指当局通过对华侨的国籍、教育、宗教、文化交流等的禁止和限制，欲割断其与祖国的情感和认知，如马来西亚对华文教育的限制、荷属东印度殖民者强制华侨加入荷属东印度殖民地国籍等。

（二）中国政府的应急救援响应策略

面对海外华侨遭遇的上述灾难，中国政府的响应方式略有不同，所采取的相应救援策略也各有特点。

1. 1949 年以前中国政府的救援响应策略

1949 年以前中国政府对海外华侨的态度直接决定了他们的救援策略，虽然也有采取外交施压和司法安全协作的积极响应策略，但纵观历史，仍是以敌对和漠视为主。例如，1603 年、1639 年、1662 年、1686 年和 1762 年西班牙殖民者多次对吕宋华侨进行迫害，间隔时间分别是 36 年、23 年、24 年和 76 年，呈现出一种恶性的循环周期效应，病根在于明清朝廷的放任和漠视，使殖民者敢于反复实施反人类的杀戮。

（1）敌对与漠视。明清政府对海外华侨采取敌视、歧视与抛弃政策。1603 年西班牙殖民当局杀害华侨，明万历皇帝以"中国四民，商贾最贱，岂以贱民兴动兵革"（徐学聚，1962）为由，对西班牙来使进行了训斥，但未采取报复性军事行动。"红溪惨案"发生后，清乾隆皇帝表示"天朝弃民，不惜背祖宗庐墓，出洋谋利，朝廷概不闻问"，直接无视侨民生死（韩永福，1992）。

（2）外交施压。1949 年以前中国政府也注意利用外交施压。例如，1912 年"泗水事件"发生后，中华民国临时政府（以孙中山为首）与北京当局（以袁世凯为首）携手合作、反复交涉和施压，使荷兰政府不得不释放所有被捕者，并惩办凶手、赔偿损失、抚恤伤亡，较好地保障了华侨权益。

（3）司法安全协作。依据国际法或安全合作协议，保护侨民安全，如 1909 年清政府根据血统主义原则制定《大清国籍条例》，规定中国人的后裔"不论是否生于中国地方均属中国国籍"（福州市地方志编纂委员会，1998），确定华侨为清朝子民，并提出保护华侨的法则，希望通过国籍法的制定为保护海外华侨提供法律依据。

2. 1949 年以后中国政府的救援响应策略

1949 年以后中国政府与侨居国当局在政治意识形态方面的冲突，是造成外交关系和侨务政策上矛盾的主要原因，在历史上成为排华仇华事件的重要诱因。例如，20 世纪五六十年代，印度尼西亚内部亲苏势力与亲美势力间隙日生，造成复杂脆弱的政局，中华人民共和国身处跷跷板的一端，难以发挥稳定器作用。随着印度尼西亚国内局势的发展，两国外交关系也经历了建交（1950 年）、断交（1967 年）和恢复（1990 年）的曲折变化，印度尼西亚华侨同样几经磨难，安全无法得到有效保障。1977 年至 1980

年越南"船民事件"发生的背景是中苏和中越矛盾的扩大。此外，居住国政治斗争、民族矛盾、侵略战争、经济危机等也是海外华侨的核心致害因子，1965 年"九三〇事件"的起因是印度尼西亚的政变与内乱；1969 年马来西亚"种族大冲突"的诱因是该国内部严重的族群对立和宗教冲突；1998 年印度尼西亚"黑色五月暴动"发生的前提是亚洲爆发金融风暴，苏哈托政权企图转嫁国内矛盾。

除了"文化大革命"的特殊时期以外，1949 年以后的中国政府在各种艰难处境和危急时刻都对海外华侨的救援采取积极响应策略，以撤侨行动、外交施压、司法安全协作等为主要手段实施相应救助，甚至不惜在必要时采取国家冲突的方式。

（1）撤侨行动。1949 年以后中国政府的撤侨行动主要发生在东南亚，如 1959 年和 1965 年的印度尼西亚撤侨、1977 年的越南撤侨、2008 年的泰国撤侨等。对印度尼西亚和越南的撤侨行为是被动实施的，当时与相对国政府的关系进入僵局或敌对状态，外交斡旋余地极小；相对国政府对华侨进行暴力驱赶，中国政府艰难应对几十万名难侨，运输与接待能力也很有限。泰国撤侨则属于主动性撤侨，中国政府连续派出 4 批共 12 架次飞机赴泰国，历经 113 小时组织紧急大营救，安全顺利接回 3346 名中国公民。

（2）外交施压。1959 年印度尼西亚发布"总统 10 号令"，排华事件多发时，中国政府也提出了抗议，并通过外交斡旋应对印度尼西亚排华浪潮。1998 年印度尼西亚发生"黑色五月暴动"后，《人民日报》《南方周末》等国内媒体对暴动事件进行系列报道和谴责，中国外交部也对骚乱中华侨和华人的遭遇表示强烈关注和不安。

（3）司法安全协作。2011 年湄公河惨案发生后，中国、泰国、缅甸和老挝携手侦破案件，惩治了凶手，并发布《中老缅泰关于湄公河流域执法安全合作的联合声明》，建立了湄公河四国联合巡逻框架机制。

（4）国家冲突。1965 年印度尼西亚发生"九三〇事件"，当局违背国际法和人道主义的做法引起中国政府强烈抗议，1967 年两国国内先后发生袭击对方使馆事件，都关闭并撤回了外交人员，随后中国政府组织大规模接收难侨。1977 年至 1980 年，越南发生驱华事件，中国华侨事务委员会和《人民日报》发表声明，强烈谴责和抗议越南当局做法，并实施"保护华侨利益，扶助回国的华侨"的护侨政策，安置被驱赶回国的大批难侨。

（5）漠视。1949 年以后中国政府在一段特殊的历史时期内也曾对海外侨民采取漠视的态度。1969 年 5 月 13 日，马来西亚发生"种族大冲突"时，中国正值"文化大革命"，国内政治运动不断，无意护侨。1975 年至 1979 年，红色高棉政权专政时，中国支持柬埔寨推行极"左"路线，柬埔寨华侨处于孤立无援境地时，向中国顾问求救但未被理睬（周中坚，1993）。

三　对政府响应意愿与能力的分析与评估

下面从护侨能力、护侨意识和政府响应强度三个方面，全面认识和评估中国政府对海外华侨安全诉求的关注程度，以及护侨责任履行情况。

首先，研究者邀请 65 名南海问题讲座听众（有教师、学生、公务员、士兵），在阅读东南亚突发事件资料、观看相关事件图片以及听取研究者专题讲解的基础上，对历次突发事件的政府响应填写选项卡片进行评价。每次突发事件对应的可选政府响应强度有五级，分别为强（2）、较强（1）、一般（0）、较差（－1）、差（－2），取众人各次评价所对应数字的均值为政府响应强度值，并用曲线图表示。共有 58 份评价表填写有效，评价结果如图 2－5 所示。

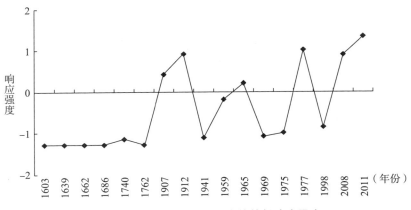

图 2－5　历朝历代中国政府的护侨响应强度

如图 2－5 所示，评价者认为，明清政府对海外华侨安全极端漠视，整体上处于弱响应状态；晚清和北洋军阀时期对海外侨民安全的关注度较高，表现出较强响应状态；抗日战争时期和中华人民共和国成立早期，中国政府对东南亚华侨的安全关注度不高，处于较弱响应状态，但大家对

1965 年印度尼西亚"九三〇事件"前后中国政府的响应评价不一，总体稍偏正向；当前阶段，评价者认为中国政府比较重视海外华侨的生存风险问题，面对突发事件护侨行动积极，表现出强响应状态。从图 2-5 看，响应强度大致出现了四个波谷、四个波峰，这种变化形态，充分说明中国作为祖国，对东南亚华侨安全的保护意愿并不稳定。

　　进一步分析不同时期中国政府的护侨能力和护侨意识，如象限图 2-6 所示，可分出四个象限、一个中间地带，其中：第 I 象限表示护侨能力和护侨意识都比较强；第 II 象限表示能力强而意识弱；第 III 象限表示能力和意识都比较弱；第 IV 象限表示意识强而能力弱；中间过渡地带表示特定事件发生时，中国政府的护侨意识和护侨能力表现与对应的象限描述有所区别。之所以进一步区隔出中间地带，原因在于象限图无法完全概括响应情况，还存在中间过渡形态。

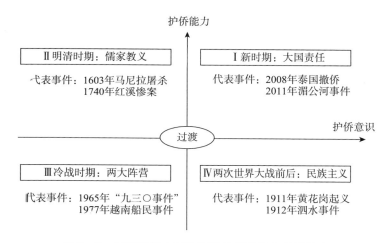

图 2-6　历朝历代中国政府的护侨意识与护侨能力

　　就第 I 象限而言，改革开放后，中国的经济实力有了较大提升，GDP 总量先后超过英国、德国和日本，居世界第二；军事实力和文化软实力也有明显提高，与东南亚国家建立了睦邻友好关系、战略伙伴关系和自由贸易区关系，外交和侨务政策更加灵活，护侨能力有了实质性的增强。与此同时，世界局势也并不安宁，海外涉侨突发事件多发，激发了海外华侨的爱国热情和民族感情，大力呼吁祖国履行护侨责任。在这一背景下，中国政府积极转变侨务理念，将护侨行为视为一项履行大国责任、保护海外侨民安全的重要职能。启动领事保护机制、实施亚丁湾护航、组织泰国和利比亚撤侨，表现出极强的护侨意识和能力。

就第Ⅱ象限而言，明清政府除了拥有西方殖民者垂涎的口岸贸易控制权外，还拥有当时首屈一指的国力军力。就海战而言，明清水师的航海技术和战斗力足以对付西方殖民者，证据如下：一是明朝郑芝龙留下的水师队伍由郑成功继承并打垮了荷兰殖民者；而清廷的福建水师又能够打败郑经势力收复台湾。二是1603年荷属东印度殖民总督华尔庚尼尔制造了屠杀之后，荷兰国会害怕得罪明朝，将之投入监狱；1740年吕宋西班牙殖民者杀害华侨之后，畏惧清廷国力遣使赔款道歉（刘雄、尹新华，2006）。但是很无奈，以儒家教义治天下的明清皇帝，认为去国离乡的华侨不是安分之人，"自弃王化""系彼地土生，实与番民无异"，对其安全诉求采取了漠视的态度（李家鑫，2009）。

就第Ⅲ象限而言，冷战时期美苏两大阵营对峙，中华人民共和国与东南亚国家归属不同阵营，阶级意识形态压倒民族意识占据主流，特别是1966年起中国进入"文化大革命"，"左"倾思想抬头，在对外和对侨工作中采取了某些过激行为，这一时期护侨意识相对薄弱。例如，柬埔寨华侨受红色高棉暴政迫害、向中国顾问专家求援，却得到了冷漠的答复，中国政府对柬埔寨华侨安全问题没有做出回应，使在柬华侨对当时更为强大的祖籍国爱恨交织、非常矛盾（齐坚，1999）。从护侨能力看，冷战前期中美关系陷于僵局，美国利用在东南亚的影响鼓吹"中国威胁论"，中国与东南亚国家关系陷于紧张；至1969年珍宝岛战役发生后，中苏关系恶化，中美关系走向缓和，中越关系又陷于敌对。在国力不盛和外交环境欠佳的情况下，中国政府开展护侨行动，委实障碍重重。

就第Ⅳ象限而言，第一次世界大战前后，晚清政府腐败、北洋军阀混战、西方殖民者分割势力范围、中国与东南亚诸国脱离宗藩关系，中国国力衰弱；1937年后，日本侵略者攻取北平、上海和南京，山河破碎。虽然国家衰败如此，但就履行护侨责任而言，晚清政府、北洋政府和南京临时政府都十分积极，这可能与晚清政府的反思和孙中山的革命经历紧密相关，特别是后者。孙中山曾说过"披坚执锐血战千里者，内地同志之责也；合力筹款以济革命者，海外同志之任也"（黄彦，2006）。东南亚华侨鼎力相助辛亥革命，是以当时政府护侨决心前所未有之强。1912年发生泗水事件时，孙中山疾呼"民国初立，岂尚忍如满清政府放弃责任，漠视侨民"，在他的呼吁下，袁世凯亦表示"华侨遭厄，自必竭力拯救"（刘宝东，2009）。不过，由于彼时中国国力羸弱，面对东南亚殖民者和侵略者的戕害，政府所能做的比较有限。

就过渡区域而言，中国政府对海外华侨的救援响应系统不太稳定，即使在同一历史阶段也有一些反复，很难泾渭分明地进行区分。举例说明：明清时期，虽然清政府长期漠视东南亚华侨的安全问题，但是1909年却按血统主义原则制定了《大清国籍条例》，第一次从法律上明确了华侨身份，为保护华侨提供了法律依据（肖洪，2004）。冷战时期，由于东南亚华侨的双国籍问题，侨居国当权者怀疑华侨的忠诚，中国政府鼓励东南亚华侨加入定居国国籍，但要求入籍奉行自愿原则，这既是中华人民共和国政治上求取国际社会认可的努力，也考虑到了侨民的生存风险问题。但是，菲律宾、印度尼西亚、越南、马来西亚等国，后来仍然采取了强制华侨入籍和驱赶出境的措施，导致大批华侨遭到迫害。在应对1965年印度尼西亚"九三〇事件"和1977年越南"净化"边境驱赶华侨时，中国政府都表现出较好的护侨责任意识，但由于国际形势和外交关系的不利影响，其发挥作用的空间有限。

四 对政府救援响应争议的讨论与思考

护侨责任在成为热议话题的同时，存在巨大的争议。下面通过对时下流行观点的辩驳，分析和思考海外华侨遭遇突发事件时中国政府的响应对策。

辩驳一：中国政府保护海外华侨意愿较弱，护侨能力经验不足。

关于中国政府对海外华侨的保护意愿问题，互联网上争议人群规模较大，其中年轻群体参与较多，但相当一部分人论据不全面，仅根据海外华侨受迫害的事实便认为政府保护意愿较差；也有小部分海外华侨参与了相关话题的讨论，表现出失望情绪。本节第三部分已经较为系统地分析和评估了历朝历代政府的护侨意愿问题，总体上护侨意识不稳定是事实，但当前我国政府积极承担护侨责任的行动是有目共睹的。

护侨意识属于责任感，同国力的关系并不密切。1912年"泗水事件"

中，南京临时政府纵然力量弱小，却能通过积极斡旋，维护侨民权益；而1740 年"红溪惨案"中，清政府虽然国力较强，却无心护侨，同样于事无补。许多关于政府护侨意愿的讨论，针对的是护侨主动性，实际上还应当关注护侨的合法性与文化性的问题。因为护侨行动是一类政治活动，必须具有政治合法性才有成功的可能。文化是护侨意识建构的动力之一，还应当将中国的护侨精神和教训，演绎成丰富的文化形态，在大众文化和历史文化的载体中兴起并流行开来。

　　一些国际舆论认为中国政府的护侨能力不足，如来自新加坡的研究者就提出中国当务之急是要加强护侨制度与机制建设（迪沙泰尔、季北慈，2012），值得商榷，中华人民共和国成立至今，中国政府多次开展了撤侨行动，岂能说没有护侨经验？即便如利比亚撤侨时临时制定预案，也能顺利安全撤回全部华侨。政府对海外华侨的保护能力体现的是综合国力，并非建设了华侨安全预警或应急平台才能说明政府的护侨能力。唐朝①以来，中国在与东南亚各民族历史融合的过程中，祖国强盛、宗藩和睦，中国对海外华侨安全问题就有较大的话语权，其安全得到了较好的保证；半殖民地半封建社会时期中国衰弱落后，西班牙对菲律宾、法国对越南、英国对泰国、英国对缅甸等实施殖民侵略，中国贫弱，给了外部一种迫害华侨无须顾忌的坏印象。中华人民共和国成立后的一段时间内，也因两大阵营对立和国内的政治形势导致的外交平衡能力不足，东南亚华侨被驱赶迫害时也难以有力救援。当前中国的综合国力蒸蒸日上，本节第三部分的评估分析也说明，当前中国政府的护侨能力是历史上比较强的。

　　但是，历史上仅东南亚由于各类突发事件，就有大批华侨被迫害致死，告诫了我们如果国家贫弱，海外华侨自然难以自保。《左传》有语："国之兴也，视民如伤，是其福也；其亡也，以民为土芥，是其祸也。"中国的强大才是海外华侨坚固的安全屏障。要改变海外华侨的不良安全状况，需要实现中华民族兴盛，提升国家综合实力。中华民族的复兴，民族团结和社会稳定是保证，中华儿女的努力拼搏是动力，海内外华侨应当担负起建设国家、保卫国家、促进统一的使命。中国应当抓住历史契机发展

---

　　①　据坎贝尔的《爪哇的过去和现在》及弗莱士的《爪哇史》记载，后唐同光二年（公元924 年）第一批中国侨民在东南亚爪哇的扎巴拉、三宝垄、直葛定居，与土著相处融洽。

经济、发展高科技，在军事上维持足以自保和护侨的能力，给国际上仇华的挑唆者和排华势力以威慑，增强东南亚华侨的安全感。

辩驳二：海外护侨不应采取大撤侨行动。

海外护侨行动救援响应的措施是争议的一大热点。有两种观点并立：一种观点认为撤侨体现了大国对海外公民生命与安全的重视；另一种观点认为撤侨放弃了中国海外利益，国家多年苦心经营一朝成空，并留下了巨大的"后遗症"。这里要科学分析两类撤侨行动。越南撤侨后，越南华侨的经济利益荡然无存，但其根源在于越南政府的反国际法行径，华侨被掠夺了经济积累，属于被动撤侨，如果不积极安排撤侨，侨民必遭殒命之殃；而利比亚撤侨，也导致了企业投资利益和个人经济受损，但属于中国政府安排的主动撤侨。究竟保护生命安全还是保护经济利益更重要，中国政府权衡轻重选择了前者，这是忍痛而为，我们应予理解和尊重。简言之，我们首先要从安全形势来分析撤侨的被动性，从执政理念来理解撤侨的主动性，理解和尊重中国政府的救援响应举措。

中华人民共和国成立以来，我们实施了 1959 年印度尼西亚撤侨、1977 年越南撤侨、2006 年所罗门群岛撤侨、2008 年泰国撤侨，以及 2011 年利比亚撤侨等行动。后三次均系主动撤侨，撤侨行动之所以存在争议，本质上是国家资源利益与境外影响力、华侨生命以及企业和个人的经济利益之间出现的不一致问题，而非简单的长期利益与短期利益的区分。有人认为中国政府放弃了长期利益，是不是保全了侨民生命体现不出长期利益？我们的问题不在于撤回，而在于撤侨之后怎么办的问题。故而在撤侨方案制定之前就应当进行全面谋划，做好宣传解释工作，防止给人处理问题简单化、但有局势动荡即提起撤侨的错觉。

被动撤侨的形势要更复杂一些，如 1959 年印度尼西亚大撤侨，印度尼西亚苏哈托政权的血洗和驱赶行为，造成当时印度尼西亚华侨深重的灾难，中国及新加坡都参与了救援。20 世纪 70 年代末，越南以政治利益左右民族政策，掠取华侨资产，驱赶越南华侨，并且人为设置路障，导致大规模难民无法顺利通过陆地来到中国，酿成海上悲剧。当时中国的国际协调条件不足，运输能力有限，中央几次召开大会，尽其所能安置大量侨民。虽然过程很悲壮，但没有理由质疑此类撤侨，因为当时如不接受这些侨民，他们的处境会很严重。

辩驳三：护侨行动干涉了他国内政，不宜采取武力介入。

在护侨方面存在两种对立的观点，一种观点认为海外华侨的利益是国家利益的一部分，护侨行动属于保护本国国家利益，不属于干涉内政；应当向美国和以色列等国学习，在履行护侨任务上，保留武力介入权利（王逸舟，2008）。另一种观点认为护侨可能对他国的政策、司法、外交进行干预，派出武装力量或者安全力量进入他国领土，干涉了他国内政，应严格按国际法和居住国法律保护华侨权益。当前主流观点建议积极防止因"不干涉他国内政"而在护侨响应方面不作为，应将海外华侨安全作为国家海外核心利益，保留政府单边"介入"或集体"干预"的权利（王逸舟，2008）。

历史上东南亚某些国家不正常地连续发生排华事件，这是彼时中国政府缺乏有效响应的反映。当前中国政府应当确立惩罚肆意杀害华侨罪行的国家意志，维持绝对的威慑，奉行绝对不干涉主义难以适应形势要求。但是，"干涉他国内政"同样不符合中国政府反对以人权、政治制度、价值观念为由对他国内部事务进行干涉以及永不称霸的宗旨。为解除相对国与国际社会潜在的误解，以及避免护侨力度时紧时松的问题，应当加强侨务安全理论体系建设，建立公开统一的侨务安全观，向世界表明中国海外护侨的理论依据和基本价值观。新的理论要针对以下六个方面的问题：①在护侨意愿上，能为而不作为，反应冷漠、响应迟缓、错失良机；②在护侨行动上，措施失当扩大安全生存风险，行动不力影响救援效果；③在侨情斡旋上，外交政策无助于改善华侨在侨居国的安全生存条件，反使土著排华仇华情绪上升，侨居国社会融合情况恶化；④在侨心归附上，海外侨民对中国的信心不足，心理情感矛盾，缺乏安全感；⑤在平台建设上，护侨制度、机制和海外安全网建设不足，没有应急计划或预案，同关联国家在公共安全方面的合作不够深入；⑥在能力建设上，没有吸取国际先进护侨经验和历史教训，外交、侨务、经济和军事力量发展不足。简言之，要完善海外护侨行动的理论指导框架，使之有利于促进世界和平、国家统一和民族发展以及保护海外华侨的安全。

第三章 海外同胞安全局势研究

本章首先根据海外同胞突发事件数据库的资料，对涉及海外同胞的突发事件进行战略性质的预警分析，然后结合海外同胞所在国家的宏观发展环境，研究海外同胞突发事件的中期（10年以内）预测，给出未来各国可能发生的涉及海外同胞的突发事件主要类型与危害等级的分布情况，最后对重点国家和地区的海外同胞的安全情况进行战略预警分析。

第一节 海外同胞国别安全风险预警

一 涉侨突发事件危害等级的国别评定与监测

基于抓主要矛盾的思想，排除任何国家都难以规避的突发事件，包括自然灾害事件、一般社会犯罪事件、华侨华人自身违法而产生的突发事件等，按照事件发生可能性类型，预估出现频次最多的突发事件危害等级并进行归类监测。监测范围大体分为三个档次，对涉侨突发事件危害等级为一级或二级的国家进行全面监测，建议中国政府随时了解该国有关政府政局与社会动态，通过各种渠道掌握相关安全信息，并做好战略撤侨预防方案，应对大规模涉侨突发事件。对涉侨突发事件危害等级为三级的国家进行重点监测，建议中国政府高频率并有选择地了解该国有关涉侨事件或社会动态，加强华侨和中国海外流动人口的安全意识教育以及与所在国政府的合作，减少恶性社会犯罪事件，并做好大使馆应对恶性涉侨突发事件的应急方案。对涉侨突发事件危害等级为四级或五级的国家进行一般监测，建议中国政府定期了解该国有关涉侨事件或社会动态，加强与这些国家的政府层面的合作，减少一般性社会犯罪。基于前文的分析，统计给出了全球涉侨突发事件战略预警危害等级汇总表（见表3-1）。

表3-1　全球涉侨突发事件战略预警危害等级汇总

编号	国家/地区	所在洲	危害等级	监测指南
1	菲律宾	亚洲	一级	全面监测
2	印度尼西亚	亚洲	一级	全面监测
3	越南	亚洲	二级	全面监测
4	缅甸	亚洲	三级	重点监测
5	马来西亚	亚洲	三级	重点监测
6	泰国	亚洲	三级	重点监测
7	印度	亚洲	二级	全面监测
8	巴基斯坦	亚洲	三级	重点监测
9	日本	亚洲	一级	全面监测
10	朝鲜	亚洲	二级	全面监测
11	韩国	亚洲	三级	重点监测
12	吉尔吉斯斯坦	亚洲	三级	重点监测
13	哈萨克斯坦	亚洲	四级	一般监测
14	阿富汗	亚洲	二级	全面监测
15	伊朗	亚洲	二级	全面监测
16	伊拉克	亚洲	二级	全面监测
17	沙特阿拉伯	亚洲	四级	一般监测
18	阿联酋	亚洲	四级	一般监测
19	阿曼	亚洲	三级	重点监测
20	阿塞拜疆	亚洲	三级	重点监测
21	巴勒斯坦	亚洲	二级	全面监测
22	巴林	亚洲	三级	重点监测
23	不丹	亚洲	四级	一般监测

编号	国家/地区	所在洲	危害等级	监测指南
24	东帝汶	亚洲	五级	一般监测
25	格鲁吉亚	亚洲	三级	重点监测
26	卡塔尔	亚洲	三级	重点监测
27	科威特	亚洲	三级	重点监测
28	老挝	亚洲	四级	一般监测
29	黎巴嫩	亚洲	三级	重点监测
30	马尔代夫	亚洲	五级	一般监测
31	蒙古国	亚洲	四级	一般监测
32	孟加拉国	亚洲	四级	一般监测
33	尼泊尔	亚洲	四级	一般监测
34	塞浦路斯	亚洲	三级	重点监测
35	斯里兰卡	亚洲	三级	重点监测
36	塔吉克斯坦	亚洲	三级	重点监测
37	土耳其	亚洲	四级	一般监测
38	土库曼斯坦	亚洲	三级	重点监测
39	文莱	亚洲	五级	一般监测
40	乌兹别克斯坦	亚洲	三级	重点监测
41	新加坡	亚洲	五级	一般监测
42	叙利亚	亚洲	二级	全面监测
43	亚美尼亚	亚洲	三级	重点监测
44	也门	亚洲	二级	全面监测
45	以色列	亚洲	二级	全面监测
46	约旦	亚洲	二级	全面监测
47	埃及	非洲	三级	重点监测
48	加纳	非洲	三级	重点监测
49	阿尔及利亚	非洲	三级	重点监测
50	安哥拉	非洲	三级	重点监测
51	毛里求斯	非洲	四级	一般监测
52	苏丹	非洲	一级	全面监测
53	南苏丹	非洲	一级	全面监测
54	南非	非洲	一级	全面监测
55	埃塞俄比亚	非洲	三级	重点监测

续表

编号	国家/地区	所在洲	危害等级	监测指南
56	马达加斯加	非洲	二级	全面监测
57	坦桑尼亚	非洲	四级	一般监测
58	留尼汪	非洲	四级	一般监测
59	贝宁	非洲	三级	重点监测
60	博茨瓦纳	非洲	三级	重点监测
61	布基纳法索	非洲	三级	重点监测
62	布隆迪	非洲	三级	重点监测
63	赤道几内亚	非洲	三级	重点监测
64	多哥	非洲	二级	全面监测
65	厄立特里亚	非洲	三级	重点监测
66	佛得角	非洲	四级	一般监测
67	冈比亚	非洲	三级	重点监测
68	刚果（布）	非洲	二级	全面监测
69	刚果（金）	非洲	二级	全面监测
70	吉布提	非洲	三级	重点监测
71	几内亚	非洲	三级	重点监测
72	几内亚比绍	非洲	三级	重点监测
73	加蓬	非洲	三级	重点监测
74	津巴布韦	非洲	三级	重点监测
75	喀麦隆	非洲	三级	重点监测
76	科摩罗	非洲	四级	一般监测
77	科特迪瓦	非洲	三级	重点监测
78	肯尼亚	非洲	三级	重点监测
79	莱索托	非洲	三级	重点监测
80	利比里亚	非洲	二级	全面监测
81	利比亚	非洲	二级	全面监测
82	卢旺达	非洲	三级	重点监测
83	马里	非洲	三级	重点监测
84	毛里塔尼亚	非洲	三级	重点监测
85	摩洛哥	非洲	三级	重点监测
86	莫桑比克	非洲	三级	重点监测
87	纳米比亚	非洲	三级	重点监测

海外同胞安全研究

续表

编号	国家/地区	所在洲	危害等级	监测指南
88	尼日尔	非洲	三级	重点监测
89	尼日利亚	非洲	三级	重点监测
90	塞拉利昂	非洲	三级	重点监测
91	塞内加尔	非洲	三级	重点监测
92	塞舌尔	非洲	三级	重点监测
93	圣多美和普林西比	非洲	三级	重点监测
94	索马里	非洲	二级	全面监测
95	突尼斯	非洲	三级	重点监测
96	乌干达	非洲	三级	重点监测
97	赞比亚	非洲	三级	重点监测
98	乍得	非洲	三级	重点监测
99	中非	非洲	二级	全面监测
100	巴西	南美洲	二级	全面监测
101	阿根廷	南美洲	三级	重点监测
102	智利	南美洲	三级	重点监测
103	委内瑞拉	南美洲	一级	全面监测
104	玻利维亚	南美洲	三级	重点监测
105	厄瓜多尔	南美洲	三级	重点监测
106	哥伦比亚	南美洲	三级	重点监测
107	圭亚那	南美洲	三级	重点监测
108	秘鲁	南美洲	三级	重点监测
109	苏里南	南美洲	三级	重点监测
110	乌拉圭	南美洲	三级	重点监测
111	西班牙	欧洲	三级	重点监测
112	法国	欧洲	四级	一般监测
113	德国	欧洲	四级	一般监测
114	俄罗斯	欧洲	三级	重点监测
115	意大利	欧洲	三级	重点监测
116	英国	欧洲	四级	一般监测
117	乌克兰	欧洲	四级	一般监测
118	安道尔	欧洲	五级	一般监测
119	奥地利	欧洲	五级	一般监测

续表

编号	国家/地区	所在洲	危害等级	监测指南
120	阿尔巴尼亚	欧洲	三级	重点监测
121	爱尔兰	欧洲	四级	一般监测
122	爱沙尼亚	欧洲	四级	一般监测
123	冰岛	欧洲	四级	一般监测
124	白俄罗斯	欧洲	四级	一般监测
125	保加利亚	欧洲	三级	重点监测
126	波兰	欧洲	四级	一般监测
127	波斯尼亚和黑塞哥维那	欧洲	三级	重点监测
128	比利时	欧洲	五级	一般监测
129	丹麦	欧洲	五级	一般监测
130	芬兰	欧洲	四级	一般监测
131	荷兰	欧洲	五级	一般监测
132	捷克	欧洲	五级	一般监测
133	克罗地亚	欧洲	四级	一般监测
134	拉脱维亚	欧洲	四级	一般监测
135	立陶宛	欧洲	四级	一般监测
136	列支敦士登	欧洲	五级	一般监测
137	罗马尼亚	欧洲	三级	重点监测
138	马其顿	欧洲	五级	一般监测
139	马耳他	欧洲	五级	一般监测
140	卢森堡	欧洲	五级	一般监测
141	摩纳哥	欧洲	五级	一般监测
142	摩尔多瓦	欧洲	五级	一般监测
143	挪威	欧洲	四级	一般监测
144	塞尔维亚	欧洲	三级	重点监测
145	葡萄牙	欧洲	四级	一般监测
146	瑞典	欧洲	五级	一般监测
147	瑞士	欧洲	五级	一般监测
148	斯洛伐克	欧洲	四级	一般监测
149	斯洛文尼亚	欧洲	四级	一般监测
150	圣马力诺	欧洲	四级	一般监测
151	希腊	欧洲	三级	重点监测

编号	国家/地区	所在洲	危害等级	监测指南
152	匈牙利	欧洲	三级	重点监测
153	澳大利亚	大洋洲	四级	一般监测
154	新西兰	大洋洲	四级	一般监测
155	巴布亚新几内亚	大洋洲	一级	全面监测
156	斐济	大洋洲	四级	一般监测
157	库克群岛	大洋洲	四级	一般监测
158	美属萨摩亚	大洋洲	五级	一般监测
159	密克罗尼西亚联邦	大洋洲	五级	一般监测
160	瑙鲁	大洋洲	五级	一般监测
161	汤加	大洋洲	五级	一般监测
162	墨西哥	北美洲	三级	重点监测
163	加拿大	北美洲	四级	一般监测
164	美国	北美洲	四级	一般监测
165	古巴	北美洲	四级	一般监测
166	安提瓜和巴布达	北美洲	三级	重点监测
167	巴巴多斯	北美洲	三级	重点监测
168	多米尼克	北美洲	三级	重点监测
169	格林纳达	北美洲	三级	重点监测
170	洪都拉斯	北美洲	一级	全面监测
171	圣卢西亚	北美洲	三级	重点监测
172	特立尼达和多巴哥	北美洲	三级	重点监测
173	牙买加	北美洲	三级	重点监测
174	巴哈马	北美洲	三级	重点监测

注：由于选择案例仅涉及我国侨胞，所以一些评级和其他全球安全评级会有出入。

经过对各区域重点国家的宏观环境与涉侨突发事件危害等级的研究，我们预测：在未来一段时期内，东南亚地区有可能爆发政府层面的大规模排华事件，菲律宾、印度尼西亚、越南是高危国家，应该进行全面监测。对南亚和中亚诸国，应注意监测其政局走向，以防恐怖组织和反政府武装产生的不良影响。另外，重点监测印度政府的行为，以防爆发因边境冲突和地缘政治问题而产生的由政府主导的排华行为。西亚的伊斯兰国家和地区，很有可能爆发国内战争与政治骚乱，如叙利亚、伊拉克、巴勒斯坦、约旦等国家和地区，其国内政局的不稳定成为波及我国侨胞安全的重要因素。非洲一些国家政局动荡不定，社会治安差，很有可能爆发波及侨胞的社会动乱和针对侨胞的武装暴力事件，应全面监测的国家包括刚果（布）、刚果（金）、索马里、马达加斯加、苏丹等国。拉丁美洲国家存在严重的贫富差距问题，犯罪率居高不下，很有可能发生以性质恶劣的社会犯罪为主的涉侨突发事件，如抢劫、绑架、谋杀、劫持、要挟、贩毒等，高危国家包括巴西、阿根廷、墨西哥、委内瑞拉等国。欧洲各国的文明程度很高，政府层面的排华事件不太可能发生。但是侨胞数量的增长与经济纠纷问题很有可能引发当地居民与侨胞的各种冲突，诱发社会犯罪。西班牙、意大利、法国、英国爆发的针对侨胞的社会犯罪，成为未来面临的主要问题。大洋洲的澳大利亚、新西兰，以及北美洲的美国和加拿大，拥有完善的移民政策，并实施以教育导向支撑经济发展的战略，除了一般涉侨犯罪事件不可能规避外，以学生为特殊主体的涉侨突发事件有可能再度出现一个高峰期。

上面对全球涉侨突发事件的战略性预警，有着以下重要的现实意义。一是有利于协助中国政府有重点地选择构建预警机制和制定预防方案，减少恶性事件带来的不必要损失。二是有利于帮助即将出国的中国公民，提醒他们尽量减少选择高危突发事件地区的出行。即使出行，要针对这些地区可能发生的主要突发事件类型做好防范工作。三是有利于完善中国领事保护机制，充分发挥华侨华人所在国的中国领事保护作用，抓住该国涉侨突发事件的主要矛盾，以更好地促进相关领事保护工作的开展。总之，做好全球涉侨突发事件的战略性预警研究，对完善中国海外同胞安全预警与救护，会起到积极的推动作用。

二　海外同胞生存风险类型和危害的预警

对分区域的一些重点国家（地区）的涉侨突发事件进行典型研究，可以帮助我们进行未来10年内的中期预警分析，因此我们分类选择了一些典型国家进行研究。对上面选择的重点国家（地区）进行研究，可为我国制定领事保护行动方案和外交战略方案提供一定的参考意见。

下面我们基于前面全球涉侨突发事件的研究成果，在宏观战略分析框架和主次矛盾分析的思路指导下，抓住主要矛盾，来进行海外同胞安全的预警分析。工作过程中采用了定性阐释与定量判断综合的研究方式，对未来 10 年内全球涉侨突发事件进行预测，得出可能发生的涉侨突发事件的主要类型和风险级别。本节采用的具体研究方法有文献资料法和宏观环境分析法，即通过对现有文献资料的整理与分析，从海外同胞所在国（地区）的政治、经济、社会、外交、华侨华人人数、历史涉侨突发事件等几个宏观环境方面，综合评估未来该国（地区）发生涉侨突发事件的危害等级与主要类型。表 3 - 2 给出了预警评估采用的指标体系及其具体含义。

表 3 - 2 安全风险的中期预警评估指标体系

编号	指标	是否量化	判断标准	资料来源	说明
1	政局稳定性	定性估计	稳定 一般 不稳定	新闻报道	有关该国（地区）是否存在反政府武装组织、恐怖组织或大规模反政府的游行示威组织，以及其活动频繁程度，以判断国内政局的稳定性
2	与中国政府合作度	定性估计	合作 一般 不合作	新闻报道	有关该国（地区）与中国在国际政治上的合作情况，而非经济合作情况
3	国民经济增长率	定量判断	GDP 增长率	世界银行	世界银行统计数据，基于经济增长情况，推断社会的稳定情况
4	与中国贸易互惠度	定性估计	高 一般 低	政府网站	判断该国（地区）与中国在经济贸易的合作情况，以推测与中国的经济合作度
5	社会贫富差距	定量判断	基尼系数	维基百科	用维基百科统计数据，判断社会稳定情况，以国际警戒线 0.4 为标准
6	侨胞人口比例	定量判断	百分比	暨南大学	华人在该国（地区）的估计人数，华人人口比例越大，发生概率越高
7	历史涉侨事件	定量判断	危害等级	本项目	该国（地区）新闻报道涉侨突发事件的危害等级，结合上述指标，综合判断未来发生涉侨突发事件的主要类型与发生事件的可能性高低

注：编号 1 "政局稳定性" 和编号 2 "与中国政府合作度" 资料主要来自国内外著名的各大华文新闻网站，如中国新闻、新华社、网易新闻、腾讯新闻中心、百度新闻中心、新加坡联合早报网、欧浪网等；编号 3 "国民经济增长率" 资料来自世界银行国家发展数据库；编号 4 "与中国贸易互惠度" 资料来自中华人民共和国商务部国别地区贸易统计；编号 5 "社会贫富差距" 资料来自维基百科基尼系数世界分布图；编号 6 "侨胞人口比例" 资料来自暨南大学华侨华人文献信息中心；编号 7 "历史涉侨事件" 资料来自华侨大学华侨华人研究院骆克任教授研究团队的前期研究成果，详见研究课题报告。

编号1指标"政局稳定性",主要通过对近些年来有关该国（地区）政局发展新闻报道的分析,以反政府武装组织、恐怖组织或大规模反政府的游行示威组织,以及其活动频繁程度为关键信息,来判断其国（地区）内政局稳定与否,即国家（地区）政治发展的大背景。

编号2指标"与中国政府合作度",主要判断有关该国（地区）与中国在国际政治上的合作情况,而非经济合作情况,对一些国际政治事件的态度,双方是否存在明显的分歧,如利比亚内战、也门内乱、朝核问题等。

编号3指标"国民经济增长率",用来判断该国（地区）经济发展的总体情况。社会稳定性的高低与国家（地区）经济发展的总体情况存在一定的联系。经济高速发展的发展中国家,往往会遇到一个"中等收入"的发展陷阱,即人均GDP在3000美元左右的时候,虽然经济发展成果显著,但社会矛盾凸显,法律体制不完善,社会有可能处于混乱状态。因此,高危涉侨突发事件发生频率较高的地方,也集中于经济高速发展的发展中国家。

编号4指标"与中国贸易互惠度",是根据中国商务部官方网站公布的信息,定性评估该国（地区）与中国的贸易紧密程度,进一步说明经济上的双边合作情况。与中国经济合作情况较好的国家,出现政府层面的大规模排华事件的概率很低。

编号5指标"社会贫富差距",采用基尼系数,可以很好地说明该国（地区）社会收入分配的总体情况,以判断社会的两极分化程度,由此进一步判断该国（地区）社会犯罪率的高低,以及犯罪性质的恶劣程度。一般而言,基尼系数超过国际警戒线0.4的国家（地区）,其社会存在明显的贫富差距,社会的不稳定性因素会比较多。系数越大,其不稳定性越高,发生社会动乱的可能性也就越大。

编号6指标"侨胞人口比例",用以判断涉侨突发事件发生的概率。一般而言,排除一些特别的政治排华因素,华侨华人越多的地方发生涉侨突发事件的可能性越大。要特别说明的是,本节采用的侨胞人口比例数据主要是华人的比例。在现实生活中,侨胞包括华侨华人,这个比值会更高一些。

编号7指标"历史涉侨事件",是基于过去850个涉侨突发事件进行的危害等级计算结果,主要是判断未来涉侨突发事件发生的主要类型与性质的恶劣程度。

编号1~6指标是判断未来发生涉侨突发事件的环境基础,以推测突发事件发生概率的高低，即极有可能发生（评估概率 $0.8 \leqslant P < 1$）、很可能发生（评估概率 $0.6 \leqslant P < 0.8$）、可能发生（评估概率 $0.4 \leqslant P < 0.6$）、不太可能发生（评估概率 $0.2 \leqslant P < 0.4$）、发生可能性不大（评估概率 $0 \leqslant P < 0.2$）五个等级。根据历史涉侨突发事件新闻报道频率较高和波及海外同胞人数较多的两个标准，结合不同的风险类型，对全球各大洲的国家（地区）进行了分类筛选研究。这些被选择的国家（地区），一是政局不太稳定的东南亚和西亚地区，中国周边地区，中非和北非地区，拉丁美洲的加勒比海环海诸国和巴西以及阿根廷的大城市地区，欧洲的西班牙和意大利；二是发生过政府排华行为的高危监测国家（地区），包括日本、菲律宾、印度尼西亚、越南、印度；三是国（地区）内或国际战争波及海外同胞的高危监测国家（地区），如阿富汗、伊朗、叙利亚、伊拉克、巴基斯坦、俄罗斯车臣地区、也门、利比亚、刚果、索马里、苏丹、马达加斯加等；四是有严重的社会犯罪的高危国家（地区），包括巴西、阿根廷、墨西哥、南非、南苏丹等；五是具有经济排华可能的国家（地区），包括西班牙、意大利、法国、俄罗斯、乌克兰、马来西亚等；六是留学生事件高发的国家（地区），包括澳大利亚、新西兰、美国、加拿大、英国、爱尔兰等。这些国家（地区）涵盖了亚洲、欧洲、非洲、大洋洲、南美洲和北美洲六大区域，共有 45 个国家（地区）。

按照上述的安全风险测评指标体系，经过详细的数据分析，产生了不同风险类型国家海外同胞的中期安全风险预警分析结果（见表 3 - 3），预告了各国（地区）可能发生涉及海外同胞的突发事件的类型与危害程度。这可为国家有重点地制定领事保护行动方案和外交战略方案提供一定的启示。

表 3 - 3　各国（地区）海外同胞生存风险类型和危害的预警

编号	国家/地区	政局稳定性	与中国政府合作度	国民经济增长率（%）	与中国贸易互惠度	社会贫富差距	侨胞人口比例（%）	历史涉侨事件	未来 10 年内，可能发生安全风险的主要类型和危害程度
1	菲律宾	一般	一般	3.9	高	0.44	2.0	2～3级	非政府主导武装暴力、一般犯罪，3～4级事件；政府主导政治骚乱、种族排斥，1～2级事件

续表

编号	国家/地区	政局稳定性	与中国政府合作度	国民经济增长率(%)	与中国贸易互惠度	社会贫富差距	侨胞人口比例(%)	历史涉侨事件	未来10年内，可能发生安全风险的主要类型和危害程度
2	印度尼西亚	一般	不合作	6.5	一般	0.43	3.1	1～3级	非政府主导武装暴力、一般犯罪，3～4级事件；政府主导政治骚乱、种族排斥，1～2级事件
3	越南	一般	一般	5.9	高	0.36	3.0	2～4级	非政府主导武装暴力、一般犯罪，4～5级事件；政府主导种族排斥，1～3级事件
4	缅甸	不稳定	一般	—	高	—	3.0	2～4级	非政府主导种族排斥，3～4级事件
5	马来西亚	一般	一般	5.1	高	0.47	24.5	3～4级	非政府主导种族排斥、社会犯罪，3～4级事件
6	泰国	不稳定	合作	0.1	高	0.44	14.0	3～4级	非政府主导社会犯罪、武装暴力，3～4级事件
7	印度	一般	不合作	6.3	一般	0.36	0.02	3～4级	非政府主导社会犯罪，3～4级事件
8	巴基斯坦	不稳定	合作	3.0	高	0.37	—	3～4级	非政府主导武装暴力，2～3级事件
9	日本	稳定	一般	-0.7	高	0.35	0.5	4～5级	非政府主导种族排斥、一般犯罪，3～4级事件；政府主导种族排斥，1～2级事件
10	朝鲜	稳定	一般	—	高	—	0.2	3～4级	非政府主导一般犯罪，4～5级事件；政府主导种族排斥，1～2级事件
11	韩国	稳定	合作	3.6	高	0.33	0.2	4～5级	非政府主导一般犯罪，4～5级事件
12	吉尔吉斯斯坦	不稳定	合作	6.0	一般	0.32	3.0	2～3级	非政府主导武装暴力、政治骚乱，2～3级事件
13	哈萨克斯坦	一般	合作	7.5	一般	0.33	1.8	—	非政府主导一般犯罪，4～5级事件
14	阿富汗	不稳定	一般	5.7	一般	—	—	3～4级	非政府主导武装暴力、政治骚乱，1～3级事件
15	伊朗	一般	合作	2.3	高	0.43			非政府主导游行示威、政治骚乱，1～3级事件

编号	国家/地区	政局稳定性	与中国政府合作度	国民经济增长率(%)	与中国贸易互惠度	社会贫富差距	侨胞人口比例(%)	历史涉侨事件	未来10年内,可能发生安全风险的主要类型和危害程度
16	伊拉克	不稳定	一般	9.9	一般	—	—	3~4级	非政府主导武装暴力、政治骚乱,1~3级事件
17	沙特阿拉伯	一般	一般	6.7	高	—	1.6	—	非政府主导一般犯罪,3~4级事件
18	埃及	不稳定	一般	1.8	一般	0.37	—	—	非政府主导一般犯罪、武装暴力,3~4级事件
19	加纳	稳定	一般	14.4	一般	0.38	—	2~4级	非政府主导一般犯罪、武装暴力,2~4级事件
20	阿尔及利亚	不稳定	一般	2.5	一般	0.38	—	—	非政府主导一般犯罪、政治骚乱,3~4级事件
21	安哥拉	不稳定	一般	3.9	一般	—	—	—	非政府主导一般犯罪,3~4级事件
22	毛里求斯	一般	一般	4.1	一般	—	2.9	—	非政府主导一般犯罪,3~4级事件
23	苏丹	不稳定	合作	2.4	一般	—	—	2~3级	非政府主导武装暴力、政治骚乱,1~3级事件
24	南非	不稳定	合作	3.1	一般	0.63	0.2	2~4级	非政府主导一般犯罪、种族排斥、武装暴力,2~4级事件
25	埃塞俄比亚	一般	合作	7.3	低	0.38	—	—	非政府主导一般犯罪,3~4级事件
26	马达加斯加	不稳定	一般	0.98	低	0.48	1.4	—	非政府主导武装暴力、一般犯罪,3~4级事件;政府主导政治骚乱,1~2级事件
27	坦桑尼亚	稳定	合作	6.4	高	0.48	—	—	非政府主导一般犯罪,4~5级事件
28	留尼汪	稳定	—	—	低	—	3.6	—	非政府主导一般犯罪,4~5级事件
29	墨西哥	一般	合作	3.9	一般	0.47	—	3~4级	非政府主导一般犯罪、武装暴力,2~4级事件
30	巴西	一般	合作	2.7	高	0.52	0.1	3~4级	非政府主导一般犯罪、武装暴力,2~4级事件
31	阿根廷	一般	一般	8.7	一般	0.48	0.16	2~3级	非政府主导一般犯罪、武装暴力,2~4级事件

续表

编号	国家/地区	政局稳定性	与中国政府合作度	国民经济增长率(%)	与中国贸易互惠度	社会贫富差距	侨胞人口比例(%)	历史涉侨事件	未来10年内,可能发生安全风险的主要类型和危害程度
32	智利	一般	一般	6.0	一般	0.52	—	3~4级	非政府主导一般犯罪,3~4级事件
33	委内瑞拉	不稳定	一般	4.2	低	0.46	0.17	2~3级	非政府主导政治骚乱、一般犯罪,2~4级事件
34	古巴	一般	合作	2.5	一般	0.45	—	—	非政府主导一般犯罪,4~5级事件
35	西班牙	一般	合作	0.4	高	0.35	2.2	3~5级	非政府主导种族排斥、一般犯罪,2~4级事件
36	法国	稳定	合作	1.7	高	0.33	5.0	3~5级	非政府主导一般犯罪、游行示威、种族排斥,4~5级事件
37	德国	稳定	合作	3.0	高	0.28	0.1	3~5级	非政府主导一般犯罪,4~5级事件
38	俄罗斯	一般	合作	4.3	高	0.40	5.0	3~5级	非政府主导一般犯罪、武装暴力、种族排斥,3~5级事件
39	意大利	稳定	合作	0.4	高	0.33	1.9	3~5级	非政府主导种族排斥、一般犯罪,2~4级事件
40	英国	稳定	合作	0.8	高	0.32	4.0	3~5级	非政府主导种族排斥、一般犯罪、留学生事件,3~4级事件
41	乌克兰	稳定	一般	5.2	一般	0.33	—	3~5级	非政府主导种族排斥、一般犯罪,4~5级事件
42	澳大利亚	稳定	合作	1.9	高	0.34	2.5	4~5级	非政府主导一般犯罪、留学生事件,4~5级事件
43	新西兰	稳定	合作	1.0	高	0.36	2.8	3~5级	非政府主导一般犯罪、留学生事件,4~5级事件
44	加拿大	稳定	合作	2.5	高	0.32	3.69	4~5级	非政府主导一般犯罪、种族排斥,4~5级事件
45	美国	稳定	一般	1.7	高	0.47	1.0	4~5级	非政府主导一般犯罪、留学生事件,3~5级事件

注:"—"表示比值小于0.0001或是缺乏数据。

第二节　65国（地区）的安全局势及风险防控[*]

当今大国地缘政治博弈加剧，恐怖主义威胁上升。眼下威胁世界安全的最大因素莫过于恐怖主义，从巴黎的系列恐怖袭击案到几乎每天都在爆炸的巴格达，屡屡上演的恐怖袭击越来越成为国际关系中的"重头戏"，暴恐分子利用高调袭击制造重大影响的意图越来越强烈，欲借此类袭击扩大他们的国际影响。展望今后若干年，恐怖主义威胁将继续呈现扩散上升趋势，恐怖主义浪潮化在所难免，基于文明冲突的意识形态分歧还将加剧。未来，以恐怖主义为代表的非传统安全因素将严重冲击全球安全，并产生持续影响，或许会导致全球地缘政治的再划分。这些暴恐分子目前尚未能纠集各暴恐组织形成合力去伤害海外同胞，但是不能排除他们有可能在海外同胞的聚集地选择安全防范措施不严密的目标开展单人作业的小型炸弹袭击或持枪袭击。目前，中东和东南亚国家最容易遭遇此类事件。

在本章第一节选择的45个国家（地区）的基础上，本节特意扩大选择了65个"一带一路"相关的国家（地区）进行安全环境评述，并且指出这些国家（地区）的海外同胞在今后一段时期内需要重点防范什么风险，提醒其给予关注。

一　亚洲地区

近年来，东南亚和南亚地区从未真正平静过，恐怖组织在泰国、马来西亚、印度尼西亚等地加快渗透，马来西亚可能成为恐怖组织扎根东南亚的桥头堡。未来亚洲的涉侨突发事件依然会呈现复杂多变的情况。根据亚洲不同区域国家发展的环境特点，涉侨突发事件的主要类型很有可能按地区不同呈现一定的规律性。对于东亚地区的国家，由于中国与这些国家存在历史问题和边境摩擦，国际政治上矛盾突出，国家之间的发展往往会波

---

[*] 本节的一些信息和观点来源于中国企业投资学会海外投资咨询委员会，华侨大学中国海外发展研究中心为其团体会员。

及华侨华人的安全。

东南亚地区的国家，由于经济矛盾与边境纠纷，虽然华侨华人数量庞大，但是，相对而言，在其所在国也是一个少数人群和弱势群体。特别是那些与中国有着边境摩擦和贫富差距巨大的国家，如越南、菲律宾、印度尼西亚，政府主导的大规模排华事件仍存在较大的可能性。从历史上爆发的大规模排华事件来看，一旦政府层面的排华事件发生，其性质相当恶劣。华侨华人的生命与财产损失之惨重，也是无法统计的。特别是因南海争端和"海丝路"建设的项目等问题容易产生国家间和民间的紧张情绪，在越南和菲律宾等国可能会引发外交关系的紧张和民族主义示威游行，在越南和菲律宾的中国海外同胞可能会遭遇一定程度的口头骚扰和辱骂，而且当地企业可能会拒绝提供消费服务。

南亚地区的国家，印度与巴基斯坦对华态度差距甚大，虽然双方出现政府层面的排华运动可能性较小，但是社会犯罪与恐怖袭击一直困扰着当地华侨华人。其他国家，如斯里兰卡、孟加拉国、不丹、尼泊尔等，由于宗教教义与中国文化没有突出矛盾，发生性质严重的涉侨突发事件的可能性不大。

苏联解体，中亚诸国独立，由于政治、经济、民族等历史原因，这些国家之间关系复杂，存在一些不稳定的民族内部矛盾，容易发生反政府武装组织的动乱，从而引发政治骚乱类型的涉侨突发事件，如吉尔吉斯斯坦2010年的政治骚乱就是一个例证。另外，我们还应看到，近年来中亚各国部分宗教极端分子受"伊斯兰国"在中东的扩张所影响，纷纷前往叙利亚和伊拉克参战。这些人在中东冲突地区参加了恐怖袭击实战后，具备更多经验、技能和联系渠道，在反恐力量打击下，被打散后极有可能回流本国，策划发动恐怖袭击事件，甚至培训和影响当地激进分子。我国"一带一路"倡议中陆路首经之地就是中亚地区，这个地区的安全隐患必须要预先考虑进去。

西亚诸国主要是伊斯兰国家，其也是现代局部战争最多的地区之一。这些国家随时可能发生社会动乱。再加上美国对伊斯兰国家的战略方针，使西亚国家的局部战争与内部骚乱一直没有停歇过。西亚国家与中国政府没有政治层面的明显矛盾，虽然不可能发生政府层面的排华，但是局部战争和内部骚乱引起的社会动荡不安，还是会对那里的海外同胞产生巨大威胁。

北亚地区主要是俄罗斯，其情况见欧洲涉侨突发事件预警总体分析。

下面对 65 个国家今后的安全态势和需要重点关注的方面进行一些分析。

1. 越南

越南与中国山水相连，文化习俗相似，是中国企业在东南亚的主要投资市场之一。截至 2014 年底，中国已连续 11 年成为越南最大的贸易伙伴国，也是其第二大出口市场；而越南也超过新加坡成为中国在东盟的第二大贸易伙伴，中国对越南的直接投资总额累计达到 80 亿美元。越南是东南亚国家中不可或缺的一环，握有众多海上运输和安全要冲。作为 21 世纪海上丝绸之路的关键节点，同时也是"一带一路"南线的国外第一站，越南既是重要的转运港口、农产品和原材料的主要供应地，也承接了中国的产业转移，这都是越南参与"一带一路"的重要契机。当前中越两国在加强基础设施建设和经贸合作方面正面临着一个巨大的战略机遇，那就是中国"一带一路"倡议与越南"两廊一圈"计划的合作对接。2015 年 11 月，习近平主席访问越南，中越两国首脑高层交往正在成为推动双边关系发展的关键动力。越南在基础设施建设方面相对落后，尤其是在交通、电信、电力等领域存在收费过高的问题，导致外国投资者成本过大，而越南经济的发展目前正处于加强投资合作的阶段，需要更多外资进入，因此，中国企业抓住这一机遇，可以从基础设施信息化建设等领域切入进行合作。

越南与中国边境相接，是与中国南海争端最多的国家之一。近年来，越南依靠美国的亚太战略，在与中国的边境摩擦上，一直持强硬态度。从其国内政局而言，越南没有大规模的反政府武装或恐怖组织，政局稳定性一般。依靠美国和日本等国家的支持，越南经济发展水平比较有起色，2015 年 GDP 增长率为 6.7%，国内贫富差距未达到国际警戒线，没有出现严重的贫富差距格局。越南华侨华人占总人口的 3%。越南与中国的双边贸易也比较紧密，对中国的贸易依存度也比较高。中国是越南农业产品的主要销售市场之一。1975 年越南统一后，也发生过大规模的排华事件。随着中越关系的缓和，事件规模逐步变小。但是，近年来越南国家崛起，视中国为超越对象，国内民族分子民族中心主义情绪高涨，不利于该国华侨华人的安全。

　　因此，在未来一段时期内，越南作为一个新兴的工业国，以经济发展为重心，将政治斗争放在次要地位。只要中越边境问题及南海争端不演变恶化，美国和日本等国家不在幕后操纵生事，越南很难发生以政府为主导的大规模排华运动。但是，越南国内民族主义极端分子主动挑起与中国的海岛争端问题，这会对华侨华人的安全产生威胁，一般社会犯罪和民族歧视等涉侨突发事件难以避免。同样，如果美国和日本等国暗中支持越南，一旦边境摩擦问题恶化，越南政府很有可能开展排华的恶性事件，这也不可忽视。无论是驱逐还是其他形式的迫害，对于我国侨胞来说，都将是一场噩梦。

　　2. 印度尼西亚

　　印度尼西亚有"千岛之国"的称号，也许正是众多岛屿的分割，才导致印度尼西亚历史上政局一直不稳定。2001 年后，梅加瓦蒂政府让印尼政局逐步进入稳定，但这种稳定是脆弱的和易变的。1998 年金融危机后，印度尼西亚经济增长处于恢复期，2015 年 GDP 增速为 4.8%，与中国有一定的贸易往来。有一点值得注意的是，印度尼西亚也是个人口大国，其中华侨华人所占总人口比例约为 3.1%，数目庞大。但印度尼西亚国内贫富差距明显，已经超过国际贫富差距警戒线，是一个典型的两极社会国家。历史上，印度尼西亚曾经发生过由政府主导的惨无人道的排华事件，以及其他性质严重的高危涉侨突发事件。

　　在印尼的海外同胞需重点关注以下社会安全风险：一是恐怖袭击。亚齐、巴布亚、马鲁古、南苏拉威西、中苏拉威西省等个别地区还存在分离主义、极端势力。2015 年以来，"伊斯兰国"逐步向印度尼西亚渗透，并谋求在这个穆斯林人口最多的国家建立一个"遥远的哈里发国"，使该国发生恐怖袭击事件的可能性增大。2016 年 1 月 14 日，雅加达发生的暴恐袭击事件是"伊斯兰国"的同情者在东南亚首次成功发动的袭击，受"伊斯兰国"的激发而在东南亚成功发动暴恐袭击的风险正在上升，该组织在这一地区的活动已经引起高度关切。二是治安犯罪。由于贫困和失业现象较为严重，社会问题突出，时常发生偷盗、抢劫等案件，尤其是首都雅加达以及经济条件较差的地区，在夜间外出存在很大安全风险。三是暴力事件。印度尼西亚有 100 多个民族，宗教信仰多元，在打拉根和索隆地区极易发生种族、宗教、社区冲突，雅加达地区经常组织各类示威游行，可能

135

引发骚乱和暴力事件。

因此，虽然未来印度尼西亚处于一个经济恢复期，但是如果严重的两极分化问题不在这个过渡期内解决，华侨华人悲惨的历史遭遇也可能再次发生。近些年，如果世界经济复苏有大好前景，印度尼西亚应该不会出现政府主导的排华行为。但在政府法制较弱和华社自我保护较弱的地区，针对华侨华人的抢劫、绑架、谋杀、勒索、驱赶等犯罪活动会频发。印度尼西亚政府如何稳定政局、改革分配制度、完善移民政策、落实相关法律，直接关系到华侨华人的安全。再加上印度尼西亚是一个海岛国家，自然灾害频发，也很有可能发生波及侨胞的自然灾害类突发事件。总之，印度尼西亚是"海上丝绸之路"的重要一环，并且一些像高铁这类大的基建合作项目会陆续上马，基于这个国家的安全环境，做好前期的市场调查和充分的安全分析与预警工作是非常需要的。

3. 马来西亚

马来西亚是坐落在东南亚中心位置的海洋国家，具有良好的地理条件和显著的区位优势。马来西亚是一个民主国家，华人在其政坛中占有举足轻重的地位，华人经济是马来西亚国家经济发展的重要支柱。正是因为当地华人拥有政治和经济上的重要地位，所以马来西亚华人的安全没有受到非常大的威胁。从外交与贸易上讲，马来西亚与中国政府关系较好，贸易依存度高。近些年来，马来西亚国民经济发展也保持着一个比较良好的势头，2015 年 GDP 增长率为 5.0%。但是，有一个问题非常突出，就是严重的社会贫富差距，其基尼系数为 0.46，超过国际警戒线，是一个贫富差距十分明显的两极社会。马来西亚华人比例非常高，占总人口的 24.5%。马来西亚还没有出现过政府主导的大规模排华事件，但是当地人口针对华人的种族排斥、游行以及严重的社会犯罪活动屡见不鲜。对于当地华人而言，要特别防范针对性的社会犯罪。

马来西亚是一个多种族社会，国内政治力量由 10 多个政党组成，马来西亚朝野政党基本上都是以族群为基础，特定族群、特定宗教的利益会成为政党的功能定位，近年来国内政治派系之间权力斗争激烈，党派内部也存在权力斗争。2018 年 5 月 10 日，一场政治"海啸"席卷马来西亚。由反对党派组成的希望联盟获得议会多数席位，击败了此前执掌马来西亚政权多年的国民阵线，马来西亚的铁腕人物马哈蒂尔·穆罕默德重新担任首相。未来马来西亚伊斯兰政治化趋势愈益明显，极端化的宗教思想排斥多元与宽容，再加上社会上因收入严重不均衡而产生的偏激情绪有可能与族群议题牵连起来，使马来西亚潜藏着一定的政治风险，也会成为"伊斯兰国"极端组织在东南亚地区渗透的重点对象。这些在一定程度上会给马来西亚与别国的合作带来不确定因素和负面影响。

尽管马来西亚和新加坡地理位置同样优越，但是马来西亚经济发展多年来墨守成规，发展欠佳。如今借助"一带一路"倡议的机会，2016 年中马两国组成"港口联盟"，10 个中国港口将与 6 个马来西亚港口进行合作。同时马新高铁、马六甲巴生港第三港口、大马城等重大项目也在积极筹建之中。中马两国加快了"一带一路"建设的共创、共治和共赢步伐。马哈蒂尔·穆罕默德领导的新政府将把发展经济、解决民生问题作为主要目标，继续深化与中国的合作应该是不二之选。

根据以上情况，未来马来西亚应该不会出现政府主导的排华事件，以及国内战争等。但是，由于严重的社会贫富差距问题、政治生态的问题，而且受"伊斯兰国"极端组织的影响，对华人发动暴恐袭击的风险也在加大，这些都有可能严重危害马来西亚华人的生命与财产安全，甚至促使马来西亚华人比例加快下降。

从社会安全风险角度分析，在马来西亚的海外同胞需重点关注该国以下方面：一是治安犯罪。马来西亚政府高度重视社会治安，社会治安总体状况良好，但是偷盗、抢劫外国游客钱物的现象时有发生，有些地方稍严重（特别是首都），作案地点多在市中心旅游景点、火车站、飞机场、地下通道和旅馆门口。同时，马来西亚有相当数量的摩托车，摩托车并无专用车道，在汽车中间来往穿梭，速度极快，摩托骑士抢包的风险较大。二是暴力事件。2015 年马来西亚掀起"倒纳吉布"政治浪潮，在其国内成立了马来西亚干净与公平选举联盟，2015 年 8 月 29 日、30 日两天组织了近20 万名民众参与的集会。三是武装绑架。马来西亚沙巴是世界顶尖的潜水胜地，但因与菲律宾存在主权争议，历来是犯罪频发的复杂地区，有反政府组织、恐怖分子还有海盗匪徒，十几年来发生数起绑架事件，武装绑架的风险不容忽视。

马来西亚是 21 世纪海上丝绸之路沿途的重要"海上驿站"。近年来该国致力于改善投资环境，完善投资法律，加强投资激励，中马的一些重大的基建合作项目正在陆续展开，但是美国、日本也加大对马来西亚的战略投入，使该国外交战略中大国平衡的色彩更加浓重，加大了马来西亚参与"一带一路"的变数和不确定性。对此，我国"走出去"的企业和合作的项目，必须做好前期的市场调查与充分的安全预警和报知，避免不必要的损失。

4. 菲律宾

近些年，菲律宾国内政局比以往稍有稳定，但是以前的兵变残余分子与各地方势力格局削弱了政府统治。杜特尔特上台之前，在美国亚太战略的支持下，菲律宾政府对中国政府采取的是一种不合作的态度，加上海岛争端，与中国政府矛盾突出。不过，菲律宾对中国的贸易依赖程度较高，中国市场是菲律宾农产品的重要出口市场。2015 年菲律宾 GDP 增长约为5.9%，2012 年基尼系数为 0.43，经济增长促使贫富差距拉大，社会极为不稳定，而该国华人占比较高，且掌握着大量社会财富，华人与当地居民存在经济矛盾，容易引发社会问题。综上所述，菲律宾是一个政局、经济和社会发展不稳定的国家。再由历史涉侨突发事件判断，近几年，虽未出现过大规模排华运动，但针对华人主要是华商的绑架、劫持、谋杀等恶性事件频发。

南海仲裁案是美国唆使菲律宾出头的一场闹剧。由于我国南海蕴藏有丰富的油气资源，同时又是重要的国际航道，在巨大的资源收益与地缘政治面前，各方角力从未停止过，尤其是随着中国崛起和美国"亚太再平衡"战略的推出，南海"九段线"问题又再次引发全球高度关注。对中国而言，一方面要坚守对南海主权主张的底线，维护在南海的权益，另一方面又要为发展营造和平稳定的周边环境，避免与南海周边国家结仇交恶，避免与美国发生正面冲突，如何把握两者间的平衡，实在是一个不小的考验。对于菲律宾，未来一旦经济出现大幅度下滑，政局发生不稳定，再加上边境问题和国内华人的社会财富拥有问题，菲律宾当局极有可能展开或是默认社会组织或个人针对华人采取大规模的排斥运动。这种运动包括财产没收、种族清除或驱逐出境。当地华人也会出现大规模维权示威运动，双方一旦调解不好，性质更恶劣的涉侨突发事件极有可能发生，如迫害华人、国内战争，在美国的幕后支持下，国内矛盾甚至会转移成国际冲突，矛头将指向中国。另一种情况就是，在经济稳定增长的情况下，由于贸易依赖与经济发展，政府层面的大规模排华事件发生的可能性不大，但贫富差距问题始终是一个难题。虽然不会有大规模排华事件产生，但是性质恶劣的社会犯罪事件可能时常发生在华人身上，华人应该注意加强防范。

5. 缅甸

近年来，缅甸在走向民主化的过程中，从民族斗争到果敢事件，国内政局一直动荡不安。对于缅甸而言，中国是一个重要的国家，中缅贸易、中国在缅甸的投资，在缅甸的国民经济发展中占有重要地位，特别是 2017 年 4 月 10 日中缅石油管道工程正式投入运行之后。缅甸全国民主联盟（简称民盟）中央执委昂莫纽说："中缅油气管道项目是中缅两国能源经贸合作的代表项目，对两国经济发展都将起到重要的推动作用。"2015 年缅甸 GDP 增长率约为 7.3%，但是，由于果敢问题与云南边境问题，缅甸政府对中国政府还抱有不完全信任的态度。现在的缅甸经济发展正处于一个恢复期，需要其他国家的投资建设，美国和日本等资本主义发达国家也走进缅甸，拉拢缅甸，企图抗衡中国。缅甸华侨华人所占总人口比例，约为 3%。历史上，由于国内战争和以毒品买卖为主的社会犯罪，缅甸也发生过有许多人员伤亡的涉侨突发事件。

在缅甸的海外同胞需重点关注以下社会安全风险。一是缅甸北部地区持续不断的武装冲突严重威胁中缅管道安全运行及项目人员的安全。中缅管道途经的缅北克钦邦、掸邦是"民地武"最集中之地，也是政府军与"民地武"冲突最激烈之地。2015 年以来，缅甸的和平进程取得了一些进展，但是武装冲突仍持续不断。尤其是缅北地区的冲突和冲突后遗留的炸弹等危险物品，都给管道安全运行和管道管理人员人身安全带来极大危险和挑战。二是缅甸中南部的民族冲突和民众误解给中缅管道项目带来社会安全隐患。缅甸宗教冲突易发地是若开邦、仰光、曼德勒等地区，上述地带是中缅多个大型项目所在地或途经区域，中缅大项目合作和边境贸易仍会常遭冲突波及。三是西方政治势力大力制造负面新闻，煽动民众对中资企业的不满情绪。这些非理性民意或迫使缅甸新议会和政府做出相应对我方不利的举措，损害中缅经济合作。由此引发的示威活动一旦失控，极易发生民众冲击项目营地、袭击伤害项目人员的事件。我国若能够和缅甸顺利开展好交通和能源管道建设方面的合作，其地理位置将帮助我国破解马六甲海峡战略通道的紧张局面。所以我们对缅甸需要给予充分重视，特别要提高我国在缅甸的软实力影响，首先做好"五通"中的民心沟通工作。

总体上看，未来一段时期，缅甸将处于一个国民经济恢复与发展期，需要国内团结稳定，促进国家富强发展，所以，应该不会出现由政府主导的大规模涉侨突发事件。再加上中缅边境问题与果敢问题，中国政府一直保持积极合作的态度，使缅甸政府也不会采取极端行为。对于西方发达国家的拉拢和中国政府的友好示态，或许缅甸政府想从中获得更多的国家利益，应该会继续观望与各国关系的发展。但不能排除的是，由于缅甸民族之间的矛盾斗争还没有真正得到完全解决，难免会出现针对华人的极端行为，这值得在该国的海外同胞高度重视。

6. 柬埔寨

2015 年柬埔寨 GDP 增长率约为 7.0%，但是国内外形势并不安定。2015 年初柬埔寨国内政治局势趋于缓和，但自年中开始，国会议员遭到袭击、国会副主席被撤职、对反对党领导人发布逮捕令并撤销其国会议员资格等一系列事件的发生，打破了年初时的平静，致使局势发生逆转。柬埔寨政坛又重新弥漫起一种令人紧张不安的气氛。另有报道称，越南在 2015 年 6 月先后侵占柬埔寨甘丹、柴帧、特本克蒙及腊塔纳基里等 4 个与越南交界省份的土地，一度引发暴力冲突事件，由此两国冲突不断，关系更加紧张。作为世界上最不发达的国家之一，柬埔寨社会治安问题严峻，盗窃、抢劫、绑架事件屡见不鲜。

现在看来，在柬埔寨的海外同胞主要需关注以下社会安全风险：一是治安犯罪。柬埔寨政府对枪支弹药管制不严，当地枪支泛滥。在金边地区，武装抢劫、盗窃、绑架、劫车、腐败等犯罪猖獗。尤其在金边、暹粒、马德望、菩萨和干拉省地区最为严重，在夜间外出或街上步行被袭击的风险很大。二是暴力事件。柬埔寨国内执政的人民党与反对党之间的党派利益之争频繁，反对党组织各种示威游行，可能引发严重的社会骚乱，易引发暴力冲突事件。

7. 泰国

泰国是东南亚的重要国家，其旅游产业世界闻名。但是，泰国内部政争互不妥协，政治稳定性和连续性较差。其政治受军人集团影响较大，军事政变时有发生，政党斗争、互相倾轧、议会解散、提前选举等情况也屡见不鲜。国内的反政府组织"红衫军"和"黄衫军"，一直影响着泰国的政局稳定，困扰着泰国政府。泰国政府与中国政府关系友好，战略合作，无论是在贸易、旅游，还是在科研和教育领域，两国合作密切。近年来，泰国国内经济发展比较低迷，且 GDP 增长率波动很大，2015 年 GDP 增长率为 2.8%。泰国华侨华人占总人口数的 14%，是一个不可忽视的大群体。然而，社会两极分化问题，贫富差距明显，依然阻碍着泰国社会的发展。从历史上看，泰国没有发生过政府层面的大规模排华运动，但是社会犯罪问题也困扰着泰国的华侨华人。2011 年湄公河中国船员被杀，2015 年 8 月 17 日泰国曼谷四面佛爆炸致 7 名中国游客死亡，就是例证。这些表明恐怖主义在泰国已深度扩张，加强防恐和安全防范意识，已不仅局限在泰国南部分裂主义盛行地区和边境地区，在泰国全境内，都应时刻警惕和防范恐怖袭击等危害严重的社会安全事件发生。当前，泰国政治的动荡局面尤为突出，使示威游行、集会抗议等活动明显增加，也加剧了诱发暴力冲突、恐怖袭击等各种社会安全事件的风险。

因此，在泰国的海外同胞需重点关注以下社会安全风险：一是政治风险。2015 年之后泰国的大规模抗议示威集会活动不及以往频繁，表面看似平稳，但各党派的斗争却一直不断。二是治安犯罪。经常有路边抢劫事件见诸报端，一些公共场合如旅游区、商城、车站和酒吧也经常发生盗窃事件或暴力犯罪，武装抢劫、盗窃、枪击、纵火、暴力伤人等犯罪在泰国南部三府及与缅甸和柬埔寨接壤的边境地区多有发生。三是恐怖袭击。在泰国，爆炸、枪击和绑架等事件除了传统意义上的泰国南部泰马边境地区时有发生，近年来曼谷、普吉岛等地也成了恐怖主义袭击的高发地区。另有情报显示，与"伊斯兰国"有关的武装分子已经开始进入泰国，可能分布在曼谷、芭堤雅、普吉岛等地。

总之，在未来一段时间，泰国对中国经济的依赖度较高，中国游客占泰国国际游客的比例非常高。泰国政府在中美关系中，一直处于一个非常恰当的角色，再加上无边境摩擦，政府层面的排华行为发生的可能性不大。但是，值得注意的是，近年来，泰国经济增长一直处于低迷状态，单靠旅游经济难以支撑国家发展，泰国政府正在寻找一条发展国家经济的道路。在这期间，由于政局的不稳定性和贫富差距问题，泰国的社会治安问题会日益突出。泰国华侨华人应该注意自我安全意识的提升，以防范频发的社会犯罪问题，甚至有可能发生那些反政府武装组织要挟华侨华人以企图达到政治目的的武装暴力事件。

8. 东帝汶

东帝汶是位于努沙登加拉群岛东端的岛国，西与印度尼西亚西帝汶相接，南隔帝汶海与澳大利亚相望。当前东帝汶社会安全形势总体稳定，治安状况较好，但失业和贫困问题突出。社会安全问题主要表现在以下几方面：一是经济基础薄弱，贫困激化矛盾。东帝汶经济基础薄弱，2015 年GDP 增长率约为 4.3%，国内失业率较高，近 41% 的国民生活在贫困线以下，高失业率和生活的贫困容易激化民众的不满情绪，继而将会导致偷盗、抢劫、勒索和暴力犯罪等案件的发生。并且，民众的不满容易被反对势力所利用，可能对社会稳定和安全造成更大的危害。二是缺乏强有力的政府，派别斗争长期存在。过去几十年来，一直存在两个派别的斗争，一派支持加入印度尼西亚，力量主要集中在西部地区；另一派支持独立，势力主要在东部。东帝汶独立后不仅在政治结构上形成了以地域划分的不同利益集团，导致地域发展的不平衡，而且其东部和西部两大派别之间长期形成的矛盾也一直难以化解。

对东帝汶需重点关注的社会安全风险有以下两点：一是治安犯罪。政府加强行政、司法和警务建设，致力于推进经济重建和社会发展。但东帝汶经济基础薄弱，政府缺乏执政经验，失业和贫困问题较为突出，民众不满情绪依旧存在，偷盗、抢劫、绑架袭击等暴力犯罪行为仍是影响社会安全的一大隐患。二是反华冲突。华人企业在东帝汶民生经济市场中占据较大份额，部分东帝汶青年因此滋生反华、排华情绪。激进分子针对华人的反感、仇视情绪上涨，对华人的生命和财产安全构成威胁。

9. 孟加拉国

近年来孟加拉国经济发展比较稳定，2015 年 GDP 增长率约为 6.6%，但是政治环境比较动荡。2015 年 11 月 22 日，孟加拉国的主要反对党孟加拉国民族主义党（Bangladesh Nationalist Party，BNP）和其盟友伊斯兰大会党（Jamaat – e – Islami，JeI）领袖因战争罪在达卡被执行死刑，支持者于11 月 19 日、23 日组织了全国大罢工。分析该国政治安全局势，虽然孟加拉国人民联盟（Awami League，AL）主席哈西娜（女）在 2014 年 1 月顺利获得政府总理连任，但是从 2015 年初爆发的一系列由反对党煽动的大规模游行示威活动进而演变为暴力冲突的事件来看，孟加拉国主要反对党——孟加拉国民族主义党及伊斯兰大会党均有很强大的政治和宗教基础。

孟加拉国安全形势动荡的深层原因是教派与党派的权力之争，尤其是2015 年初反对党煽动的大规模游行示威活动，造成了严重的暴力冲突。

在孟加拉国的海外同胞需重点关注以下社会安全风险：一是暴力事件。孟加拉国国内宗教、党派冲突严重，反对党常煽动民众进行集会、示威游行等抗议活动，在这个过程中极易诱发暴力事件。二是治安犯罪。孟加拉国经济基础薄弱，资源贫乏，贫富差距很大。武装抢劫、盗窃、绑架、劫车、暗杀、腐败等犯罪活动在孟加拉国时有发生，在单独外出、夜间外出和街上步行时被袭击的风险很大。三是恐怖袭击。孟加拉国属于伊斯兰国家，随着"伊斯兰国"等极端组织向南亚地区不断渗透，特别是2015 年以来，"伊斯兰国"多次声称对该国的几起袭击、枪杀事件负责。虽然孟加拉国政府对这些声明持谨慎态度，但不排除今后遭受恐怖袭击的可能性。四是恶性疾病传播。该国大部分地区属亚热带季风气候，湿热多雨，是热带疾病、传染病的高发区。当地蚊虫非常多，且毒性很大，很容易使人患上登革热、霍乱、伤寒等传染性疾病。

10. 印度

南亚这块次大陆容纳了超过世界 1/5 的人口，是世界上人口最多和最密集的地域之一。南亚与中国山水相连，其地理位置正处于"一带一路"路径之间，北上与中亚相连，南下接通广袤的印度洋，历史上南亚也因这个特殊的地理位置而在古丝绸之路的交集中发挥重要的影响。中国目前已经是南亚国家主要的贸易伙伴和外资来源国，已成为印度、巴基斯坦、斯里兰卡和孟加拉国最大的贸易伙伴。

印度是中国在西南方向最大的邻国。作为"丝绸之路经济带"和"21世纪海上丝绸之路"的汇聚之地，印度在中国"一带一路"倡议中的地位至关重要。中印两国是经济增长速度很快的发展中国家，人口众多，此外，中印经济互补性强，在信息、能源、矿产、环保、基础设施等领域合作潜力巨大，空间广阔。但是作为发展中大国，印度的经济环境也有很多不尽如人意的地方，包括混乱的经济秩序、不公平的市场竞争、低效率的劳动力和不完善的经济政策等。此外，印度基础设施条件较差，致使外资企业经营成本居高不下。印度信息化发展水平较低，投资环境也存在不少问题与风险，而基础设施条件的不足对外国企业在印投资造成了很大的影响。不过，印度政府迫切推动经济发展的意愿也给国外企业带来了新的机遇，而中印共建"一带一路"更是为双方双向投资注入了新的动力。

印度作为南亚最大的国家和文明古国，拥有丰富的文化和众多的人口。印度是一个多宗教国家，以印度教为主，包括佛教、锡克教、基督教等。印度国内政局还比较稳定，但是印度国内政治势力林立、地方政党影响增强，还有内部战乱，政府实施改革会受到严重制约。国家的财政赤字、账户赤字经常双双超过国际警戒线，印度经济增长困境在短期内难以根本改观。

由于中印边境问题，以及印度政府的亲美行为，印度一直把中国当作竞争对手和敌对国家，与中国保持不合作的态度，对中国提出的"一带一路"倡议带有抵触情绪。近年来，中国政府高度重视中印关系，为了缓解中印矛盾，李克强总理访印，创造中印合作新的战略机遇。印度国民经济近年来保持着良好的增长势头，2015 年 GDP 增长率为 7.9%。中印双边贸易也越来越频繁，中国成为印度重要的贸易伙伴。印度社会矛盾分化还不是特别突出，穷人占绝大多数，其基尼系数为 0.35 左右。印度华人约为 220 万人，占总人口的 0.02%。在历史上，印度曾经发生过由政府主导的大规模排华事件，并且，针对华侨华人的突发性社会犯罪也屡见不鲜。印度侨胞的安全，受到中印关系的直接影响。

因此，在未来一段时间，如果中印边境摩擦问题能够在中印政府双边协商下和平解决，印度国内不太可能发生由政府主导的大规模驱逐华侨华人的排华事件。印度作为亚洲新兴工业国家，其廉价的劳动力会替代中国劳动力，促进经济持续增长。稳定的经济增长，不会带来大的社会动荡，再加上印度的宗教教义在一定层面上有助于阻止恶性涉侨突发事件的发生。因此，只要中印之间保持和平稳定，在印度的侨胞不会有大的威胁。但是，印度穷人多，贫富差距明显，由社会治安问题产生的社会犯罪问题值得海外同胞给予重视。

11. 巴基斯坦

巴基斯坦是一个伊斯兰国家，在克什米尔地区长期与印度存在边境冲突，曾经还发生过印巴战争。巴基斯坦国内政局十分不稳定，恐怖组织活动频繁，严重影响人民的安定生活。中巴关系良好，是战略合作伙伴关系。中巴双边贸易频繁，中国对巴基斯坦的相关援助也广受巴基斯坦人民的好评。但是，巴基斯坦国民经济增长长期处于缓慢发展的状态，2015年GDP增长率为4.7%，国内穷人多，基尼系数为0.31左右。在巴基斯坦还没有准确的我国侨胞人数统计资料，有资料估计仅有8000多人，主要以我国外出劳务工为主。历史上，有关针对中国人的突发事件，主要是巴基斯坦恐怖组织以此来要挟巴基斯坦当局，企图达到政治目的。巴基斯坦的恐怖组织问题，应该是影响在巴华侨华人安全的关键。

2015年以来，巴基斯坦政治、安全形势呈现好转态势，但总体来说，巴基斯坦仍是政治安全风险较高的国家，恐怖活动将长期存在。自巴基斯坦开展"利箭行动"以来，其政府加大了对恐怖组织的打击。在18个月之内击毙3400余名恐怖分子，摧毁藏匿地830余处，恐怖组织和极端武装分子基本失去大规模暴恐活动条件，但巴基斯坦塔利班的部分力量化整为零，渗透到拉合尔、奎塔、白沙瓦和卡拉奇等城市，隐藏以躲避打击，并伺机寻找安保薄弱点展开疯狂的报复行动。

巴基斯坦目前和我国积极推进瓜达尔港和中巴经济走廊建设，对"一带一路"建设贡献很大，有利于解决我国能源战略通道难题。在那里的海外同胞需重点关注以下社会安全风险：一是恐怖袭击。随着中巴经济走廊项目不断开展，在巴基斯坦进行投资和建设的中资机构、企业和人员不断增加，人员暴露的数量和频率增大。恐怖组织针对中资企业和机构进行恐怖袭击活动的可能性加大，需要长期加以警惕和预防。二是宗教冲突。由于教义和教法互异，巴基斯坦国内的逊尼派与什叶派之间以及逊尼派内部经常发生冲突。尤其是在宗教节日期间，宗教冲突尤为剧烈。三是社区冲突。部落、村民针对油田开发补偿的要求越来越高，时常为达到目的而组织堵路、冲击现场和进行武力威胁，危及作业人员的安全。

总之，在未来一段时间内，由于巴基斯坦国内的恐怖组织问题困扰着巴基斯坦政府，且至今也没有得到很好的解决，所以，在巴基斯坦的海外同胞依然面临恐怖组织的武装暴力犯罪威胁。虽然巴基斯坦不太可能出现政府主导的排华运动，但是恐怖组织的针对性威胁也令我国侨胞志忑不安。而这种不安，在时间的推移中，也没能得到很好的化解。恐怖组织针对中国人的绑架、劫持、要挟、勒索等问题，在巴基斯坦政府有限的打击能力范围内，将长期困扰华侨华人。

12. 斯里兰卡

斯里兰卡的地理位置独特，是位于南亚次大陆以南的印度洋岛国，西北隔保克海峡与印度相望，素有"印度洋上的明珠"之称。但这个"印度洋上的明珠"自 2010 年才结束了长达 26 年的内战，经济建设饱受战乱之苦，民生凋敝、百废待兴。内战结束后，向往和平和繁荣的斯里兰卡人励精图治，短时间里就迅速恢复内战的创伤，经济建设蓬勃兴起。2015 年GDP 增长率为 4.8%，基尼系数为 0.39 左右。

斯里兰卡目前国内安全局势基本稳定，国家重建工作持续推进。这有利于政府集中精力发展经济和推进改革，提高投资者的信心，并使各项政策具有连贯性。2015 年 1 月，斯里兰卡举行总统选举，反对党候选人迈特里帕拉·西里塞纳击败前总统拉贾帕克萨，以微弱优势当选新总统。拉贾帕克萨以及人民自由联盟虽然在此次选举中失利，但在长期内仍有可能组织力量对执政党构成威胁，这可能成为斯里兰卡政权不稳定的主要因素之一。

在斯里兰卡的海外同胞需重点关注以下安全风险：一是治安犯罪。目前，鉴于地方信贷宽松以及斯里兰卡卢比贬值，国内通货膨胀压力大增，民众就业压力日渐增大，抢劫、盗窃事件特别是针对中国在该地企业和个人的事件也呈现上升的趋势。二是民族冲突。虽然内战结束至今已经 8 年多，斯里兰卡国内民族和解之路却仍然没有得到完全疏通。在 2011 年 3 月举行的斯里兰卡全国性地方选举中，执政党赢得超过半数的选票均是在除北部和东部由泰米尔民族联盟执政的地方以外获得，可以看出僧泰之间民族政治对峙局势还比较明显。2015 年 1 月，反对党又获得了执政权。民族和宗教问题已经引起了国际社会的极大关注。另外，斯里兰卡内战结束后，僧伽罗和泰米尔的民族和解未能真正实现，泰米尔人的生活状况未得到实质性改善，民族宗教冲突隐患仍很大，未来不排除爆发动乱的可能性。

由中国交通建设集团投资开发建设的科伦坡港口城项目于 2014 年 9 月正式动工建设，是斯里兰卡迄今最大的外国直接投资项目。2015 年 3 月初，斯里兰卡新政府以"缺乏相关审批手续""重审环境评估"等为由叫停了该项目。斯里兰卡总理维克拉马辛哈在 2016 年 3 月 14 日向中国驻斯里兰卡大使易先良确认，中国公司投资开发的科伦坡港口城项目恢复施工条件已经满足，中方企业即可复工。对于斯里兰卡的社会政治安全需要给予充分关注，在那里工作的我方人员也要注意防范安全风险。

13. 哈萨克斯坦

哈萨克斯坦是中国在中亚地区重要的合作伙伴，也是实现"一带一路"倡议的关键国家。哈萨克斯坦地处欧亚大陆接合部，是贯通亚、欧、非大陆及附近海洋中的枢纽，同时也保障着欧洲与亚洲的联系。中哈双方一直保持着深厚的友谊，也有着共同的利益，"丝绸之路经济带"倡议正是习近平主席在出访哈萨克斯坦时提出的。总的来说，哈萨克斯坦推行经济多元化战略，也是中亚地区经济发展最快、政治局势比较稳定、社会秩序相对良好的国家，有着丰富的石油、天然气、煤炭、有色金属等矿产资源，农牧业基础良好，地理位置优越，人文条件也好于其他中亚国家。

哈萨克斯坦是中亚的一个大国，也是一个多民族国家。正是因为多民族问题，该国一直存在关于双重国籍和第二官方语言问题的争辩。2005年12月4日，哈萨克斯坦顺利举行了独立以来的第三届总统选举，现任总统纳扎尔巴耶夫以91%的得票率，第三次当选总统。在格鲁吉亚和乌克兰因"颜色革命"、吉尔吉斯斯坦因政变导致政权更迭后，纳扎尔巴耶夫以高票胜出，主要得益于选举前政府对内外政策的调整以及国家经济的稳步增长。在纳扎尔巴耶夫的最后一届总统任期内，他将继续推进经济体制改革，促进经济结构多元化，并为未来总统继承权问题做制度上的准备。因此，哈萨克斯坦的政局总体上是稳定的。哈萨克斯坦也是一个具有高发展潜力的国家，国家发展指数为0.75。2015年哈萨克斯坦的GDP增长率为1.2%，人均GDP超过1万美元，基尼系数为0.26左右。中哈双边贸易也日趋频繁，特别是对于中国新疆地区的贸易，哈萨克斯坦是重要的贸易伙伴。在该国的华侨华人约占其总人口的1.8%，主要是来自中国新疆和内蒙古地区的少数民族。在新闻报道中，没有收集到有关哈萨克斯坦的涉侨突发事件，也从侧面说明大规模的涉侨突发事件在该国没有发生过。

哈萨克斯坦政治安全局势总体稳定，最主要的表现是国家政权稳定。哈萨克斯坦为总统制共和国，总统是国家元首，是决定国家对内对外政策基本方针，并在国际关系中代表哈萨克斯坦的最高国家官员，是体现人民与国家政权统一、宪法的不可动摇性、公民权利和自由的象征与保证。现总统纳扎尔巴耶夫深受哈萨克斯坦人民的爱戴，在人民心目中具有无可取代的地位。但这也是哈萨克斯坦政权稳定的一个风险，总统纳扎尔巴耶夫已经78岁，自哈萨克斯坦独立以来一直担任总统，其在哈萨克斯坦具有不可替代的作用，他的身体健康状况将直接影响该国家的政权稳定；政权稳定的另外一个风险，是其与俄罗斯的特殊关系，随着乌克兰局势的恶化，俄罗斯与欧洲、美国等在政治、经济、军事、外交关系上的持续紧张，也将对哈萨克斯坦的政权稳定构成威胁。在经济结构方面，由于形式相对单一，主要依靠能源、矿产和农牧产品等的出口维持经济发展，加工工业和轻工业相对落后，所以受国际原油价格影响，国家经济形势严峻，货币存在进一步贬值的风险。

在哈萨克斯坦的海外同胞需重点关注以下社会安全风险：一是治安犯罪。社会基础条件差，国际油价持续低迷，哈萨克斯坦坚戈多次大幅贬值，社会就业率持续低迷，可能导致偷盗、抢劫、管道打孔盗油等社会治安形势恶化；受当地个别利益团体煽动，个别当地民众对中国公司和中国人持有偏见，或因其他原因造成中国人成为敲诈、勒索、抢劫甚至袭击绑架的目标；哈萨克斯坦允许个人拥有枪支（只要没有犯罪记录，办理许可证即可以购买、拥有枪支），年轻人在打架斗殴过程中使用枪械伤人事件在该国各地都曾发生过。二是暴恐事件。在过去的几年时间里，每年都有哈萨克斯坦公民由于恐怖袭击被逮捕。预示着恐怖袭击不是在遥远的高加索地区和帕米尔山区，而是在哈萨克斯坦内陆已经长期存在，这是无可争辩的事实。暴恐事件的发生来源于国际恐怖组织、宗教极端组织成员不断渗透至哈萨克斯坦境内；哈萨克斯坦公民加入国际恐怖组织、宗教极端组织接受恐怖组织训练的人员逐年增加；"伊斯兰国"提出的在中亚开辟第二条战线；民族分裂势力在哈萨克斯坦不断发展等方面。三是道路交通事故。哈萨克斯坦司机违反交通规则（超速、酒驾等）行驶的形势严峻，哈萨克斯坦已被国际组织列入交通事故致死率高的国家之列。四是劳资纠纷。低油价造成企业的效益下滑，公司员工的收入将会受到影响，在严峻的经济形势下，劳资纠纷将是公司管理面临的较大风险。

综合以上情况，在未来一个时期，哈萨克斯坦致力于发展经济、政权更替和社会发展稳定，但这并不意味着在该国的侨胞就处于安全环境之中，只能说相对于其他中亚国家，哈萨克斯坦的生存环境还是比较安全的。从政府层面上讲，该国政府不会主导开展大规模的排华运动，但是，如果政府处理不好多民族国家的问题、民族之间的矛盾，很有可能引发民族冲突，波及中国侨胞安全，使他们成为受害者。

14. 吉尔吉斯斯坦

吉尔吉斯斯坦战略位置极为重要，长期是美、俄等大国争夺的目标。吉尔吉斯斯坦建国以来的两次大的政局震荡都与美俄角力密切相关。从目前来看，相比于通过非政府组织进行软实力渗透的美国，俄罗斯在吉尔吉斯斯坦一家独大的迹象十分明显，不仅提供军事保护，还通过在俄务工的吉尔吉斯斯坦人对国内政局施加影响。

近些年，吉尔吉斯斯坦政局一直动荡不安，各派政治势力围绕金矿国有化、反对派领袖受审等问题内斗不止，民粹情绪高涨，加上反政府武装频繁活动，这些严重地危害着该国正常的经济生产。2010 年，吉尔吉斯斯坦国内发生大规模政治骚乱，在此次骚乱中，中国政府紧急撤侨，并取得圆满成功。吉尔吉斯斯坦为了平衡中美俄之间的利益关系，对中国政府采取的是一种比较合作的态度，中吉双边贸易频繁。其国内经济发展起伏很大，在动乱后，仅隔动乱一年，其 GDP 增长率由负数上升到 6.0%，但是下一年又跌至负增长，2015 年的 GDP 增长率为 3.5%。吉尔吉斯斯坦国内贫富差距不是十分明显，未超过联合国规定的国际警戒线。吉尔吉斯斯坦侨胞人数也较多，主要以中国新疆少数民族为主，占该国总人口的 3%，包括维吾尔族、哈萨克族、蒙古族等。由于该国政局一直不稳定，动乱频发，历史上该国有关涉侨突发事件，等级较高、规模影响较大。虽然动乱平息，但是从根源上并未解决动乱矛盾，动乱极有可能再次发生，影响在吉尔吉斯斯坦侨胞的安全。

在吉尔吉斯斯坦的海外同胞需重点关注以下社会安全风险。一是治安犯罪。吉尔吉斯斯坦执法力量薄弱，不足以打击高频率犯罪。针对外国人的犯罪正在不断增加，尤其是针对中国公民。入室盗窃也是公寓居民面临的一大威胁。敲诈勒索和贩毒等有组织犯罪活动很普遍，尤其在南部地区。二是暴力事件。该国南部地区存在潜在的种族冲突风险。种族紧张局势、持续的腐败、主要是因能源价格和通货膨胀而产生的对社会经济的不满情绪以及由矿业未来发展引发的争议，都是不稳定局势的主要推动因素。乌兹别克族和吉尔吉斯族之间存在长期的潜在紧张局势，南部的巴特肯州以及奥什州和贾拉拉巴德州靠近乌兹别克斯坦边境的地区不断受到占人口多数的吉尔吉斯族与占人口少数的塔吉克族、乌兹别克族之间持续紧张关系的影响，存在发生严重社会动荡的风险。三是恐怖袭击。为美国军队和北约在阿富汗的军事行动提供支持的军事基地在 2014 年被取消，为恐怖组织"伊斯兰国"的东扩制造了便利条件，"伊斯兰国"在该国境内的影响力不断增强，已有数名恐怖分子遭逮捕。极端恐怖组织"乌兹别克斯坦伊斯兰运动"（简称"乌伊运"）在吉乌边境地区和塔吉克斯坦境内的活跃程度与日俱增。"伊斯兰解放党"（Hizbut – Tahrir，HT）也得到了越来越多的支持，这两大恐怖组织的威胁不容小视。

综上所述，吉尔吉斯斯坦受近期经济不景气趋势的影响，传统俄罗斯、美国势力的变化，恐怖组织"伊斯兰国"的扩散，南北方政党之间的紧张关系引起政局动荡、种族矛盾导致社会动荡，加之暴力事件频发，从而使社会安全风险不断升高，在吉尔吉斯斯坦的中资企业、中方人员的人身财产安全危险加剧，对中吉天然气管道项目的实施构成了严重威胁。也许，从政府层面上讲，该国政府不会主导开展大规模的排华运动，但是，反政府武装组织或恐怖组织与政府之间的博弈，往往会波及中国侨胞，使他们成为受害者，武装暴力突发事件难以避免。在吉尔吉斯斯坦的中国企业和商人，应该特别注意防范武装暴力恐怖分子的袭击，随时注意保持与中国大使馆的联系，以求在紧急危难时刻获得双边政府的帮助。

15. 塔吉克斯坦

塔吉克斯坦是中亚地区的东南通道，也是阻止阿富汗动乱向中亚蔓延的前哨，同时还是防止伊斯兰激进组织、毒品走私进入中亚和中国的前沿阵地。近年来，该国境内恐怖分子数量持续增多，地方势力长期割据，边境地区冲突不断，毒品运输与使用失控，伊斯兰激进组织抬头，失业率居高不下，伊斯兰复兴党被清理出局，塔吉克斯坦社会安全形势变得更加复杂和不确定。塔吉克斯坦的边界安全、恐怖主义、宗教极端主义问题十分严峻。货币加速贬值，居民生活水平下降、社会不满情绪上升，将会促进更多人支持恐怖和极端势力。在经济发展方面，该国经济增长还算比较稳定，但是经济结构比较单一，2015 年的 GDP 增长率为 6.0%。该国基尼系数较低，才 0.30 出头，从数据来看，贫富差距并不大。

鉴于以上情况，在塔吉克斯坦的海外同胞需要重点关注以下社会安全风险。一是恐怖袭击。塔吉克斯坦紧邻阿富汗，塔阿边境线长 1400 多千米，由于国力的原因，塔吉克斯坦始终无法有效地保障其边境的安全，塔阿边境已经成为毒品、恐怖主义的自由走廊。据有关消息称，将近 3000 名恐怖分子经常在塔阿边境活动，导致阿富汗及周边国家的安全形势急剧恶化。在叙利亚内战期间，已有 500 多名塔吉克人前往叙利亚加入"伊斯兰国"成为恐怖分子，并扬言要在塔吉克斯坦制造恐怖事件。随着美、俄对恐怖组织的持续打击，越来越多的塔吉克恐怖分子伪装成工人返回塔吉克斯坦，这使塔吉克斯坦发生恐怖袭击事件的可能性越来越大。二是治安犯罪。由于塔吉克斯坦经济增长乏力，失业率高达 15%，年轻人很难在国内找到合适的工作，偷盗、抢劫等治安事件多有发生，刑事犯罪日趋严重。三是暴力事件。信仰宗教的人数日益增多且呈现低龄化特点，这些人极易受宗教极端思想蛊惑，再加之政府官员腐败、贫富差距拉大、族群矛盾等，易引发社会上的抗议、游行、示威等活动。另外，受别有用心人员的挑唆，排外思潮泛起，中资企业人员往往容易成为被袭击的对象。四是边境冲突。塔吉克斯坦与乌兹别克斯坦的矛盾由来已久，不仅存在乌方支持塔方反对派问题、跨境民族问题、领土争议问题，还存在严重的水资源冲突问题。五是未爆军火。由于历史原因，在努拉巴德、吉尔加塔尔等区域和要塞附近曾埋设有相当数量的地雷，近年来多有触雷事件发生。

16. 土库曼斯坦

10 多年来土库曼斯坦经济增长较快，注意加大基础设施建设投入，2015 年的 GDP 增长率还有 6.5%，但是常受到境外恐怖势力威胁。公开的媒体消息称，"伊斯兰国"中有一支由哈萨克斯坦、土库曼斯坦等中亚国家人员组成的武装组织，"伊斯兰国"准备向其提供 7000 万美元活动经费，在中亚地区实施恐怖活动。目前土库曼斯坦政局平稳，现任总统别尔德穆哈梅多夫逐步通过对高层官员进行调整而加强了对国家的掌控。土库曼斯坦另外一个严重问题就是毒品。20 世纪 90 年代至今，中亚国家毒品消费量增长了近 20 倍；土库曼斯坦政府高层幕后支持毒品走私，增加了政府的打击难度。土塔边境已超越伊朗，成为阿富汗毒品流向欧洲最主要的交通走廊。为加强对边境的安全管控，土库曼斯坦政府在军事培训、武器装备等方面加强了与俄罗斯、哈萨克斯坦的军事交流合作，并增加守备力量，对土阿边境实行无盲区全天候监控，维护边境安全。此外，"乌伊运"等极端组织在中亚地区活动频繁，可能针对土库曼斯坦的社会、经济、民族和贪腐问题，煽动暴乱。

基于以上情况，在土库曼斯坦的海外同胞需重点关注以下社会安全风险：一是恐怖袭击。有消息显示"伊斯兰国"开始在土阿边境活动，位于与阿富汗边界接壤的 80 千米天然气管道和中国项目人员安全面临直接危险。但由于地形限制，"伊斯兰国"进入土库曼斯坦发动快速袭击的能力受到一定制约。二是人员拒签。移民局加大了对中方公司的检查力度。有时一周突击检查两次，给中方单位生产生活造成了很大影响，存在无理由驱逐出境和拒签的风险。索贿的警察也会对外国人造成一定的威胁。外国人在土库曼斯坦境内受到国家政府的监控并被限制自由来往各区域，去其他地方需要得到移民局许可。

17. 乌兹别克斯坦

乌兹别克斯坦情况类似于土库曼斯坦，近年来经济增长很快，正在逐步扩大对外开放，2015 年的 GDP 增长率为 8.0%。在该国的海外同胞会遭到一些社会犯罪的危害。2015 年 2 月 19 日，中国商人在回家开门时被躲藏在楼道里的蒙面歹徒强行入室实施抢劫，家中存放的美元和苏姆现金被掠走。2015 年 4 月 9 日，一中资公司驻乌代表处员工租住的宿舍被入室盗窃，损失大量财物和证件。当前乌兹别克斯坦的政治安全局势因为以下因素而成为中亚未来局势中的关键变数。一是"老人政治"导致政权稳定存在不确定因素；二是乌兹别克斯坦未完全和上海合作组织保持统一步调；三是经济发展面临多重困境，乌兹别克斯坦经济形势不容乐观；四是民族宗教矛盾因素日益凸显；五是中亚正成为大国利益博弈点；六是乌兹别克斯坦同周边各国均有不同利益冲突和矛盾，国际环境、多边关系动向敏感。

因此，在乌兹别克斯坦的我方人员需重点关注以下社会安全风险。一是恐怖袭击。近年来，"乌伊运"在中亚地区异常活跃，相继在乌兹别克斯坦、吉尔吉斯斯坦等地区制造了一系列的暴力恐怖事件，对中亚及周边地区的安全与稳定构成了严重威胁。二是治安犯罪。由于经济制裁，国际油价大幅下滑，造成俄罗斯经济不景气，许多在俄罗斯打工的乌兹别克斯坦人因失去工作而返回，加之国内政府腐败，导致社会不稳定因素增加，抢劫、偷盗等犯罪事件不断发生。2016 年已经发生多次抢劫事件，外国人在乌兹别克斯坦的人身安全面临风险增加的趋势。

18. 阿塞拜疆

阿塞拜疆因油价下跌，近年来经济增长情况不好，出现大幅下滑，2015 年的 GDP 增长率为 1.1%。其政治局势比较稳定，以阿利耶夫总统为首的执政党——新阿塞拜疆党社会根基深厚，政绩突出，在 2015 年 11 月 1 日举行的议会选举中以明显优势获胜，再次成为在议会中议席超半数的政党。前几年，阿塞拜疆当局以高油价为依托，稳步推进政治经济改革，全面实施社会保障制度，加强立法，多次提高居民工资和退休金，加大对弱势群体的扶持。2015 年社会形势总体稳定，但也面临恐怖主义和宗教极端主义的潜在威胁。对此，该国政府一直采取高压政策，并通过系列法律法规打击宗教极端主义和恐怖主义。2015 年下半年受国际油价下跌影响，阿塞拜疆货币大幅贬值，通货膨胀加剧，对当地居民生活影响较大，进而引发大规模群体事件的可能性增大，对未来政局的稳定带来潜在的影响。

因此在阿塞拜疆的海外同胞需重点关注以下社会安全风险：一是治安犯罪。石油和天然气占该国政府收入的 75%，油价下跌对经济的冲击非常严重，导致该国货币贬值达 81.1%，严重影响到当地居民的生活水平和社会稳定。抢劫、盗窃、腐败等社会治安犯罪事件有上升趋势，在夜间外出或街上步行被袭击的风险增大。二是暴力事件。首都巴库西郊的 Nardaran 社区，历来有反美、反西方倾向，2015 年 11 月曾发生暴恐事件。随着经济的恶化，可能引发严重暴力冲突。三是武装冲突。阿塞拜疆和亚美尼亚因纳卡归属问题在纳卡地区形成武装对峙。2015 年双方不断破坏停火协议，小规模武装冲突时有发生。纳卡问题久拖不决，对地区稳定构成一定威胁。四是恐怖袭击。阿塞拜疆是传统的伊斯兰国家，2015 年以来，随着"伊斯兰国"对中亚地区的影响和渗透，阿塞拜疆发生恐怖袭击的风险上升。

纵观以上中亚地区的国家，由于政治、经济、民族等历史原因，中亚各国之间关系复杂，多有矛盾。近年来中亚各国部分宗教极端分子受"伊斯兰国"在中东的扩张鼓舞，纷纷前往叙利亚和伊拉克参战。这些人在中东冲突地区参加了恐怖袭击实战后，具备更多经验、技能和联系渠道，并可能回流本国，策划发动恐怖袭击事件，甚至培训和影响当地激进分子。虽然在 2015 年，中亚各国没有发生重大安全事件，但实际上稳中有忧，"伊斯兰国"对中亚地区产生的直接或间接的负面影响已经显现。尤其是在备受关注的费尔干纳盆地区域。费尔干纳盆地位于乌兹别克斯坦、塔吉克斯坦和吉尔吉斯斯坦三国的交界地区，复杂的历史原因和地理条件导致费尔干纳盆地至今尚有大量争议地区未划清国界。由于劳动力过剩、耕地和水资源短缺以及生活贫困，费尔干纳盆地一度是恐怖主义和宗教极端主义滋生的温床，近十几年来，中亚的几次重大事件几乎都与狭小、封闭的费尔干纳盆地有着密不可分的关系。

毒品问题一直是中亚安全稳定的主要威胁之一。尤其是近年来毒品问题与暴力恐怖主义、宗教极端主义、国际犯罪网络等暴力犯罪活动的联系日渐紧密。每年阿富汗生产的毒品有一半以上是经由土库曼斯坦、塔吉克斯坦和乌兹别克斯坦三国运出的。中亚地区已经成为阿富汗与俄罗斯、中国和欧洲之间的毒品中转枢纽和全球主要的毒品交易中心。

19. 日本

日本是一个具有强烈危机意识的岛国，也是自然灾害多发的国家。中日历史问题与领土争议问题，长期影响着中日两国关系的发展。总的来说，日本的君主立宪制促使国内政局比较稳定，国内也没有反政府组织或恐怖组织。前些年，日本经济一直处于负增长的阶段，低迷的经济发展更加引发日本与他国的政治矛盾，日本当局企图以此转移国内矛盾焦点。2015年，日本的GDP增长率是1.2%。在日侨胞占总人口的0.5%，约50万人。日本的涉侨突发事件，主要是以民族歧视与排斥以及个人问题突出的社会犯罪事件为主，还没有发生过政府主导的排华运动。但是，右翼分子不断鼓吹大日本帝国梦想，再加上日本盛行的民族主义论，不利于为在日侨胞创造一个稳定的生存环境。小规模的仇华行动与民族歧视运动，很可能在日本国内上演。总之，旅日中国侨胞或流动人口，必须高度重视日本极端人士的突发侵犯行为，提早做好自我保护，避免不必要的损失。

20. 朝鲜

朝鲜是一个特殊的国家，国内政局十分稳定但经济发展缓慢，人民生活水平低下。近年来，朝鲜的核试验、卫星发射、导弹发射等一些举动，引得周边国家极度不满。中朝贸易几乎是中国单边的援助性贸易，以支持朝鲜国内发展。由于闭关锁国，朝鲜经济增长数据没有资料可查。但是，朝鲜采取的社会主义国家政治体制，使社会贫富差距小。旅朝侨胞主要以朝鲜族等少数民族为主，约占总人口的0.2%。朝鲜的涉侨突发事件，主要是近些年报道的扣押渔船等突发事件。

因此，在未来一个时期，朝鲜应该不会出现政府层面的排华事件。如果朝鲜半岛局势趋于稳定，旅朝侨胞就不会有突出的安全问题，甚至连针对性的社会犯罪也较少发生。可能会存在一些由个人问题引发的突发事件，但是，这种普遍性的突发事件，不是我们预警关注的重点。

21. 韩国

韩国是"亚洲四小龙"之一，也是发达的亚洲国家，其国家政局比较稳定，不存在反政府武装或恐怖组织。近些年来，韩国经济发展放缓，但也保持了一个低速稳定增长的状态，2015年，韩国GDP增长率为2.6%。中韩贸易成为韩国经济发展的重要内容，中国是韩国产品的重要市场。虽然韩国与美国存在战略合作伙伴关系，但是韩国政府对中国政府也一直保持着一种互惠互利的合作态度。旅韩侨胞约占该国总人口的0.2%，是一个不可忽视的群体。韩国国内贫富差距不是十分突出，未达到国际警戒线。韩国的涉侨突发事件，主要以社会犯罪和渔船扣押事件为主。渔船扣押事件的根源来自双方经济海域的划定问题，或中国渔民越境捕鱼的问题。在中韩政府的双边努力下，这些问题也逐步得到解决。

因此，在未来一个时期，只要韩国与朝鲜不爆发军事冲突或战争，韩国经济发展是需要与中国的双边贸易的。旅韩侨胞的主要安全问题，仍然是因个人问题而产生的社会犯罪。韩国国内不太可能发生由政府主导的大规模排华运动。总的来说，韩国国家发展文明程度较高，法律体系比较完善。旅韩侨胞遵纪守法，就不会发生大规模的涉侨突发事件。也许会存在一些民族歧视或排斥，但这种歧视和排斥是个别的，而非社会的。

22. 蒙古国

蒙古国地处中国和俄罗斯两个大国之间，是世界第二大内陆国家，同时也是"一带一路"北线的重要支点。2014年9月，在出席中、俄、蒙三国元首会晤时，习近平主席提出建立中、俄、蒙三国经济走廊的倡议。经济走廊将俄罗斯的"欧亚大陆桥"、蒙古国的"草原丝绸之路"同中国的"一带一路"倡议连接起来。通过交通、货物运输和跨国电网的连接，打通三国经济合作的走廊建设，推动"一带一路"建设的发展。

蒙古国现政府致力于发展经济、摆脱危机，目前国内政治环境总体稳定。在宏观经济方面，随着前几年国际市场矿产品价格在高位运行，蒙古国"矿业兴国"战略渐现成果，同时拉动了相关产业和基础设施建设发展，2011～2012年蒙古国经济出现了前所未有的迅猛发展势头，GDP增速超过20%，但受外部因素影响，2013年蒙古国GDP增长11.7%，增速明显放缓，2015年降到2.4%。2014年蒙古国人均GDP为1882美元。多数蒙古国民众认为，蒙古国经济难以好转，政治斗争使人厌倦，希望能产生有决策能力的政府。

蒙古国仍然存在排华思潮，国内安全形势也存在一定隐患。目前，中国是蒙古国最大的投资方。一些中国企业资质不足、环保意识薄弱、对当地居民的风俗习惯不够熟悉与尊重，导致因为环境问题、资质问题和产品质量问题造成的摩擦时有发生。由于历史原因，部分蒙古国人对中国存在敌视和仇视心理。蒙古国针对华人的治安案件也时有发生。在蒙古国的海外同胞应该重点关注以下社会安全风险：一是治安犯罪。治安状况欠佳，针对外国公民抢劫、盗窃、腐败等案件时有发生，在夜间外出或者街上步行时很容易被袭击。二是暴力事件。根据以往情况，蒙古国每逢大选前后，反对党会上街游行，可能会引起骚乱。三是恐怖袭击。蒙古国活跃着一批尊崇纳粹信条的极端民族主义组织，如"全蒙古"。他们强烈地抵制中国人，甚至极端到会杀害与中国有关的本国人。其虽并未获得广泛的支持，但仍会对人员安全构成威胁。

23. 阿富汗

阿富汗风险较为突出，经历过几场战争后，如今暴力恐怖活动多发、地方军阀力量强大，民族和宗教矛盾突出，地缘政治问题突出。自塔利班政权被美国推翻以后，其残余恐怖分子在阿富汗活动十分频繁，枪击平民、暗杀总统、袭击军队等。在美国的支持下，新一届的阿富汗政府无力解决严重的国内问题，并且还时刻受到塔利班组织的威胁。在几次战争中，阿富汗民不聊生，国家发展受到严重打击。由于特殊原因，阿富汗与中国的双边贸易较少，中国企业或公民去该国投资和生活的也十分稀少，难以统计。新一届的阿富汗政府与中国有正常的外交关系，但不是战略合作伙伴关系。多年来，阿富汗致力于恢复国民经济发展，但是受到政治安全环境的影响，自2013年开始，其经济发展大幅下滑，2015年GDP增长率跌到0.8%。反政府武装组织和恐怖组织问题，没有彻底得到解决，在阿富汗的侨胞或海外中国流动人口的安全问题，也显得十分突出。曾经也发生过针对中国人的绑架袭击事件，应该引起国人的重视。

在未来一段时期内，阿富汗政府与塔利班武装冲突仍将不断加剧。阿富汗联合政府两个阵营是否能面对"内忧外患"的客观现实，相互协调好权力分配，实现有效的政府治理，将决定阿富汗能否稳定和发展。美国的阿富汗新战略仍将对阿富汗安全产生直接影响，美国维系在阿富汗军事存在，构建由其主导的地区安全框架，谋取在亚欧大陆核心区的地缘政治优势的战略不会改变。美国以驻阿富汗军事力量来维持阿富汗亲美政府运行，保证塔利班不能重掌政权，阿富汗安全局势仍将保持现状。塔利班与阿富汗政府在南部、东部、西北、东北的偏远农村地区分庭抗礼，仍将反复争夺控制权。在政府控制力强势的大城市，塔利班以自杀式袭击为主要形式，袭击目标包括北约联军、阿富汗军警、政府官员、西方支持机构和人员。塔利班内部分裂，其力量趋于分散和削弱，有利于阿富汗安全形势转变。如果阿富汗政府能得到持续外援，对安全形势的控制力将不断增大。"伊斯兰国"武装势力进入阿富汗，对阿富汗东部边境地区安全形势将有严重影响，但也遭到塔利班的强力阻击，其在阿富汗全境发展的可能性较小。阿富汗的社会安全形势仍将经历一个严峻的时期，阿富汗政府与塔利班的和平重建进程谈判前景难料，改变和平谈判僵局的可能性暂时较小，社会安全形势彻底好转的期望不太符合阿富汗的社会现实。

在此情形下，在阿富汗的海外同胞需重点关注以下社会安全风险：一是恐怖袭击。塔利班将继续针对政府相关目标发动袭击，并不断扩张其范围。因此，在传统的南方坎大哈和赫尔曼德、北部昆都士和巴达赫尚、东部楠格哈尔、西北走廊法里亚布省等地，双方的武装冲突仍呈高发态势。二是治安犯罪。随着美国撤军和国际援助大幅缩减，严重依赖外援的阿富汗经济面临崩溃。可以预见，阿富汗联合政府发展经济的努力短期内难见成效，大量失业人口加上枪支泛滥，犯罪活动势必上涨，外国人成为抢劫甚至绑架的目标。三是社会动荡。阿富汗中央政府缺乏有效的经济支撑，对民兵和边缘武装的控制能力削弱，将形成新的地方割据势力。

未来一个时期，阿富汗的政局也难以稳定，和平问题也难以得到很好的解决。塔利班组织与政府之间的矛盾，不是一两年能够化解的。再加上美国对阿富汗的战略问题，阿富汗难以在真正的和平中谋求发展。因此，阿富汗政府几乎没有多余力量保护外国公民，其他国家的军事力量由于外交关系，也很难介入。对于我国侨胞或公民而言，减少以阿富汗为目的地的出行，是保障自身安全的关键。

24. 伊朗

伊朗是一个政教合一的伊斯兰国家，也是一个公开宣称与美国敌对的国家。伊朗的最高领袖不是总统，而是最高精神领袖，总统只是一个施政者。对伊朗政局而言，只要有突发事件发生，大中型城市大规模动乱的危险就会提高，私人财团、各种利益集团和高中等收入的城市居民会在动乱的背后提供协助，这会对伊朗政府造成极大的压力和对政权造成危险。近些年，在美国的经济制裁下，伊朗国民经济发展不景气，2014 年 GDP 由连续 2 年的负增长率回升到 4.3%。国内贫富差距突出，超过国际警戒线，基尼系数达 0.43，国内冲突发生的可能性很大。而对于中国而言，伊朗是重要的石油来源国，中伊贸易密切，存在友好的战略合作关系。在伊朗，华侨华人人数没有一个确切的统计数据，除了相关企业或务工人员外，定居伊朗的中国公民十分稀少。针对中国人的涉侨突发事件，还没收集到相关新闻报道，伊朗没有出现大规模的排华运动。

在伊朗的海外同胞需重点关注以下社会安全风险：一是恐怖袭击。那里的油田作业现场位于两伊边境地区，易受伊拉克动荡局势影响，"伊斯兰国"的影响也不容忽视。二是治安犯罪。那里治安犯罪有所增加。伊朗国内经济发展迟缓，贫富差距加大，失业率居高不下。据经济学人智库估计，2013 年伊朗全国失业率为 16%，低收入人群增加，偷盗、抢劫事件时有发生。由于失业率高，因此对引进外籍劳工持较消极的态度。据伊朗官方统计，目前首都德黑兰市每天发生 150～200 起偷盗、抢劫案件，警方非常重视并加大打击力度。在德黑兰、阿瓦兹等大城市，抢劫、盗窃、爆炸、劫车、腐败等犯罪猖獗，尤其是在与巴基斯坦、阿富汗、土耳其等交界地区，两伊边境地区最为严重，在夜间外出或街上步行时被袭击的风险很大。三是暴力事件。油田区域阿拉伯人较多，私人持枪持械较为普遍，人员出行风险较高。当地阿拉伯人与波斯人在宗教及利益方面存在分歧及冲突，可能引发暴力事件。种族、宗教、社区冲突严重，伊朗国内种族很多，宗教信仰差异大，暴力冲突时有发生。另外，当地家族势力比较突出，不同家族因利益导致的冲突很多，经常发生家族暴力冲突。当地对枪支管控不力，暴力冲突极易引发人员伤亡事件。

因此，未来伊朗政局极可能出现不稳定情况，国内矛盾冲突极有可能上演。如果伊朗政府不合理调整利益分配，由大城市爆发的反政府游行或革命，极有可能波及全国。另外，伊朗政府对美国持强硬的敌视态度，也很有可能爆发美伊战争。虽然没有政府层面的排华行为，贫富差距大和政局不够稳定的伊朗，潜伏着诸多危机。一般社会犯罪和政治骚乱而产生的不安全因素，会直接影响到华侨华人的安全。鉴于此，在伊朗工作、学习、旅游、考察的华侨华人，应该高度关注伊朗国内外局势，随时做好撤离的准备。

25. 伊拉克

伊拉克是一个饱受战争磨难的国家，到目前为止，虽然美国已经撤军，但战后的伊拉克政局也十分不稳定。国内各派政治势力分歧依旧，宗教分歧威胁着国家的统一和稳定，暴力恐怖活动仍时有发生，政治风险依然较高。新成立的"国家战略政策委员会"的权力、功能、运作方式等尚不明确。另外，伊拉克社会问题成堆，教派和民族问题仍很突出，暴力和恐怖事件不断，军队和警察力量需大力增强。因此，要真正实现伊拉克内部各派的和解、社会稳定和经济发展，还有漫长的道路要走。战后的伊拉克正处于国民经济恢复期，需要其他国家的大力协助，2015 年的 GDP 增长率为 3.0%。新一届的伊拉克政府与中国保持着正常的外交关系，但中伊贸易一般，在伊拉克的华侨华人，也难以确切统计。曾经发生过针对华侨华人的个别袭击事件，也有伤亡，但政府层面的大规模排华事件还未发生过。

观察未来的伊拉克安全局势，按照目前的局面，如果没有外力的强势介入，联合打击"伊斯兰国"的行动还将持续若干年。新近发生的伊朗和沙特阿拉伯的矛盾如果升级，可能会影响打击"伊斯兰国"的进程，但"伊斯兰国"大举反扑的机会不大。近年来，逊尼、什叶两大教派的矛盾不仅没有缓和，裂痕还越来越大。另外，什叶、逊尼两大教派内部各派势力互不相让，"伊斯兰国"被削弱后各派内部矛盾将凸显。另外，社会治安问题日趋严重，随着石油收入的减少，民众对现实的不满情绪将逐步转嫁到政府身上，并对政府失去耐心，2016 年各种抗议和社会犯罪事件（尤其是绑架勒索）大幅上升。

在这种情况下，在伊拉克的海外同胞需重点关注以下社会安全风险。一是恐怖主义。南部地区为什叶派聚居区，"伊斯兰国"无法轻易渗透，但已经有迹象显示，"伊斯兰国"武装分子正在尝试攻击南部地区的目标。二是社区冲突。与当地居民的冲突导致人员受伤和设备资产损坏，此类事故可能由互相无关联的事件引起。三是绑架。随着当地社区经济压力的不断增加，绑架的威胁会不断上升。

因此在未来，由于党派矛盾、宗教冲突、库尔德问题、中央政府与地方政府意见分歧，伊拉克政府很难在短期内解决所有美军遗留的问题，伊拉克的发展环境也显得十分不稳定。恐怖组织、民族冲突、宗教矛盾引起的武装暴力、政治骚乱、游行示威、一般犯罪等突发事件难以避免。但在政府层面，不会产生大规模的排华运动。到伊拉克发展的海外同胞，应该特别注意自身安全，最好减少到这些国家的出行，以避免不必要的伤亡。

26. 沙特阿拉伯

沙特阿拉伯是伊斯兰国家，基本全民信仰伊斯兰教，国民生活水平普遍很高。沙特阿拉伯属于亲美国家，不易受到西方经济制裁和打击，政局也比较稳定，没有大规模的反政府武装和恐怖组织。沙特阿拉伯施行伊斯兰教法并参酌部落传统，民刑案件皆交付伊斯兰法庭审判，律法严峻，判死刑者斩首，偷窃者斩手。沙特阿拉伯对生产、贩卖及走私毒品者均一律处以死刑。虽然依据律法，杀人者偿命，但倘非故意杀人且被害家属同意不要求偿命，则可以金钱赎命。另据凤凰网报道，沙特阿拉伯堪称世界上贫富差距最大的国家，但为了稳定社会秩序，国家对民众的福利待遇十分不错。沙特阿拉伯是石油出口大国，中沙贸易也十分频繁。中沙没有敌对关系，是正常的外交关系。近些年来，相比起其他中东伊斯兰国家而言，沙特阿拉伯发展平稳，社会稳定，2015年GDP增长率为3.5%，处于一个中等水平。在该国的中国侨胞或海外流动人口比较多，大约占总人口的1.6%。中国许多企业到沙特阿拉伯投资办厂，促进了中沙关系的发展。虽然新闻报道中，沙特阿拉伯没有发生过大规模的排华事件，但一般社会犯罪还是难以避免的。

沙特阿拉伯主要的政治安全局势如下：①"伊斯兰国"对沙特阿拉伯的安全威胁越来越明显。2015年5月，"伊斯兰国"首领巴格达迪再度号召"圣战者"拿起武器，目标直指沙特阿拉伯王室，全年发生的大小六起恐怖袭击事件，都与"伊斯兰国"有关，其主要目标和手段是袭击安全人员和政府官员、煽动教派冲突、破坏石油设施、袭击外国人。②空袭胡塞武装，使边境地区遭到武装反击的可能性大大提高。2015年3月26日，沙特阿拉伯率联军对胡塞武装进行空袭，对该组织造成严重打击。胡塞武装领导人马利克·胡塞称，"将采用一切手段反击沙特阿拉伯的侵略"。沙特阿拉伯边防军和边境的民用设施经常遭火箭弹袭击，造成大量人员伤亡。③随着国际油价持续低迷，国家政治稳定形势风险倍增。多年以来，沙特阿拉伯的统治者靠着大量的社会福利支出和补贴来维持国家稳定，可伴随作为支柱的原油价格急剧下跌，石油收入减少使各种不同教派间、上层人群乃至王族内部产生矛盾。另外，萨勒曼国王任命自己的儿子穆罕默德·本·萨勒曼王子（已经担任国防部部长和经济委员会主席）为王储兼副首相。这样的安排使该国王族内部的结构性问题更加严重。

这种环境之下，在沙特阿拉伯的海外同胞需要重点关注以下两种社会安全风险。一是恐怖袭击。北部暴力恐怖活动猖獗，南部也门动荡加剧，周边安全环境持续恶化，教派极端思想抬头，恐怖分子渗入作乱风险上升。一旦赴叙利亚参加"圣战"的人员回流，沙特阿拉伯将面临更加严峻的安全形势。二是外籍劳工影响社会安定。境内大量的外籍劳工多数来自贫困地区，由于叙利亚、苏丹、也门等国持续的战争影响，非法移民以及难民数量也在持续增加。外籍劳工的存在使包括谋杀、贩毒、洗钱、盗窃及伤害等刑事案件增多，利雅得是此类犯罪活动的高发地区。

总体来看，在未来一个时期，沙特阿拉伯政局应该比较稳定，不会出现国内或国际战争。虽然贫富差距巨大，但国家重视对社会弱势群体的福利保障，只要这个福利保障能够持续经营下去，在福利措施的稳定作用下，不太可能发生大规模的动乱。在沙特阿拉伯的华侨华人，在自身利益获得过程中，应该尊重伊斯兰国家的习俗，把经济收入反馈给当地一些老百姓，做好慈善事业，注意与当地人民的经济分配。否则，宗教国家一旦发生敌对性的排华运动，后果不堪设想。总的来说，未来沙特阿拉伯不会发生政府层面的排华事件，但一般社会犯罪是难以避免的。在该国的华侨华人应该注意遵守当地法律，尊重当地文化，分享发展成果，并时刻注意对不法分子的防范。

27. 叙利亚

叙利亚是个区域内风险极高的焦点国家，俄罗斯支持的巴沙尔政府与西方国家支持的反政府武装之间的僵局在短期内难以打破。叙利亚国内战场炮火连天，北部城市阿勒颇 2016 年 8 月 1 日和前一天连续遭到武装分子袭击，袭击造成至少 30 名平民死亡、210 人受伤，内战短时间内难以平息。未来那里美、俄之间合作前景不容乐观，同时随着国际社会对"伊斯兰国"打击力度的加大，"伊斯兰国"的垂死挣扎力度也会加大，该国内的各种恐怖袭击会不断增多，而"伊斯兰国"的外溢效应也会更加显现。未来的数年中，如果国际社会的介入能形成合力，则叙利亚政府与反对派之间就能达成某种协议，从而逐步实现向和平过渡的局面。但目前的关键问题是西方国家和阿拉伯逊尼派国家强烈主张现总统下台，因此，巴沙尔总统的去留仍将成为左右各种谈判是否成功的焦点问题。

在这种情况下，在叙利亚的海外同胞需重点关注以下社会安全风险：一是恐怖袭击。"伊斯兰国"及其他恐怖组织的恐怖袭击越发频繁，会造成大量人员伤亡和财产损失。目前叙利亚境内各地都经常发生恐怖袭击事件，首都大马士革也常遭火箭和迫击炮袭击，并经常发生汽车炸弹袭击。二是治安犯罪。各种境内外势力组织的武装抢劫、绑架、暗杀等犯罪猖獗。三是暴力事件。政府军与反对派武装、恐怖组织武装之间的冲突不断，同时，不同的反对派武装与恐怖组织武装之间也时有冲突。

28. 也门

也门长年政局不稳、经济糟糕、高失业率和高物价导致民怨沸腾。北部的什叶派胡塞武装借机招兵买马，再加上前总统萨利赫的加盟和伊朗的支持，迅速壮大。2015 年初，胡塞武装完全控制首都，将总统哈迪软禁，宣布一个 5 人组成的"总统委员会"开始领导国家，并继续向南部推进。沙特阿拉伯不能接受也门什叶派掌权而改变中东的政治格局。在美国支持下，沙特阿拉伯领导的联军对胡塞武装发动了代号为"果断风暴"的空袭行动，但未达到预期效果，双方互有伤亡，形成僵持状态。2015 年 12 月 20 日，也门交战双方一支亲总统哈迪的军队和胡塞武装在瑞士举行和谈，但无果而终。双方同意和谈只是为了暂时缓解国际社会的压力，达成长期停火协议的前景不容乐观。也门不稳定的局势时刻威胁我国海外同胞生命安全，所以 2015 年 3 月 30 日，571 名中国公民分别从亚丁港和荷台达港乘中国海军护航舰艇安全、有序地撤离也门。4 月 7 日，中国驻也门使馆、驻亚丁总领事馆暂时关闭。

基于生存环境的风险，在也门的海外同胞需重点关注以下几个安全风险。一是防范因权力和资源的不公平分配而导致的频繁发生的武装冲突。在北方，政府军和胡塞武装先后爆发过多次战争；在南方，同样存在不安全的分裂势力。二是恐怖袭击。"基地阿拉伯半岛分支"是最具危险性的恐怖组织，该组织从南部和东南部的据点发动过多次恐怖袭击。它既反对胡塞武装，也反对效忠哈迪的部队。"伊斯兰国"在也门的分支已浮出水面，其目标是赶超"基地阿拉伯半岛分支"，并得到了南部一些逊尼派部落武装的支持。三是部族冲突。部落武装势力强大，不少地方只认部落不认政府，很多事务都需通过部落来管理。部落和政府之间及部落之间经常因为利益发生冲突。

29. 以色列

以色列政局稳定，政府有少量腐败丑闻发生。其科技发达，经济发展稳定，2015 年 GDP 增长率为 2.5%。以色列最大的社会问题是与巴勒斯坦的冲突，常年暴力活动不断，造成大量伤亡。另外，以黎及以叙边境时有冲突，最大的威胁主要来自黎巴嫩真主党武装在边境地区的袭扰。所以在以色列，需重点关注的社会安全风险主要是恐怖袭击。近年来叙利亚境内"伊斯兰国"等极端组织的渗透，恐怖袭击事件发生的可能性增大。其次是暴力事件。以军与巴勒斯坦人在约旦河西岸持续发生暴力冲突，巴勒斯坦人针对以色列人的袭击事件也不断发生。根据以色列官方数字，仅 2015 年 10 月就发生 20 多起袭击，造成 8 名以色列人和 43 名巴勒斯坦人丧生。

30. 黎巴嫩

黎巴嫩位于亚洲西南部，地中海东部沿岸。习惯上将黎巴嫩归入中东国家。1943 年 11 月 22 日独立成为共和国，1975 年爆发了一场持续近 15 年的内战，严重破坏了黎巴嫩的经济发展。2015 年 GDP 增长率为 1.3%。由于民族特性和多年内战，黎巴嫩的国外黎巴嫩裔人口多于国内人口，世界各地的黎巴嫩裔人口约 1500 万，主要分布在美洲、欧洲、非洲及海湾国家。在黎巴嫩的华人极少。中、黎 1971 年 11 月 9 日建交，双边关系发展平稳。

黎巴嫩整体安全环境不佳。仅 2015 年就发生多起令世人关注的安保事件，当年 1 月 28 日，黎巴嫩真主党在以黎边界处发动攻击，造成 2 名以色列士兵死亡，另有 7 人受伤。作为报复，以色列轰炸了位于黎巴嫩南部的数座村庄，造成一名西班牙籍维和人员死亡。8 月 22 日，西南部港市西顿附近巴勒斯坦难民营中发生不同派别组织之间的冲突，造成 2 人死亡。第二天贝鲁特当地居民游行示威，抗议政府对垃圾问题处理不当，要求政府全部下台。部分民众硬闯封锁线，警察施放催泪弹和水柱驱散群众。11 月 5 日，黎巴嫩东部边境小镇阿尔萨勒遭遇爆炸袭击，造成至少 5 人身亡，6 人受伤。11 月 12 日，"伊斯兰国"人弹袭击了贝鲁特一个真主党控制区，造成 43 人死亡，240 人受伤。12 月 1 日，黎巴嫩释放了包括"伊斯兰国"最高头目巴格达迪前妻杜莱米在内的 13 名囚犯，以换取被"基地"组织俘虏的 16 名黎巴嫩军人和警察。

受叙利亚危机外溢的影响，黎巴嫩忧患加深，内部政局动荡，安全形势不断恶化，经济发展陷入困境；外部则不断遭受"'伊斯兰国'支持阵线"等极端组织侵袭。同时，黎以边界小规模冲突也时有发生。黎巴嫩教派林立，大多数属于两大阵营——支持叙利亚反对派的"3·14"联盟和亲叙利亚政府的"3·8"联盟。两大阵营政见不同，分歧难弥，尤其在叙利亚危机和黎巴嫩总统选举问题上立场相左。每次总统选举投票都因一些派别抵制，导致参加投票的议员未能达到法定人数，致使黎巴嫩议会和总统选举不能如期举行，造成总统职位长时间空缺。只要叙利亚危机得不到解决，黎巴嫩面临的威胁和危险就不会消除。

鉴于以上形势，我国海外同胞去黎巴嫩需要重点关注以下社会安全风险。一是恐怖袭击。黎叙边境地区仍然会不断遭受"'伊斯兰国'支持阵线"等极端组织侵袭，同时，恐怖组织仍有可能渗透到黎巴嫩境内实施恐怖袭击。二是边境冲突。黎叙边境和黎以边境地区时有小规模冲突。三是暴力事件。宗教、政治派别冲突严重，反对政府的各类示威游行可能引发严重骚乱。

中东地区历来被称为"世界的火药桶"，宗教与利益纠缠不清，矛盾与冲突不断上演。大国影响力的弱化势必引起中等强国的"群雄并起"，这些国家将为争夺利益而上演各种层次的博弈。例如，当今什叶派的"领头羊"伊朗和逊尼派的"带头老大"沙特阿拉伯之间明争暗斗看似起源于宗教，实则是国家利益的博弈。又如，包括叙利亚、黎巴嫩、约旦、以色列和巴勒斯坦的黎凡特地区动荡依旧，以打击"伊斯兰国"势力为由，美国等西方国家与俄罗斯插手，形势十分复杂。另外，还有土耳其的奥斯曼帝国旧梦重燃，库尔德斯坦有梦难圆等，未来中东局势看点会有很多，而油价持续低迷更会导致中东国家经济恶化，促使动荡加剧，冲突与战乱将成为这一地区近年的主题。所以，对于在中东的海外同胞而言，要提高安全风险意识，避免受到突发事件的危害。

根据中东地区的情况，我国在推动"一带一路"建设的时候，应该根据各国国情特点进行分类实施，避免经济损失，争取真正做到共赢。对于主要石油输出国，如卡塔尔、沙特阿拉伯等，我国应主要强调建立能源安全共同体，在能源供应方面实现战略上相互依赖；对于地区经济大国，特别是面临失业和工业化问题的人口大国，如土耳其、伊朗等，我国应主要推动产能合作，把我国一些能够解决就业的工业化技术，以资金投资为载体，转移到这些国家，在实现我国产业转型升级的同时，也有助于解决它们所面临的就业和工业化问题；对于以服务业为主要发展方向的小国，如阿联酋、科威特等，这些国家有的是地区金融中心，有的是航空中转中心，它们有很好的服务设施或港口条件，应该在这些方面与它们加强合作，从而为我国转移到中东的产业提供一些基本服务。

二　非洲地区

非洲是相对于其他洲最不发达的大洲，也是饱受战争磨难与政治骚乱的大洲。总体上而言，由于经济发展落后，政府管制无力，反政府武装组织猖獗，非洲国家正处于独立后的国家发展探索期。虽然非洲大多数国家与中国政府保持着良好的外交关系，中国政府也大力支持非洲发展，但是非洲国家内部的不稳定性成为影响非洲我国海外同胞安全最为关键的因素，也致使我国海外同胞成为反政府组织与政府之间博弈的重要筹码。从2015 年的情况看，目前非洲安全风险问题主要来自三处：一是位于乍得、尼日尔、喀麦隆、尼日利亚四国交界处的乍得湖流域，那里有最活跃的"博科圣地"极端组织。尽管在各国的联合打击下，反恐行动初见成效，但是威胁仍然存在。由于西非各国存在较大的贫富差距，贫困的现象极易被恐怖分子操纵和利用。另外有证据表明"伊斯兰国"对"博科圣地"极端组织进行战术指导，不排除今后给予经济和物质上的支持。二是非洲之角饱受"索马里青年党"的威胁，虽经多国的围剿，但是受人力、资金和装备的限制，效果不尽如人意，如2015年发生在肯尼亚北部加里萨市莫伊大学和索马里半岛皇冠酒店的袭击事件。三是位于埃塞俄比亚索马里州的欧加登地区存在多种威胁，安全形势极其严峻。

在未来的一个时期，反政府组织的武装暴力与政治骚乱的严重社会犯罪事件，成为非洲涉侨突发事件的主要类型。一些政局不稳的非洲国家，虽然情况会有所改善，但根本矛盾依然还不能有效解决，如苏丹、刚果、索马里等。另外，如果非洲华侨华人在当地非法经营，破坏环境，过度开采，必然引起当地人的仇视，产生大规模的恶性排华事件，如枪击、绑架、杀害等，2013年发生的加纳枪击中国淘金者的涉侨突发事件，就是一个例证。在部分非洲国家，针对中国海外同胞的盗窃、抢包、抢劫以及入室行窃案件时有发生，近年来类似案件更为突出。非洲地区的中国海外同胞人数日益增多，且缺乏差旅经验，个人风险意识和防范技能以及单位的管理支持能力都有待增强。

1. 埃及

在"阿拉伯之春"的民主运动浪潮中，埃及政府穆巴拉克政权被反政府武装推翻。目前，动乱后的埃及，局势可能长期动荡，军方仍是主导政局走向的重要力量，各派政治力量的斗争不会在短期内平息，未来政府能否顺利执政，并推行相关社会经济政策有待进一步观察。

埃及是世界文明古国，旅游业比较发达。埃及政府与中国政府有着正常的交往。穆巴拉克政权倒台后，新一届的埃及政府受到美国的支持，体现出亲美的状态。中埃贸易合作近几年处于下滑状态。由于埃及正处于国民经济恢复期，其GDP增长率较低，2015年的GDP增长率有所回升，达到4.2%。埃及社会贫富差距还不算十分明显，未达到国际警戒线。中国公民很少定居埃及，主要以海外流动人口为主，难以统计。另外，近十年的新闻报道中，也没有出现有关华侨华人的大规模突发事件。

目前埃及关于安全方面有三个问题比较突出：一是尽管塞西政府基本稳定，但是埃及经济恢复仍然缓慢。2015年虽然西奈半岛的武装冲突和各种恐怖袭击事件频发，但是塞西政府基本稳定，仍有较强的控制能力。上半年随着第二条运河的开通，埃及经济有复苏的迹象，但是由于下半年针对外国人和旅游地区的恐怖袭击增加，至 10 月 31 日发生俄罗斯客机坠毁，埃及旅游业再次降到低点，同时一些外资纷纷逃离埃及，对埃及经济造成很大打击。加上该国油价持续低迷，年底又加速下滑，埃及经济的两大支柱产业旅游和石油收入大幅减少，埃及经济恢复的进程更加艰难。二是"伊斯兰国"向埃及的渗透导致西奈半岛局势恶化。2015 年在西奈半岛发生的军方和极端武装分子的冲突以及各种恐怖袭击事件贯穿全年。在 2015 年初发生较大规模武装冲突后，埃及军方加大清剿力度，之后较大规模的武装冲突少有发生，但是针对军队、警察的枪击、炸弹袭击事件不断。三是极端组织针对外国人的恐怖活动开始增加。2015 年除西奈半岛外，发生的恐怖袭击事件有几个明显的特征，一个是在埃及的著名旅游景点频繁发生枪击和炸弹袭击，另一个是针对他国大使馆的袭击事件多发。

基于以上形势，在埃及的海外同胞需重点防范以下社会安全风险。一是社会骚乱。虽然 2015 年游行示威的规模小、次数少，但是每次都有冲突发生并造成人员死亡。示威和冲突可能在一些重要节假日、纪念日或敏感事件前后发生，地点主要集中在市中心的广场、政府、大学和清真寺。二是治安犯罪。2015 年针对外国人的绑架、抢劫事件时有发生。预计此类风险今后还将存在。三是恐怖袭击。埃及的极端组织针对军方据点、警察、公众场合的恐怖袭击事件将会持续，针对外国人和游客的恐怖袭击事件会明显增多。四是武装冲突。西奈半岛仍然是武装冲突的主战场，极端组织和"伊斯兰国"武装分子与埃及军队间的冲突仍将持续，而冲突的程度也将随着国际组织和"伊斯兰国"冲突的加剧而加深。

因此，在未来一个时期，埃及政府会致力于稳定政局，逐步恢复国民经济。由于中国公民在埃及活动较少，不太可能出现大规模政府层面的排华事件。埃及社会治安稳定，但在埃及的海外同胞还需防范一般性的犯罪和可能出现的武装暴力。

2. 利比亚

利比亚位于地中海南岸，与埃及、苏丹、乍得、尼日尔、阿尔及利亚和突尼斯相邻。第二次世界大战后，利比亚于 1951 年独立，建立了联邦制的利比亚联合王国，1963 年取消联邦制，改名利比亚王国。1969 年 9 月，以卡扎菲为首的"自由军官组织"发动政变，成立阿拉伯利比亚共和国，后改国名为阿拉伯利比亚人民社会主义民众国。2011 年，爆发反对卡扎菲的利比亚内战，卡扎菲政权倒台。2013 年 5 月，国名改为利比亚国，但此后仍然冲突不断。利比亚长期实行单一国有经济，依靠丰富的石油资源，曾一度富甲非洲，但由于局势动荡，石油出口一度停滞。

从 2014 年 7 月起，利比亚政治斗争上升为武装军事冲突，支持宗教势力和世俗势力的两派武装在首都的黎波里和班加西等地持续交战。8 月，宗教势力 "利比亚黎明" 攻占的黎波里，随后成立了利比亚国民议会和奥马尔·哈西领导的 "救国政府"。世俗势力主导的利比亚国民代表大会被迫迁往东部小城图卜鲁格，并成立临时政府。为了和平解决两派冲突，在联合国斡旋下，2016 年 1 月成立了利比亚民族团结联合政府。利比亚安全局势的另一个重大隐患是极端恐怖组织。2011 年利比亚内战时，许多宗教民兵甚至外国极端组织前来助战，并在此扎根。利比亚战争结束后，持续恶化的政治局势，又为恐怖组织发展壮大提供了发展良机，包括 "伊斯兰国" 比亚在内的大批极端组织或自建根据地，或与宗教派民兵武装联手，趁机在利境内扩展势力。

利比亚近年来一直武装冲突和恐怖袭击不断。仅在 2015 年就发生了多起暴恐事件。1 月 27 日，利比亚首都的黎波里一家豪华酒店遭到 "伊斯兰国" 极端组织的袭击，至少 9 人死亡，其中包括 5 名外国人。3 月 6 日，利比亚中部的加尼油田遭武装分子袭击，造成至少 11 名油田安保人员死亡，以及至少 7 名外国人被绑架。4 月，"伊斯兰国" 极端组织连续袭击了韩国、摩洛哥和西班牙驻利比亚大使馆，其中一起造成 2 名当地安保人员死亡。9 月 18 日，"伊斯兰国" 极端组织袭击了的黎波里空军基地内的一座监狱，并企图释放里面的囚犯，造成 3 名利比亚士兵死亡和 8 名武装分子死亡。

因此，在利比亚的海外同胞需关注以下两个方面带来的社会安全风险，另外，建议同胞尽量不要前往利比亚。一是武装冲突。利比亚世俗派与宗教势力争斗不休，2014 年 7 月，两派民兵武装在西部的的黎波里和东部的班加西爆发大规模、长时间的武装冲突，导致了大量平民伤亡和成千上万人逃离家园。虽然各方在摩洛哥签署了《利比亚政治协议》，但其约束力较弱，要彻底终止两派军事冲突还需时日。二是恐怖袭击。目前，利比亚已成为中东和北非的恐怖组织大本营，"伊斯兰国" 极端组织活动频繁，恐怖袭击风险极高。外国使馆和在利比亚的外国公民屡成袭击目标，而且使用"撕票"、砍头等残忍手段，不断制造血腥屠杀事件。

3. 阿尔及利亚

2013 年 1 月，因物价上涨等问题，阿尔及利亚数省居民社区发生骚乱，一些游行示威者与警方发生冲突。5 月 11 日，数千名警察进驻阿尔及利亚首都阿尔及尔，预防反对派计划掀起的反政府集会示威。阿尔及利亚国家变革与民主协调组织发起的集会要求立即解除现任总统的职权，并就高失业率和物价飞涨等问题向政府发难。阿尔及利亚社会稳定问题令人担忧。阿尔及利亚与中国有着正常的外交关系，在该国的华侨华人也较少，难以统计，历史上也没有报道过性质恶劣的涉侨突发事件。但是，阿尔及利亚国民经济增长缓慢，2015 年 GDP 增长率为 3.8%，通货膨胀严重，社会贫富差距不小，该国发展环境不稳定，令人担忧。

自布特弗利卡总统第四次连任执政以来，在周边国家安全局势不断恶化的情况下，阿尔及利亚安全部队加大了对边境的防御和监控力度，防止外部武装分子渗入，对本国内部"伊斯兰马格里布基地组织"的残余势力展开围追清剿。阿尔及利亚在老总统及其幕僚的强势掌控下，社会安全局势正逐渐趋于好转。为了国家的长治久安，布特弗利卡在获得连任后，对重要的安全机构人事安排进行重新洗牌，为总统的后继者铺平了道路。因此，从目前情形来看，在布特弗利卡执政期间，该国社会安全局势将不会有大的波动。

然而，在阿尔及利亚的海外同胞仍旧需要防范以下社会安全风险：一是恐怖袭击。阿尔及利亚邻国利比亚已经成了"伊斯兰国"势力发展的第二个战略中心，由于阿尔及利亚边界线漫长，南部沙漠地形复杂，东北部山区潜伏的"伊斯兰马格里布基地组织"残余势力还不断伺机壮大，活动频繁。武装分子渗透里外勾结进行武装袭击的可能性会增大，在阿尔及利亚的外国公司和外国人将是极端组织攻击的主要对象之一。二是治安犯罪。阿尔及利亚主要经济来源依靠油气出口，由于国际油价下跌，国家经济状况将面临前所未有严峻挑战，而且物价上涨和生活成本高、青年的失业率高涨、住房短缺等原因引发了不少社会问题。阿尔及利亚北部武装抢劫、盗窃、绑架、劫车、腐败等犯罪现象比往年有所增加，南部贩毒的情况也比较严重。三是暴力事件。由于保障性住房、政府职位或者待遇不公以及物价上涨等，各种游行抗议活动不断，包括航空公司在内的多家公司员工曾多次出现罢工事件。在罢工的过程中，部分人员为发泄不满情绪，借机闹事、打砸过往行人和车辆，经常造成平民的伤亡。

因此，在未来一个时期，政局不稳定的阿尔及利亚，因政治骚乱产生的一系列社会犯罪问题，势必波及在该国的海外同胞。这种政治骚乱一旦处理不当，很有可能引发国内战争，导致社会秩序混乱。所以，在阿尔及利亚的中国侨胞或海外流动人口需十分关注该国的政局问题，时刻注意防范大规模骚乱产生的侵犯行为。

4. 埃塞俄比亚

埃塞俄比亚与厄立特里亚的边境冲突于 2000 年结束后，又出兵索马里，发生边境争端。然而在经济上，埃塞俄比亚强调从本国国情出发，建立市场经济体制，实施以农业和农村为中心的经济发展战略，坚持国家引导经济发展，大力建设公路、水电等基础设施，使广大底层群众受益。近年来，西方国家加大了对埃塞俄比亚的援助力度。世界银行和国际货币基金组织等对埃塞俄比亚的经济改革基本持认可态度。当前，埃塞俄比亚是世界银行、欧盟等在非洲的最大受援国。中国政府也对埃塞俄比亚有着大量的援助，与埃塞俄比亚政府也有着良好的外交关系。正是因为受到国际社会的支持，2015 年埃塞俄比亚 GDP 增长率较高，达到 9.6%，位于非洲国家前列。此前近 10 年的新闻报道中，没有提及埃塞俄比亚的涉侨突发事件，也没有中国侨胞或海外流动人口统计资料。

埃塞俄比亚政治局势总体稳定，但仍存隐忧。经济基础薄弱，作为全球最不发达的国家之一，埃塞俄比亚经济发展中存在不少问题：生产效率低下，生产技术落后，特别是农业不发达，靠天吃饭；失业率居高不下，民众收入微薄；政府财政困难，民怨沸腾，因此造成国内社会形势不稳定，抢劫、偷盗和各种刑事犯罪频发。埃塞俄比亚与厄立特里亚关系紧张，目前双方在各自的边境地区部署大量军队，处于敌对状态。欧加登地区一直是威胁埃塞俄比亚政治经济局势稳定的重大隐患，索马里与埃塞俄比亚双方为争夺欧加登地区的控制权不断发生冲突。在欧加登地区发现石油以后，局势更加混乱不堪，反政府武装"欧加登民族解放阵线"在该地区频繁制造恐怖事件。

在埃塞俄比亚的海外同胞需重点防范以下社会安全风险。一是恐怖袭击。埃塞俄比亚与索马里之间多次发生战争，索马里南部一直是埃塞俄比亚反政府武装的活动基地。埃塞俄比亚指责索马里教派武装为从事分裂活动的两大反政府武装组织提供庇护，以及帮助其向埃塞俄比亚境内渗透。埃塞俄比亚是"索马里青年党"发动恐怖袭击，实施报复的国家之一。二是社会动乱。部族之间矛盾重重，国内政治派别林立，民众经常受到政治势力的操控和利用，发生游行示威等活动，在游行活动中经常发生打砸抢事件，以及与警方发生严重冲突的事件。三是治安犯罪。经济落后，民众生活水平极其低下，导致社会局势不稳，偷盗、抢劫屡禁不止，特别是针对外国人以勒索赎金为目的的绑架和其他形式的刑事犯罪，成为重大的社会安全隐患。

因此，在未来一段时期，埃塞俄比亚只要不发生国家之间的战争，没有战火燃烧到埃塞俄比亚境内，那么就不太可能出现大规模地危害中国同胞的事件。但是，边境摩擦始终是一把悬在头上的剑，影响着埃塞俄比亚国内的稳定。除此之外，埃塞俄比亚国内局势比较稳定，处于国家发展期，但社会犯罪问题也在所难免。中国侨胞或海外流动人口应该加强自身安全保护，提高安全意识，制定紧急突发事件预案，做好战争爆发后的撤离工作。

5. 安哥拉

2012 年 4 月 24 日，安哥拉外交部部长在罗安达发表声明：安哥拉经济复苏和安哥拉局势的稳定是众多非洲国家中一个鼓舞人心的例子。其实，在此之前，安哥拉一直处于内部斗争和动乱之中，贫富差距巨大，执政党腐败问题突出。由于人民迫切需要国家稳定发展，安哥拉目前处于一个相对稳定的环境。安哥拉与中国有较好的外交关系，该国政府也重视对中国公民的保护，中国政府在安哥拉的投资建设也做出了突出成绩，促进了安哥拉国家发展。中安贸易很少，主要是中国援助性的支持。安哥拉经济发展不稳定，2015 年 GDP 增长率为 3.0%。基尼系数超过社会贫富差距 0.4 的警戒线。在新闻报道材料中，安哥接没有发生涉侨突发事件，但是，这并不意味着安哥拉没有类似事件发生或环境绝对安全。

2012 年 8 月 31 日，安哥拉举行修宪后的首次总统和议会选举，多斯桑托斯连任总统，政局基本稳定。目前安哥拉主要存在以下问题：一是经济形势不容乐观。高失业率和高物价使老百姓怨声载道。一批公司停工，大量工人失业。社会局势动荡不安，犯罪率居高不下。二是由于内战，仍有大量的枪支残留在民间。首都罗安达恶性犯罪频发，针对外籍人士特别是中国人的抢劫、绑架、敲诈勒索等案件频繁发生。三是反政府武装"卡宾达飞地解放阵线"的势力虽有所削弱，但寻求卡宾达独立自治的坚定信念一直未变。由于经济萧条，越来越多的人加入反政府行列中。如果形势进一步恶化，有可能爆发推翻现政府的武装暴动，导致内战爆发。

因此，在安哥拉的海外同胞需重点防范以下社会安全风险：一是治安犯罪。由于油价低迷，经济状况恶化，武装绑架和抢劫盛行，且大多发生在光天化日之下。当地针对中国公民的抢劫、绑架、敲诈勒索、拐骗妇女、强迫卖淫等犯罪案件不断发生，犯罪嫌疑人中不乏华人黑帮团伙，而且当地警方的破案工作效率十分低下，甚至参与了某些针对华人的犯罪活动。二是社会动乱。首都罗安达政治局势较稳定，但是经常有反对党组织的各种游行示威活动，不排除大规模骚乱或流血事件的发生。三是武装袭击。卡宾达省游离于安哥拉本土之外，是反政府武装"卡宾达飞地解放阵线"一直企图占领的地区。虽然政府投入了大量的兵力，力图稳定该地区的安全形势，但"卡宾达飞地解放阵线"一直暗中积蓄力量，试图通过制造武装偷袭、伏击、绑架外国公民等形式来制造国际影响，向政府施压。四是排华情绪。近年来，到安哥拉务工的中国建筑工人大多通过非法中介来做"黑工"，导致安哥拉当地人对华人的整体印象不好，一方面是生活习惯和文化的差异，另一方面是他们认为过多的中国人提高了当地人的失业率。另外，移民局和警察把检查中国人证件作为敛财的一种手段，中方人员被刁难、扣留、敲诈的事件经常发生。

因此，在未来一个时期，安哥拉将致力于发展国家经济，但是，内部矛盾斗争的老问题没有得到实质上的解决。在未来几年的国家恢复期中，由政府层面产生的大规模涉侨突发事件不可能发生，内部战争发生的可能性也不大。如果不满的群众能够考虑安哥拉发展大局，积极与安哥拉政府合作，不太可能出现武装暴力的恶性犯罪事件。不过，如上一些安全风险问题，值得在安哥拉的海外同胞重视，抢劫、绑架、勒索等较为严重的一般犯罪突发事件在所难免。

6. 苏丹

苏丹是联合国宣布的世界最不发达国家之一，经济结构单一，基础薄弱，工业落后，对自然环境及外援依赖性强，2015 年的 GDP 增长率是 4.9%。苏丹也是目前政局十分不稳定的国家之一，苏丹和南苏丹的斗争和战争一直没有停歇过，反政府武装组织活动猖獗，政府管理显得十分不力。中国政府与苏丹政府有着良好的外交关系，也一直支持苏丹国家建设，苏丹人民对中国人显得十分友好。但是，正是因为中国在苏丹的影响力，中国公民成为苏丹反政府武装组织要挟苏丹政府的重要筹码，有针对性的恶性武装暴力事件频发，严重威胁着在该国的中国公民的安全。

当前苏丹政府、反对党和反政府武装之间的对话没有取得任何实质性进展。在达尔富尔、南科尔多凡、青尼罗河州及阿卜耶伊地区，政府军与反政府军之间的武装冲突在短时间内不会有所缓和。苏丹与南苏丹、埃及及埃塞俄比亚等邻国边境也日益成为各方反政府武装角逐的焦点。"伊斯兰国"极端组织不断强化世界范围内的袭击力度，不排除苏丹境内人员集聚、知名场所或油区周边遭袭的风险。油区范围内流散武器泛滥，罢工、抢劫、盗窃及蓄意破坏等安保事件一直严重影响作业现场的安全生产。

基于这些问题，在苏丹的海外同胞需要防范以下风险：一是武装冲突。在达尔富尔、南科尔多凡、青尼罗河州及阿卜耶伊地区，苏丹政府军、"苏丹人民解放运动北方局"、部落武装、其他反政府武装之间的冲突可能影响到油田现场的临近区域，从而造成人员伤害和财产损失。二是治安犯罪。油价低迷、经济制裁使苏丹国内物价飞涨，货币贬值，如政府取消食品和燃料的补贴，将加剧苏丹民众的生活困苦，罢工、示威及游行活动将更为频繁。三是油区绑架及袭击。油区范围内流散武器泛滥严重，作业现场周边区域多与达尔富尔冲突区域比邻，油区内牧民分布广泛且流动频繁，罢工、绑架、抢劫、盗窃及蓄意破坏等安保事件对作业现场人员和财产安全构成严重威胁。

因此，在未来一个时期，苏丹政府仍然面临许多悬而未决的问题，中国公民可能成为博弈的牺牲品。中国公民要尽量减少以苏丹为目的地的出行。在对苏丹援助建设的中国务工人员要特别注意安全意识的提高，时刻与苏丹政府和中国大使馆保持紧密联系。不稳定的苏丹极有可能再次发生劫持中国公民的严重武装暴力事件，甚至再一次爆发国内战争，波及中国公民。中国政府也应该做好在苏丹中国公民的撤侨预案，一旦重大突发事件发生，应立刻撤侨。对于中资企业，特别要注意安全环境的监测与分析、营地和旅途的安全保护、突发事件的应对，并保证应急预案的及时有效。

7. 南苏丹

南苏丹曾经是原苏丹共和国的一部分。苏丹南部各政党领导人 2011 年 2 月 16 日一致同意，把即将在苏丹南部地区创建的国家命名为"南苏丹共和国"。在苏丹南部地区 2011 年 1 月举行的公民投票中，绝大多数选民赞成南部地区从苏丹分离。南苏丹地处内陆，经长期战乱，是世界上最不发达的地区之一。南方经济落后，基础设施缺乏，人民普遍贫困，商品基本上依赖进口，在 28 年的战争中，大型工厂普遍被破坏，导致物价极高，至 2011 年 8 月中旬，取代莫桑比克，南苏丹成为世界最穷的联合国会员国。南苏丹自然资源丰富，石油储量较大；土地肥沃，河流纵横，农林渔牧具有较大发展潜力，但是因为战乱，2015 年的 GDP 增长率是 −6.3%。

南苏丹冲突双方自 2015 年 8 月签订和平协议以来，在国际社会的推动下，协议的实施取得一定进展，但关键条款的执行仍存在诸多争议，特别是在政府权力分配方面冲突双方分歧很大，基尔总统单方面增设行政区域并自行委任州长的行为，不仅严重违反和平协议，更遭到反对派的强烈抵制，双方武装冲突不断，加之经济形势日益恶化，朱巴等地的社会治安事件激增，南苏丹局势短期内难以根本好转。

在南苏丹的海外同胞需要特别关注这些社会安全风险：一是政局动荡引发武装冲突。南苏丹冲突各方虽然已经签署了和平协议，并在逐步落实，但能否实现真正的和平还是一个未知数。如果过渡政府不能组建成功，或双方再次打破停火协议，东非政府间发展组织（Inter‑Governmental Authority on Development，IGAD）、国际社会和南苏丹的居民近两年的努力将会付之东流。例如，南苏丹民族团结过渡政府虽然能够顺利组建成立，过渡政府将采取何种手段来处理"弓箭男孩"和"南苏丹武装部队"同样是未知数。二是治安犯罪。2015 年以来，南苏丹各类社会治安事件频发，其中抢劫、偷盗等治安事件呈高发状态，枪械泛滥，加之经济衰退，物价上涨以及政府军撤出朱巴等因素，导致武装抢劫事件急剧增加。2015 年，朱巴地区共发生治安事件等 140 余起，其中针对中资机构的盗抢事件达 10 起，针对非政府组织的盗抢事件多达数十起。三是恐怖袭击。"伊斯兰国"、"索马里青年党"、"乌干达圣灵军"等国际恐怖组织不断强化世界范围的袭击力度，如巴黎枪击爆炸事件及马里酒店恐怖袭击事件，以及派出人员穿越南苏丹向苏丹境内聚集，不能排除在南苏丹的知名场所或油田周边遭袭击。同时，南苏丹与苏丹、埃塞俄比亚、乌干达等邻国边境逐渐成为涉恐涉暴分子角逐的战场。四是油区遭袭。油区范围内流散武器泛滥严重，37 区油田毗邻上尼罗州希鲁克地区，124 号油田周边武装反对派和部落冲突严峻，在南苏丹出现大的政治拐点时，可能在上述区域发生针对油田的袭击行为。

8. 索马里

索马里恶性安保事件频发。例如，2015 年 2 月 20 日的安保事件，"索马里青年党"在索马里首都摩加迪沙中央酒店发动自杀式袭击，造成 28 人丧生，54 人受伤，死伤者中包括国会议员和政府官员。6 月 24 日 "索马里青年党"在索马里首都摩加迪沙袭击了一支阿联酋外交官车队，造成 14 人死亡。6 月 27 日 "索马里青年党"袭击非洲联盟驻索马里特派团，造成几十名布隆迪维和人员死亡。7 月 26 日，首都摩加迪沙"半岛皇宫"酒店遭到自杀式汽车炸弹袭击，造成 15 人死亡、多人受伤，其中包括 1 名中国安保人员身亡、3 名外交人员受伤。9 月 1 日，"索马里青年党"武装分子袭击了非盟位于首都摩加迪沙南部 90 千米处的基地，数十名维和士兵在此次袭击中丧生。

自 2012 年新政府上台，索马里在政治、经济、安全方面都取得了一定程度上的进步，世界各国的大使馆相继在索马里复馆，航空运输情况好转。索马里"和平路线图"的各项准备工作正有序地进行。按照计划，2012～2016 年，政府应当努力确保和平，制定宪法，建立多党制政治制度并举行民主选举。

鉴于索马里这样危险的形势，海外同胞应当防范以下社会安全风险：一是恐怖袭击。"索马里青年党"不断在索马里及邻国发动恐怖袭击，阻挠索马里建立国家政体，走民主化的道路。目前"索马里青年党"流窜在索马里中部、南部的农村地带。恐怖分子寻找时机袭击旅馆、官邸和民宅等，制造恐慌。二是绑架劫持。包括"索马里青年党"在内的恐怖组织和反政府组织都非常有可能针对外国公民进行绑架，索要高额赎金。三是治安犯罪。索马里武器泛滥，常年的战乱，国家贫穷、失业率高，迫使不少青年人铤而走险，各种治安犯罪率居高不下。四是海盗袭击。近年来，途经亚丁湾、索马里海域的船舶频繁遭到海盗袭击或劫持，索马里海盗已经成为一大国际公害。各国动用海军给商业船只保驾护航，持续加强海上防卫力量，对海盗形成了巨大震慑，航船也更为警觉，海盗袭击次数骤减。五是难民危机。由于难民不断增加，粮食价格飙升，过度的通货膨胀和干旱等自然灾害更加剧了国内危机。国内频繁的暴力活动和针对联合国工作人员及援助机构人员的袭击事件使联合国等机构的人道主义努力无法实施，国际援助机构大多已撤离索马里。

9. 南非

南非是经济发展水平较高的非洲国家，盛产钻石和黄金。南非也是多民族国家，前总统曼德拉废除种族隔离制度以后，大都市内没有职业的贫困层，但从周边各国大量流入的不法移民使犯罪率急剧上升，各种犯罪报告在不断增加。近些年来，南非国民经济发展比较缓慢，2015 年 GDP 增长率为 1.3%，社会贫富差距巨大，基尼系数在 0.6 以上，社会犯罪活动频繁。南非政局也不是十分稳定，游行冲突频发。在南非的华侨华人也占了较大比例，约占总人口的 0.2%。南非与中国有着良好的合作关系，双边贸易情况良好。由于南非社会治安问题突出，针对南非的华侨华人的武装暴力、一般犯罪、种族排斥等突发事件频繁发生。据南非官方统计，仅 2012 年，涉及针对中国人的犯罪事件，南非就发生上百起。2015 年 4 月 16 日，南非时任总统雅各布·祖马与非盟主席德拉米妮·祖马分别发表声明，谴责发生在夸祖鲁—纳塔尔省和约翰内斯堡等地的排外骚乱，要求各方保持冷静和克制。截至 4 月 18 日，已经有 5 人在暴力事件中丧生，数十人受伤，数百家外国人商店被打砸哄抢，数千名外国人流离失所。

"彩虹之国"南非总人口 5652 万，非洲人种约占 80%。白人统治下的南非曾跻身发达国家之列，但终因种族隔离招致国际制裁，大量白人精英移居海外。1994 年首任黑人总统纳尔逊·曼德拉上台后，长期领导黑人反抗种族压迫的南非非洲人国民大会（African National Congress，ANC）并使其成为执政党。党内领袖人物曼德拉、姆贝基、祖马等历任南非总统，多党民主制的南非实质上形成"一党专政"格局。但由于经济发展不力，腐败问题滋生，近年来反对党的崛起正在挑战南非非洲人国民大会的地位。由于失业人口极多、贫富悬殊、持枪合法、死刑废除等，凶杀、抢劫、强奸等犯罪频发，治安形势严峻。据国际刑警组织统计，南非是世界上高犯罪率的国家之一，各种刑事犯罪成为该国最突出的社会问题。犯罪总量高，治安形势严峻。据南非警察总局公布，2015 年未发生重大恐怖袭击案件，但针对中国企业和公民的盗窃、抢劫以及人身伤害事件较多，大多数案件尚未侦破。南非居民可以合法持有枪支。据南非警方估计，散落在南非民间的非法枪支有数百万支。由于缺乏死刑威慑，犯罪分子持枪作案，无所顾忌。

我国在南非的海外同胞必须防范社会安全风险。南非目前的社会治安正朝着越来越好的方向发展，南非政府对社会治安问题一直都是十分关注的，并且在积极改善治安环境。南非治安问题的首要原因是社会财富分配不平均，当然这里面有许多历史遗留问题，如早期的种族隔离制度，以及南非黑人的受教育比例等问题。其次，是南非的特殊地理位置，以及发达的经济环境，使周边国家偷渡到南非的非法移民很多，这些人对南非的社会治安是有一定影响的。众所周知，南非是一个金融业非常发达的国家，在南非生活，消费十分方便，基本上都是采用信用卡、电子转账、支票消费。但部分中国商人（尤其是非法偷渡的华人），由于身份和语言问题，无法享用发达的金融服务，随身携带大量现金，这让很多当地不法分子有可乘之机，所以很多犯罪案件都是针对中国人的。当然这里还有很多其他原因，如当地一些华人素质不高，寻衅滋事，还有一些华商相互之间恶性竞争、财务纠纷引发的争端。外派人员赴南非需留意安全风险，切实增强自我保护意识，不为犯罪分子提供可乘之机，如不在店铺、家中存放或随身携带大量现金，在银行办理业务时及途中注意安全。遇紧急情况及时报警并与中国驻南非使领馆联系寻求帮助。

总之，在未来一个时期，由于严重的社会贫富差距与种族排斥思想的影响，南非社会治安情况依然十分令人担心。虽然南非政府做出诸多努力，避免社会犯罪，但是，庞大的社会底层民众的不满，加大了他们犯罪的可能性。性质严重的一般犯罪、种族排斥、武装暴力，将较频繁地发生。在南非的中国侨胞或海外中国流动人口的生存环境，势必受到南非国内治安和社会结构的影响。

10. 尼日利亚

尼日利亚是非洲第一人口大国，总人口 1.73 亿，占非洲总人口的

16%，也是非洲第一大经济体。2015 年，尼日利亚 GDP 为 4620 亿美元，GDP 增长率为 2.7%。尼日利亚也是非洲能源资源大国，是非洲第一大石油生产和出口大国。截至 2014 年，尼日利亚已探明石油储量居非洲第二、世界第十；已探明天然气储量居非洲第一、世界第八；已探明 76 种矿产中有 34 种具备商业开采价值。尼日利亚政局基本保持稳定，自实行民选政治以来，社会发展总体平稳。但随着国内种族和宗教冲突日益激烈，恐怖活动愈加频繁，尼日利亚面临的安全风险不断升高。

2015 年，随着布哈里当选总统，尼日利亚国内政治局势逐渐平缓，趋于稳定。此次总统大选堪称尼日利亚进入民主大选时期后首次顺利进行的政权交接，具有历史意义。新政府执政后，首要任务之一就是重点打击猖獗的"博科圣地"恐怖组织，且频频出重拳，有效遏制了恐怖组织的猖獗行为。但是，政府的高压态势和较大范围的围剿，也引发了该组织的疯狂反扑。2015 年，"博科圣地"恐怖组织在北部地区频频制造恐怖事件，造成上千人死伤，对该地区以至全国的安全造成了更多不确定的风险。

在尼日利亚的海外同胞需重点关注以下三方面的社会安全风险：一是恐怖袭击。"博科圣地"袭击集中在政府安保难以覆盖的偏远村庄，以及人员比较密集的市场、清真寺场所等，袭击目标针对当地居民、外国人及政府官员，手段以自杀袭击、武装袭击为主。二是治安犯罪。社会治安状况普遍较差，武装抢劫、盗窃、绑架等犯罪猖獗，尤其是南部尼日尔河三角洲地区是武装分子的聚居地，绑架外国人质事件非常频繁。受油价暴跌影响，其货币大幅贬值，失业率飙升，很多失业青年为了谋生被迫犯罪，更加恶化了当地社会治安环境。三是宗教冲突。北部的穆斯林和南部的基督教徒长期以来冲突不断，尤其是在两者混居地区，经常出现暴力冲突事件。

11. 马达加斯加

马达加斯加是一个政局十分不稳定的国家，反对派武装组织一直与政府有着多年的斗争。马达加斯加是世界上最不发达的国家之一。拉瓦卢马纳纳 2002 年执政后，曾提出"持续、快速"发展经济的口号，赢得了一定的口碑。但他执政以来，民众生活并没有多大改善，这引起民众抱怨。2009 年，马达加斯加前总统拉瓦卢马纳纳的支持者 3 月 25 日举行大规模抗议活动，要求过渡政府尊重宪法，恢复法制和议会两院正常运转，并声称将抗议至过渡政府总统拉乔利纳下台。近些年来，马达加斯加政局稍微稳定，但国民经济发展十分缓慢，2015 年 GDP 增长率才 3.05%。马达加斯加与中国有着正常的外交关系，但贸易依存度低。马达加斯加国内贫富差距十分突出，基尼系数超过 0.4 的国际贫富差距警戒线，社会极不稳定。在该国华侨华人主要以经商为主，占总人口的 0.14%。在新闻案例中，没有马达加斯加涉侨突发事件的报道，但是，马达加斯加基础设施落后，信息闭塞，不一定没有此类事件。

原定于 2013 年 5 月举行的大选被几次推迟后，最终在 12 月进行了总统选举投票，这是该国爆发政治危机以来的首次大选。2014 年 1 月 17 日特别选举法庭裁定，埃里·拉乔纳里曼皮亚尼纳当选新总统。2015 年 5 月 27 日，马达加斯加议会凌晨投票通过一项议案，以涉嫌违反宪法和失职为由弹劾现总统。此项议案最终被最高法院驳回，但政府与议会之间的矛盾和争斗仍在，未来的政治走向仍存在变数。

在该国的海外同胞需重点关注以下社会安全风险：一是治安犯罪。政府允许民众持有枪械，尤其在边远落后地区的社区都有自己的枪支。一旦与当地人发生摩擦，或者在招工问题等社区利益分配不均时受到施工阻挠、拦截甚至威胁、袭击等事件随时可能发生。二是社会动乱。近年来马达加斯加经常出现学生、失业游民组织的游行示威活动，游行示威会导致交通堵塞、治安混乱、民众情绪失控等负面影响。

在未来一个时期，马达加斯加政局稳定性还有待考察，反对派执政后，支持原政府的派系必然会不停歇地开展斗争，国民经济发展缓慢，社会问题突出。贫困让人们丧失理智，社会犯罪和混乱必将威胁着华侨华人，甚至很可能为了获得政权而采取他国协助的方式。这样看来，中国人被挟持的可能性较高。总之，在马达加斯加的海外同胞，面对该国的动乱和不稳定局势，应该倍加注意。

12. 肯尼亚

肯尼亚位于非洲东部，赤道横贯中部，东非大裂谷纵贯南北。肯尼亚是人类发源地之一，境内曾出土 250 万年前的人类头盖骨化石。2017 年 10 月，肯尼亚举行大选，"朱比利联盟"候选人肯雅塔击败"改革与民主联盟"候选人奥廷加，再次当选肯尼亚总统。11 月 28 日，肯雅塔宣誓就职。肯尼亚是撒哈拉以南非洲经济基础较好的国家之一，2015 年的 GDP 增长率为5.6%。从当前的形势分析，肯尼亚政治形势将继续保持稳定。肯尼亚所面临的安全形势主要有三方面：一是恐怖主义依然是主要的安全隐患。2015年以来，"索马里青年党"利用肯尼亚东北部和沿海省份民众对经济和社会的不满情绪，在当地招募成员，这使肯尼亚的反恐形势变得更为严峻。二是世界经济增长的放缓同样也影响了肯尼亚经济的增长，加之北部地区干旱和国内失业率居高不下，社会治安有所恶化，特别是在内罗毕、蒙巴萨等大城市。三是宗教矛盾存在激化的风险。肯尼亚国内10%的人口信奉伊斯兰教，2015年以来政府针对伊斯兰极端组织的打击短期内颇有成效，但从长期来看，其粗暴的方式和不加区分的反恐行为也影响到了穆斯林居民的正常生活。

在肯尼亚的海外同胞需重点关注以下社会安全风险：一是恐怖袭击。"索马里青年党"在肯尼亚境内实施的恐怖袭击事件可能会通过袭击外国人来提升震慑力并扩大国际影响。二是治安犯罪。越来越大的经济压力及疲弱的治安力量，导致以谋财为目的的武装抢劫、爆炸、绑架等犯罪活动时有发生。三是社会骚乱。肯尼亚由40多个部族组成，各部族之间，不同教派之间都会经常发生争斗，主要表现为阻挠交通，互相大规模对峙、小规模流血事件和各党派间利益斗争引发的社会骚乱事件。

13. 坦桑尼亚

坦桑尼亚是英联邦国家，一党制执政，绝大多数民众信奉基督教。坦桑尼亚的政局，在东非国家中可以说是最好的。坦桑尼亚的经济增长一直维持高速，作为东非国家的表率，2015年GDP增长率高达7.0%。但坦桑尼亚的经济增长未能根除贫穷，仍有1/3的人口生活在贫困线以下，其基尼系数在国际贫富差距警戒线左右，社会不稳定的潜在因素有很多。坦桑尼亚与中国政府有着良好的合作关系，中国政府对坦桑尼亚有着大量的援助，许多中国大型企业在坦桑尼亚建有办事处，在坦桑尼亚务工的中国公民是一个不可忽视的群体。历史上，涉侨突发事件新闻报道很少，不常见。

据判断，在未来一个时期，坦桑尼亚重视经济发展、基础设施建设，需要他国大力援助，政府层面的排华行为发生的可能性非常小。但是，与其他大多数国家一样，经济发展带来的社会问题也是难以避免的，一般犯罪率会伴随着经济分配的不合理而逐步上升。另外，要特别注意的是，虽然坦桑尼亚人民对中国人十分友好，但在坦桑尼亚的华侨华人不能因援助搞特权，特别是变相盘剥当地的经济利益，否则，友谊会转变成为仇恨，引发排华风险。

14. 莫桑比克

莫桑比克经济发展保持着不低的增长速度，2015 年的 GDP 增长率为 6.6%，贫富差距不小，基尼系数在国际警戒线以上。1975 年 6 月 25 日莫桑比克同中国建立外交关系。建交以来，两国关系发展顺利。中莫两国签有贸易协定和投资保护协定。2001 年，中莫成立经贸联委会。中方已在中非合作论坛框架下免除莫桑比克截至 2005 年底对华到期债务共计 2.94 亿元人民币。

莫桑比克政局长期由莫桑比克解放阵线执政，虽然与反对党莫桑比克全国抵抗运动（Renamo，简称"抵运"）于 2013 年 8 月签署停火及结束敌对状态协议，但斗争依然激烈。2015 年，"抵运"在舆论上和行动上都有不同的动作，在新总统就职前后，多次公开演讲要在中北部建立自己的自治政府。执政党在 2015 年 10 月企图强行收缴反对党的武器枪支，但遭到了激烈的反抗。随着执政党的支持率下降，反对派"抵运"的支持率大幅上升，甚至在中北部几个省的支持率已超过执政党，这些为国家不稳定和两派激烈斗争埋下了隐患。

由于政局不稳定，安全事件不少，仅 2015 年就发生过 8 次大的安保事件，其中涉及我国海外同胞的就占 5 起。2015 年 3 月 25 日凌晨，在彭巴市区，一伙持刀歹徒闯进了一家中国人租住的独栋别墅，强行抢走了他们的电视机、4 部手机等物品；5 月 27 日凌晨，中资企业位于莫桑比克克利马内矿区营地遭武装抢劫，人员被打，致一死两伤；5 月 28 日，中资企业位于马普托海边处办事处大院遭一伙歹徒开枪袭击，中方数人被打伤，财物被抢走；11 月 18 日晚，一个在德尔加杜首府彭巴市区从事海鲜收购生意的中国香港商人住地，遭到 7 名劫匪持枪入室抢劫，劫匪抢走大量现金和手机等贵重物品；12 月 7 日，中国路桥公司数百名当地员工举行罢工（该年度已经有过几次罢工），围堵路桥公司办公室，对中国企业造成了不小的冲击。

在莫桑比克的海外同胞需重点关注以下三类社会安全风险：一是暴力事件。工矿企业和反对党组织的游行示威或者罢工活动，可能造成流血冲突。二是治安犯罪。当地武装抢劫、盗窃、绑架、劫车、暗杀、腐败等犯罪猖獗，尤其是在马普托、贝拉、纳卡拉及彭巴等地区最为严重，在夜间外出或街上步行被袭击的风险很大。三是恐怖袭击。2015 年以来，针对车队和反对派领导人的袭击有所发生，袭击造成大量人员伤亡和财产损失。

15. 毛里求斯

毛里求斯是非洲东部的一个岛国，位于印度洋西南，人口约 120 万，其中华裔占 2.9%，是一个不可忽视的族群。自 2011 年 7 月 26 日毛里求斯政府内的六位社阵党成员集体辞职之后，毛里求斯政界曾出现了一定的波动，但还算不上政治危机。从 2010 年 7 月到 2011 年 7 月的 12 个月期间，毛里求斯的通货膨胀率提高到了 6.6%。2011 年 7 月的平均通货膨胀率就高达 5.5%，而 2011 年 6 月平均通货膨胀率为 5.1%，尽管各方人士仍乐观地估计毛里求斯 2015 年的 GDP 年增长率达 3.5%，但是，在全球经济不景气的大环境下，还是无法让进口依赖性过重的岛国经济达到 2008 年以前的乐观水平。毛里求斯与中国的贸易频繁，与中国政府有着良好的外交关系。

因此，未来一个时期，毛里求斯不太可能发生政府层面的排华行为，但是，由于近些年来金融危机的冲击，国家经济发展放缓，难免会出现相关社会问题。再加上毛里求斯是一个多族群国家，在长期的发展过程中，族群之间的关系也处于稳定和谐状态，也不太可能发生大规模的内乱。另外，发生犯罪的概率也不容忽视。所以，在毛里求斯的中国侨胞或海外中国流动人口应该特别注意防范社会一般性犯罪。

16. 加纳

加纳政局稳定，经济方针执行有力，逐渐成为 17 个撒哈拉以南非洲地区腾飞的经济体之一和世界上经济增速最快的国家之一，但是近年增速放缓，2015 年的 GDP 增长率为 3.9%。随着经济的发展，加纳社会贫富差距问题也日益凸显，其基尼系数接近国际警戒线。近年来，加纳高度重视基础设施建设，中国水电、华为和中兴等中国企业为加纳近几年的基础建设提供了非常大的帮助。加纳与中国有着良好的合作互惠关系。中国人在加纳掀起一股淘金热，据报道，到加纳淘金的中国人有上万人。但是，正是因为中国淘金者违法淘金问题，加纳警方暴力执法，引发了性质严重的突发事件。

因此，在未来，由于加纳经济发展正处于一个高速增长期，经济发展远快于社会发展，其社会问题将日益突出，法制不完善，社会犯罪频发，必将影响海外同胞的安全问题。在加纳的海外同胞应该高度重视自身行为，尊重当地人利益，注重当地环境的保护。如果不注意此问题，加纳将会再一次发生针对中国人的、政府默许的暴力执法事件。武装暴力与社会犯罪将影响中国公民在加纳的正常生活与生产。

17. 留尼汪

留尼汪作为法国殖民地演变而来的海外省，财政主要依靠法国补贴，居民包括非洲人、欧洲人、印度人和华人。官方语言是法语。94%的居民信奉天主教，少数人信仰伊斯兰教、印度教、佛教。其中，华人占留尼汪总人口的3.6%。由于留尼汪是法属领地，没有外交权，但其社会治安相对其他国家较好。加上是一个宗教岛，教派不多，以天主教为主，促使社会更加稳定。在新闻报道中，也未出现该岛的涉侨突发事件。

在未来一段时期，留尼汪岛大力发展旅游，中国公民要注意旅游安全和一些难以避免的一般犯罪事件。

三　拉丁美洲地区

拉丁美洲的绝大多数国家和中国情况相似，都是发展中国家，社会发展也处于一个转型期。由于国家发展背景类似，以及政治目标没有冲突，拉丁美洲地区的整体安全形势比世界其他地区更为稳定，但是治安犯罪等安全问题却十分突出。石油价格持续下跌，也使拉丁美洲经济面临严峻挑战。除了一些国家的政局不稳定以外，社会贫富差距成为困扰拉丁美洲国家的主要问题。在未来一个时期，拉丁美洲国家不太可能出现政府层面的排华运动，但是巨大的社会贫富差距必然会引起严重的社会治安问题，但政府管理能力非常有限，抢劫、要挟、绑架、勒索等社会犯罪事件频发，成为涉侨突发事件的主要类型。虽然这些事件不是针对华侨华人而产生的，但随着华侨华人在拉丁美洲的经济影响力和移民人口逐渐上升，这些事件波及他们的频率也会越来越高。墨西哥、巴西、阿根廷等国家的贫富差距已经严重地阻碍了国家的发展。同时，还必须注意到在拉丁美洲的华人犯罪团伙的活动。这些团伙在拉丁美洲地区参与洗钱、人口贩卖和毒品交易活动，并对当地的华人社区进行敲诈勒索。据阿根廷《国家报》2016年6月13日报道，阿根廷安全部在联邦警局召开的记者发布会上宣布，中国特派警员和阿根廷联邦警察合力捣毁阿根廷最大的华人黑帮组织"貔貅"，并逮捕40人。在这次行动中，阿根廷警员在阿根廷22处地点开展了打击黑帮行动，缴获了14支手枪、14.9万比索、3700美元和4辆轿车以及毒品。

1. 墨西哥

墨西哥在20世纪80年代初陷入20世纪最严重的经济危机，但国内没有发生重大的社会动乱。然而，墨西哥面临最大的问题就是国内活动猖獗的贩毒集团。一些黑社会组织的犯罪活动十分频繁，如绑架、爆炸、挟持等，甚至有执法人员的参与，更是引起人民的怒火。一个反暴力组织指出，墨西哥是全世界发生绑架案最多的国家之一，而且问题越来越严重。2008年，绑架活动上升9.1%，全国平均每月有65起绑架案。不过，由于许多人因害怕警察没有报案，因此实际情况可能更糟；据犯罪问题公民组织估计，墨西哥每月的绑架案超过500宗。墨西哥总检察署指出，毒枭集团的势力范围扩大，还有警员、前警员及线人与他们同流合污，协助罪犯指出可能的绑票目标。[①]

由于欧债危机的冲击和近邻美国经济的不确定性直接影响着墨西哥经济的发展，2015年墨西哥的GDP增长率为2.5%，基尼系数为0.48，国内贫富差距也很大，超过了国际警戒线，这些都是墨西哥治安问题严重的重要原因。未来如果经济仍旧没有起色，人民的生活水平得不到改善，执政党官员贪腐受贿、与毒品集团狼狈为奸，那么执政党的基础也将会动摇。尽管前总统培尼亚信誓旦旦地说将根治腐败，但真正做到是不容易的。对于政府打击组织犯罪情况，有58%的受调查民众认为政府表现不力，只有21%的人表示认可。在墨西哥，谋杀率虽有所下降，但绑架和勒索事件的发案率却出现了上升，使许多民众每天都生活在恐惧之中，而墨西哥曾经发生过的性质较为恶劣的涉侨突发事件，也同样令我国海外同胞担心。

鉴于墨西哥的安全情况不容乐观，海外同胞在那里需重点防范以下社

---

① 《墨西哥绑票活动猖獗，警员毒贩同流合污现象严重》，详见 http://news.sohu.com/20080822/n259109837.shtml。

会安全风险：一是绑架劫持。2015 年墨西哥绑架事件发生率居全球第一。绑架劫持也是墨西哥贩毒集团的主要犯罪活动之一，其目的一方面是勒索金钱，另一方面是扩大在所控制区域的势力。二是治安犯罪。近年来随着中国对墨西哥的投资业务增加，中国企业在墨西哥也不断增加，由于文化、生活习惯的差异以及"露富"等不良习惯，针对中方企业和公民的抢劫、入室盗窃等恶性犯罪事件呈上升趋势。三是贩毒活动。近几年，墨西哥有大量人员在涉毒暴力案件中丧生，贩毒引起的暴力活动包括绑架案件和抢劫案件也持续上升，主要集中在美墨边境地区。

根据以上情况判断，在未来一个时期，墨西哥的毒枭和社会治安问题在短时间内很难解决，犯罪猖狂的黑社会组织势必威胁着在该国的华侨华人的安全。由于墨西哥政府与中国政府有良好的外交关系，不太可能出现政府层面的排华行为。但是，一系列性质严重的社会犯罪，甚至武装暴力会成为未来该国涉侨突发事件的主要类型。

2. 巴西

巴西是南美洲最大的国家，也是新兴工业国家，还是金砖五国之一。但是，2015 年巴西的经济表现"糟糕"，GDP 增长率低至 - 3.8%。在经济危机的同时，巴西政局也出现了危机。购买力下降和生活负担加重本已引发百姓不满，政府、国企的贪腐丑闻更是点燃了民众的怒火，全国各地罢工、反政府示威此起彼伏。根据各方分析，如果政府不采取切实有效手段解决当前面临的问题，巴西的经济颓势将进一步加大政治风险。经济的问题也导致了巴西严重的社会贫富差距（基尼系数 0.52），让巴西成为社会治安最差的国家之一。新华网专稿报道，在巴西最大城市圣保罗流传着这么一句话："如果你从来没被抢过，那就算不得一位真正的圣保罗人。"近些年，巴西国民经济增长缓慢，更是加重了这种社会结构的不合理化，促使巴西贫富进一步分化，不少穷人加入黑社会组织，时常明目张胆地在大街上抢劫，严重威胁华侨华人人身财产安全。目前，旅居巴西的华侨华人大约有 20 万人，其中绝大部分生活在圣保罗。他们大多从事贸易，能吃苦、会挣钱，很快就积累起一定资产。面对恶劣的治安环境，他们中的许多人各出奇招，以保证自己的人身安全。巴西政府与中国政府有着良好的外交关系，都是发展中国家中的大国，双边贸易也十分频繁。巴西的涉侨突发事件主要以严重的社会犯罪为主，还没有出现过政府层面的排华事件。

根据巴西的经济和安全态势，在巴西的海外同胞必须重点关注以下社会安全风险：一是治安犯罪。圣保罗州 2015 年 11 月登记抢劫案数量为27082 起，同比增加近4000 起。2015 年以来，里约州有 100 多家华人被抢劫或者偷窃。由于警方对此类犯罪打击力度有限，存在内外勾结的可能，且法律对此比较宽松，罪犯轻易被保释，犯罪分子气焰极为嚣张。二是暴力犯罪。巴西是南美洲地区警察暴力执法以及匪徒枪杀警察最频繁的国家之一，平均每天就有 8 名犯罪嫌疑人被警方在暴力执法中"就地正法"。为此，巴西警方也付出了沉重代价，每年有 400 多名警察在光天化日之下被犯罪团伙枪杀。三是骚乱和聚众暴乱。2015 年以来，巴西国内多次爆发大规模游行活动，虽未造成严重后果，但不排除今后会发生暴力冲突的可能。

总之，在未来一个时期，巴西政府如果不重点考虑社会结构与社会分配的改革，严重的社会犯罪活动势必更加猖狂。虽然巴西不会出现政府层面的大规模排华事件，但是针对华侨华人的抢劫、绑架、勒索、要挟、劫持事件不断发生，而且数量多、频率高。巴西突出的社会治安问题，不仅仅使华侨华人受到威胁，其他外国公民也面临同样的问题。再加上华侨华人在巴西主要以经商劳作为主，更是使其成为不法分子重点犯罪的目标，在巴西的华侨华人的安全问题更加不能忽视。

3. 阿根廷

近年来，阿根廷的经济发展一直低迷，2015 年的 GDP 增长率由负转正，为 2.6%。自 2000 年阿根廷"金融风暴"停止还债以来，阿根廷只能转换债券偿还利息，而不能归还所欠的 1000 亿美元本金，说明阿根廷还不具备偿还贷款能力。另外，阿根廷与巴西一样，也是一个贫富差距十分明显的国家．2015 年基尼系数为 0.43，潜在的不稳定因素有很多。

在阿根廷的华侨华人占总人口的 0.16%。历史上常发生的涉侨突发事件，多是针对华侨华人开办的商店进行打劫以及绑架、勒索、劫持的恶性犯罪。不过，还没有出现过政府主导的大规模排华运动。

因此，在未来一个时期，阿根廷政府如果不重点考虑社会结构与社会分配的改革，促进经济增长，提高国民的社会福利水平，同样会引发严重的社会犯罪问题。虽然阿根廷不会出现政府层面的大规模排华运动，但是针对华侨华人，对华商的抢劫、绑架、勒索、要挟、劫持事件会不断发生，特别是阿根廷的华人超市经常发生被威胁、偷盗、抢劫、爆炸等突发事件，值得侨胞重视。在阿根廷的侨胞应该加强与当地治安部门的沟通，寻求他们的帮助，以保障自己的人身财产安全。

4. 智利

智利是南美洲一个自然灾害多发的国家，特别是地震或火山爆发，严重地影响着智利人民的安全。就智利政府而言，没有大规模的反政府武装组织或者恐怖组织，政局相对比较稳定。但是，频发的自然灾害和政府整治的无力，影响着政府的执政能力，给政局的不稳定埋下隐患。智利与中国有着正常的外交关系，双边贸易情况不是特别频繁。由于自然灾害对国民经济的破坏性，智利正在恢复性的生产发展中，2015 年的 GDP 增长率为 2.3%，处于南美洲国家的中上水平。但是，除了自然灾害以外，智利的贫富差距问题严重，基尼系数多年在 0.5 以上，这无疑会时刻影响着社会治安。与其他南美洲大国一样，智利时常会出现一些社会犯罪，对到智利的外国人的抢劫不断，同样包括中国公民。历史上在智利的涉侨突发事件除了人类难以避免的自然灾害以外，人为的事件主要以性质较为恶劣的社会犯罪为主。

因此，在未来一个时期，由于智利政府与中国政府既没有政治上的明显冲突，又没有边境摩擦，再加上在智利的华侨华人人口相对较少，没有确切的统计数据，政府层面的大规模排华运动应该不会发生。但是，与巴西和阿根廷一样，社会贫富差距产生的治安问题，也会波及在智利的中国侨胞和海外流动人口的安全，严重性质的社会犯罪也会成为困扰侨胞正常生活与生产的问题。另外，智利是一个自然灾害多发的国家，自然灾害的不确定性和大规模破坏性，也影响着在智利的所有人的安全。

5. 委内瑞拉

委内瑞拉是南美洲政局不稳定的国家之一，前些年，反对时任总统查韦斯的大规模反政府游行发生过多次。查韦斯是典型的反美人物，这也导致了美国在经济上对委内瑞拉的封锁。新政府上台后，改善了与美国的国家关系，委内瑞拉国民经济也正处于顺利发展的阶段。委内瑞拉与中国的外交关系处于一个正常范围，双边贸易情况也处于一般水平。委内瑞拉近年来经济发展波动大，2014 年 GDP 增长率是 - 3.9%，该国国内贫富差距问题也十分突出，超过国际警戒线不少，潜伏着各种社会动荡因素。本书统计，华侨华人在委内瑞拉的人口约占该国总人口的 0.6%。历史上该国发生过的涉侨突发事件，主要以动乱产生的社会犯罪为主，这值得在委内瑞拉的海外同胞注意。

海外同胞在委内瑞拉需重点防范以下社会安全风险。一是持枪抢劫。由于委内瑞拉经济衰退、物价高涨、通货膨胀攀升，持械抢劫和盗窃时常发生，在夜晚及偏僻地区更加频繁。在公共交通中，经常容易发生抢劫、劫车事件。政府、警察和司法腐败导致持枪抢劫案件增多而不受惩罚。二是社会骚乱。2015 年石油价格下跌对委内瑞拉产生严重的负面影响，恶性通货膨胀和马杜罗政府的政治不稳定导致了社会动荡。由于基本产品严重短缺，政府已经在超市实施了排队系统，限制了日常购买，一些地区出现哄抢事件导致很多骚乱和暴力事件。政府不得不派兵把守主要地点，维持治安。三是抗议罢工。社会保障近年来显著恶化。2015 年全国频繁爆发公民示威活动，通货膨胀和物品短缺导致来自社会各界的抗议，暴力抗议者和政府安全部队之间发生争执。安全部队回应严厉，经常使用攻击性武器和催泪瓦斯驱散抗议者。四是政局动荡。在议会选举中执政党落败，使政府决策和施政受到反对派的掣肘。委内瑞拉局势将继续动荡不安，经济陷入极端恶化，困境将持续。五是武装绑架。委内瑞拉绑架案发率居全球第二，而且愈演愈烈。大约 1/3 的绑架勒索案件都发生在加拉加斯，而西部的苏利亚州、巴里纳斯和马拉开波同样遭受绑架率高发的影响。经营人员、企业老板及其家属成为武装绑架的袭击目标，当地的外国人也面临同样风险。绑架动机通常是索要赎金，或者偶尔的政治目的。六是油田盗窃。油田盗窃案件攀升已严重影响石油生产。武装团伙部署船只到马拉开波湖，从油井盗取电缆和其他油田设备在黑市上出售。

在未来一个时期，基于日益频繁的双边贸易合作伙伴关系，委内瑞拉政府不会采取大规模的排华运动。但是国内政治动荡问题与社会贫富差距问题，导致社会治安问题突出。社会动乱容易产生社会犯罪，即使不是发生反政府的国内战争、大规模的游行示威，也容易产生社会动乱，衍生出抢劫、放火、杀人等恶性事件。面对社会因素引发的恶性事件，在委内瑞拉的海外同胞应提高自我安全意识。

6. 古巴

古巴国情与朝鲜类似，不仅是社会主义国家，而且国家政权长期掌握在领袖人物手中。古巴主权独立，政权基础牢固。古巴共产党作为古巴唯一合法政党牢牢掌握政权，古巴政局内部基本稳定，并能获得社会普遍认可，使现行政治和经济运行模式有望在长时间内得到延续。由于坚定的反美立场，古巴的经济长期处于美国封锁之中。古巴也在一定程度上采取闭关锁国政策，致使经济发展更为缓慢。古巴 2015 年的 GDP 增长率为 4.4%。但是，古巴的社会贫富差距问题也十分突出，基尼系数高达 0.45。古巴政府与中国政府有着长期的良好合作关系和外交关系，中古交流也十分频繁。由于古巴政府采取强硬的社会管理制度和对思想政治工作的重视，大规模的反政府游行和武装冲突没有发生，社会治安相对其他南美洲国家，还算比较稳定。

鉴于古巴的国情，海外同胞在该国需重点关注以下社会安全风险：一是治安犯罪。古巴法律规定，严禁个人持有枪支武器，因此，其社会治安总体状况良好，凶杀、持枪抢劫等恶性犯罪案件极少发生。古巴的犯罪率大致保持稳定，以首都哈瓦那为最高，而外国公司面临政治暴力的风险很小。古巴健全的政治、社会制度和严格的处罚措施，使当地犯罪率非常低下。但随着当地贫富差距的加大，社会也逐渐显得不再太平，偶尔也会发生以外国人为目标的偷盗抢劫案件。二是暴力事件。由于古巴经济仍相对困难，人民生活仍处于 20 世纪 70 年代的水平，整个社会还没有进入网络时代。一旦古巴"改革"进程过快或者失控，古巴国内年轻一代受到各种思潮的影响，"集会抗议"等街头暴力事件可能会增多，同时犯罪率也可能会随之上升。

因此，在未来一个时期，由于立场的一致性，再加上民间频繁的合作与交流，古巴发生政府层面的大规模排华行动的可能性极小。但常见的社会犯罪问题波及在古巴的华侨华人也在所难免。

四　欧洲地区

在人类发展史上，欧洲率先进入现代文明，绝大多数的欧洲国家的经济与社会发展都相对稳定。国家的文明发展程度相对较高。但是，近些年来，在世界经济一体化的背景下，欧洲经济发展受到金融危机和欧债危机的影响，变得十分缓慢。欧盟成员国之间面临的问题越来越多。在移民浪潮中，华人开始逐步向欧洲移民，欧洲的华侨华人数量也比较多。欧洲涉侨突发事件的主要问题，是华侨华人与当地人经济利益分配问题，其主要类型是游行示威和一般犯罪。当地人不满华侨华人来打乱正常的经济竞争秩序，进而引发大规模的游行示威与排华运动。华侨华人也不满自己权利被剥夺和针对性犯罪率的上升，也会出现大规模游行示威。由于国家发展文明程度较高，欧洲涉侨突发事件不会出现大规模的排华事件，但是经济发展中的利益冲突会使部分当地人针对华侨华人的社会犯罪案件越来越多，如打砸商店、暴力歧视、群体事件等。另外，由于中东地区战火纷飞，民不聊生，大批人逃难前往欧洲寻找生计，难民问题成为欧盟国家沉重的负担。同时需要特别关注的是，由于国际暴力恐怖组织认为西欧一些国家在国内外推行反对伊斯兰的政策，包括参与国际联合行动对叙利亚实施空袭，所以近年来，西欧连续发生恐怖袭击事件，造成大规模人员伤亡。这些暴恐事件凸显了欧洲伊斯兰武装分子的活动性质在发生变化，可能会给比利时、德国、荷兰和英国等欧洲国家带来极大的威胁。总之，在未来一个时期，欧洲相关国家如何提高移民管理的能力、完善移民政策以促进外来移民与当地人更好地和谐生活是个重大的现实问题。

1. 俄罗斯

俄罗斯是最具世界影响力的大国之一，同时也是中国"一带一路"建设中极为重要的国家。俄罗斯地跨欧亚大陆，是世界上国土面积最大的国家。综观丝绸之路，从亚洲到欧洲的快速通道中，俄罗斯是丝绸之路北线的重要中转站，同时也是东部陆海丝绸之路的主要经过地。此外，俄罗斯对于"一带一路"在中亚地区的顺利实施也具有重大的影响力。因此，可以说，在整个"一带一路"的建设中，俄罗斯的地位和作用无可替代。俄罗斯是中国的好邻居、好朋友、好伙伴，中俄两国地缘毗邻，政治互信，"一带一路"的实施对中俄双方都十分有益。2015年5月，中国国家主席习近平和俄罗斯总统普京共同签署了《关于丝绸之路经济带建设和欧亚经济联盟建设对接合作的联合声明》，为中俄两国战略对接奠定了坚实的基础。目前，两国已开启中俄原油管道项目、西线天然气输送项目等，两国还计划加强在俄罗斯油气开采领域的合作，俄罗斯在高铁建设和西伯利亚铁路改造方面也有意吸引中国投资。总之，中俄双方良好的政治互信、友好的外交关系、便捷的地缘条件和较强的经济互补性构成了双方投资合作的良好条件。

俄罗斯是世界上疆土面积最大的国家，与中国有着战略合作伙伴关系，双边贸易也十分频繁。但是，俄罗斯的车臣问题始终影响着国家的稳定发展。反政府武装组织和恐怖组织时常会对俄罗斯的重要交通节点进行袭击，历史上也发生过大规模的伤亡。就俄罗斯政府本身政局而言，还算比较稳定。作为大国的俄罗斯，在苏联解体以后经济发展速度一直保持中等水平，但是近年来情况不好，2015 年 GDP 增长率为 -3.7%。俄罗斯的社会贫富差距已经越过国际警戒线，基尼系数在 0.4 以上。在俄罗斯的华侨华人约占总人口的 5%，人口数量也十分庞大。俄罗斯的涉侨突发事件，除了难以规避的一般犯罪以外，恐怖袭击波及的不安因素，直接影响着俄罗斯国内所有居民的安全。另外，一些在俄侨胞的经商违法行为或经济侵占行为，引起了俄罗斯当地居民的反感，也出现过排华行为，对此中国政府必须引起重视。

在此情况下，在俄罗斯的海外同胞需重点关注以下社会安全风险：一是治安犯罪。俄罗斯的经济形势持续低迷，难以快速走出卢布大幅贬值的现状，加之俄土冲突等社会不安定因素加剧，将进一步提高发生抢劫、盗窃、暴力袭击等犯罪的概率。加之俄罗斯对外国人尤其是亚裔面孔持有一定偏见，包括面对部分较为富裕的中国人时，易产生仇富心理，针对外国人尤其是亚裔人的现象时有发生，未来或将只升不减。二是民族问题。由于俄罗斯北高加索问题依然迫切，印古什共和国、达吉斯坦共和国的非法武装、暴力冲突、爆炸袭击等均被列入高风险的范畴。虽然俄罗斯政府加大了对这一地区非法武装的打击力度，但暴力活动和恐怖事件仍时有发生，要将恐怖主义威胁降至最低，仅靠消灭高加索地下组织的标志性人物是远远不够的。因此，我国海外同胞应远离上述区域。三是恐怖袭击。俄罗斯在空袭"伊斯兰国"过程中的表现以及普京的表态已经引起了恐怖组织的高度关注，恐怖组织曾数次扬言对俄罗斯发起恐怖袭击。叙利亚战争在短期内很难和平解决，"伊斯兰国"对俄罗斯的恐怖威胁也将持续存在。四是航空安全。俄罗斯客机在埃及坠毁的事件再次向俄航空公司敲响警钟，往来于俄罗斯的旅客会面临航空器自身的安全隐患和飞机可能被恐怖分子利用的双重风险。

从国际关系看，如果西方加大制裁，俄罗斯的政治风险会很大；从国内看，俄罗斯政治会保持稳定，但经济增长速度减缓。如何提升经济活力、减少对能源行业的依赖、提升投资者的信心，是俄罗斯面对的主要问题。

在未来一个时期，俄罗斯不会出现政府层面的大规模排华运动，但车臣问题始终影响着俄罗斯国家的团结和安定。在俄罗斯的华侨华人，除了对社会犯罪要警惕以外，还要特别注意对恐怖袭击事件的应急和防范。除此之外，华侨华人在俄罗斯经商时，必须要遵守当地的法律法规，并与当地人精诚合作，共享经济发展的利益。否则，民间层面的大规模排华行为极有可能再度发生，性质可能演变得十分严重，超出政府的控制范围。为了投资安全，中国企业可以在巩固能源合作的基础上，大力拓展新技术、新产品、新管理模式等高级要素方面的比较优势，充分利用跨境电子商务等贸易投资促进平台，深化优势产业在俄的投资合作，以实现共赢。

2. 乌克兰

2015 年以来爆发了乌克兰危机，表面看似是中央政府同地方民间武装之间的冲突，实则是西方、乌克兰和俄罗斯围绕地缘政治利益的博弈。危机爆发以来，尽管各方斡旋和调解不断，但收效甚微。乌克兰境内武装冲突至今不断，甚至有升级之势。如果三方无法在此问题上化解矛盾，达成协议，乌克兰危机的解决恐怕遥遥无期。由于政局动荡仍将持续，近年来乌克兰的 GDP 增长率持续下滑，2015 年已经降到 -9.9%，其经济增长前景堪忧，主权信用风险在增加。

但无论是亲俄派，还是亲西方派，乌克兰政府一直寻求和中国政府进行多方面的合作，涉及军事、经济、文化等多个方面，中国在乌克兰的影响力也日益提升。乌克兰目前还算处于一个社会贫富差距不太凸显的阶段。在乌克兰的华侨华人人数也没有确切的统计数据，其涉侨突发事件主要是一些交通意外事故和个人层面的民族歧视。

在未来一个时期，乌克兰不会出现政府层面的排华运动，但是由于中国与乌克兰文化的差异性，会出现一些个人层面的民族歧视，一般性的社会犯罪事件也难以避免。由于中乌交流日益加强，在乌克兰经商、留学、访问的华侨华人，要特别注意与当地人的交流沟通，遵守当地法律，避免不必要的突发事件发生。

3. 土耳其

土耳其是中东地区经济发展较快、民主法制较为健全的国家。正义与发展党政府凭借民主改革、经济进步等良好政绩获得民众支持。但国内政治斗争愈演愈烈，未来在库尔德民族和解进程、政体改制以及地区反恐等关键点上仍存在风险。目前，土耳其最为担忧的是叙利亚和土耳其境内的库尔德人联合起来闹独立。为了达到牵制叙利亚和库尔德人的目的，土耳其政府为叙利亚境内的反对派提供支持，这一行为导致各种极端组织纷纷藏身于土耳其境内。此外，土耳其与俄罗斯的矛盾不断升级，也为土耳其的安全形势带来诸多的不确定性。受到以上不安定因素的影响，土耳其近年来经济不景气，2015 年 GDP 增长率为 4.0%，基尼系数也超过了国际警戒线。

在土耳其的海外同胞需重点关注以下社会安全风险。一是战争。2015年，土耳其出于自身利益，同时也为了扩大政治影响，采取了介入叙利亚内战、出兵伊拉克、击落俄罗斯战斗机等一系列激进行动，边境地区军事冲突风险不断增加。此外，土耳其军队与库尔德工人党军事冲突一直在持续，自 2015 年 7 月以来，已有数百人丧生。二是恐怖袭击。2015 年，土耳其境内恐怖袭击事件频发。2016 年 6 月 28 日夜间，土耳其伊斯坦布尔阿塔图尔克国际机场的国际航站楼又发生两起自杀式恐怖袭击事件，此次恐怖袭击造成 42 人死亡，另有 239 人受伤。土耳其政府反恐立场逐步转变，越来越积极参与西方主导的地区反恐行动，遭恐怖组织报复性袭击的风险上升。三是治安犯罪。由于民族矛盾、地方利益纠葛，极端民族势力不惜采取绑架人质方式与政府"讨价还价"，库尔德工人党多次绑架外国游客，向政府施压。四是军队政变。自视为土耳其世俗政权和宪法秩序保卫者的军队，在几十年内，发动了多次政变。2016 年 7 月 15 日晚，土耳其再次发生军事政变，我国驻土耳其使馆提醒在土耳其的中资企业、媒体、留学生及华人华侨注意安全。

4. 西班牙

近些年来，由于欧洲经济不景气，再加上西班牙又处于一个改革转型时期，西班牙政局还不算十分稳定，时常会出现诸如爆炸等个人极端行为，或是群众因不满执政当局的大规模游行示威。但是，不会像非洲地区一样，出现反政府武装组织的国内战争。受金融危机等严重影响，多年来西班牙的国民经济发展很慢，2015 年 GDP 增长率才由多年的负值回升到3.2%。西班牙政府与中国政府没有政治上的矛盾冲突，双边的贸易合作程度也比较高。虽然经济发展不好，但西班牙国内贫富差距不严重，近年基尼系数在 0.35 左右。西班牙的华族人口群体，相对其他外国居民，数量比较庞大，占总人口的 2.2%，拥有上百万人口。正是因为经济的不景气和西班牙华侨华人的经济影响力逐步超过当地居民，近些年来，以针对华商的社会犯罪与针对华侨华人的种族排斥为主，引发了不少涉侨突发事件，因此西班牙发生过华侨华人维权的大规模游行。这些突出的矛盾，说明西班牙移民政策不够完善，波及华侨华人的犯罪率持续上升，也说明政府治理存在问题。

因此，在未来一个时期，虽然西班牙政府与中国政府有着良好的外交关系，不会发生政府层面的排华行为，但是对于西班牙的涉侨突发事件问题，如果政府不能出台很好的文件，完善移民政策，平衡移民与当地人的经济利益关系，势必会发生性质更为恶劣的民间排华运动。在西班牙的侨胞要特别注意与当地人的经济利益共享，否则在政府政策不完善的情况下，民间大规模的排华行为有发生的可能性。

5. 法国

法国是老牌资本主义国家，社会体制完善，政局稳定，移民政策正在不断完善之中，并与中国有着良好的外交关系。由于受到欧债危机的影响，近几年法国国民经济增长十分缓慢，2015 年 GDP 增长率略有回升，才到 1.3%。中法贸易频繁，中国市场是法国商品的主要消费市场。法国国内社会分配结构相对合理，贫富差距不明显，基尼系数常年在 0.33 左右。在法国的华侨华人占法国总人口的 5%，是一个非常庞大的群体。从以往的涉侨突发事件来看，有成规模的种族排斥和因个人问题产生的一般社会犯罪。法国也爆发过大规模的华人游行示威，其目的是维护自己的权利。

近年来法国一再遭遇恐怖袭击。2016 年 7 月 14 日晚，法国南部城市尼斯举行国庆日庆祝活动，一辆卡车冲进正在观看烟花表演的人群，造成逾 80 人死亡，百余人受伤，2 名中国公民受伤。究其原因，与法国和叙利亚的地缘政治有关，两国都濒临地中海，来自叙利亚的难民潮使叙利亚方面的恐怖势力更容易渗透进法国，导致法国深受其害。

据判断，在未来一个时期，法国不会出现由政府主导的排华运动，但对于在法国的华侨华人而言，当他们受到法国主流社会歧视或排斥的时候，大规模的维权游行运动有可能再次发生。至于一般的社会犯罪，大多数因个人问题而产生，难以预警。另外，身处恐怖袭击多发的法国，海外同胞应该提高警惕性，学习一些预防突发危险的防身知识也很必要。

6. 德国

第二次世界大战后的德国，经过稳定发展，已经成为世界上最发达的国家之一。德国政局稳定，与中国的贸易合作也十分频繁。中德双方有着良好的外交关系。德国是高福利国家，社会治安好，社会犯罪率低。德国也受到金融危机和欧债危机的影响，2015 年 GDP 增长率为 1.7%。德国贫富差距不明显，基尼系数常年略高于 0.3。在德国的华侨华人占其总人口的 0.1%。由于德国移民政策相对完善，历史上没有发生过大规模的排华运动或游行示威。

与法国的情况相似，近年来德国也发生了多起恐怖袭击事件。除慕尼黑枪击案外，在维尔茨堡以及在安斯巴赫发生的袭击事件分别由阿富汗籍和叙利亚籍的难民实施，这令德国民众普遍质疑政府的难民政策。德国总理默克尔在柏林召开的新闻发布会上说，维尔茨堡发生的火车行凶事件，以及安斯巴赫爆炸案的发生令人感到震惊、压抑和沮丧。她表示，这两起由难民实施的袭击事件对"接纳他们的国家是一种嘲讽"，也嘲讽了所有帮助难民的志愿者和其他到德国躲避战争和暴力的难民。默克尔承诺，政府将采取一切手段打击暴力恐怖活动，并宣布了加强德国安全的"九点计划"，这包括降低遣返申请避难被拒者的门槛，以及扩大加强联邦国防军在内部反恐行动中的作用。

据判断，在未来一个时期，德国也不会出现政府层面的排华行为，大规模的反华游行示威出现的可能性也很小。新闻报道中出现过意外事故，波及多名华侨华人，但这些意外事故无法预警。德国犯罪率不高，不意味着没有犯罪。在德国的华侨华人和海外中国流动人口要特别注意因个人问题而与当地居民产生冲突，从而导致不愉快的事件发生。同样，身处恐怖袭击多发之地的德国，海外同胞应该提高警惕性，学习一些预防突发危险的防身知识也很必要。

7. 英国

英国是老牌资本主义国家，国内政局相当稳定，贫富差距也不明显，社会福利与保障水平较高，人民安居乐业，但是近年来也面临着大量移民涌入的新问题。在这些移民中，中国人是不可忽视的一个大群体。华侨华人占英国总人口的 0.98%。中英有着良好的外交关系，双边贸易十分紧密，交流也十分频繁。但是，由于英国不是一个移民国家，英国本地人面对大量的中国移民，也会产生许多矛盾。再加上近年来英国经济发展相对滞后，失业率的上升对当地人的生活水平有着较大的影响。2015 年英国GDP 增长率为 2.2%，经济恢复缓慢。虽然英国社会贫富差距不是十分明显，但针对华侨华人的社会犯罪事件也呈逐年上升的趋势。另外，英国以其著名的大学教育体系吸引着世界其他国家的青年学生，特别是中国留学生成为其中规模最为庞大的人群之一。留学生事件逐年增加，值得中国与英国双边政府的重视。

需要注意的是，在法国、德国或欧洲其他国家发生的恐怖袭击事件同样也可能发生在英国，因此欧洲各国必须团结一致，共同应对恐怖袭击威胁。在内阁紧急会议上，时任首相卡梅伦要求英国警方加强安保措施，特别是在机场、火车站、地铁站和港口加强戒备。2014 年 8 月，英国政府已经将面临恐怖主义威胁的等级提高至"严重"。这在英国设定的恐怖主义威胁等级中是第二高等级，其含义是"很有可能遭受恐怖袭击"。时任英国内政大臣特蕾莎·梅表示，英国将继续维持这个安全等级。

因此，未来的英国虽然不太可能出现政府层面的排华运动，但是，逐渐增多的外来移民，会与当地人产生不同层面的矛盾，因个人问题而产生的涉侨突发事件将会日益增加。如果这种矛盾得不到有效的调节，英国很有可能发生民间的大规模排华运动，以及个人对华人的报复行为。英国政府也会通过政策有效控制外来移民数量，完善移民政策，以维护国家稳定。另外，留学生事件也会随着文化冲突和社会矛盾等问题而逐年增加，影响着在英国的中国留学生的安全。同时，在英国的海外同胞也要加强对恐怖袭击的安全防范。

8. 意大利

意大利人喜欢经商，意大利也以高质量的手工艺制品闻名世界。意大利政府与中国政府有着良好的外交关系，中意双边贸易也十分频繁。近几年，意大利深受欧债危机的影响，经济发生危机，国民经济恢复缓慢，2015 年 GDP 增长率回升到 0.7%。不过，意大利的国内贫富差距不是十分明显，基尼系数为 0.36，社会相对比较稳定。在意大利的华侨华人约占该国总人口的 1.9%，多以经商为主。但正是中国人与意大利人在经商理念上的巨大差别，再加上意大利的移民政策不够完善，法律制度还不能有效管控不同经商理念的人群，致使意大利当地人的经济利益受到影响。近些年来，意大利多次出现针对中国人的打击报复行动，从小规模的一般犯罪，到大规模的游行示威排斥，中国人在意大利越来越受到排挤。

因此，在未来一个时期，虽然意大利也不太可能出现政府层面的排华运动，但是，由于华侨华人与当地人的经济利益矛盾一直存在，而政府又不能有效地调节，规避风险。如果未来几年还是这种情况，意大利很有可能掀起民间层面的排华运动，从一般犯罪到游行示威，华侨华人与意大利当地居民的矛盾会逐渐加深。这种矛盾，需要政府政策进行化解。

五 大洋洲、美国和加拿大

大洋洲主要由太平洋诸多岛国以及澳大利亚和新西兰两个相对较大的国家组成。美国和加拿大更是占据了北美洲大多数面积。澳大利亚、新西兰、美国和加拿大这四个国家共同的特点如下：第一，都是移民国家，并且移民法律法规相对比较完善；第二，发达的教育体系享誉世界，吸引众多留学生；第三，与中国政府在经济方面有着紧密的合作，双边贸易十分频繁；第四，与中国没有边境摩擦；第五，在国际政治上，与中国政府存在不同程度的分歧；第六，由于中国新移民的到来，大洋洲的华侨华人占所在国人口的比例不断提高，而北美洲也有不少华侨华人。由于社会结构的稳定性和国家发展的文明程度较高，再加上法制建设十分完善，这四个国家出现政府层面的排华行为的可能性非常低。总的来说，未来这些地区，发生一些一般性的社会犯罪和自然灾害难以避免，种族排斥也只是停留在社会个体层面，社会群体排斥的可能性较小。不过，留学生作为海外中国流动人口的特殊群体，规模也比较大，自身保护意识也比较弱，会成为这些国家涉侨突发事件关注的一个焦点。

1. 澳大利亚

澳大利亚是典型的移民国家，其移民政策比较完善。澳大利亚也是西方发达国家之一，基础设施建设良好，社会结构发展稳定。澳大利亚虽然GDP增长缓慢，2015年为2.2%，但这并不影响澳大利亚的社会稳定性。中国是澳大利亚产品目的地的重要市场，中澳双边贸易也十分频繁。澳大利亚的华侨华人是一个不可忽视的大群体，占总人口的2.8%。澳大利亚社会贫富差距不明显，社会基尼系数为0.36，人民的福利保障措施十分完善，社会发展稳定。澳大利亚也以其教育体系闻名世界，教育产业成为澳大利亚经济发展的重要支柱。历史上新闻报道发生过的涉侨突发事件，以留学生事件和个人问题产生社会犯罪事件为主，没有出现过大规模的排华事件。

因此，据判断，在未来5~10年内，澳大利亚不会出现政府层面的大规模排华行为，但是，随着中国留学生与中国移民的增加，难免会出现当地居民对外来移民的排斥。澳大利亚是移民国家，这种排斥情况大多数会出现在个体层面，而不是集体层面。一般性的社会犯罪和留学生事件也在所难免。中国移民要特别注意与当地人的沟通交流，减少文化冲突。中国留学生要遵守当地法律，与当地学生和睦相处，不参与黑社会性质的活动，不炫富，这些都可以有效避免澳大利亚涉侨突发事件的发生。

2. 新西兰

新西兰与澳大利亚国情极为相似，其也是一个移民国家。新西兰政府与中国政府在教育、科技、文化、商业等方面有着长期的合作。新西兰国民经济增长缓慢，2015年GDP增长率为3.4%，新西兰的社会基尼系数为0.35，社会贫富差距不大，也没有大规模的反政府武装组织或恐怖组织存在。新西兰的华侨华人人数较多，是全世界华侨华人比例较高的国家之一，占其总人口的4.07%。新西兰地理位置特殊，是一个自然灾害多发的国家，所以新西兰严重的涉侨突发事件主要以地震灾害为主。

新西兰与澳大利亚一样，在未来的一个时期也不会出现政府层面的大规模排华行为，但是，随着中国留学生与中国移民的增加，难免会出现当地个体居民对外来移民的排斥。另外，要特别注意对自然灾害的防范和涉及中国留学生的问题，以有效保护华侨华人的安全。

3. 加拿大

加拿大是西方发达国家之一，与美国相邻，其社会结构与文化也与美国尤其相似。加拿大也是一个移民国家，移民政策完善。2015 年加拿大的 GDP 增长率为 0.9%，经济发展相对缓慢。中国与加拿大有着良好的外交关系，双边贸易合作也十分频繁。加拿大的社会结构十分稳定，基尼系数为 0.34，贫富差距不明显，社会犯罪率相对较低。在加拿大的华侨华人人数也很多，约占人口总数的 3.69%。历史上，有关加拿大涉侨突发事件的新闻报道，以个人层面的一般社会犯罪为主，没有大规模的恶性社会犯罪或排华事件发生。

在未来的一个时期，加拿大不会出现政府层面的大规模排华事件，出现性质特别恶劣的人为社会犯罪事件的可能性也不大。但是，中国移民的增加与中国人的诸多炫富问题，使个体层面的社会犯罪事件发生率也逐年提高，进而会导致出现个体层面的种族排斥现象。这个问题值得在加拿大的华侨华人高度重视。

4. 美国

美国是当今世界头号资本主义强国，在经济、科技、军事、教育、航天、医疗、信息技术等方面领先全球，2015 年的 GDP 增长率为 2.6%。美国移民众多，是一个典型的移民国家，其移民政策相对其他国家而言，十分完善。在长期的移民社会发展过程中，移民之间总体上做到了相互共荣、多元并存的局面。但是，2017 年新总统特朗普上台，收紧了一系列移民新政，发布暂停 7 个国家签证的"穆斯林禁令"，特别是执行所谓的投资移民改革和 H - 1B 签证改革的方案，这些举措对华人影响都很大，且在很大层面上是负面影响。美国经济发展也带来了贫富差距拉大的问题，其基尼系数常年在国际警戒线之上。美国教育体系堪称世界第一，拥有众多的世界名校。中国留学生在美国求学的人数也十分庞大。在美国的华侨华人约占美国总人口的 1%，有 300 多万人。历史上美国发生的涉侨突发事件，以各种社会犯罪事件为主。近些年来，中国留学生事件也呈现上升趋势。

因此，在未来一个时期，美国不可能出现政府层面的排华运动，但是贫富差距导致的社会问题也越来越突出，性质也越来越严重。在这些社会犯罪问题中，个人层面的社会犯罪逐步转向集体层面的社会犯罪。另外，随着留学生规模的增大，留学生事件也难以避免，并逐年增加，未来还有可能出现针对中国留学生的犯罪事件。在美国的海外同胞应该重视加强团结，遵守美国法律和文化，尽量不要投机取巧、以身试法，与当地人产生冲突。

第三节　专题调查研究

本书的研究主题是海外同胞的安全，这与投资安全在环境、原因、事发过程和作用影响方面紧密相连，投资安全风险的经验教训也可对防范生命安全有借鉴作用。所以在本节对热点地区"走出去"的重大项目事件也进行了考察。

中国企业这几年确实逐渐强大，不仅进入发展中国家，也进入发达国家。例如，2011 年总投资 300 亿美元的缅甸密松水电站，2014 年总金额 43 亿美元的墨西哥高铁，2015 年总投资额 127 亿美元的美国高铁，总投资 180 亿英镑的英国欣克利角核电站，以及直接投资 14 亿美元，带动二级开发投资 130 亿美元的斯里兰卡科伦坡港口城。这些项目令世人特别关注。但是这些项目都出现问题，不是一波三折，就是遇反悔和毁约。中国企业前期投入损失巨大。除了以上发生的五大案例，"一带一路"倡议下新近谈判的海外项目也存在一定的不确定性。例如，印度尼西亚、泰国和马来西亚的高铁项目。由于国际政治与经济形势的发展存在不确定性，"一带一路"倡议下的一些合作项目必定会承受相应的政治、经济和社会风险。为了不让中国人的血汗钱打水漂，避免今后掉入更多的陷阱，我们必须总结教训，防患于未然。下面我们就来深入解剖分析典型案例，研究事发的原因。

专题一：缅甸近期安全形势对"一带一路"的影响

缅甸是亚洲中南半岛上地理位置优越、自然资源丰富、对周边和地区具有影响力的重要国家，是我国推进"走出去"和"一带一路"倡议的重要地区。缅甸自 1948 年独立以来，政治、经济、民族、宗教等方面的矛盾和纠纷就成为其内政、外交的重要内容，成为影响缅甸社会经济发展和改善对外关系的重要因素，也对"一带一路"倡议的合作共赢有着重要影响。

（一）缅甸经济发展的环境

1. 缅甸政府近期发展经济的举措

（1）开拓油气资源，深化经济改革，促进国家经济发展

缅甸发展经济的具体做法包括：一是油气资源储量有新发现，油气等资源成为缅甸出口创汇的主体；二是企业市场化、去国有化向更多行业延伸；三是设立贸易中心，促进对外贸易；四是规范能源开采和电力生产；五是出台重视保护资源、环境的举措；六是新开放边贸口岸；七是加快电厂建设，打破缅甸近年来电力供应不足的发展瓶颈；八是引进外资，帮助发展。1988 年至 2014 年底，在缅甸开展投资业务的外资公司约 800 家，总投资额达 500 亿美元。

（2）加快推进特区建设

2014 年 1 月 27 日，缅甸时任总统吴登盛签署颁布修订后的《缅甸经济特区法》，加快经济特区建设。该法共分 18 个章节。其中规定，投资建设者在经济特区开始商业运营之日起的第 1 个 8 年期免除所得税，在第 2 个 5 年期减免 50% 的所得税；土地使用年限为 50 年，期满后可准许延期 25 年；等等。缅甸政府大力推进土瓦、迪洛瓦、皎漂等三大经济特区建设。3 月 3 日，皎漂经济特区管理委员会在仰光举行新闻发布会，宣布新加坡 CPG 集团（Creative Professional Group）中标成为皎漂经济特区的开发咨询公司，咨询公司将为缅甸进行皎漂经济特区开发商招标提供咨询服务。缅甸财政部副部长貌貌登博士指出："缅甸的三个经济特区中，土瓦经济特区由缅泰两国政府合作开发，迪洛瓦经济特区由缅日两国政府合作开发，而皎漂经济特区将采取企业对企业模式进行商业化开发。"

（3）多途径推进对外经济合作

一是加强外资合作立法。根据缅甸投资委员会近期颁布的新投资条例，缅甸对禁止和限制外商投资的行业领域做出调整，禁止外国投资的领域包括国防武器弹药生产及相关服务，天然林木管理和保护，玉石、宝石勘探、开发与生产等；要求外资必须与缅甸公民以合资形式开展的领域包括生产和销售高产种子和本地种子、生产橡胶等；外企可独资进入的领域新增生产高科技疫苗、工业金属和金属矿产勘探开发与生产、大规模矿业

生产、铁路和公路相关建设工程、开发新卫星城等。

二是多方引进外资，优化投资结构。仅 2014 年头 5 个月，缅甸投资委员会就批准了 80 个外国投资项目，这些项目中大部分是进行来料加工的制衣厂。投资来源地主要是中国和新加坡，其次是韩国、泰国和日本。而且缅甸注意拓宽对外合作领域，包括金融领域合作、能源领域合作、水电项目合作、电子市场合作、医疗合作等。

从经济发展需要本身来讲，"一带一路"倡议是雪中送炭，大有好处，然而缅甸的复杂环境严重地干扰着中方的合作和投入，给中资企业和人员带来巨大的投资和生存的安全风险。

2. 缅甸存在的经济问题

缅甸联邦的经济体制是一种高度集中的计划经济与高度放任的市场经济并存的二元经济，两种经济成分相互补充，这使缅甸经济在军人政府的领导下发展缓慢。缅甸这种经济模式的形成，主要受缅甸历史上殖民经济的影响，这也造成了近现代缅甸特殊的阶级关系。这种关系的一个重要方面，就是缅甸民族资产阶级和无产阶级的数量大但影响力弱小，而主导缅甸经济的中产阶级和地主阶级数量少但影响力大。在这种国情下，缅甸要实行完全的市场经济体制就会冲击缅甸中产阶级和地主资本家的利益，反过来要实行完全的计划经济体制就会冲击民族资产阶级和无产阶级的利益。

（1）二元经济体制带来的腐败问题

缅甸军人集团自 1962 年政变上台执政后，就试图用计划经济体制来取代旧的市场经济体制，但单纯的计划经济给缅甸民族资本主义和无产阶级经济发展造成了极大的伤害。计划经济在吴奈温执政的 26 年里，几乎处于停顿状态。1988 年，苏貌将军上台执政，组成国家恢复法律与秩序委员会，在稳定缅甸局势的前提下，开始对缅甸经济体制进行改革，把原来奈温时期的计划经济体制调整成有计划的市场经济体制。在做法上，一方面缅甸军政府通过缅甸经济控股公司和缅甸经济有限公司等国有大企业来控制缅甸经济，垄断能源、矿产、汽车、电信等一些产品的经营。另一方面，军人政府又把缅甸私营经济放得很开，开放程度为世界罕见，规模庞大而又缺乏监管的地下经济和灰色经济，规模超过国有经济。例如，不受军人政府控制的缅甸民族武装组织，凭借中缅、缅泰、缅印接壤的便利条件，大量走私毒品和进行其他商品交易，赚取非法利润。据统计，在中缅、缅泰、缅印、缅孟边境，平均每天的交易额多达 3000 万美元。玉石、木材、矿产走私大量存在，地下钱庄不计其数。由于政府无力监管，税收大量流失。例如，2014 年在中国海关进口缅甸的玉石、木材关税计为 2360 万美元，但其中的 1210 万美元在缅甸海关的统计为零，这部分关税大部分来自民族武装组织控制区，而另一部分关税的流失是缅甸军人政府内部的腐败造成的。

（2）缅甸经济社会中的突出问题

一是缺乏整体经济发展策略，结构不合理，地区发展严重不平衡。缅甸经济是以农业为主体，其他经济并行发展的经济模式。缅甸经济由于受其国内外政治因素的影响，虽然自然经济资源丰富，条件优越，但经济始终处于相对落后的发展状态中。调查统计，截至 2014 年，缅甸人均国民年收入不到 1000 美元，属于低收入不发达国家。但我们也要看到，缅甸经济在 2012 年吴登盛总统执政以后也发生了一些改变，这种改变首先得益于国际形势的变化，得益于美国推行以遏制中国为首要目的的亚太再平衡战略。缅甸军人集团很明白，美国部分取消对缅甸政治孤立和经济制裁的目的在于遏制中国的发展，阻止中国通过缅甸南下印度的行动需要缅甸帮忙，并不是因为缅甸军人集团的行为发生了改变。尽管如此，缅甸军人集团还是抓住了这个机会，加快了对缅甸经济进行改革和实施对外开放政策。缅甸政府一系列投资政策的出台，对外资进入缅甸起了很好的推动作用。由于经济政策调整和外资进入缅甸，在 2014～2015 财年，缅甸共吸引外资 81 亿美元，是 2009～2010 财年的 25 倍。这些增长主要来源于石油化工、电信领域的外来投资和市场开发。同时，旅游业的发展对缅甸的经济发展也做出了贡献。

二是基础设施落后，电力、交通、通信等设施不完善。缅甸经济发展水平低下，缅族地区与少数民族地区经济发展不平衡，生产力和生产关系发展不匹配，经济发展不平衡带来的民族矛盾突出。经济发展资金投入不够，使很多的项目难以开展。例如，在农业经济方面，缅甸土地资源丰富，地势平坦，气候湿润，雨量充沛，是发展农业的天然地区。但缅甸国家贫困，财政收入难以向农业投资，使缅甸因缺乏技术对土地进行改良，土地不能释放出大的经济能量。再者，在耕作技术方面，因缺乏先进的生产工具和有效的农药化肥，缅甸农业经济发展始终处于低水平的发展状态，每年的农业收入与中国相比，在同等的土地面积上收入不及中国的1/5。在工业经济方面，缅甸在国家建设中，由于国际国内负面因素的影响，至今没有形成完整的工业体系，重工业和轻工业发展也很缓慢，手工业、商业的发展成为缅甸经济建设的主力。基础设施建设落后，导致市场开发严重落后。金融市场开发不足，管理不到位，地下钱庄黑市交易，严重冲击缅甸的金融市场。

三是法制、征信环境不健全，经济管理人才严重匮乏。缅甸长期由军人集团执政，导致当地政府决策管理水平低下，行政手续烦琐、办事效率低下，随意性大，运营不规范。在经济问题上，军人政府对国有经济经营不善，又不引进私营经济来调整推动发展，这阻碍了经济的正常发展。从私营经济看，缅甸私营经济与政府基本无关，私营企业很少从政府银行贷款，只向地下钱庄借钱，私营经济自生自灭，国家不做调整引导。私营企业在进行经济贸易活动中不敢向国家借钱，怕受军人政府控制，怕缅币再次作废。在经济贸易活动中不受军人政府控制可以逃避税收。此外，在经济贸易活动中不受军人政府监管可以将获利资金进行转移，这是军人政府执政时期两次缅币作废给缅甸人民带来的创伤。这种无序的经济发展，只有一个好处，就是在国有经济受到西方制裁出现困难时，可以对经济的困境起到缓和的作用。例如，在西方对缅甸进行经济制裁时，缅甸官方外汇储备有25亿美元，但流散在民间的美元储备就有600亿美元之多。而在缅甸军人政府执政禁止私人持有美元时期，这些美元都属于黑钱，但这些钱在西方对缅甸进行经济制裁的时候，对缅甸经济的发展起了很好的作用，这是一种特殊的金融体制，如果政府能清廉地监管使用这些钱，是可以促进缅甸经济发展的，若监管应用不好则风险很大，因为地下黑钱来路不明，有毒品交易来的，有走私商品贸易来的和逃避关税来的，也有合法经营来的。这些钱混合在一起，如果使用不当，将会给缅甸政府在国际社会中造成负面影响。

（二）"一带一路"项目在缅甸的风险分析

缅甸是"一带一路"重要的沿线国家，我国在缅甸投资存量巨大（如缅甸2011年居我国海外投资目标国第11位）。但缅甸是国际上公认的合规高风险国家，我国投资的项目本身又恰恰大量聚集在能源、电力、城建等敏感的行业，加上当地政局的不稳定、民族与宗教之间的矛盾、不断的内战危害，以及美国、日本等国的插手，那里的中资企业和人员可谓身处很大的生命和财产的危险之中。

1. 缅甸国内的主要风险来源

（1）军人政治长期影响缅甸的政局走向

从历史上看，缅甸从 1948 年独立开始就形成了军人主导国家政治的特点，缅甸军人在缅甸联邦建设发展过程中是发挥决定作用的力量。缅甸自 1948 年独立以来，开国元勋中多为军人，军人从一开始就直接影响政权，政治的发展就伴随着军人集团的发展而发展。缅甸军人集团具有长期的执政历史，已经形成强烈的参政意识，他们以参与政治斗争为手段，以实现政治利益为目的。军人已成为政治斗争的核心力量和主要的参与者，丹瑞、登盛、瑞曼、敏昂莱等代表人物既是军事家又是政治家。多年来，军人集团三驾马车执政的政绩表面光鲜，但底层民众和基层军人并未真正得到实惠。

一是政治改革无法实现。首先，民主改革虽然实行了多党制，以昂山素季为首的缅甸民盟也取得了当下的政权，但是军人集团没有退出缅甸政治舞台的考虑。军人集团仍然控制着缅甸的联邦政权，在行为上只是换了一种方式。因为在缅甸联邦会议里不通过选举，军人就自动占有 25% 的议席，而这 25% 的议席拥有修改宪法的否决权。所以缅甸 436 条宪法修不了，缅甸联邦的民主改革就进行不下去。其次是缅甸的民族内战问题。前总统吴登盛想通过和平谈判让出部分权力来实现全缅民族和解，如佤邦联合军控制的地区内实行高度自治问题、克钦独立军提出的留在联邦内实现高度自治的问题，吴登盛政府是没有能力回答的。就连与缅甸民族地方武装组织谈判签订实现全缅停火的一纸协定，吴登盛都做不了主。因为军方明确表示过果敢同盟军、若开邦人民解放军不在与政府谈判签署停火协议之列。军方的态度很明确，如果在缅甸，政府与所有民族武装组织签订停火协定，并通过谈判在缅甸实现民族和解，那么军方的地位就要被削弱，没有了战争，大批军人就得退伍回家，维护军人集团利益的内战不存在了，军人就找不到干预政治的理由。因此留下果敢同盟军、若开邦人民解放军作为国内军事对抗组织是为了保证和捍卫军人集团利益留下的一个口子。

二是经济改革收益甚微。一个国家要发展经济，就要有两个基础条件：第一，国家是统一的，没有内战发生，人民安居乐业；第二，与周边国家有良好的合作发展基础，没有世界经济大国的经济制裁。两个条件缺一不可，否则经济不可能健康发展。在缅甸两个条件都不具备的情况下，要说原吴登盛政府领导的缅甸经济发展进入了一个良性的轨道，是夸大其词的。缅甸 1948 年独立至今，在国家经济发展中，因大缅族主义和军人集团的统治，国家长期处在动乱的环境下，很多民族武装组织占据的地方，吴登盛的联邦政府根本没有管辖权，经济发展大都在政府控制区。这显然不能说经济发展进入了良性循环。相反，缅甸因民族内战破坏和西方的制裁，经济发展更加举步维艰。

三是对外关系发展不尽如人意。前总统吴登盛上台伊始就着力改善与西方的关系，为迎合西方解除对缅经济制裁，他说服了军人集团的主要当权者丹瑞等，解除了对昂山素季的软禁、释放了 85% 的政治犯，在缅甸实行多党的政治民主制度，停止了中国在缅甸投资项目密松水电站的建设项目合同，这让西方对缅甸的态度大为改观。西方为鼓励缅甸继续改革，奥巴马、卡梅伦、安倍晋三等政要先后到访，并承诺给予援助。然而一段时间里，虽经吴登盛政府的努力，提高与西方发展关系的声调，但几年过去了，西方许诺的美元并没有按照吴登盛的期望进入缅甸。相反，西方对缅甸的政治和经济制裁在没有完全解除的前提下还在施压。原因就是西方需要缅甸按照西方设定的价值观进行民主改革，放弃军人干政，目的就是要迫使缅甸倒向西方，将缅甸纳入西方的阵营里，切断中国通过缅甸南下印度的通道，遏制中国的发展。至于西方通过投资从缅甸身上得到什么？西方大国并不看好。结果吴登盛政府向西的期盼落空后，缅甸军人集团一致认为，现阶段缅甸政治经济发展是夹在中国和西方大国利益间生存的特殊国家。

（2）民主派势力与军人集团间难以化解的矛盾

双方积怨由来已久。1988 年，世界形势发生了深刻的变化，缅甸因多种国内问题引发了政治、经济危机，导致国家动乱。当年 8 月 8 日，缅甸学生、工人、市民、僧侣不顾当局有关禁令，在仰光掀起大规模的示威游行，当局为稳定局势对仰光实行宵禁，并对示威群众进行武力镇压，造成流血事件，使缅甸局势更加恶化。学生和市民更坚定地提出政治和经济的诉求，要求解散缅甸社会主义纲领党，停止内战，实现民族和解，建立临时政府，实行多党民主制，发展经济，提高人民生活水平。学生和市民的行动深深地感动了回国探亲的昂山素季。她为缅甸政治独裁、经济恶化和当局的暴力所愤慨，毅然投身缅甸如火如荼的政治潮流中。她利用昂山将军（昂山素季的父亲）的威望号召人民起来推翻社会主义纲领党的统治，要求成立过渡政府。昂山素季的行动深得人民的支持。1988 年 10 月，在昂山素季的号召下，缅甸退役将军、前总参谋长吴丁吴，副总参谋长昂季等在仰光组建成立缅甸民盟。昂山素季当选为民盟总书记，吴丁吴当选为民盟主席，公开与军人政府对抗。

民盟成立后，迅速得到缅甸广大民众的拥护和支持。在形势有利于民盟发展的情况下，民盟借助昂山素季在人民群众中的威望迅速发展党员，这就给军人政府造成了极大压力。军人政府为巩固执政地位，开始在缅甸全国打击民盟组织的活动，1989 年，军人政府借口以煽动群众、制造动乱罪名逮捕民盟十多名骨干成员，并以破坏社会治安罪为由软禁了民盟主席吴丁吴、副主席昂季等，但民盟没有被打垮。民盟虽然受挫，但在昂山素季的领导下、在缅甸广大人民的支持下，在 1990 年登记参加全国大选，并在 5 月 27 日的大选中赢得议会 485 个议席中的 396 个席位，获得压倒性的胜利。这种胜利极大地刺激了执政的军人政府、军人集团，军人为维护军人集团利益，拒绝将权力交给获得胜利的缅甸民盟，借口是军人政府要保障在缅甸完成宪法制定，根据宪法组成一个强有力的政府后，军人政府才能交出权力。在这种情况下，民盟没有能力推翻军人政府的执政，只能求助于联合国和西方国家的支持，民盟的正义要求得到联合国和西方国家的广泛支持，纷纷发表声明谴责缅甸军人政府的行为，特别是联合国、美国、欧盟对缅甸军人政府拒绝交权的做法发表了措辞强硬的声明，使缅甸问题国际化，形成由联合国、美国、欧盟共同支持的由昂山素季领导的民盟组织与军人政府的对抗局面，欧盟、美国的目的很清楚，就是借缅甸出现的民主力量加大对缅甸民主改造的力度，对军人政府采取以压促变的方式，搞垮军人政府，扶持昂山素季领导的民盟上台执政，把缅甸纳入西方的势力范围，形成对中国的战略包围。

（3）大选后的缅甸政局面临的挑战

2015 年 11 月，缅甸大选尘埃落定。缅甸民盟在昂山素季的领导下，在议会两院选举中以 75% 的选票获得压倒性的胜利，按缅甸宪法规定，民盟可以独立组织政府进行执政。民盟获胜后，执政的联邦巩固与发展党主席吴铁乌、时任总统吴登盛、军方首脑敏昂莱分别在不同时间发表谈话，宣布接受选举结果。2016 年 3 月 11 日，民盟资深成员吴廷觉和民盟钦族议员亨利班提育分别被缅甸联邦议会人民院和民族院推选为副总统。时任仰光省省长吴敏瑞也被军人议员团于当日晚些时候推选为副总统，缅甸实现了平稳交权，但是新政府面临权力移交和民盟执政能力的考验。

如今取得政权后的民盟的执政能力面临着极大的考验。执政后的民盟怎样协调与军方、前政府、民族反政府武装组织、缅甸其他党派的关系，是考验民盟昂山素季执政能力的关键。首先，民盟执政后利用缅甸民众对军人集团长期的厌恨和反感而对军人集团进行历史清算，那么军人集团为维护自身的利益将会进行强烈反击：或者提交对政府的不信任案，罢免现政府，提前举行议会选举；或者进行军事政变，由军方成立看守政府直到下届大选。其次，民盟执政后如果在议会里强行推动修改缅甸总统候选人条件和军方无选举占有的 25% 议会议员的条款，军方将会强烈反击，不排除军方将会以维护宪法为理由进行政变，使缅甸回到军人集团统治时期，造成缅甸更大的混乱。

另外，如何处理少数民族及反政府武装组织等问题也是对民盟执政的现实挑战。在军人统治缅甸时期，就将居住在缅甸的不同民族分为三六九等，有被承认为正式国民的，如缅、克伦、克钦、克耶、拨欧、若开、掸、钦、孟等民族，也有被列为非正式国民的，如果敢、德昂民族，还有不被列为缅甸人的罗兴亚人（Rohingya）。民盟执政后如处理不好少数民族及地方武装问题，恐将导致缅族人内部发生分裂，军方将借口实行军事管制，甚至昂山素季有可能重走其父亲被暗杀的道路。特别是昂山素季许诺要重开第二次彬龙会议，实现民族和解。但民族武装组织与缅甸政府和解的条件是缅甸政府必须承认民族武装组织的地位，停火协定必须由全缅所有民族武装组织参与进行谈判签署，停火协定签署后在实现全缅和解的谈判中，缅甸政府应同意民族武装组织在控制区内实行高度自治。如果昂山素季领导的政府同意民族武装组织的诉求，军方将持反对态度，一旦昂山素季领导的政府强行通过民族武装组织的诉求，军方将按宪法在缅甸实行紧急状态，罢免昂山素季领导的执政政府，实行军事管制，缅甸将发生内乱。同时，罗兴亚人（Rohingya people）问题是对民盟政府执政的潜在隐患。承认罗兴亚人在缅甸的合法地位，将受到缅族、军方和缅甸僧侣的公开反对，甚至会发生抗议和暴乱，给缅甸国内安全带来威胁。特别是在缅甸佛教徒与罗兴亚人发生冲突时，中东的"伊斯兰基地组织"会渗透到缅甸进行支持，给缅甸的国家安全带来威胁。

2. 相关风险对"一带一路"的影响

（1）缅甸政局未来变动对中资项目的影响

昂山素季所领导的民盟上台执政，在缅甸实现了执政政党更替，这标志着缅甸内政发生了深刻变化，这种变化势必会对中国在缅甸的企业造成现实的影响。

一是可能将中资项目与前政权的丑闻挂钩。中资企业在缅甸的重大投资项目大多是在军人集团执政时期签订的，缅甸部分政治势力和媒体认为这些项目签订存在大量的贿赂行为。这种观点虽没有证据，但在缅甸民间不同程度地存在市场，民间将可能存在的贿赂行为视为支持军人政权，认为这阻碍缅甸民主改革、经济发展，让缅甸成为世界最不发达的国家之一。民盟执政后，恐将对中国与军人政府时期签订的所有项目进行审查。

二是炒作资源掠夺和环境破坏。缅甸部分非政府组织认为，中国对缅甸的投资项目基本为资源开发性投资，技术开发性投资基本没有。这种投资给缅甸带来严重的环境污染和水土资源的破坏，特别严重的是，在项目开发地区土地被严重侵犯，补偿又严重不足，造成失地民众生活无着的状况，这受到缅甸人民的强烈谴责。

三是未使缅甸民众得到实惠。缅甸部分媒体舆论说，中国在缅甸的投资感受不到中国企业给缅甸人民带来多少好处、增加了多少收入，相反，因为土地被征收、资源被破坏倒给缅甸民众带来了灾难。而且中国在缅甸投资项目所雇用的工人中做粗活的、收入低的工人多，雇用缅甸知识分子和技术工人少，这给缅甸不同阶层的民众造成被抽血剥削的感受，使他们反对中国在缅甸的投资。

民盟上台执政后，缅甸不同阶层因中资企业的问题，向民盟执政政府提出的诉求会越来越多。而民盟政府和昂山素季不会忽视民众的诉求，会对一些不合法规、民众反映强烈的中资企业进行调整。特别是民盟执政后，西方国家对缅甸的投资将会进一步开放，民盟政府对境外投资项目的选择更加宽广，所以今后中国在缅甸投资遇到的障碍将更加突出。昂山素季在接见中国驻缅甸大使洪亮时，告诫中国在缅甸投资时须注意：新政府上台执政后，缅甸的外国投资将会增加，竞争也会更加激烈；现在缅甸的中国投资要面向群众，要获取民众的喜爱与支持；缅甸需要更加专注于自身的改革。因此缅甸在权力移交平稳过渡后，缅甸的安全形势将会有一段平稳的发展时期，中国在缅甸投资项目的做法也将面临极大挑战。

（2）民族矛盾和战乱不断将持续破坏安全环境

第一，缅甸的民族矛盾和武装冲突的现状。

缅甸共有135个民族，少数民族人口占全国人口的近30%，少数民族聚居区超过国土面积的一半，现存13个民族武装，这一力量与缅甸政府长期处于对峙状态。政府军与少数民族地方武装之间交战不断，紧张局势一度升级，规模或大或小的开火冲突已经发生数次，且还在不断冲突中。虽然吴登盛政府执政以来努力与少数民族地方武装进行和解，但紧张局势仍时有发生。

民族问题的历史由来。缅甸的民族问题是缅甸内政的一大问题。缅甸联邦自1948年独立以来，民族矛盾就没有得到完全解决。翻开缅甸历史，缅甸在1942年前是英国殖民地，英国在统治缅甸期间，就把以缅族为主的政府和其他少数民族区别开来进行管理，并在对少数民族地区的管理中放权过大，为今后缅甸联邦的统一埋下动摇国体的隐患，造成少数民族统治者与政府间矛盾突出。1946～1948年缅甸在昂山将军的领导下，在争取民族独立解放运动的推动下，为解决缅甸的民族问题，昂山将军联合缅甸各大土司头人，在缅甸掸邦东枝彬龙镇召开了缅甸历史上著名的彬龙会议，通过《彬龙协定》，决定由各民族联合成立独立的缅甸联邦政府。当时，为使国家得到完全的统一，对少数民族地区的上层管理做出了较大的让步，在协定里写入了一些附带条款，这些条款在后来实施过程中，政府都无法兑现。例如，给缅甸少数民族上层自治的权力；保留民族地区上层养军队的权力；国家不侵犯民族上层的既得利益；等等。但当国家独立以后，政府加大对少数民族地区进行渗透管理、加强控制时，必然导致少数民族上层的反抗和民族矛盾的激化。特别是缅甸独立后，大缅族主义在缅甸政府官员中抬头，严重威胁各少数民族利益，导致缅甸各少数民族邦的民族上层纷纷脱离缅甸中央政府，在自己的省邦里组织武装力量与缅甸中央政府对抗。特别在 1962 年奈温军事政变执政后把持红卡身份证的认定为缅甸的正式国民，把持蓝卡和绿卡的归为入籍公民和客籍公民，把持白卡的称为暂住公民。这就严重地分裂了缅甸的民族关系，使缅甸的民族矛盾更加突出。

由民族问题引发的武装冲突持续不断。在缅甸，与政府对抗的民族武装组织一度发展到 37 个之多。这些组织在与缅甸政府的对抗中并没有争取到独立或自治的权力，相反，连年战争消耗使自己的民族利益受到了损害。政府在与民族武装组织的斗争中，虽然动用了国家的大量资源，但也没有把民族武装组织消灭，反使国家因连年战争蒙受损失，经济基础薄弱。随着国际形势的变化和国内矛盾的分离，缅甸政府为稳定政局、缓和民族矛盾、发展经济，自 1990 年开始，与民族武装组织进行接触谈判以解决缅甸的民族矛盾。谈判的结果使一部分弱小的民族武装组织解除了武装，加入了缅甸政府，另有近 21 个民族武装组织仍然与缅甸政府对峙。2011 年，吴登盛上台执政后，为进一步缓和民族矛盾，实现民族和解，加强了与民族武装组织的全面停火谈判。由于军人集团反对与果敢、德昂、若开等少数民族武装组织进行和解谈判，吴登盛政府推出的全缅停火协定未能圆满完成，原定谈判的 15 个民族武装组织，到 10 月 15 日全缅停火协定签字时，只有 8 个到缅甸新都与缅甸政府签订停火协定，其他 7 个和不在缅甸政府谈判之列的 4 个共 11 个民族武装组织仍然在与缅甸政府进行军事对抗。

第二，缅甸持续内战对中国投资安全带来现实影响。

20 世纪 60 年代，缅甸政府军同少数民族武装之间内战开始并绵延至今，成为目前全世界持续时间最长的内战。内战期间，缅甸政府同少数民族武装曾经多次签订停火协议，但最终都是相互不信任，以及在联邦制设计、分权等核心利益问题上产生分歧，导致一直以来，缅甸政府和少数民族都只是签订"停火协议"，但没有就核心问题达成"政治协议"。中国企业在缅甸少数民族控制地区进行投资时，已经很难避开缅甸政府与地方民族武装的利益矛盾。战事还往往造成口岸无法正常运转，影响公路运输线路安全，不佳的安全状况为中国企业的运营增加了政治和安全风险，使中国企业在缅甸的一些大型投资项目因此不断受到冲击和非议，对中国企业投资的影响与日俱增。

一是途经冲突区域的重点项目建设运营易受干扰。缅甸政府军与少数民族武装克钦独立军发生的武装冲突一直未能停息，中国企业在缅甸投资项目中有不少在缅北克钦地方武装控制区域，包括未来的中缅油气管道、中缅铁路和中缅公路也必须通过或临近克钦独立军控制的掸邦克钦地区，这些地区水力、矿产资源丰富，但长期的战乱使企业的安全和运营受到很大影响，项目受到波及和延迟的情况时有发生。

二是中国的大量投资因军事冲突遭受巨额经济损失。2014 年 12 月 1日据媒体报道，中国资助缅甸种香蕉取代毒品项目，或因内战颗粒无收；2014 年底的"缅政府军炮击中缅边境"事件和"与果敢叛军冲突事件"均对我国边境安全造成极大压力，缅甸一些边民进入中国。12 月 15 日，外交部发言人秦刚称，中国作为缅甸邻居，希望缅甸能够保持和平、稳定、发展，通过对话推进民族和解进程，维护中缅边境和平与稳定。

三是中国在缅甸人员安全面临直接威胁。近年来，缅甸政府军同克钦独立军战况激烈，2015 年初多名中国人因战乱被困缅北，经中国驻缅甸使馆与缅甸外交部等部门协商，中国驻缅使领馆领事保护联合工作组已于 1月 19 日抵达缅甸克钦邦首府密支那，为因进入缅甸伐木而被拘押的中国公民提供领事保护服务，并进一步调查了解中国媒体所传的中国人在缅北受困情况。同时也不能排除帕敢矿区战斗导致克钦进入类似 2011 年的全面冲突的局面和大量难民再度涌入中国境内的可能。

（3）宗教冲突持续危害中国在缅甸重点项目建设

在缅甸全国大约 6000 万人中，接近 90% 的人信仰佛教，伊斯兰教徒约占 4%，在缅甸西北部靠近印度和孟加拉国的若开邦等省份存在大量穆斯林（主要是罗兴亚人），他们受到歧视，处境艰难。2012 年来，宗教冲突时有发生，而且向多个核心城市蔓延，佛教极端主义引发关注，并成为外界干预缅甸内政的新议题。教派冲突是政府实施管理必须面对的一个难题。在世界泛伊斯兰运动的不断渗透下，缅甸的穆斯林不仅不会妥协，而且有将宗教冲突进一步激化的趋势。2012 年 10 月 21 日起，缅甸信奉佛教的若开族与信奉伊斯兰教的罗兴亚人发生了严重冲突，导致 89 人死亡。而有关这次骚乱，缅甸总统府发布的新闻公报说，骚乱除了造成 89 人死亡，还导致 136 人受伤、32231 人无家可归，另外有 5300 多间房屋被毁。缅甸的宗教冲突现在已经越来越引起世界穆斯林方面的关注，特别是阿拉伯极端组织的关注，宗教冲突正在对缅甸政局的稳定形成另一个长期的威胁，而这种威胁一旦形成，解决的复杂程度将远远超过目前的缅军与少数民族武装之间的武装冲突。中缅油气管道的起点正是在若开邦，油气管道需要横穿整个若开邦向东北方向延伸，持续的骚乱直接影响该项目的运营，中资企业不得不紧急应对，确保油气管道安全。

（4）一些非政府组织加大对中国企业的干扰

缅甸在过去20年里得到一定程度的开放，许多非政府组织和社区基层组织都在当地建立起了机构，从事非政府组织活动的人数也大大增加，活动领域遍及缅甸全国，涉及范围非常广泛，他们多以联合国以及国际非政府人道主义援助机构为名义活跃在中缅边境地区开展工作，在日常工作中，从为当地老百姓提供培训医疗卫生技术，改善当地医疗卫生条件，到为老百姓分发国际人道主义援助，甚至投当地老百姓所好，免费为当地老百姓分发价值低廉的洗衣粉等，取得当地老百姓的信任与支持，成为不可忽视的一支力量。无论缅甸本土草根组织还是西方国际非政府组织，都将密切监督中资企业经营作为重点，以发现中资企业违规情况，并打压中资企业项目，作为吸引缅甸民众关注、制造影响力的重要手段。

第一，缅甸非政府组织媒体对中资企业的影响。

近年来，缅甸媒体、民间组织、议员对中缅油气管道和水电站项目提出批评。2014年初，德昂妇女组织推出报告《被忽视的冲突》，称缅甸政府军加强在中缅油气管道周围安保部署，并借机向当地少数民族武装组织驻守地区增兵，致当地军事化冲突增多，民众遭殃。3月，《伊洛瓦底江》杂志网站报道称，近期若开邦17名在管道工程工作的钦族人被以纵火罪逮捕，起因是与中国员工发生冲突，随后附近仓库失火。《缅甸十一日报》刊登抨击中国的文章，指中国企业在缅活动增加，主要投资矿产、油气、水电站，引发缅方关切。缅甸人权基金会环保人士抗议中、泰、缅在萨尔温江（中国境内称"怒江"）建设多座水电站危害缅甸生态和民众生活。此外，一些西方媒体和缅甸反华人士公布调查问卷，称当地民众担忧密松水电站建设再起，影响当地居民生活。此举旨在刺激缅甸舆论反对密松水电站的声浪，企图迫使缅甸政府宣布终止水电站项目。

中缅边境依然存在较多跨境非法行为，两国政府正在加大执法力度。一是边境中国银行缅甸公民账户将被关闭。一位木姐商人介绍，这么做的目的主要是防止类似洗钱等非法资金流动，主要针对毒品、木材以及赌博业。二是中国继续打击缅甸非法入境、非法贩毒人员。2014 年 11 月 20 日缅甸有媒体称，缅甸政府指责中国方面未能控制非法木材交易。缅甸联邦政府官员温吞说，尽管缅甸一再要求，但中国未能控制非法木材交易。11 月 26 日缅华网悉，14 名缅甸人非法入境在烟台打工被遣返；11 月 26 日缅华网悉，中国公安部 "2014 - 285 号" 毒品目标案件近日宣布告破，抓获嫌犯 19 人，缴获冰毒 177.167 千克，摧毁一个从缅甸组织毒品，经云南向湖南贩卖的跨境跨区域贩毒网络。

第二，西方国际非政府组织加紧打压中资企业影响。

近几年来，随着西方反华、反缅势力的渗透和影响，西方的民主、自由价值观不仅在民间，而且已在缅甸军人集团的少壮派中悄然兴起。更值得注意的是，大选后，缅甸国内政治情况虽无实质改变，民盟政府仍受军政府控制，但民盟政府开始注重收买人心以抗衡军政府，开始更多摆出民主姿态，并主张与非政府组织合作。

西方国家通过 "价值观外交"，将自由主义民主人权目标与现实主义权力平衡战略结合起来，引导缅甸民众重新认知国家利益。通过 "价值观外交"，缅的权利意识逐渐兴起，公民社会团体开始质疑甚至挑战前军政府引进的外国投资项目，认为这些项目不符合缅甸国家和人民的利益。特别是有着西方资金支持背景的非政府组织，长期在缅甸区域内活动，每年发布多个专题报告、公开信和研讨会，彼此间通常相互呼应并趋于网络化，对所在国民众甚至政府都有较大的影响力，有时还会被所在国的内部政治斗争所利用，中国企业便容易成为首当其冲的攻击对象。

受到这些非政府组织和学者的蛊惑，目前一些缅甸人用非常极端的理想主义眼光看待外来投资，一味地要求所有外来投资项目对环境不能有任何的影响，而且绝大部分的收益要给当地老百姓，根本不考虑这些外来投资项目对整个国家经济发展的促进作用以及外来投资企业本身能否盈利。以密松水电站项目搁置为例，我们不难发现其背后受到缅甸国内不少社会及政治团体的施压。在该事件中，诸如国际地球权益组织（Earth Rights International，ERI）、生物多样性和自然对话协会（Biodiversity and Nature Conversation Association，BANCA）、缅甸河流网络（Burma Rivers Network，BRN）、克钦发展网络组织（Kachin Development Networking Group，KDNG）

等，都从环境保护角度反对中缅密松水电站项目，一直对中缅投资项目高唱反调。其中 ERI 曾多次发表研究报告指控中缅投资在征地、环境破坏、强制移民、军事劳役方面损害缅甸人民权益，其提供的证据非常具有诱导性，如在缅甸的某非政府组织发给民众的宣传册中，连中资公司发放给移民的补偿款都成为被攻击对象："一些父母得到补偿金后不久就给孩子们买摩托车，以前由于路远不能去的娱乐场所，现在很容易就能去，这样孩子们就学坏了。"

这些职业闹事团体根本不会顾及什么公益、就业和环保，这些口号只不过是他们闹事的一个借口，它们背后的资金链决定了闹事已经是它们的一个工作方式。中方如果还只停留在对这些职业闹事者的口号的解释和宣传上，他们会很快找出新的闹事理由和口号，那么中方的宣传和公关就会永远被这些职业闹事者牵着鼻子走而疲于应付。

（5）地缘政治制约"一带一路"倡议的推进

随着缅甸政府全力推进的政治、经济改革进入关键博弈期和美国"亚太再平衡"战略步伐的不断加快，缅甸的战略地位和影响力越来越受到世界政治力量的关注。缅甸新一届政府上台后，在重点发展与周边国家尤其是东盟国家的关系的同时，还努力改善与欧美大国的关系。缅甸也希望与其他重要国家搞好关系，在中美之间通过平衡外交，实现国家利益最大化。美国、日本、印度等大国也希望缅甸减轻对中国的依赖，企图在区域内弱化中国的影响力。在美国重返亚太的国际环境下，企业投资也可能会受到此类不确定性的影响。

第一，中缅关系在地缘政治中的新变化。

中缅情意源远流长，20 多年来，在涉及双方重大利益的问题上，两国总是给予对方坚定的支持。中国一直被认为是缅甸军政府最大的支持者和盟友。中缅两国互有重大战略需求：中国的帮助使缅甸免遭西方国家过于严厉的制裁，缅甸需要中国帮助实现其国家的经济繁荣；同时，缅甸是中国走向印度洋，实现 21 世纪发展大战略的重要通道，是连接中国西南内陆落后地区与东盟和南亚地区的经济纽带，是中国确保西南边境安全稳定的重要合作伙伴。随着西方国家大幅度调整对缅政策，并逐步取消对缅甸的制裁，缅甸长久以来以中国为主要外交对象的时期可以说已经成为过去式。缅甸对外关系呈现多元化的格局，不再把鸡蛋集中在一个篮子里已经成为缅甸政府的新抉择，其希望按照自己的步伐改革，同时与外界公开接触，这是中缅关系呈现的新态势。

第二，缅印关系变化对我国在缅甸的影响。

印度是缅甸的重要邻国，两国在1995年前关系处于封冻状态，主要原因是在奈温政府执政时期，曾驱逐缅甸境内生活的印度人达10万人之多，印度政府强烈抗议并支持印缅边境的缅甸反政府武装同缅甸政府对抗，缅政府同样如此，致使印缅关系降至冰点。1991年军人政府执政时期，印度标榜自己是民主国家，在对缅甸问题上跟随西方国家反对缅甸军人政府统治，支持昂山素季领导的民盟，谴责缅甸军人政府，印缅关系一度矛盾重重。但随着国际形势的发展，缅甸政府在西方国家的政治孤立和经济制裁当中，外交政策从战略中立转向友好大国靠拢时，印度开始关注缅甸，特别让印度感到不安的是缅甸的外交政策从1991年后一边倒向中国，使中国可以通过缅甸进入孟加拉湾和印度洋，印度认为中国对印度洋抱有野心，不得不重新站在国家安全的战略高度上考虑自身利益，因此印度政府一改过去对缅甸军人政府的批判指责，放弃了对民盟的支持，限制躲藏在印度领土上从事反对缅甸政府活动的民族武装组织。1998年印缅关系开始解冻，两国开始互派文化、经济代表团访问，加强军事合作。在经济上，印缅经贸合作明显增多，至2006年两国关系达到空前融洽。

这些两国关系的变化说明，从缅甸方面来看，与印度国家关系的发展使缅甸周边外环境获得改善，削弱了西方国家对缅甸的政治孤立和经济制裁，对缅甸军人政府维护国内稳定和国家安全起到了积极作用；从印度方面来看，与缅甸国家关系的发展使印缅两国边界安全得到进一步保障，减弱了中国对缅甸的影响，密切了印缅的经贸关系，为今后印度进入东盟打下基础。同时，保持同东盟的良好政治经济关系，对缅甸军人政府稳定内政发展经济有利，对缅甸打破西方的封锁制裁拓展外交空间有利。

第三，缅甸东盟关系变化对我国在缅甸的影响。

东盟全称为东南亚国家联盟，由菲律宾、印度尼西亚、文莱、新加坡、马来西亚、越南、老挝、柬埔寨、泰国、缅甸十个国家组成，缅甸是成员国，但其在东盟成员国中的政治、经济地位都有别于其他成员国，原因一是缅甸政治上受西方的孤立、经济上受西方的制裁，没有相对稳定的政治经济体制，中国和印度在缅甸日益增加的影响力引起了东盟国家的忧虑。原因二是缅甸是东盟西出印度洋和南亚的桥梁，对东盟的经济发展有战略意义，有利于打破西方的经济垄断。

第四，美国、欧盟的强势介入对我国在缅甸的影响。

缅甸民选政府加快国内民主改革和对外政策的调整，越来越迫切希望摆脱国际孤立的状态。2011年以来，西方国家逐步解除了对缅甸的制裁，考虑到缅甸突出的战略地位，西方国家加紧争夺缅甸市场，加强在缅甸的影响力，缅甸被外媒吹捧为亚洲地区最后的一块天堂，一时成了众多国家投资的热土。

目前来看，缅甸同美国、欧盟的关系是一种制裁与反制裁、颠覆与反颠覆的斗争关系。从缅甸军人政府看，军人政府反对美国、欧盟利用人权问题干涉缅甸内政，反对其支持民盟，反对其政治孤立和经济制裁缅甸。缅甸在1992年后，对外政策无法选择，在战略上只能发展同周边国家的外交关系特别是同中国和印度的关系，用于打破西方的政治孤立和经济制裁。但随着国际形势的变化，随着美国"亚太再平衡"战略的推进，美、欧、缅关系有了一种改善，这种改善是以欧美在缅利益为基础、以牺牲中国在缅利益为代价来进行的。从欧美对缅甸的战略目的来看，用西方的价值观对缅甸进行改造，扶持缅甸亲西方势力上台执政，把缅甸纳入西方势力范围，成为美国围堵中国战略的重要组成部分，同时也为美国隔开印度与东南亚的联系打入一个楔子。

1988年9月以来，以美国为首的西方在缅甸发生军事政变后与其断交，以经济制裁为主开始了对缅甸长达二十多年的全面制裁。西方国家的孤立使缅甸开始努力发展与周边国家的关系，努力在引进发展中国家资金的基础上发展经济，改善民生稳定国内的政局，同时，缅甸需要维持与周边大国的关系谋求政治庇护和支持，不至于使自身被完全孤立。中国便是缅甸十分重视的合作伙伴，缅甸对中国企业的投资抱有极大的欢迎态度，中国一直以来都是缅甸的重要投资国。

第五，日本加紧对缅甸投资并破坏中国项目进行，值得高度警惕。

值得注意的是，紧随美国，日本迫不及待地在缅甸投资，包括基础设施、社会公益事业和人道援助项目等领域全面介入缅甸投资。2013年12月8日，日本政府承诺给予缅甸5.85亿美元贷款援助。在此之前，日本政府在5月已经给予缅甸5.04亿美元低息贷款，同时还免除缅甸高达17.4

亿美元的债务。2013 年，日本已经成为缅甸第三大投资国，排名仅次于中国和泰国。日本重返缅甸，重建日缅亲密关系的意图非常明显。近几年来，日缅两国已经基本形成了双边政治、经济、技术、社会和民族问题以及地区安全防务等领域的全方位合作。2013 年，日本就一次性免除缅甸近 3035 亿日元拖欠债务，得到的回报是，缅甸将重建的关键任务外包给日本，其中包括缅甸最大的开发区——迪拉瓦港经济特区的建设主导权。

日本不仅加紧自己的投资，同时还参与破坏中国项目的形象，如 2009 年 12 月正式开工建设的密松水电站项目。原本对于积贫积弱的缅甸而言，电力建设是其国家发展的基本前提，而相比于火电、核电以及新能源发电来说，水电又是污染较小、投资性价比最高、安全性最高的选择。任何对缅甸国家发展有责任感的领导人，不管他是民选的也好，威权的也好，都会将缅甸的未来与水电项目联系在一起，所以当年缅甸政府极力要和中国合作建设密松水电站项目。然而，日本等国控制了多家缅甸国内的重要媒体，通过这些媒体对密松水电站项目进行了大量的不实批评，从而让国内民意逐渐形成了对密松水电站项目的普遍反对意见，促使缅甸政府基于政治考量而在 2011 年违约搁置密松水电站项目。原先数千人的建设队伍被迫解散，如果项目无法重启，意味着中国电力投资集团公司 30 多亿元人民币的前期投入打了水漂，而且每年还要背负 3 亿元人民币的财务负担。

（三）缅甸华侨华人助推"一带一路"建设

缅甸现有华侨华人约 250 万人，主要分布在仰光、曼德勒、勃生、毛淡棉等主要城市。华侨华人中闽籍人士最多，滇籍次之，粤籍人位居第三。闽、粤籍华侨华人主要聚居在缅甸中南部地区，缅北地区则以滇籍人士为主。从种族上来说，缅甸人对华人有一种天然的种族认同感，双方在边贸领域的合作基础良好，且一直很活跃，这些原因均促使缅甸成为中国企业对外投资的重要考量。缅甸华侨华人一直是缅甸经济上的重要成员，这有利于中国企业进驻缅甸，双方在文化上有一定的共同性，且长期的边贸往来也为双方合作奠定了良好的基础。

1. 缅甸华侨华人概况

缅甸华侨华人传统以出卖劳力或以商摊为生。1948 年缅甸独立后，外侨经济因缅甸政府推行"缅化"政策而日趋式微。20 世纪 60 年代，缅甸政府实行"国有化政策"，华侨华人经济随之陷于低谷。七八十年代，缅甸政府相继调整经济政策，实行开放，鼓励发展私营经济，华侨华人经济作为缅甸民族经济的组成部分得以恢复和发展。现全缅甸的杂货、零售和餐饮行业，大部分都由华商经营，华侨华人经济正呈现向轻工业和加工业发展的趋势。

华侨华人在缅甸的聚居地呈现两个特点：第一，大部分华侨华人集中居住在以仰光为中心的沿海、沿边城市和曼德勒—景栋—密支那的缅北三角区域内，而在缅甸西部的若开邦、钦邦和西北部的很少，那里是缅甸与孟加拉国和印度的接壤地区，外侨主要以印度人、巴基斯坦人和孟加拉国人为主。第二，华侨华人的分布状态是和他们最早进入缅甸的路线及区域是一致的。最早到达缅甸的华侨华人主要是由两条路线进入缅甸的，其一是从云南陆路进入，其二是早期由马来西亚和泰国等地北迁而入。因此，在中缅边境地区掸邦、克钦邦以及伊洛瓦底江三角洲地区和泰缅边境地区的华人也很集中。实际上后者也是缅甸相对较为发达的地区，更适宜华人从事商贸活动。

2. 缅甸华侨华人发展历程

一是华侨华人地位较高时期。华人移居缅甸始于明末清初，大量移居在鸦片战争以后，主要定居在云南边界一带。到了近代，随着海上交通的逐渐繁兴，中缅两国往来更趋密切，我国闽、粤人侨居缅甸的人数增多。1940 年至 1942 年，中缅两国人民修筑的滇缅公路成为我国当时外贸、交通的唯一通道。自中华人民共和国成立后，中缅两国人民的友谊更进一步加强。1950 年 6 月 8 日缅甸与我国建立了外交关系，是第 5 个与我国建交的国家。在未建交前，华侨华人在缅甸社会地位很低，受到排挤和歧视，在发展经济方面受到诸多限制。在建交后的 13 年期间（即 50 年代至 60 年代初期），中缅两国领导人互访甚为频繁。中国领导人刘少奇、周恩来、陈毅、叶剑英等在此期间先后访问过缅甸。特别是周恩来总理曾 9 次访缅，并多次接见侨领，与他们一起座谈，还和侨领一起参加过每年 4 月 13 日至 16 日全国盛大的象征民族团结的泼水节。随着两国领导人来往密切，华侨华人的政治、经济、文化地位一改旧观，与该国公民一视同仁，受到尊敬。这样为广大华侨华人更好地生存和发展创造了一个"天高任鸟飞，海阔凭鱼跃"的良好环境。1954 年 6 月，周恩来总理访问缅甸，中缅两国人民友谊被推上一个新台阶。广大华侨华人和华裔无不欢欣鼓舞，在华侨史上写下了新的一页。60年代初，叶剑英元帅率领军事代表团访问缅甸，签订《中缅边境条约》时，两国代表团深入边境勘查。1959年9月，缅甸政府颁布了《缅甸联邦投资条例》，欢迎外国投资和发展私营工业。鉴于缅甸局势不稳定，投资环境还不尽如人意，况且外国人担心缅甸搞国有化，故外国投资者不多。在这一背景下，华侨华人捷足先登，促使缅甸经济迅猛发展。据1962年的材料，当时华人所经营的工业占缅甸私营工业的75%，华侨华人还垄断了一些新兴工业项目。

二是华侨华人地位一落千丈时期。从1963年至1973年的10年间，是缅甸华侨华人地位一落千丈时期。总的情况，根据缅甸华侨华人的说法，可归纳为："国有化、大排华、大迁徙、大损失。"1963年缅甸推行国有化政策，搞公私合营，首先进行的是华人经济。1948年缅甸独立后，该国政府推行国有化政策，主要针对外资。这次国有化主要针对英国、印度人的外资企业，华侨华人除少数大企业外，中小企业未受损失，甚至还有所发展。1963年3月1日，缅甸政府又强调实行国有化政策，这次国有化则主要是针对华侨华人。华侨经营的400多家碾米厂，1964年被收归国有。缅甸克钦邦区最高行政委员会还于1963年下令禁止外侨在该国开采玉石矿。当时，外侨所办的玉石矿有249处（其中多为华侨华人产业），均被收归国有，后交缅甸人经营。同时缅甸政府又下令将外侨所有的工商企业收归国有。这一政策实施后，华侨华人企业几乎等于零，损失惨重。1967年6月，在缅甸首都仰光发生了一次缅甸人排华反华事件，导致华人的地位一落千丈。6月22日，华侨学生因佩带毛泽东像章，与校方及当局发生争执。有2000多名缅甸人围困华人所办的南洋和华侨两所中学，袭击殴打学生。6月26日至29日，约5000名缅甸人高呼反华口号，举行示威游行，并围攻袭击中国驻缅甸大使馆以及新华社、中国民航和经济参赞处等机构，破坏建筑设施，捣毁新闻橱窗，杀害中国援缅专家刘逸。之后，他们还袭击了仰光华侨华人居住区，抢劫商店，放火焚烧华侨公共建筑物，杀害了44名华侨。约有1300名华侨遭到缅甸当局的所谓"保护性"拘留，89名华侨被捕。为此，中国政府于6月29日发表声明，向缅甸政府提出严肃抗议。10月7日，中国政府撤回全部援缅专家和技术人员；中缅两国冻结了相互交流。这次排华反华事件，不仅导致华侨华人地位急剧下降，而且使华侨华人在精神上受到重大打击，并对其生存和发展造成极大的威胁，在中缅人民友谊上蒙上了一层阴影，在华侨史册上留下了可悲的篇章。

三是华人地位雨后初晴时期。从 1974 年至今的 40 多年间，是华人地位雨后初晴时期。在这期间，中国领导人邓颖超、邓小平、李鹏先后出访缅甸，中缅两国友谊得到了恢复和发展，给华侨华人增添了一股无形的力量。因此，华人经济出现了"重起炉灶，迂回创业，多业发展，引进外资"的崭新格局。1974 年缅甸政府颁布新宪法，准许私人投资创办工商业。华人重操旧业，开始惨淡经营，逐步发展。截至 1980 年，华人经营的碾料厂、制革厂、糖果厂、织布厂、塑胶厂、电器和汽车修理厂等小型企业已有 1000 余家。资本少则 5 万缅元，多则 300 万 ~ 400 万缅元不等。但从缅甸华人的历史上看，华人企业已今不如昔。据报道，缅甸全国共有 41756 家大企业，其中国有企业为 1834 家，产业工人 186 万名，技术熟练工人 46 万名，中等技术工人 40 万名。华人在商业和服务业（特别是饮食业）方面发展较快。缅甸的华人杂货店有 2000 余家，餐馆 2000 余家。总之，华人资本正在加速发展。1988 年底，缅甸政府宣布全国开放边界。迁到外国的缅甸华人乘开放之风，纷纷迁回原地创业。这样在缅甸的民间贸易市场内，中国商品所占比重从 20% 增加到 60%。缅甸政府允许私人投资工商业和实行边界开放后，为华人的经济发展从法律上给予保护，极大地调动了华人投资工商业的积极性。据了解，不少华人都向多元化经济行业靠拢，即工、商、金融、服务等业一齐上，好些华人还投资房地产业。尤其可喜的是，很多华人的后裔到中国台湾、日本、美国打工，积蓄一笔资金后，都在近几年回到出生地投资兴办工商业。这些后裔有文化、视野宽、胆量大，又学到了不少先进技术，他们在父辈的指导支持下，利用良好的投资环境，使华人经济得到前所未有的迅速发展，华人的经济地位很快恢复到 50 年代的"黄金时期"，并且超越了那个时代。可以预料，华人经济将成为缅甸的重要支柱，他们对缅甸经济的繁荣将做出重大贡献。

3. 华侨华人在缅甸的政治社会地位

华人涉足缅甸政坛始于 1909 年，一个名叫林振宗的商人成为缅甸省（当时缅甸是英属印度的一个省）15 名立法议员之一。1948 年独立后，缅甸政府先后颁布了《缅甸国籍法》《外侨登记条例》，规定华侨没有选举权和被选举权，不能担任政府公务员。在《不动产转让限制法》中规定华侨不得将不动产赠予非缅籍子女或售予外国公民，非经申请审批不得将外汇汇出等。1962 年奈温军人政权上台后到 1969 年期间，缅甸实行闭关锁国和民族主义政策，华人受到的政治限制也变得更加严厉起来。值得注意的是，虽然 1964 年缅甸军人政府颁布了《维护民族团结法》，但从这个时候开始一直到 60 年代后期，缅甸华人的处境却是最为艰难的时期。20 世纪 70 年代后，随着中缅关系的逐步改善，华人华侨的处境也得到了一定程度的改善。1974 年通过的《缅甸联邦社会主义共和国宪法》承认了民族平等及尊重民族宗教信仰的原则。近年来，随着两国关系的稳定发展，缅甸华人的处境得到一定程度的改善。华人的政治权利主要限于宗教信仰、结社、言论、居留、旅行和经营工商贸易等方面的自由。无论在法律法规方面，还是在实际情况方面，华人在缅甸一直都没有取得过真正的政治平等地位。

4. 缅甸华侨华人问题的特点

综合来看，缅甸华侨华人问题存在一些特点。这些特点有的是相对于其他国家（特别是其他东南亚国家）的华人问题而言的，有的是相对于缅甸国内其他民族问题而言的。一是缅甸华侨华人与东南亚其他国家的华侨华人一样有着相似的历史和命运。缅甸华侨华人因为相同或相近的原因来到异国他乡，历尽沧桑，繁衍生息，在融合和矛盾中与当地民族共处，遭遇着艰难曲折的命运。他们最初主要是为谋生而来，以商贸立身持家，在很长的时间里与当地的政治舞台保留着较远的距离。缅甸独立后，他们的政治经济地位得到了较大程度的改善，但与当地主流民族在权利上依然保留着事实上的差距，一度成为被排挤和压迫的对象。他们的政治社会地位和处境在较大程度上受到周边国家、国际环境和中缅关系的影响，也在一定程度上影响着中缅关系。目前缅甸华人在社会中的经济角色依然远重于其政治角色，并将在长期内不会发生大的变化。相对来说，缅甸华人的经济地位、社团组织和华文教育要比新加坡、泰国和马来西亚等国的华人差得多。但是因为宗教上的相同或相近，缅甸华人与当地民族却保持着相对融洽的关系。二是华人问题在缅甸国内并不突出，事实上算不上一个大的"问题"。这表现为三点：第一，相对于缅甸其他外来民族而言，无论在政治、经济方面，还是在文化、宗教或婚姻方面，缅甸华人与当地主流民族的融合程度较好。第二，相对于缅甸国内其他少数民族问题而言，问题并不突出。目前缅甸国内的最大问题是军人政权与民主政权之争、经济发展以及少数民族的斗争等，一般情况下华人问题并不太受人关注。从某种程度来说，这有利于华侨华人在当地生活。第三，相对于东南亚其他华侨华人人数较多的国家而言，缅甸的华人问题不突出。

（四）可供参考的应对之策

鉴于缅甸错综复杂的安全形势，对于去缅甸投资或重启一些水电工程项目都需要再三斟酌、评估和预备好防控风险的对策。下面是本书提出的一些应对策略，只是一些助推和谐共赢的外部因素，关键还是缅甸内部要解决内战和实现真正的国家统一，形成长治久安的建设环境。

1. 平衡地缘政治格局，确保"一带一路"顺利拓展

中缅双方都非常重视发展两国关系，特别是缅甸各界对中缅关系的发展都有较高的期待。虽然双方在个别经贸合作项目上存在问题其至是推进受挫，但中缅关系的互利双赢本质和主调没有变，局部的小波澜不会对大局产生根本性的影响。中国在缅甸有大量的投资，特别是修建年输送能力2000万吨的能源进口通道后，进口非洲和中东的油气将有助于破解马六甲困局，在一定程度上破解中国能源安全存在的潜在威胁。近年来美国不断加大向缅政府的影响力度，暗中阻挠中缅关系的发展，使水电工程搁浅、中缅铁路项目进展缓慢。尽管如此，从中缅关系发展历史和两国共同利益来看，缅甸当局一些政客采取"左右逢源"的政策对两国关系的发展产生了一些负面影响，但这些影响仅仅是暂时的、局部的，缅甸当局一定会搭上中国崛起的快车，提升缅甸的地区影响力，最终实现"双赢"。因为中缅经济互补性强，经贸合作一直是维系中缅两国关系的纽带，中国是缅甸的第一大贸易伙伴国。缅甸进口中国的出口成套设备和机电、纺织、化工、金属、车辆配件等领域的产品，中国进口缅甸原油天然气、农产品、珠宝等领域的产品。缅甸基本建设薄弱，能源、电信、制造业等方面都急需外资进入，这些恰恰又是中国企业"走出去"的强势领域。据缅甸商务部消息，2015年4月1日至2016年1月底，缅甸与中国的双边贸易额突破94亿美元。其中，缅甸主要向中国出口原油天然气及农产品，从中国进口工业品及日用品。可以预见，中缅经贸合作前景十分广阔。随着中国"一

带一路"建设的持续推进，中缅两国经贸合作将迎来越来越多的机遇。

2. 参与"游戏规则"制定，争取话语权和主导权

国家间经济实力的重大变化和原有规则体系内在缺陷，使国际投资规则体系需要进行调整，调整过程实质上存在国际事务主导权的争夺。当前国际投资规则正面临这样的时期，中国作为快速发展的国际投资大国，有必要、有权利广泛参与到国际投资规则的制定、调整与变革之中，并在调整过程中提高自己制定规则和建立体系的话语权。

（1）积极参与构建更加公平公正的国际投资规则。多边投资协定是国际投资规则体系中的一项空白，涉及我国根本利益，也是我国有所作为最具潜力的方面，加之国际经济实践证明，只有在多边规则创始期就加入并施加影响，才能获得"创始红利"，所以我国要努力推动多边投资协定。我国要全面参与多层面、多领域的国际投资规则谈判，积极推动国际投资规则改革，以便构建一个有利于维护我国投资环境，保障中国海外投资者与东道国利益的双赢局面。

（2）充分认清跨太平洋伙伴关系协定（Trans－Pacific Partnership Agreement，TPP）带来的风险和挑战。以往多边或自由贸易协定（Free Trade Agreement，FTA），贸易投资自由化的规则大都是"边境规则"，但TPP规则已经超越了边境，诸如劳动标准、环境标准、知识产权保护、竞争政策等。中国可能面对一系列新的经贸规则的安排，所以我们要尽快增强我们产业的国际竞争力，使我们的资本、技术密集型部门的竞争力迅速增强，摈弃所有产业都要自己干的想法，同时要进一步提高政府的风险管控能力，有效地去应对高水平、高质量、更大程度开放的自由贸易区，否则就会被发达国家"剪羊毛"。

（3）加快推动"一带一路"进程。TPP和跨大西洋贸易与投资伙伴协议（Transatlantic Trade and Investment Partnership，TTIP）是依照发达国家经济发展水平而制定的贸易规则标准，包括中国在内的很多发展中国家都被排除在外，所以在今后国际贸易和投资规则的重构过程中，美国主导的TTIP需要有发展中国家参与的"一带一路"规划来完善和平衡。中国提出的"一带一路"倡议可以在TPP、TTIP没有包含的区域内通过政策沟通、道路联通、贸易畅通、货币流通、民心相通，达到各国的互利共享的多赢。自20世纪90年代初，中国就开始推动各种各样的亚太经济合作形式，

如大湄公河三角区、中亚经济合作区等，"一带一路"将在这些基础上，把已经形成的亚太经济合作推向更高的层次上。中国推动的"一带一路"倡议包括 65 个国家，44 亿人口，占全世界人口的 63%，它整个的外贸、外资的流入，每年的增长率分别是 13.9% 和 6.5%，比全世界平均增长都快很多。预计未来的 10 年里，在"一带一路"沿线国家，整个出口将会占世界的 1/3。

3. 加强公共外交，注重专业智库，加快软实力建设

"一带一路"建设的推进，正逢缅甸国内政治和社会转型，民意渐趋复杂，做好公共外交的重要性和紧迫性凸显，对此需要提早进行公共外交布局和统筹，同时积极建设中国特色新型智库，这也是推进和实现"一带一路"合作不可或缺的内容，专业智库使国家、政府、民营及私人等不同主体创新环境相适配，使整体布局更加明晰、决策更为明智、执行更有效率。另外，需要结合业务特点，对有关国家进行定点式研究，加强前瞻预测，为捍卫国家安全和发展利益献计献策，努力形成强大、有效、专业的海外安全管理系统，为相关企业"走出去"提供"软保护"。

（1）创新公共外交模式，适应企业"走出去"步伐。目前，中国对外开展的公共外交工作出现与当前形势不适应的状况，甚至暴露出很多问题，总体表现就是过度依赖政府外交，忽视民间外交。缅甸近年来加快社会转型步伐，使政府的影响力减弱，开始形成议会、军队、政党等多权力中心和媒体、非政府组织、宗教组织等多利益群体共治的局面，企业今后将不会单纯依靠政府管理的老旧模式运作。缅甸国内各新兴的利益群体，出于与政府分享权力的目的，或维护自身利益的需要，都会对中国的援助和项目进行重新考虑。这期间一些事情经过国内外媒体的密集炒作，可能就会由原来没有问题变成了有问题，从小问题变成了大问题，从单纯经济问题转成了涉华民意问题甚至政治问题。因此，企业在重大项目启动初期必须制订早期的公共外交计划，进行项目所在地的风险评估。要借专业公共团队进行策划和咨询，可以与当地甚至欧美国家专业的公关公司签署合作协议，充分利用它们在当地已建立的人脉关系和"第三方"优势。例如，中资企业在缅甸投资的万宝铜矿项目，员工曾被缅甸当地反对人士绑架，实施解救的国外公关公司与当地宗教领袖的沟通就起到了重要作用。企业也可以与民间组织一起开展公共外交，进行购买服务、资金支持、项目招标等，将社会公益、企业塑造、项目推进等结合进去，实现多方的互利互赢。

（2）加快推进中国特色新型智库建设。随着中国经济的转型与改革深化，"一带一路"建设的推进以及中国企业"走出去"步伐的加快，中国智库迎来了难得的发展机遇。但是，中国的智库还没能"走出去"，虽然近年来不同形式的智库增加了不少，但符合"专业化"、"国际化"和"前沿性"这三大指标，真正能称为高质量的智库寥若晨星，且在国际社会上有影响的一流智库也很少。当前我国的智库政策研究过于重视学术标准，有些脱离当地需求、难以落地实践，社会化、信息化、国际化、专业化和管理现代化发展迟缓。随着"一带一路"建设的推进，将会有更多中国企业"走出去"，海外利益关注点不断增多，智库的发展与成熟必须配合与助力中国的崛起，使我们的智库建设真正适应现在快速深刻变化的国际环境新格局，适应海外利益急速拓展的新局面，这是对我国专业智库提出的新要求和新任务。新型智库建设要能够融入社会实践、融入决策进程，做到形式和内涵的多样性，实现政府、社会和企业三位一体的共生发展。国内智库也可以"走出去"和海外智库合作，以适应我国海外利益发展的需要，加快国际化进程，提高国际沟通能力，思考和引领"一带一路"建设的未来。为此要拓展融资来源，借助海外同胞的力量，科学获取和利用大数据，实现资源优化配置，强化、优化人力资源数量和结构。这些都需要我们首先制定长期战略和配套规划，实现我国海内外智库的均衡发展。

（3）建立专业高效的海外安全管理系统。以美国为例，美国现约有6600万名公民在海外生活，每年死亡6000人，其中非正常死亡600人，非正常死亡率约为十万分之一。这组数字充分说明美国现行海外安全管理体制是切实有效的。美国政府通过政府部门与市场部门的融合，形成一套强大、有效和专业的安全防范的软保护系统。美国政府的外交政策实施所谓的"巧实力"，而其执行者是市场、智库、大学、基金会、非政府机构等，政府部门只是进行质量监督和踢个"临门一脚"，部门之间职责分明，有机合作。中国企业、机构等"走出去"，庞大的商品、资本输出到国外，也同样需要国家提供全方面的保护，一种是军事保护，即"硬保护"，另一种就是OSAC，即"软保护"。中国目前已设立常设性危机管理部门，但

OSAC 系统尚未成熟，缺乏对境外危机的预测和预警，相关人员缺乏境外危机事件的处置经验和专业流程。专业、高效的 OSAC 应该包括危机前、危机中和危机后三个过程，即危机爆发前的防范预警、危机爆发后的应急处理和危机结束后的善后措施。在国家层面，应设立危机管理的常设性中枢机构，协调各相关部门、各方专家，对各类境外危机进行划分，在国家安全的高度上制订应急方案和计划，实现危机管理由被动应付转为主动处置。能够运用行政资源创造法律前提，指导外交部门通过落实国际政治、经济、安全、劳工权益等协定，保障中国企业和公民的权益。企业本身要从自身层面开展调研与论证，制定相关预案，将境外危机管理作为主要内容纳入企业战略管理当中。要积极借助国际和驻在国、危机发生地非政府组织、慈善机构、红十字会、长老会等机构的作用，帮助处理境外危机。

4. 加快海外安保机构的发展，保障海外生存与投资的安全

加强对采取国际认可标准、符合中国特色的安保公司的扶持和培养，配合"走出去"步伐，提高中资企业的风险防范能力。商务部数据显示，2015 年上半年，中国非金融类对外直接投资达 560 亿美元，同比增长29.2%。伴随着中国对外投资的快速增长，海外投资面临的风险也越来越多。为有效防范各类安全风险，中资企业必须树立"预防为主、防患于未然"的理念，制定符合当地实际、切实可行有效的风险管控措施，提高危机应对能力。要完善组织机构，明确职责分工，强化组织协调职能；加强各项安保制度和责任制的落实，聘请安保专家或评估机构，及时纠正管理中存在的问题；加大培训力度，不断强化员工安保意识，提高员工识别社会安全风险能力和个人应急技能；拓宽安保信息获取渠道，加强与安保公司合作，提高社会安全风险的分析评估能力，高危地区项目要引进专业安保公司协作完成安保管理工作；加快国际化、本土化步伐，提高国际化管理水平，减少高危地区中方人员数量，有效规避社会风险；完善应急预案，强化预案的可操作性；加强与当地政府、军警、部落、社区的沟通和协调。

中国民营安保公司起步较晚。十余年来，中国不少安保公司已在阿富汗、伊拉克、利比亚、加纳等世界最危险的地方寻找商机，形成和中国大型国企合作的初步模式，但与西方私营安保相比，整体实力还有很大差距。存在差距的主要问题：一是护照不便利，无法做到全球迅速派遣；二

是缺少有战斗经验的军人，更没有外语优势；三是中国不可能像美国一样合法持枪，所以没有丰富的实战武器训练机会和技能。面对这种服务于中资企业"走出去"的特殊安保工作，全国政协外事委员会副主任韩方明曾提出，需要由非政府机构提供的安全服务来填补，可以借鉴其他国家的成熟经验，如允许中国安保公司走出国门，承担更多的海外安全防范任务。中国安保服务作为朝阳产业，应遵循"走出去、引进来"的原则，充分借鉴国外安保公司成熟的发展经验，尽快提高中国安保公司的服务水平。要引入国际性的安保公司，让安保概念进入中国市场，提高中国安保市场的消费水平，特别是要加强与美、英等西方国家安保公司的合作，让国外的公司到中国协助国内的保安公司，同时也要借助国外公司的帮助，让中国安保服务在东道国落地，通过双向合作，助力中国安保企业的腾飞。

5. 加强国际法研究，了解东道国政策

为了服务我国对外关系活动，保障我国海外利益，必须加强国际法研究，包括国际投资法、贸易法，以及驻在国法律、法规和政策，重视和扶植中介和资讯机构，培养和运用好专业人才。

目前，中国企业海外投资失败的案例屡见不鲜，海外维权成功的案例更是凤毛麟角，这其中既有中国企业行为不规范和国内政策体系不完善的因素，又有东道国的政治社会经济变化的因素，同时也充分暴露出中国海外投资、海外维权相关法律准备、高端人才储备不足的问题。

（1）重视海外投资相关国际法律的研究。在世界贸易的纠纷中，涉及我国的案子可以说非常少，特别是我方上诉的案子特别少。例如，从1995年世界贸易组织（World Trade Organization，WTO）成立以来到2014年5月，在争端解决机制正式立案的有479起，其中涉及中国的案例有32%，而其中我国作为起诉方的案例仅有3%，作为被诉方的案例也只有6%，作为第三方参与的案例不到5%。究其原因，其中一个重要原因就是我国缺乏国际贸易法人才，不熟悉有关国际法律，没有能力起诉或怕打不赢官司，其结果往往吃哑巴亏。决定贸易利益和争端案例胜负的因素很多，既有规则方面的原因，也有应诉能力方面的原因。参与国际事务的复合型高端人才首先要过英语关，能够运用英语准确地表达自己的思想；其次要掌握一定的国际政治、国际经济、国际法律和国际谈判的知识。因此，针对经济全球化管理和国际发展方面面临的重大问题，为了能够组织比较深入系统的研究和交流活动，为我国政府和企业参与国际规则的制定和全球化的管理提供决策咨询服务，我们必须培养一支懂国际法律、熟悉业务的高端人才队伍。

（2）深入研究东道国相关法律，有效规避风险。上面提到出事后打国际官司，而熟悉东道国法律法规和政策，是"走出去"的时候避免矛盾、取得收益的首要条件。海外投资涉及系列复杂的法律和政策，"走出去"的所有企业的行为及法律文件都必须符合东道国和国际上的法律要求，如果发生法律规定方面的冲突，势必产生法律风险，影响海外投资的顺利进行。东道国约束海外投资的法律包括反垄断法、外资法、证券法、公司法、知识产权法、工会法、环境法等，海外投资企业对这些法律都不能轻视，否则可能导致整个投资行为的失败。可见，企业到海外投资应当先对目标市场做科学的、全面的分析论证，其中包括对投资所在国整体法律制度进行调研，对被投资主体或目标资产进行尽职调查，然后再进行策划、设计交易结构和融资方式等工作。为此，在选择合作伙伴和咨询机构时需要保持谨慎，这样才能有效规避在海外投资的风险。

（3）加强高端复合型安保专业人才培养。近年来，随着中国企业"走出去"的步伐不断加快，复合型、国际化的高端专业人才不足问题已经凸显。中国企业在海外投资过程中，需要既懂国际法相关法律知识，又精通东道国法律的复合型人才，但既精通外国法律，又精通外语的专业人才少之又少。中国海外安保服务是为走出国门的中国企业服务的，但这个行业起步很晚，起点很低，人才的行业吸引力严重不足，从根本上制约了安保服务的健康长足发展。安保行业要做大做强，必须重视人才的培养，同时要摒弃包打天下的想法，要与高端的智库、研究机构、跨国律师事务所等机构联合，借助外脑拓展自己的服务领域和服务水平。

专题二：印度尼西亚投资环境及华人参政议政

（一）印度尼西亚政策壁垒是当地中资企业的陷阱

1. 印度尼西亚禁止原矿出口影响中国相关企业发展

一是印度尼西亚矿产资源丰富，其中镍矿和铝土矿是中国工业的主要供应原料。据统计，2013 年，中国镍矿从印度尼西亚进口 4115 万吨，占总进口量的57%，利用印度尼西亚镍矿生产的镍铁和不锈钢产量占比超过60%，中国一跃成为世界头号不锈钢生产大国。二是印度尼西亚颁布原矿出口禁令。为发展和提升原材料出口价值，2014年1月12日印度尼西亚原矿出口禁令正式生效，未经加工的矿石不得出口，在印度尼西亚采矿的企业必须在当地冶炼或精炼后方可出口。中国作为最大的不锈钢出口国，也是最大的贫镍国，禁令的颁布使中国出现13万吨左右的巨大的镍矿原料供应短缺，这对国内镍加工企业造成了重大打击，还会对中国镍产业链造成较大影响，导致国内不锈钢价格上扬，直接影响下游行业的生产成本。三是中国企业在印度尼西亚投资兴建矿冶炼厂。为了应对原矿出口禁令，中国企业开始在印度尼西亚筹建矿业工业区。例如，苏拉威西岛镍矿比较丰富，未来将在此建立以镍矿加工为主的工业园，目前入驻企业包括年产30万吨镍铁项目的鼎信集团、最具规模的年产60万吨镍铁的浙江广青镍业，以及年产镍铁30万吨的福建泛华集团。然而，受当地环境和政策多变性等的影响，中国矿业投资项目面临一系列不确定风险，短期内难有产出。

2. 中资企业在印度尼西亚面临"重重陷阱"

陷阱一：政府更迭与法律环境繁杂。

印度尼西亚目前正处于社会转型的过程中，政局稳定性不佳，政策连续性较差。不同时期政府领导人的对外投资政策倾向不同，导致投资法规的多变性，限制了部分矿种和矿业权的外商投资；而且同期不同部门涉矿法规混乱，如矿业法和森林法规定之间有冲突。印度尼西亚的投资环境和投资法规纷繁复杂，其中印度尼西亚涉及外国投资方面的法律有1967年第1号法律即《外资法》、1970年第11号法律、1994年第20号政府令、2006年第3号总统令、2007年3月的新投资法和2009年的新矿业法。不同的法律之间存在矛盾和冲突，且相关的规定模糊，可操作性差，给行政执法者带来较大的裁量空间。这些都导致项目运行不顺，"走出去"的国内企业多踌躇观望。

陷阱二：印度尼西亚矿山投资的政策不确定性。

2014年4月23日，印度尼西亚决议开始取消与中国在内的62个国家的投资协定，意在从外国投资人手中夺回自然资源的控制权，2014年5月5日起，印度尼西亚政府又出台了旨在限制外国投资本国石油工业的钻井、维修和施工的一系列民族主义政策新规，这些新规给中国企业带来更多不可预见的影响。可以看到，印度尼西亚政府在国家利益优先的前提下，考虑的是限制外国投资而促使本国投资者在这些行业中发挥作用，增加竞争力。因此，中国企业去印度尼西亚投资的时候特别需要关注以下相关问题。

一是中央政府和地方政府的"矿权博弈"。2001年印度尼西亚实行地方自治，地方政府（省及县市）被授予可批发矿业开采许可证，至此，中央政府和地方政府对矿业的投资政策存在冲突和矛盾的混乱状况，一直没有得到解决，影响投资的收益。有些事件是中央政府支持、地方政府反对的，如2013年中石油位于苏门答腊岛上的14口油气井在已获得印度尼西亚中央政府的勘探开采批准情况下，仍遭到当地政府封锁，使中石油每天因封井造成的损失约22万美元，而且油井被封带来了一定安全隐患。有些却是中央政府反对、地方政府支持的，如印度尼西亚中央政府的"禁矿令"受到了地方政府的强烈反对。此外，中央政府与地方政府的利益冲突导致项目审批工作较为困难，推进不顺，主要体现在土地征用困难重重，使中资企业投资的收益往往受制于印度尼西亚各级政府的"收益"，收益的不确定性很大。

二是矿业产权不清，政府强行参股。在印度尼西亚现行法律之下，个人、地方政府、中央政府都可以单独或者联合拥有对某一矿区的开采权。一旦发现足量矿产，各方闻风而至，为了分一杯羹而出具各种文件说明自己也拥有部分甚至全部的产权。2009年新矿业法要求矿业企业的中外资股权在其矿山投产5年后，必须强制减持外资股东的股份，将公司的部分股权转让给印度尼西亚的政府、公民或企业，直至最后"驱逐"。这实际上直接导致矿山的后期利润全部要留给印度尼西亚本土。对此，中资企业投资之前要有充分估量。

三是信息不准确，采矿开发成本高。矿深埋于地下，如果搞不清矿产方位和储量，盲目相信印度尼西亚提供的虚假矿产储藏线索就贸然开采，将徒劳无功。已在印度尼西亚投资的浙江企业家王某说，到印度尼西亚投资采矿都会遇到一些"烦恼"：第一，当地矿场实际矿储量相比预估值，缺斤短两；第二，矿产提炼的可行性报告有时会错误，导致开采出来的铁矿石也不能用于提炼优质钢，等于高价买了一座废矿。

　　四是政策灵活多变，收益无法保证。印度尼西亚常和中国公司合作开采矿产，但一旦发现有价值的矿产，印度尼西亚就通过各种手段驱逐中方，如利用事先布好的法律陷阱，要求中方公司支付数百万美元的资金方能采矿，最终总是中方公司吃亏。2014年1月9日，中国航运企业的十余艘货船在印度尼西亚苏拉威西岛完成了装货作业，缴纳了关税，也按照正常程序办理了离港手续，但仍被当地政府扣留，当地政府无任何依据地要求每艘货船缴纳至少30万美元的巨额"买路钱"罚金，致使船只迟迟无法取得离港证，而滞留船舶每天的开支就要10万多元，且被扣船舶的数量有增加的趋势。

　　五是赋税频繁，劳动争议频发。印度尼西亚的税收体制比较复杂，税收减免政策多变。2009年新矿业法规定矿业权人在缴纳正常的所得税外，还须缴一项附加税，即生产企业净利润的10%，中央政府得4%，地方政府得6%。这种附加税的政策并不是一种国际通行的做法，显然将增加在印度尼西亚投资矿业的成本，非常不利于中国的矿业投资者。另外，印度尼西亚的《劳工法》关于劳工保护的规定比较苛刻，对投资方比较不利，而劳工移民手续繁复，外国技术人员办理居留签证需上缴高昂的行政手续费及税负。

　　陷阱三：基础设施不完善，制约投资发展。

　　印度尼西亚基础设施落后，已经成为其经济发展和吸引海外投资的最大瓶颈之一。电力短缺是重要制约因素之一，全国2.4亿人口至少有5000万人没能用上电；在首都雅加达的900万人口中，约一半人没有用上自来水；印度尼西亚落后的道路和港口现状，使开采出来的矿产也难以运出；物流运输成本高，占生产成本的17%。印度尼西亚基础设施的落后，导致勘探开发矿产资源所需的水、电、路及港口等基础设施耗资巨大。中国福建泛华矿业股份有限公司在印度尼西亚东部马鲁古省的塞兰岛投资兴建镍铁合金项目，但整个塞兰岛只配备15处柴油发电机组，连居民用电高峰期都有缺口，因此福建泛华矿业股份有限公司必须自己解决冶金厂的电力供给问题。

　　3. 跳出"陷阱"的对策和建议

　　（1）建立完善的国际投资信息咨询平台。建议授权商务部主导，联合外交部、国家发展和改革委员会、国家安全部，组织国内各类国际投资咨询公司和海外研究机构、大专院校，建立几个权威的研究海外发展利益的智库，形成多元的海外信息情报网，建立权威的数据资料数据库，并制定国家的海外信息安全和信息共享的法规，搭建高效有用的国际投资信息咨询平台。

（2）加强我国"走出去"企业的团队意识与投资合力。目前不少案例显示，我国政府、行业、企业各主体之间还没有形成"走出去"的良好协同机制，不同企业之间还存在无序竞争的问题，特别是大型央企，由于国内的行业垄断和民营企业的分散，都习惯"单兵作战"，没有团结共进的精神，反而存在内斗和彼此拆台，严重降低了我国与他国在海外的竞争力量。另外，国内企业对外投资还很分散，缺少产业集群式的对外投资，没有形成我国的全球生产体系，并且支持"走出去"的机构在援助性、政策性、商业性上的合力没有形成。对于解决以上问题，国内商会可以在我国主要的海外投资地设立当地中国商会（如印度尼西亚中国商会），以便督促该地的中资企业避免恶意竞争，促进协同合作。最好是国家主管部门对海外巨大的投资项目进行引导和管理，力促"走出去"的相关企业和支撑机构，在国内先做好协调工作，然后再抱团外出进行竞争。

（3）加强我国"走出去"企业的风险意识和维权意识。随着国内企业成规模地"走出去"，范围日益扩大且步伐日益加快，国际政治、经济风险成为有志"走出去"的中国企业必须积极防范的潜在风险。我国应该为其设立专业的母国法律代理机构，定期为"走出去"的企业中层管理人员进行必要的全脱产的法律和风险防范的知识培训。

（4）构建我国全方位的海外投资保险法律体系。我国目前并没有关于海外投资保险的专门立法，构建我国的海外投资保险制度的核心在于投资国顺利向东道国实现代位求偿权。目前我国只有由中国出口信用保险公司内部部门来负责海外投资保险的审批和经营，随着业务急速扩展，需要更多渠道的法律机构的服务。结合我国的实际情况，建议采用审批和经营分离原则，即政府机构组织权威专业机构负责海外投资者的审批，"走出去"企业负责执行的管理操作方式。另外，目前我国已具备建立双边的海外投资保险制度的基础。双边投资模式有利于实现代位求偿权，可以更迅速便捷地解决投资争议，更有效地保护投资者利益。我国可借鉴德国的折中模式，针对印度尼西亚片面取消与我国投资的协议的情况，我国可以给拟向印度尼西亚投资者提供单边保险模式，设定承保范围。目前，中国信保公司承保的征收险仅规定了剥夺投资者权益的问题，而没有规定"蚕食式征收"的情形，如 2013 年印度尼西亚政府变相征收中石油的井场，剥夺资源收益权。而在战争险中，没有将骚乱、敌对行为等小规模政治暴力行为带来的风险包含在内，而在现实情况下这些都已经凸显，所以也应归在承保范围内。再有，加强和多边投资担保机构（Multilateral Investment Guarantee Agency，MIGA）的合作是需要的。迄今为止，我国仍没有与 MIGA 配套的专门法律法规。我国应该加强对 MIGA 的研究和利用，完善国内法与国际法在制度上的衔接。同时积极推进国内保险机构与 MIGA 在分保、公保等业务上的合作。

（二）关注印度尼西亚政局变化，适时推进中资企业进入

一个投资地国家的政局变动，政府首脑和领导班子更迭后的政治态度是否一样，这对法制还不成熟的国家中的国外投资者至关重要。过去的印度尼西亚曾经因为政治原因，发生过多次全球罕见的排华事件，这让我们对民主进程中的印度尼西亚也不得不有所警惕。

1. 本届政府努力推进民主进程，营造安全稳定的发展环境

印度尼西亚新总统佐科·维多多 2014 年 10 月 20 日就任印度尼西亚第 7 任总统以来，为印度尼西亚长久以来被精英垄断的政坛带来新气象，他主张多元族群共存，出于国内因素考虑而适当调整对华方针，为广大华侨华人在印度尼西亚的发展创造了良好的政治环境。印度尼西亚曾经是世界上排华最严重的国度，20 世纪五六十年代不断发生抢掠杀害华侨和华人的事件，几乎所有华人社团、工会都被解散。特别是 1998 年印度尼西亚再度发生的重大排华事件，殃及了雅加达、梭罗、棉兰和其他城市的许多华裔。在那期间，影响印度尼西亚排华的诸多因素中，政治因素是主要原因，华人成了该国政治纷争的牺牲品。华侨大学校董、印度尼西亚著名华商郑年锦认为，"印尼当地人很和善，以前的排华行为主要是受政治因素的影响，以后这样的事情很难发生"。随着中国的崛起和印度尼西亚民主政治进程的加快，尤其是新总统佐科·维多多的执政理念与之前领导人有很大不同，印度尼西亚华侨华人在当地面临的政治风险可能会降低，这个情况将为当地华侨华人和我国企业在印度尼西亚发展提供良好的机会。

平民出身的佐科·维多多从商人到市长、从市长到省长，最后成为印度尼西亚的总统，他的政治理念和行动，代表和反映了基层人民的心声，民众对他寄予厚望。他执政后之所以能降低印度尼西亚华侨华人的风险，主要基于以下三点。

第一，佐科·维多多作为印度尼西亚土著民族，主张多元族群共存，对华裔充满了友善与团结之情，支持华人进入主流社会。2012年9月，在雅加达省长选举中，佐科·维多多与来自大印尼运动党（Gerindra）的华裔钟万学竞选组合胜出，分别当选为首都雅加达省的省长和副省长，《雅加达邮报》还猜测，他还会支持钟万学出任下一届雅加达省省长。但是，钟万学并不是印度尼西亚国内唯一的知名华裔政治人物，如34岁的华人Yandi Chow在西加里曼丹担任公诉人职业。在2014~2019年度国会议员的560个国会议席中，至少有13人是华人议员，以钟万学为代表的华裔能够高调进入主流社会，并且与印度尼西亚土著族群实现政治联盟，显示出印度尼西亚社会已经非常包容，不再将华裔置于边缘地带。

第二，印度尼西亚政治纷争的风险也在降低。在此次总统选举期间，《印尼星洲日报》总编辑郑金亮表示，印度尼西亚华裔最担心两方支持者擦枪走火，因为最后遭殃的还是华裔，甚至有部分华裔离开印度尼西亚躲避"政治骚乱风暴"的情况。中国与印度尼西亚合作组织INTI的合作创立人本尼·瑟提诺也说："我们担心，大选结果公布后，如果败选的一方候选人拒绝大选结论，那么就会发生骚乱。"但结果是，虽然早期普拉波沃并不承认败选，但前总统苏西洛公开支持选举结果，还是向获得胜选的佐科·维多多与卡拉表示祝贺的第一人。另外，由于军方加大了治安力度，并未造成骚乱。而且就在佐科·维多多宣誓就职前夕，他10月17日专程前往普拉波沃的寓所，庆祝普拉波沃63岁生日。当天两人的会晤达成了一项协议，双方表示将维护印度尼西亚共和国的统一与团结，普拉波沃在新闻发布会上呼吁红白联盟支持佐科·维多多—卡拉政府，他还要求其支持者不要让政治分歧成为分裂的根源。印度尼西亚大学政治观察家布迪安托认为，佐科·维多多近期巡回拜访红白联盟政治精英，缓解了斗争民主党与红白联盟沟通失败陷入的僵局，成功化解了议会领导人选举后两大阵营的紧张局势，证明佐科·维多多是一个政治沟通能手，面对强大的政治对手有很高的议价能力，能够确保未来政府的运作顺利。

第三，中国经济的快速发展和印度尼西亚新一届政府与中国呈现的良好合作兆头，为降低印度尼西亚华人面临的政治风险奠定了重要基础。近年来，中国和印度尼西亚各领域友好合作不断结出新的硕果，双边、地区和国际三个层面的战略性合作已经成为当前中国和印度尼西亚关系最鲜明的特点。习近平总书记2013年10月访问印度尼西亚期间，与苏西洛总统共同宣布将中国和印度尼西亚关系提升为全面战略伙伴关系。佐科·维多多当选后，习近平总书记第一时间致电祝贺并指出，中国和印度尼西亚面临前所未有的发展机遇。印度尼西亚比纳斯大学国际政治系乔纳斯认为，两国政治、经贸、农业、航天、人文合作关系密切，相信新一届政府会继续发展与中国的友好关系。华侨大学校董、印度尼西亚著名华商邓仲绵表示，祖国的强大为华人在印度尼西亚的发展提供了越来越好的环境。

2. 借风险降低的契机，加快中资企业在印度尼西亚的发展

印度尼西亚矿产资源丰富，而且佐科·维多多政府强调改革、肃贪和招商引资，中资企业可充分利用政治风险降低的机遇赴印度尼西亚发展。但在未来赴印度尼西亚发展的过程中，仍需注意以下几点以规避潜在风险。

第一，发展的理念要坚持共赢，中方企业的发展要建立在帮助当地发展的基础上。印度尼西亚经济方面的问题还相当严重。印度尼西亚中央统计局数据显示，2014年3月贫困人口占印尼总人口的11.28%，目前印度尼西亚国内外经济形势使佐科·维多多—卡拉政府鼓励国家和民众具备自立经济，对像以前那样单方面开采（或者称为"掠夺"）资源的投资行为必将加以限制。

第二，要注意引导和促进广大新侨融入当地的华商网络。印度尼西亚华人在当地经济上非常成功，且华人商会及社团众多，可以帮助我国去印度尼西亚的企业了解当地的经营环境，降低投资风险。我国驻外机构和相关部门要积极牵线搭桥，使我国企业尽快融入当地华商网络，提升我国对外投资的效果。

第三，要对新侨强化培训，首先是引导他们尊重印度尼西亚当地的文化及风俗，以避免不当行为带来的风险。印度尼西亚是多民族国家，且宗教信仰比较突出，但我们必须要重视新侨的很多不当行为带来的潜在风险。用一位老华侨的话来讲："现在的新侨和我们以前不一样，我们以前

是来谋生的，所以我们时时处处小心翼翼，并尽快学习当地语言以融入他们的社会。但现在的新侨不一样，他们是带着资本过来的，是过来投资的，因此会有一种高高在上的感觉，无疑会增加当地人的反感。"如前所论，为了跳出一些"陷阱"，必须进行相关的预培训。

第四，要引导新老华商与当地政府建立新型政商关系。印度尼西亚的腐败问题比较突出，而肃贪是佐科·维多多新政府关注的焦点之一。印度尼西亚华商在历史上被认为是与印度尼西亚政界联系紧密的群体，为了维护自身利益，曾采取一些不恰当的手段。但在新形势下，新老华商要认清新情况，处理好新问题，遵守法律及商业道德，构建新型政商关系，避免成为当地企业和民众诟病的对象，以降低安全风险。

（三）华裔步入印度尼西亚政坛核心，意义重大但仍困难重重

1. 华裔步入印度尼西亚政坛核心，意义重大但效果不大

目前，印度尼西亚华裔公民接近4%，他们的经济实力占国民经济的70%，但多年前组成的华裔（人）政党一直不成气候，未能在政坛上发挥作用。实际上，华裔步入印度尼西亚政坛核心，对于发展两国关系和维护印度尼西亚华侨华人的利益具有重要作用。例如，祖籍中国福建的冯慧兰2004年成为首位进入印度尼西亚内阁的华裔女性后，在10年间先后就任印度尼西亚商贸部部长、旅游与创意经济部部长。她在任期间，印度尼西亚与中国的经贸关系稳步增长，目前中国是印度尼西亚最大的出口市场和进口来源国。

华裔富豪陈明立是印度尼西亚传媒业巨头，旗下的电视台占据印度尼西亚全国1/3的收视份额，他和印度尼西亚民心党主席威兰多搭档宣布参选2014年副总统和总统，但4月的印度尼西亚国会选举计票结果显示，民心党仅收获了约5%的选票，远低于排在第一的斗争民主党的18.95%的得票率，陈明立—威兰多组合未获得参与下一步竞选角逐的资格。陈明立作为印度尼西亚副总统的首位华裔参选人，其竞选失败引发了我们关于印度尼西亚华裔参政之路的深层思考。

2. 华裔未能走进政坛核心的原因分析

第一，华裔从政意识差，华裔选票损失严重。选举过程中，印度尼西亚华裔不够团结，有政见分歧者不愿投票给华裔；部分华裔政治意识淡

薄，对投票持无所谓的态度；部分华裔在外工作或求学，没有行使投票权。例如，华人陈金扬在 2010 年棉兰市长竞选中，首轮投票的华人只占总数的 25%，而在陈金扬组合的 20.72% 的得票率中，华人选票只占了其中的 7%，若华人积极投票，也许他们就能得到 30% 的选票而直接当选。

第二，印度尼西亚社会对华裔仍存在根深蒂固的偏见。殖民历史时期的族群分化政策，为华裔在印度尼西亚的政治地位留下负面的殖民遗产，成为影响华裔参政的重要历史包袱。同时，华裔的经济活动不断积累更多的财富造成贫富不均的矛盾加剧，使一些政客可借此挑动原住民的本土意识来打击华裔，对华裔参政造成非常不利的影响。

第三，华裔居民身份特殊，引发参政异议。印度尼西亚是一个多元民族与宗教共存的地区，华裔作为少数族裔，易受到来自主体民族的结构性压力，且华裔与中国有特殊渊源，其政治地位难免受到两国关系的影响。此外，印度尼西亚宗教、族群关系多元复杂，存在狭隘的民族主义思想。少数政客甚至曾煽动族群冲突，宣扬"中国威胁论"，唯恐中国在华裔问题上谋求私利，指责华裔不仅控制当地经济，还企图进入政治领域，干涉该国内政。因此，华裔参政可能引发当地族群中一些人的不满和心理不平衡，影响华裔的社会地位和政治参与，甚至导致排华事件发生。

第四，华裔政治角色未实现完全转换。印度尼西亚华裔在当地的经济实力雄厚，如陈明立拥有强大的媒体网和庞大的财力，具备参政的经济基础，但缺乏参政的实战经验，使这对搭档未树立起一个可信的形象，而陈明立更多被看作一个富豪而不是领导人。

3. 推进华裔步入政坛核心的建议

第一，强化印度尼西亚华人社团和华文媒体的力量，引导华裔减少内部分化，团结华裔力量，增强本身的文化软实力。引导和协助华裔团体适时举办大型联谊会等活动，加强当地华裔之间的联系；同时，积极做好对华社持不同政见者的争取工作，合力推选华裔候选人，并注意提升自身政治素养，树立候选人的良好形象。

第二，呼吁华裔积极参政议政。在社会贫富差距很大的情况下，华人社会可借助华媒、华社等渠道，呼吁富裕的华裔克服奢侈浪费、显耀财富等陋习；鼓励华裔发扬勤俭节约之美德，低调生活；支持华裔关心印度尼西亚国家的前途命运，积极投入当地的经济建设和社会发展，重视扶贫和救济工作，为消除社会贫富差距贡献力量；号召华裔加强当地文化认同感，既保留中华文化传统习俗，又学习和掌握印度尼西亚文化，通过族群文化习俗的融合，与印度尼西亚本土裔族群和平共处。以此弱化族群间冲突，消除印度尼西亚社会对华裔族群的偏见，并提升华裔候选人的票选支持率。

第三，侨领可借力经济实力，助推本身政治角色转换。华裔的经济活动为印度尼西亚当地族群提供了工作机会，华裔企业家可借助媒体对此进行集中宣传，加强在印度尼西亚社会中的政治影响。同时，引导有意从政的华裔个人或团体可考虑利用现有财富，兴建乡村学校、平民医院或慈善福利机构，构建华裔在印度尼西亚社会的良好形象，完成华裔参选者政治角色转换。

第四，印度尼西亚华媒要加强华社话语权，促进当地社会正确了解本身和祖籍国。中国政府在华裔和华侨政策上的鲜明立场，有利于扫除印度尼西亚社会对华裔参政的顾虑。印度尼西亚华人媒体需要帮助中国政府向印度尼西亚社会宣传：中国坚持不搞双重国籍，在印度尼西亚华裔问题上不谋求私利，无须怀疑所谓的华裔"再华化"或者"重新中国化"。

第四章　海外同胞安全预警及风险应对机制的构建[*]

　　当今世界，一个国家往往难以避免本国公民在海外出现安全问题或重大突发事件，保护海外公民生命财产安全是主权国家的职责。当前，海外华侨突发安全事件处于多发期，尽快建立健全海外同胞安全风险的应对机制，不仅是确保海外同胞生命财产安全的客观需要，而且是维护中国海外利益不可或缺的重要环节。如前所述，海外同胞面临各种安全风险，对于一些重大的安全风险，中国政府、企业和个人都有义务救护海外的公民或救助海外的华人，然而从事件类型和危害等级来看，海外大量发生的安全事件还没有达到需要救护和救助的程度，所以我们将原项目名称中的救护机制研究，改成风险应对机制研究，这样应该更准确些。

第一节　海外同胞风险应对机制的形成及其发展

　　中国人移居海外历史悠久，足迹已遍布世界的每一个角落。但海外同胞安全一直受到不同程度威胁，迫切需要建立完整的风险应对机制。

---

　　* 本章基于李鸿阶研究员负责的福建社会科学院子课题组成果进行修改。

一 海外安全风险应对机制的形成

在世界华侨史上，不论是在海外同胞较集中的东南亚国家，还是在美国等西方发达国家，都出现过针对我国海外同胞的集体性迫害事件，海外同胞安全风险应对机制的形成经历了漫长过程。

1. 历史上海外同胞权益保护体制的欠缺

1603 年，西班牙殖民者在菲律宾杀害海外华侨约 3 万人，当时中国朝廷将海外同胞视为"弃民"。直至鸦片战争后，清政府仍将海外同胞视为"弃民"。鸦片战争后，西方列强纷纷在华设立使馆，依照对等原则，中国也应在西方各国设立使馆。但受"唯我独尊"和自身传统价值观影响，清政府始终不能迈出保护海外华侨的第一步。中国何时向海外派遣使臣议题，至今仍为学术界所关注。

同治六年（1867 年），清政府曾选派即将卸任的外交官蒲安臣（Anson Burlingame，1820—1870）充当各国中外交涉事务大臣（宝鋆，1971）。1876 年，中国云南发生马嘉理案（王绍坊，1988），英国驻华公使威妥玛（Thomas Francis Wada，1818—1895）强迫清政府派员赴英谢罪。在这种极为特殊的历史背景下，清政府首次派遣驻外公使郭嵩焘并设置海外使团，虽然初衷不是保护海外华侨，但毕竟向外迈出了重要一步。中国海外使团建立后，外交官与海外华侨、留学生的相互提携与互动，推动了近代海外领事的建立。然而，20 世纪初的驻外使馆并没有起到保护海外华侨的作用，相反却演化为一种对立和对抗关系，最终导致中国驻法使馆居然借助法国军警力量对勤工俭学的学生进行镇压，以暴力手段解决异域的"官—民冲突"，使这种对抗性关系从海外延续到国内，并最终影响到未来中国发展的整个政治格局（叶隽，2012）。1921 年 2 月 28 日，法国巴黎发生"二二八事件"，即在巴黎 400 多名勤工俭学学生有组织地向中国驻法使馆要求保护他们的"吃饭权、工作权、求学权"，这实际上是对中国驻外使馆的不满，也是勤工俭学生要求权利保护的国际化诉求（叶隽，2012）。

2. 1949 年后领事保护机制的逐步构建

中华人民共和国成立初，中国政府虽重视海外同胞的保护，但由于世界两大阵营对立，中国海外领事建立和海外同胞安全保护处在停滞状态。

当时我国在外使领馆仅 7 家，同外国签订领事条约有 3 家。随着我国国际地位提升，特别是改革开放之后，我国对外领事关系和领事工作进入了新的发展时期，领事保护制度逐渐形成。

（1）完善相关法律，建立保护制度

一是加入和签订国际条约、双边协定。1979 年 7 月，中国加入《维也纳领事关系公约》，中国对海外公民保护有了最基本的国际法的依据和支持。截至 2004 年，我国同外国签订与领事事务相关协议共 430 多个，其中双边领事条约（协议）42 份，驻外使馆 160 多个、驻外领馆 64 个，可以实施相关领事工作，履行对海外中国公民的领事保护职责。这些条约或协定，对领事职务范围及领事保护内容做了具体规定，为中国开展领事保护提供了法律依据。

二是制定国内法。1982 年第五届全国人民代表大会第五次会议通过的《中华人民共和国宪法》第 50 条明确规定："中华人民共和国保护华侨的正当的权利和利益，保护归侨和侨眷的合法的权利和利益。" 1982 年 4 月 13 日，国务院发布施行的《中华人民共和国公证暂行条例》及相关法规，确定 "国家公证机关根据当事人的申请，依法证明法律行为、有法律意义的文书和事实的真实性、合法性，以保护公共财产，保护公民身份上、财产上的权利和合法利益""我国驻外国大使馆、领事馆可以接受在驻在国的我国公民的要求，办理公证事务" 等原则。1985 年 11 月 22 日，第六届全国人民代表大会常务委员会第十三次会议通过、1986 年 2 月 1 日起施行的《中华人民共和国公民出境入境管理法》和《中华人民共和国外国人入境出境管理法》以及相关法规，确定中国公民、外国公民出入或入出中国国境的权利和义务等。2000 年 12 月 28 日，第九届全国人民代表大会常务委员会第十九次会议通过并施行《中华人民共和国引渡法》，确定 "中华人民共和国和外国在平等互惠的基础上进行引渡合作""中华人民共和国和外国之间的引渡，通过外交途径联系。中华人民共和国外交部为指定的进行引渡的联系机关" 等原则。

（2）完善领事机构，开展保护工作

一是建立健全领事机构。目前，我国已设立 60 多个领事机构，加上外交机构总共有 220 多个；外国在中国内地设立领事机构 79 个，在港澳地区设立领事机构 118 个，中国同外国签订领事条约、互免签证协定 140 多个，并与日本、韩国、朝鲜、新加坡、越南、欧盟等国家和地区建立定期的领事磋商机制，形成以外交部领事司为中心，内有公安部、地方省级外事办公室，外有 165 个国家大使馆和驻全世界 64 个中心城市领馆的领事工作网络。

二是开始健全领事保护工作。1994 年 3 月，外交部领事司编写的《领事保护工作指南》，仅供中国驻外使领馆内部使用，海外华侨难以了解中国的外交保护措施，在利益受到侵害时，很难及时取得中国使领馆的帮助。2000 年外交部出台的《中国境外领事保护和服务指南》，为公民走出国门提供详尽、实用、通俗、简洁并有针对性的指南和协助，有效帮助在外华侨获得中国驻外使领馆的领事保护和服务。此外，在外交部的官方网站上，专业设置领事服务超链接，并有专业的领事保护板块，为海外中国公民提供大量的信息来源。

（3）完成从封闭到开放的转型

1979 年加入《维也纳领事关系公约》后，我国领事保护逐步从封闭型的内部规定向开放型的公众服务转变。一是将国籍归属作为领事保护条件，主张国际社会成员应根据国际法、双边条约和在有关国家法律许可范围内保护海外华侨的合法权益；二是强调有关国家应确定外国公民包括违反当地法律的外国公民享有法律规定应当享有的权利，而不应因国籍、种族、宗教或其他政治、经济等原因受到歧视或不公正待遇；三是强调任何国家不应袒护本国公民的违法行为，坚持用尽当地救济原则，反对滥用领事保护；四是主张未建交国家开展领事保护合作。中国领事保护指导思想的转变，体现了"以人为本"要求，即从过去单纯地关注国家利益日益转变为重视普通公民的权利保护。

3. 领事保护机制的完善与成熟

进入 21 世纪后，涉及海外中国公民的各类重大突发事件连续发生，领事保护的重要性日益凸显。2004 年 6 月，阿富汗发生 11 名中国人遭恐怖袭击而遇害事件，正在匈牙利出访的胡锦涛主席表示："中国有 13 亿人口，我们珍惜每一位同胞的生命，决不容许恐怖主义威胁中国公民的人身安全。"2005 年 3 月，温家宝总理在十届全国人大三次会议上的政府工作报告中明确提出："积极维护我国公民在海外的生命安全和合法权益。"同年 8 月，我国政府推出《国家涉外突发事件应急预案条例》，外交部主动牵头与相关涉外部门密切配合，采取各种措施推动领事保护机制建设，更有效地保护海外华侨利益。

（1）加强外交保护体系建设。外交保护是指当一国违反了承担的国际义务而侵害到外国公民的合法权益时，外国人的国籍国可以通过国际交涉等方式，要求侵害国承担相应的国际责任。

一是加强内部应急机制建设。2004年7月，我国外交部成立涉外安全司，专门负责协调和处理相关的涉外领事保护事务。同年11月，外交部牵头建立境外中国公民和机构安全保护工作部际联席会议制度，包括成立应急小组、制订工作计划、确定联络方案、开设热线电话、保障信息畅通、收集各方资讯、协调国内外有关单位共同展开工作。每发生重大领事保护案件，外交部将及时启动应急机制，会同有关部门协助事发使领馆处理善后事宜，确保快速高效妥善处理各种领事保护案件。

二是强化境外磋商协调机制。2006年5月，外交部领事司设立领事保护处，专门处理海外中国公民和法人合法权益的保护工作。2007年8月23日，该处提升为领事保护中心，进一步整合资源，更好地维护海外中国公民合法权益。2006年4月18日，所罗门发生了政局动荡殃及海外公民需要撤离时，由于我国与所罗门尚未建交，外交部通过协调磋商，得到澳大利亚、新西兰、巴布亚新几内亚等国政府支持，成功撤回300多名海外华侨。目前，中国已经与日本、韩国、朝鲜、新加坡、越南、欧盟等国家和地区建立定期的领事磋商机制。

三是加强公众预警与服务机制。我国外交部和驻外使馆通过各种渠道，及时向海外华侨发布当地的安全形势报告。例如，通过新闻媒体发布海外华侨面临的安全形势，利用外交部官方网站发布各国的安全状况信息；颁布《中国境外领事保护和服务指南》，宣传寻求领事保护的基本知识；有条件的驻外使领馆实行中国公民自愿登记制度，及时提供领事保护服务；各驻外使领馆逐步建立新闻发布制度，及时向外界通报重大突发领事保护事件信息；等等。领事服务机制还包括财产纠纷的协助处理、领事探视、公民失踪、寻亲、被盗被窃、机场受阻事件处理等，切实维护海外华侨的合法权益（廖小健，2009）。

四是完善海外风险应对网络平台。2000年，中央设立中央国家安全领导小组，与中央外事工作领导小组合署办公，统称中央外事工作领导小组，其职权涵盖涉外事务和国家安全事务。中央外事工作领导小组（中央外事工作委员会）由国家主席、副主席担任正、副组长，成员包括国务院负责涉外事务的副总理或国务委员、外交部部长、国防部部长、商务部部长、公安部部长、国家安全部部长、国务院台湾事务办公室主任、国务院港澳事务办公室主任、国务院侨务办公室主任、国务院新闻办公室主任、中共中央宣传部部长、中共中央对外联络部部长、军队系统有关部门的高级将领等，形成以外交部领事司为中心，内有公安部、地方省级外事办公室，外有165个驻外大使馆和64个中心城市领馆的领事工作网络，中国领事工作正处在历史性的发展时期。

（2）不断完善领事保护的制度。在属地国境内，当涉及本国人的相关事务时，国籍国的使领馆可以协助本国人处理各类相关事务，帮助本国人维护其在海外的合法权益，协助他们解决遇到的各种实际问题。这些保护行为如是在属地国领土内发生和进行的，统称为国籍国的"领事保护行为"或"护侨行为"。领事保护只是一国向在海外的本国公民提供符合国际法和国内法规定的力所能及的援助，并不构成对属地国家正常的行政活动或司法干涉。因此，领事保护法律依据包括与外国签订领事条约等双边多边协定，加入有关国际公约，制定保护海外公民的国内法，如《中华人民共和国国籍法》《中华人民共和国继承法》《中华人民共和国公民出境入境管理法》《中华人民共和国海商法》等。

一是签订领事条约等双边多边协定。在国际法上，"国家有权保护其在海外的本国人，也就是说，有权要求另一国按照双方缔结的条约和国际习惯法上外国人待遇的基本原则来对待其公民，但国家没有保护其本国公民的强制责任。"1979年7月，中国加入《维也纳领事关系公约》，领事保护制度进入全面发展阶段。截至2006年8月14日，中国与国外缔结的双边司法协助类条约有82个，其中部分尚未生效。保护海外华侨双多边协定未完善甚至空白，将在某种程度上制约保护海外华侨的安全，如2002年《中德社会保险协定》、2003年《中韩互免养老保险缴费临时措施协议》只涉及养老保险，缺少有关安全医疗和工伤保险的保障条款。

二是加入有关国际公约。《联合国宪章》《世界人权宣言》《公民权利和政治权利国际公约》等国际公约对人的基本权利和义务做了一些规定，但条款比较宏观，并未适用于所有国家或得到真正贯彻实施。在国际法中，外国人在接受国应享受何种待遇并无统一规定，要根据接受国在不违背所承担的条约义务和国际法强制规则的前提下依照其国内法予以确定。而接受国完全有可能违背其所承担的条约义务和国际法强制规则或不严格遵照国内法给予外国人相关待遇，损害外国人的利益和安全。虽然国际上没有统一的国际公约、协定、原则或规范保护各国海外公民，但国际法基本原则和部分条款对保护海外华侨的合法权益极为重要。

三是制定国内法保护海外同胞。领事保护是一项国际制度。保护海外华侨是国家行政机关（特别是外交部门）与海外华侨之间的行政管理和服务关系，也展示本国与他国、本国与国际社会之间的双边或多边关系。无论对内还是对外，保护海外同胞工作都必须严格执行国内法的相关规定。我国宪法规定，国家保障海外华侨基本权利与义务，如《中华人民共和国宪法》第50条规定了中华人民共和国保护华侨的正当的权利和利益，保护归侨和侨眷的合法的权利和利益。对海外同胞保护的国内立法散见在有关法律法规中，主要有《中华人民共和国归侨侨眷权益保护法》《中华人民共和国国籍法》《中华人民共和国继承法》《中华人民共和国公民出境入境管理法》《中华人民共和国公民出境入境管理法实施细则》等。这些法律法规制定的时间都比较早，难以适应国际时局变迁以及海外侨情变化的新形势，应该做相应的修订和完善，并制定专门的、操作性强的海外华侨权益保护法。

二 逐渐完善的海外同胞风险应对机制

海外同胞利益应急保护属国籍国保护，依托但又不完全等同于外交保护和领事保护。我国海外应急保护机制起步比较晚，目前已初步建立自己的领事保护应急机制。一旦发生涉及海外同胞突发事件，就会迅速启动机制，抓住有利时机对案件进行处理。当前，我国海外应急机制以"预防与处置并重"为原则，以"外交为民"为执政理念，切实加强对海外同胞的保护。

1. 完善应急协调机制

　领事保护协调机制是指发生突发事件后，各主管部门和驻外使领馆进行统筹规划，共同处理。我国建立了由外交部牵头的境外中国公民和机构安全保护工作部际联席会议制度，统一指挥、协调国外涉及中国公民和企业的重大事件的处理工作。当海外同胞重大突发事件发生时，中国外交部和驻外使领馆均在第一时间采取紧急行动，启动协调机制，并组织撤侨，维护中国人的生命安全和合法权益。在具体案件的实施中，外交部除各司局启动应急机制外，还和其他部委如国务院国有资产监督管理委员会、中国民用航空局、交通运输部、商务部、中国气象局、财政部、海陆空军等共同组成联合工作组，以成功解决海外重大事件，维护海外华侨的权益。

　2. 完善风险预警制度

　预警制度可以增强安全观念和防范意识，更好地保护海外中国公民的安全与利益。我国外交部制定的预防性保护措施包括：不定期发布旅行警示，建议公民避开局势动荡、治安混乱的国家和地区；对一些高危国家实行安全公告制度；通过外交部网站发布和更新《中国境外领事保护和服务指南》；通过新闻媒体普及领事保护知识，做好宣传工作；在有条件的驻外使领馆建立侨民登记制度，以便出现紧急情况时快速处理。这种防患于未然的做法，有效提高了普通公民的危机意识和自身抵抗风险的能力。

　3. 完善外交应急机制

　我国外交部和驻外使领馆还建立了一套应对突发事件的应急机制。实践表明，领事保护应急机制在我国海外公民的领事保护中起到重大作用。目前，外交部常设应急应变办公室、驻外使领馆也建立相应的应急机制。

　4. 完善应急磋商机制

　通过双边、多边定期磋商、紧急交涉、派出外交部部长特别代表或政府工作组等形式，赴事发地点，敦促有关国家采取措施，切实维护中国公民合法权益。

　5. 完善教育宣传机制

　海外同胞要多学习和了解一些法律知识，学会应循正当的法律途径来维护自身的权益。有道是，祖国是我们强大的后盾，但实现权益最终要靠我们自身（万霞，2006）。近年来，我国政府加强对海外华侨宣传教育，敦促他们融入当地社会。在海外华侨聚集地区，借鉴外国经验派遣个人安全事务助理。

总之，尽管我国的领事保护制度建设和实践已取得重大进展，但面对日益加剧的非传统安全威胁仍显得不够完善，需要继续加强海外同胞领事保护制度建设。在借鉴其他国家尤其是发达国家领事保护经验的基础上，不断完善我国海外同胞保护制度，促进海外中国公民领事保护的发展。

第二节　发达国家海外公民安全风险之应对

本书研究的海外安全问题涉及了中国海外同胞，包括中国的海外公民和国外的华人。从道理和权利上讲，一个国家拥有保护海外公民的权利和义务。对于海外安全来说，研究海外公民安全应该比研究海外华侨（侨民）安全更有意义。

海外公民权利保护是一国宪法赋予的职责和民族凝聚力的重要体现，既是一个实践问题，也是一个理论问题。从海外移民发展历程看，发达国家积累了大量的经验和教训，值得我们借鉴。本节仅研究一些重要发达国家的海外公民安全的应对情况。

一　发达国家海外公民风险应对机制综述

（一）建立和完善海外公民登记系统

各主要发达国家都建立了网上公民登记系统，来掌握海外公民的基本情况（登记系统可以自动生成海外公民信息登记表），通过系统发送安全信息，并可以通过系统里的登记信息在紧急情况下联系到每个登记过的海外公民。

早在1880年的美国领事规定中就包括了海外公民登记的内容。后来的美国总统屡次通过行政命令的方式对此规定进行修改和补充。美国国务院规定，旅行登记是美国政府向在国外旅行、生活的美国公民提供的免费服务。近几年，美国国务院在以前登记系统的基础上推出了新的"聪明的旅行者登记计划"（Smart Traveler Enrollment Program，STEP）。在国外的美国公民可以通过该系统登记海外旅行路线、在国外的住所和紧急联络方式。STEP 系统中所有的关于海外美国公民的登记数据会自动进入美国国务院的领事综合数据库（Consular Consolidated Data Base，CCDB）。

法国外交部原则上要求法国侨民向所在国的法国使领馆进行登记。法国外交部自 1995 年开始，每年都对旅居国外的法国公民进行统计。同时，针对每年法国公民在世界各国的流动情况，撰写一份详细的数据分析材料，内容包括法国公民在世界各国的主要流向、人数的增减情况及变化的主要原因等。

通过网络实现海外公民登记是日本外务省 2002 年领事改革的内容之一。从 2008 年 11 月开始，外务省试运行一套软件系统，以便能够为在驻外使领馆注册登记过的所有驻海外日本人同时发送紧急情报。

2002 年，澳大利亚开始实行新的网上登记服务，鼓励在海外旅行和生活的澳大利亚公民进行网络登记，以便在紧急情况下为他们提供及时的保护。

（二）多渠道发布海外安全信息

各主要发达国家外交部都会发布非常详细的覆盖世界各个国家和地区的海外安全信息，让公民了解有关国家和地区的安全状况。发布的渠道包括互联网、电子邮件和传真、电话、电视频道和大规模公众活动等。

日本外务省从 1993 年开始就提供旅行信息传真服务。1997 年，外务省重新审查了所发布的旅行信息，开始采用分级警告。2000 年，外务省设立了海外安全网页，公民可以从网上获得海外安全信息。2002 年 4 月，外务省对整个海外安全信息系统进行了审查并决定在阿富汗及其周围国家部署卫星定位系统以保护日本公民。2003 年 6 月，日本外务省对信息做了改进，包括区域概况、热点信息、安全提示、建议或警告以及恐怖活动预警等几个小栏目。2004 年，日本外务省领事局将原来的"邦人保护课"改名为"邦人安全课"，下设海外安全中心，专门负责向公众及时提供海外安全信息。

英国外交部除了发布针对国别的安全信息外，还发布了很多针对专门人群或专门注意事项的旅行建议，如为那些在海外退休的公民特别准备的安全提示。自 2006 年起，英国外交部每年发布《海外英国公民行为报告》

（British Behaviour Abroad Report），分析英国公民在不同国家所遭遇到的困难及原因并告知人们针对各类情况应采取的应对措施。

1992 年，美国国务院制订了多层次的领事信息计划（Consular Information Program），取代原有的旅游劝告计划（Travel Advisory）。目的是向海外美国公民通报有关威胁其安全和健康的信息。领事信息计划的具体内容包括领事信息单（Consular Information Sheets）、公众告示（Public Announcements）和旅行警告（Travel Warnings）三个部分。领事信息单的内容包括某一特定国家出入境管理的规定和要求、海关规定、交通等基本情况。公众告示用来向海外美国公民通报国外的短期紧迫性危险，有时可能会发布全球范围的公众告示。当某个国家的局势变得不稳定或有危险时，美国国务院就会发布旅行警告，建议公民推迟到某个国家或地区的旅行。国务院通过多个途径发布领事信息，如国务院领事事务网页、国务院的公民网上登记系统、领事司电话中心、海外安全顾问委员会的网页等，同时通过电子方式将信息传递到多家旅行社、航空公司的电脑存储系统及其他有关机构，包括众议院的信息系统。

在发布旅行建议的过程中，澳大利亚外交部与国家威胁评估中心保持着紧密的联系，以保证信息内容与该中心对不同国家所做的风险评估一致。除了一般的旅行建议外，针对大规模的灾难性事件或大规模活动期间可能存在的风险，澳大利亚外交部还会发布旅行公告。这些信息通过 Smartraveller（聪明的旅行者）网站、电子邮件订阅服务系统、旅行社和海外澳大利亚公民社区等途径传递。从 2010～2011 年度开始，澳大利亚外交部利用 Twitter 来发送旅行信息。另外，公民还可以通过拨打电话的方式获知该网站提供的旅行信息。

加拿大外交部也不断更新其网站上发布的旅行建议的内容。2010 年，由于各种影响到海外加拿大公民的危机事件，加拿大外交部对旅行建议进行了 2100 次更新，并发行了大约 470 万份关于海外安全旅行的出版物。

（三）建立各种与海外公民沟通和交流的机制

1992 年，日本政府在亚洲、中南美洲、中东和非洲建立了安全顾问小组，方便日本驻外使领馆官员和当地日本人社区的联络和信息交流。在日本国内，外务省定期举行与其他部门和机构讨论海外安全事宜的论坛——

海外安全公私合作理事会会议，定期召开由日本公民参加的安全咨询和联络会议，并在国内外大城市召开领事危机处理研讨会。通过以上这些途径，加强外务省与各界公民在海外安全方面的信息交流。在制订应对领事危机的方案方面，各国外交部和驻外使领馆也十分重视听取公民个人的意见。

美国、英国、加拿大等还通过民防队员机制来协助驻外使领馆保持与当地侨民社区之间的联系。民防队员志愿充当驻外使领馆与当地该国公民之间的联系人。尤为重要的是，他们在紧急时刻会协助使领馆把指示和相关信息传达给其他的海外公民。

（四）海外公民建立专门的组织，搭建沟通交流的网络平台

美国、英国、澳大利亚等国的海外公民都有自己的组织，这些组织都建有专门的网站。海外公民可以通过这些网站实现注册登记，加入小组网上讨论，分享异域生活的经验和感受及有关信息。

（五）发达国家风险应对机制的变化特征

进入 21 世纪后，经济全球化已经成为世界经济发展、人口流动的主旋律，如何在全球人口流动的前提下保护本国公民安全成为世界各国面临的重要议题。在此背景下，美国、欧盟国家、日本等发达国家纷纷出台战略措施，最大限度地保护海外公民安全。与此同时，发达国家的海外安全政策也发生明显转变：在保护方向上，从单纯的"军事行动"转向"军事行动"与"外交措施"并重，以"守"为主，攻守兼备策略为发达国家海外公民安全开辟了更大的安全空间。在保护手段上，由传统的"军事手段"转向以外交、法律手段等为主，综合运用多种手段开展全方位、立体式的保护，其安全保护策略更具有效性、隐蔽性和灵活性。在保护机制上，由传统的单一机制向多部门联合、多边协定等转变，通过构筑双边或多边安全协定，为海外公民创造安全环境。发达国家海外公民安全策略的演进历程，具有以下的特点。

（1）维护海外公民安全是西方人权观的体现。核心思想是不惜一切代价维护海外公民的权利，确保公民的生命和财产安全。因此，发达国家制定海外公民安全策略是以"人权至上""如何保护人权不受侵害"等目标

为出发点的。

（2）维护海外公民安全的做法和策略有所不同。例如美国倚仗强大实力，较多采取单边手段，具有浓厚的霸权主义色彩；实力稍弱的欧洲，采取集体作战方式，群策群力结成安全同盟，制定共同的海外安全策略，尽量"用一个声音说话"；日本以"脱亚入欧"的方式融入西方阵营，与西方国家合作栉筑海外公民安全网。

（3）不同时期的安全政策侧重点不同。在世界安全形势较稳定时，发达国家采取相对开放和宽容的政策，以外交手段加以妥善解决。反之，在受到恐怖威胁时，西方国家的强权政治和霸权主义就会凸显，单边军事行动在所难免。

（4）海外安全策略是个动态发展过程。海外公民安全策略会随着双边关系发展而不断调整，也会随国内外形势变化而改变，并在发展中不断地充实和完善。

二 部分发达国家的海外风险应对机制

（一）应急机构的设置

在实际工作中，各国处理涉及海外公民重大危机事件的参与方不仅包括外交部各个司局，还包括警方、军方、情报部门、其他政府部门、国际组织，甚至包括非政府组织、专家、学者和志愿者。各国政府在处理一些大规模灾难性事件时都非常重视与一些有名的国际非政府组织，如国际红十字会、乐施会和世界宣明会等组织合作。各主要发达国家除了有一整套较为完备的应急机构设置外，还十分重视平时的应急演练，并根据应急工作的需要检查和进一步完善应急机构设置。部分西方主要发达国家应急机构设置情况如下。

1. 美国

美国已形成独特的海外公民安全保护机制。

（1）领事保护机构设置。美国领事保护机构设置比较完备、分工明确，已形成以国务院为最高领导和协调机构，以领事局为主要责任单位，以行政总监和副助理国务卿为主要责任人，以三个办公室（公民服务与危机管理办公室、儿童事务办公室、政策审查与机构联络办公室）为工作部门，以分布在世界各地的使领馆为纽带的全方位的领事保护网络。国务院成立的一支工作组，在发生突发事件期间与事发地点的美国驻外使领馆保持24小时通信联系。在突发事件发生时，国务院领事局通过驻外使领馆协助美国公民查找亲友下落。需要紧急撤侨时，国内工作组与驻外使领馆一起安排特别包机或地面交通帮助撤离。美国国务院内还设置专业性的咨询部门——OSAC。1986年，美国国务院在外交安全局设立OSAC，其主要职能包括：促进美国企业与国务院及其他美国政府机构在全球范围内的安全合作；为私人企业和国务院就海外安全环境提供经常性和及时的信息沟通；为安全计划的协调和实施出谋划策提供物质保障；为维护美国企业在世界范围内经营的竞争力出谋划策。OSAC包括34个核心成员（其中30名来自私人企业，4名来自国务院、商务部、财政部和美国国际发展署）的理事会、100多个国家顾问小组、3500多个下属组织及372个协会。

（2）领事信息计划和实施。领事信息计划是美国政府维护海外公民安全的信息发布制度，包括国别特殊信息、旅游警示、旅游警告以及世界范围提醒等内容，为美国公民出国提供安全"路线图"。其主要做法：建立专门领事事务网页、设立领事事务召集中心、扩大海外安全与咨询委员会网站的影响，通过公共事务局的媒体进行宣传等。

（3）安全信息来源渠道多元化。信息畅通和便利是美国领事保护机制的一大特色。首先，官方渠道是美国预警信息的第一来源。美国情报信息高度发达，拥有全世界难以匹敌的密布全球的卫星、监测站、监测器和"间谍"网络。其次，预警信息发布方式多样。除通过国务院网站及驻外使领馆提供安全预警信息外，美国商务部、劳工部、能源部等机构也提供安全信息服务，美国政府还直接为旅居海外或准备到海外的美国人提供"领事信息"手册。最后，民间组织和跨国企业也提供海外领事信息。国际问题研究机构、新闻媒体和互联网、商会组织等民间组织，以各种形式向美国公民传递海外安全信息。

（4）领事保护机制比较规范。一是建立美国海外公民登记制度。在海外的公民要向美国签证机关或驻外使领馆进行身份登记备案。二是规范领区划分。根据海外公民分布和领事业务需要在建交国的某些城市设立领事馆，每个领事馆都有特定范围的领事业务行政区。三是领事保护覆盖面广。美国领事保护对象不仅是海外公民和法人，还包括悬挂美国国旗的第三国船只、处于被外国司法机关依法扣押或被判定有罪的美国人等。

（5）建立海外投资保险制度。海外投资保险制度主要是以事后填补政治风险损失为目的的。美国海外投资政治风险的投保范围包括外汇险、征用险和战乱险。符合投保条件、具有投保资格的投保人有三类：一是美国公民；二是依照美国法律登记成立，并主要为美国公民所拥有的公司、合伙企业及其他社团；三是完全归上述美籍公民、美籍公司所拥有的具有外国国籍的公司、合伙企业及其社团。

2. 日本

日本保护海外公民安全机制有自己的特点与经验。早在 1987 年，日本外务省就出版首份海外安全信息书面宣传材料——《海外安全手册》。20世纪 90 年代以后，日本外务省建立多渠道向公众传播海外安全信息的制度，将强化公民海外安全意识作为领事保护预防工作的中心。

（1）以强化公民"海外安全意识"为中心的领事保护预防机制。1993年，日本外务省开始提供海外安全信息传真服务，并于同年 12 月举办首次"海外安全措施周"活动。1997 年，日本外务省重新审查以前颁发的关于旅行和撤离的信息，将两种信息合并为旅行信息，采用分级警告，向出国旅客提出建议。旅行信息分成 5 个等级，自 1997 年 2 月 18 日开始实行，如表 4 - 1 所示。

表 4 - 1　日本旅行信息分级告示

风险级别	旅行建议	备注
1 级风险	建议谨慎旅行	
2 级风险	建议推迟不必要的旅行	
3 级风险	建议推迟一切旅行	安全程度由低到高
4 级风险	建议不必要在当地停留的居民撤离	
5 级风险	所有居民撤离	

美国"9·11"事件后，日本政府更加重视预防工作，外务省认为最重要的预防措施就是发布海外安全信息。日本外务省的旅行信息包括对"旅行建议和警告"和"即时讯息"系统进行审查，并做好领事保护工作。

领事局还将原来的"邦人保护课"改名为"邦人安全课",工作重心由事后处置转为事前预防(夏莉萍,2008)。

(2)建立多层次的领事保护应急和协调机制。为了协调对领事保护紧急事件做出及时有效反应,日本外务省成立危机处理协调办公室(Crisis Management Coordination Office),将原领事部(副局级)升格为领事局(正局级),增加科室编制并专门组建跨部门的协调机构——领事服务部,其主要职能是协调部内相关部门支持领事局工作,促进外务省对领事紧急事件做出更有效的反应,提供更完善的领事服务。

第一,多层级的危机事件处理机制。日本已建立内阁府、外务省和领事局三级领事危机事件处理机制。领事危机应急机构设置分为常设性机构和临时性机构两种。常设性机构包括内阁府官房危机管理参事官室、外务省大臣官房危机管理参事官室和外务省领事局海外公民安全课紧急事态班。临时性机构指根据事态的影响、规模和危害性等,在内阁府和外务省或只在外务省设立"紧急对策本部",由内阁总理大臣或内阁官房长官牵头,各政府部门配合。外务省"紧急对策本部"由外务大臣牵头,各司局密切配合。多层次的领事危机应急机制,能够有效保证日本政府对涉及海外日本国民的领事紧急事件做出及时有效反应,最大限度地减少损失。

第二,官民合作的应急机制。在应急机制发展过程中,日本外务省十分重视与民众和企业界的沟通与合作,通过政府与民间互动,共同做好领事保护工作。1992年,为了加深外务省与海外日本民间企业、团体的联系和信息交流,日本政府在亚洲、中南美洲、中东和非洲等地区的日本人社区中建立安全顾问小组,方便日本驻外使领馆官员和当地日本人社区的信息交流和联络。在日本国内,外务省成立领事事务顾问体系,聘请一些来自私人企业资历较深的公民担任领事顾问。这些领事顾问对海外情况非常熟悉,对该地区的日本公民安全保护有丰富的经验,在经过专门培训后将他们派到驻外使领馆,协助驻外使领馆处理一些涉及日本公民的重大领事保护案件。此外,日本外务省还定期举行各部门和机构参加的海外安全事宜论坛——海外安全公私合作理事会会议、由日本公民参加的安全咨询和联络会议,并在国内外大城市召开危机处理研讨会。同时,日本外务省对海外日本公民团体领事保护工作的突出作用予以积极肯定。

总之，日本外务省通过建立多层次的预防机制、领事应急协调机制和领事保护的官民合作机制，提升保护海外公民"海外安全意识"，有效解决了因公民出国人数不断增加带来的安全形势严峻问题。

3. 英国

英国政府非常重视加强领事保护应急机制，其分工清晰，境外发生的针对英国及其公民的国际恐怖活动，由外交部反恐政策司处理，领事司协助。其他领事保护突发事件由领事司危机处理处主管。警方负责协助外交部处理领事保护事件，包括寻找和联络国内亲属。

1990 年海湾危机爆发后，为应对海难、空难、地震、火山爆发等自然事件，英国外交部领事司成立了应急处。后来，领事司又设立常设危机处理小组（Standing Crisis Management Cell）。2002 年 10 月巴厘岛爆炸案发生后，英国外交部将领事司的常设危机小组上升为外交部领事应急中心（Crisis Response Center），任何关于领事保护的紧急事件都可以在第一时间与该中心联系。同时还成立快速部署小组（Rapid Deployment Teams）。快速部署小组分 3 组，每组 12 人，轮流值班，等候调遣，能够随时被派往事发地点（夏莉萍，2009）。

4. 法国

在法国，外交部领侨司负责"领事特权与豁免"以外的所有领事业务。该司下辖四个处，其中"海外法国人事务处"下属的"侨民安全与保护科"，专门负责领事保护业务。1997 年，"侨民安全与保护科"增设了"监控（危机）中心"，负责处理威胁海外法国公民利益的重大领事保护案件。

2001 年，法国外交部将人道主义行动处（负责政策解释）和应急处（负责实施行动）合并为人道主义行动代表团，以保证各级政府、所有的私人机构和协会、国际组织在灾难应急方面协调一致。法国外交部领侨司和负责旅游信息的技术委员会一起，会在危机时刻建立专门的协调办公室。外交部还设有应对"政治危机"和"人道危机"等危机的应急小组。

5. 德国

德国有外交部危机反应中心，该中心牵头其他部门一起处理领事危机事件，危机反应中心负责管理外交部公民服务热线电话。一旦发生紧急情况，会视情况组成危机处理指挥小组，主管地区司长任组长，危机反应中心主任担任副组长。与有关驻外使领馆、驻在国政府、盟国、欧盟危机处理中心和有关国际组织建立密切联系。

6. 澳大利亚

澳大利亚相关部门有以下三个。

（1）紧急状况部际协调会：由内阁总理及外交、国防、移民、交通、警察、海关和民航等部门组成。遇有重大突发事件，外交贸易部秘书长签署命令启动部际协调会，24小时工作，汇总信息，分析形势，向总理和外交部部长提交报告并提出对策建议，全权指挥驻外使领馆的应急工作。

（2）紧急反应小组：由外交贸易部牵头，成员包括外交、国防、警察、情报和医疗等部门的人员，随时待命，遇有重大突发事件，迅速召集会议，由外交贸易部副秘书长或主管司长带队，在13小时内到国外事发地点处理紧急事件。

（3）堪培拉危机处理中心：负责领事咨询和日常领事保护。设有电话应急中心，200人轮流值班，24小时接听和处理来自全球的求助和救援电话。

2011年初，接连发生的四起大规模的领事紧急事件，分别是埃及和利比亚的局势动荡，新西兰克赖斯特彻奇市的大地震，日本的地震、海啸和核泄漏，这给海外澳大利亚公民的安全带来严重挑战。澳大利亚外交部牵头协调政府有关部门对此迅速做出反应。2011年1月30日，澳大利亚外交部启动了24小时危机反应中心，来协调各方处理应对埃及政局突变引发的领事紧急事件。后来又处理了利比亚、新西兰和日本发生的紧急事件。在这段时间，大约有120名工作人员24小时轮流在危机反应中心值班。在这四场危机处理的过程中，中心大约接听了2.6万个电话，同时拨打了约同样数量的电话去核实海外澳大利亚公民的安全情况。在这一阶段，有89名政府官员被派往一线，协助400名公民撤离危险地区。澳大利亚外交部还与加拿大、英国、美国、土耳其和约旦紧密合作，处理紧急事件。例如，不少澳大利亚公民乘坐加拿大安排的交通工具撤离埃及和利比亚，也有澳大利亚公民乘坐英国安排的飞机或轮船撤离埃及和利比亚。澳大利亚外交部还与其他部门紧密合作，向日本和新西兰派遣增援人手和设备，如城市搜救人员和设备、警官、野战医院、医疗小组、急救物资、军用交通工具和其他的人道主义救助物资等。在此次危机处理完毕后，澳大利亚外交部进行了总结，在堪培拉为 100 多名人员进行了危机处理的培训，并在非洲、亚洲、中东和堪培拉举办了领事事务研讨会。

（二）多样化的救护资金来源

各主要发达国家海外公民风险应对的资金渠道是多元化的。

英国外交部用于保护海外公民的费用来自颁发护照时所收取的额外费用。2002 年，英国外交部、财政部和内政部就领事保护（包括危机处理）的资金保障问题签署了一项协议。协议规定，护照颁发机关可以直接将领事费划拨到领事预算的账目上，而不必先上交财政部。领事预算中包括了全部的领事保护的费用。而且协议还规定，随着护照颁发数量的增加和颁发护照费用的调整，领事费也可以逐渐增加和调整。这种安排保证了领事保护费用的来源。2011 年利比亚撤离事件发生后，英国外交部进一步完善了关于海外公民救护的资金安排，建立了关于海外公民危机救助费用减免的快速决定程序。

2000 年，美国国会批准了国际恐怖活动受害者赔偿计划，为在海外遭受恐怖活动袭击的美国公民提供医疗救助等帮助。美国各州投入大量资金并通过立法支持，制订了数以千计的协助犯罪受害人及补偿犯罪受害人计划。经过几年实践，这些计划项目成为驻外使领馆为在国外遭受犯罪活动侵害的美国公民提供领事保护时至关重要的经济救助来源。

（三）信息技术的利用

各主要发达国家都十分重视利用信息技术进行领事工作改革，提高工作效率。加拿大、英国、澳大利亚等国外交部利用信息技术，建立起领事服务集中化的管理模式。

1993 年，加拿大改变了驻外使领馆下班后领事服务由各馆分散处理的局面。只要海外加拿大公民在使领馆下班时间内拨打 160 多个加拿大驻外使领馆中任何一个馆的电话，电话就会被自动转接到加拿大外交部应急中心。实现这一模式的改变，只需要安装电话转接软件和相应设备就可以了。英国、澳大利亚也采取了这种集中处理领事案件的模式。

各国外交部还采用先进技术改善领事服务电话系统，建立和更新网络领事数据库系统。2001年，英国外交部建立了全球数据库以便驻在世界各地的英国外交官和领事馆以及外交部本部之间实现信息共享，后来不断更新以更好地应对领事紧急事件。2011年初的利比亚撤离事件发生后，英国外交部又提出，准备试点利用手机短信系统进行登记。

（四）应急的计划、培训和演练

英国外交部规定，所有驻外使领馆都应有应急计划，其中应包括对领事风险进行评估的内容。

在各主要发达国家，一般都由国防部协助外交部和驻外使领馆制订和检查应急计划。英国外交部领事司和国防部一起制订应急计划，以便必要时军方协助撤侨。英国外交部十分重视与其他部门建立危机处理的合作关系，外交部和航空代理人及国防部的包机咨询专家保持良好的合作关系。海外撤离时包租海上交通工具可以通过国防部协助完成。同时，英国外交部还很重视对应急人员的培训活动和应急计划的演习。

2000~2001年度，澳大利亚外交部要求各驻外机构准备更加有效的应急计划以应对危机，对撤离程序做了非常详细的指示。2003年初，中东局势紧张，澳大利亚外交部在其他政府部门的配合下，成立了咨询小组，讨论澳大利亚驻中东地区使领馆的应急计划。2003年6月，在与国防部协商后，澳大利亚外交部重新审查了以前下发给各驻外使领馆的应急计划模板。2008~2009年度，澳大利亚外交部就领事保护事宜与其他政府部门加强了合作，以更有效地进行应急计划评估等，强化危机处理能力。

（五）危机处理程序的标准化

在2002年巴厘岛爆炸事件发生后，英国外交部还制订了一套详细的为恐怖活动袭击受害者提供协助的计划。2004年印度洋海啸事件发生后，英国政府制定了一系列措施帮助受海啸影响的英国公民及其家人，其中包括为受害者本人提供紧急医疗费，为受害者家属提供赶往出事地点的费用，等等。澳大利亚也为海啸受害者及其家人制订了类似的援助计划。在2011年初的埃及和利比亚局势动荡、新西兰大地震、日本海啸和核泄漏事件后，英国外交部重新审查了涉及海外公民的危机处理程序，决定在发生危机的情况下，外交部应采取以下措施：①向有关驻外使领馆增派人手；②必要时，在英国建立咨询热线；③在机场或邻近的安全地带设置咨询台；④组织安排撤离；⑤考虑到先前选择商业航班或其他交通工具撤离的公民是自己付费的，所以在紧急情况下，乘坐政府安排的其他交通工具撤离的公民也需要付费，只有在极特别的情况下，才出动军用飞机或船只撤离公民；⑥和其他国家紧密合作，利用它们的交通工具撤离海外公民。

2007 版美国外交手册列出了处理领事危机事件过程中各部门的作用，其中包括国防部、援助人员、红十字会等。外交手册还规定，在涉及美国国民的绑架事件中，驻外使领馆的领事官员和国务院领事局的官员应与地区安全官员、外交安全局、反恐办公室、司法部和联邦调查局等密切合作。领事官员在此类危机事件中的工作是：作为国务院和人质家属之间的联络人；帮助受害人家属与联邦调查局的协助受害人办公室取得联系；与紧急行动委员会、任务小组、领事局、联邦调查局合作。在发生大规模的涉及美国国民生命安全的自然灾害时，领事司可以请求军方或法医专家小组的协助，在征得东道国政府同意的情况下，这些专家小组可以到现场提供支援。此外，参与领事危机处理的各个部门还通过签订部门间合作协议的方式来规范各方在危机处理过程中的职责，如 1997 年 6 月 2 日，美国国务院和国家交通安全委员会签署了《关于为交通灾难的受害人家属提供协助的谅解备忘录》等。2005 年 5 月 6 日，根据 2004 年 12 月美国国会在司法部拨款法案中的指示，美国司法部成立了专门的海外恐怖主义活动受害人办公室。该办公室的主要任务是保证对海外针对美国公民的恐怖袭击活动进行调查并起诉。这被视为司法部的一项优先任务。美国国务院与该办公室合作，组织成立了联合任务小组，为在海外遭受暴力恐怖活动袭击的美国公民及其家人提供协助和保护。

美国国务院负责协调各有关方面共同处理在海外发生的涉及美国国民的空难事件。20 世纪 90 年代中期以后，国务院领事局与航空公司在处理海外空难事件方面展开了密切合作。1996 年 11 月 18 日，国务院负责领事事务的助理国务卿与美国主要航空公司的代表们签署了双方合作处理空难的谅解备忘录，主要内容包括：领事局参与航空公司处理空难的演习训练；在处理空难的过程中，双方交换工作人员，以便在领事行动中心的领事任务小组办公室有航空公司的代表；领事局派代表到航空公司的危机处理中心担任联络员。按照美国法律，美国航空公司及其合作伙伴公司必须为从美国起飞或在美国降落的飞机所发生的空难的受害者及其家属提供协助。1998 年 2 月 18 日，美国联邦航空局颁布规定，要求在美国境外发生空难时，美国航空公司及其合作伙伴公司必须向国务院的代表提供乘客名单。

总体看来，各主要发达国家海外公民的生存预警机制和紧急救护机制比较完善，这些与它们保护海外公民的历史比较悠久、其保护制度经历了多次危机考验并不断改进、国内整体法律体系比较健全、经济实力比较雄厚、科技比较先进等因素分不开。总而言之，发达国家在海外公民生存预警和应急救护方面的做法值得学习和借鉴。

第三节　新时期我国海外风险的防控

维护公民的正当海外活动，保障海外公民的合法利益是大国外交必须承担的工作。胡锦涛同志曾经指出："中国有 13 亿人口，我们珍惜每一位同胞的生命，决不容许恐怖主义威胁中国公民的人身安全，中国政府将尽最大努力确保境外中国公民的安全。"在新的国际背景下，我国应建立完善的海外同胞安全风险应对机制，让每一个海外同胞为之感到安全与自豪。

一　与时俱进的现代综合安全观

2017 年后的国际政治形势将面临风云突变，随着美国、韩国、法国、土耳其、印度尼西亚等国大选后的未知变化，加上恐怖暴力势力的蔓延，国际民生和全球化进程受到越来越多的威胁，我国党和政府未雨绸缪，在 2014 年 4 月 15 日，中央国家安全委员会主席习近平就强调，要准确把握国家安全形势变化新特点新趋势，坚持总体国家安全观，走出一条中国特色国家安全道路。习近平指出，增强忧患意识，做到居安思危，是我们治党治国必须始终坚持的一个重大原则。当前我国国家的安全内涵和外延比历史上任何时候都要丰富，时空领域比历史上任何时候都要宽广，内外因素比历史上任何时候都要复杂，必须坚持总体国家安全观。他要求："必须坚持总体国家安全观，以人民安全为宗旨，以政治安全为根本，以经济安全为基础，以军事、文化、社会安全为保障，以促进国际安全为依托，走出一条中国特色国家安全道路。"这一重要论述指明了总体国家安全观的丰富内涵（王子晖，2014）。

习近平主席关于总体国家安全观的重要思想，把内部安全与外部安全作为国家安全不可分割的两个方面，使我们对国家安全的认识更加完整和全面。进入21世纪，西方发达经济体整体增速放缓，而以中国、俄罗斯、印度、巴西、南非等金砖国家为代表的新兴经济体迅速成长。在这种背景下，大国博弈加剧，地缘政治回潮，国家间军事行为有关冲突的传统安全问题并没有得到根本解决。同时，经济安全、金融安全、生态环境安全、信息安全、资源安全、暴力恐怖活动、武器扩散、疾病蔓延、跨国犯罪、走私贩毒、非法移民、海盗、洗钱等非传统安全问题更加突出。我国"一带一路"倡议正是在这个严峻的海外安全形势下提出来的，所以不仅要认识到这个倡议的积极意义，同时每一个"走出去"的企业、个人和要实施的项目都要清醒地看到海外重大的安全风险，并且未雨绸缪地准备好应对办法。对此，回顾总结过去"走出去"的情况是提醒和防范未来风险所必需的功课。

在2015年11月21日就3名我国公民在马里人质劫持事件中遇害，习近平主席更直接对海外安全保障做出重要批示："要求有关部门加大投入和保障，加强境外安全保护工作，确保我国公民和机构安全。中国将加强同国际社会的合作，坚决打击残害无辜生命的暴力恐怖活动，维护世界和平与安宁。'（王晓易，2015）

二 体制机制与海外安全保障力

当前，保障海外同胞安全、最大限度地维护海外利益的任务更具复杂性。我国维护海外同胞安全的力量分散在政府等职能部门中，协调难度大，反应难以迅速及时，对策不易准确，亟须从战略高度建立权威性的国家安全机构和机制，更加有效地协调整合各个部门的力量，增强应对海外安全事件的能力。

在海外公民风险应对机制建设方面，发达国家已走在前面。其共同特点是：体制结构体现决策集中化与机构分散化相统一，即最高决策机构趋于小型化以快速应对安全危机，咨询机构分散有利于科学决策；决策程序走向规范化和灵活性的高度统一，以立法形式保证机构的稳定和决策的权威，通过合理机制和组织设置保证高度的灵活性，满足应对危机的需要；跨部门协调机制进一步增强，统一调配和使用资源，维护国家海外利益。我国国家安全机制建设相对滞后，虽然有安全领导机制，但风险应对机制不够健全；虽然制定了《中华人民共和国国家安全法》，但相关的法律体系还不完善；虽然拥有决策辅助机构，但作用发挥还不充分。做好海外公民风险应对机制的协调工作，有利于统筹地推进国家安全领导体制机制建设，有效整合信息情报系统，建立并完善相对独立的决策咨询体系，提高我国海外利益安全保障的能力（李升泉，2013）。

三 外交、领事保护与应急保护机制

从国际法看，海外公民风险应对应急机制是当一国国民在非本国境内处境危难，受到实际损害或有实际损害的威胁时，国籍国有权在不影响他国内政及利益的前提下，对本国国民进行保护及救济。应急保护机制是近几年发展起来的一种保护公民的机制，它与外交保护和领事保护有很多相似的地方，但又不同于外交保护和领事保护，其最大区别在于是否受到实际侵害。外交保护与领事保护都需要被保护公民受到实际侵害，而应急保护机制则没有这一要求，正是这一区别，应急保护机制在我国几次撤侨事件中被广泛利用。实践证明，应急保护机制更为实用，公民可以得到更为及时、更为有效的保护。

1. 外交保护与应急机制

联合国国际法委员会第五十四届会议对外交保护所通过的条款草案的标题和案文的定义是：外交保护是指一个国家针对本国国民受到他国的不法行为损害而提出的诉因，行使自身权利所采取的外交行动或其他和平解决手段。该定义涉及外交保护的方面：①符合"国籍继续规则"，

因为外交保护权源于属人管辖权；②所在国的国际不法行为对外国人造成的实际损害；③通过以外交或其他和平手段进行后，符合"用尽当地救济规则"。

应急保护机制应具备的条件：①被保护人必须是属于该国的具有该国国籍的公民，这与外交保护提起的要求相同；②被保护人只要在所在国受到损害威胁即可，并不要求在所在国受到实际侵害。

2. 领事保护与应急保护机制

领事保护指一国的领事机关或领事官员，根据本国的国家利益和对外政策，在国际法许可的限度内，在接受国内保护派遣国及其国民的权利和利益的行为。双边领事条约和各国的国内法也赋予领馆和领事官员此种权利。中国同外国签订的双边领事条约都确认，领事官员有权帮助和协助派遣国国民（包括法人）。

应急保护机制与领事保护有类似之处，如：①都要求国籍原则；②都不以"用尽当地救济原则"为前提条件。不同之处在于：①应急保护机制并不要求实际损害为前提，领事保护要求则以实际损害为前提；②领事保护要求领事馆保护国籍国公民，应急保护机制则不限定提供保护的具体机关。两者联系在于国籍国启动应急保护机制时，居住国领事馆要配合进行，对一部分被保护人进行保护，以保证其生命财产安全。可见，应急保护机制是在外交保护与领事保护的基础上发展起来的，后者为它提供了必要的法理依据。

3. 领事保护与应急多媒体服务平台

目前中国领事保护除了一线外交官外，还与时俱进地将领事保护具体化和形象化为多媒体服务平台。其中中国领事服务网（http://cs.mfa.gov.cn/）可以提供海外生活资讯类信息，并且设有安全提醒专栏；海外中国公民遇到紧急事项时，可以拨打中国外交部全球领事保护与服务应急呼叫中心的 12308 热线，除了自动的语音服务，还可以通过与人工座机连线，反映紧急诉求。自 2017 年开始还推出了相关的微信程序，利用海外同胞大量使用的微信，用户打开微信客户端的"发现—小程序"，在搜索框中搜索"外交部"进行访问，如图 4-1 所示。进入小程序后，用户可以方便地查看自己需要的目的地的安全情况，获取自己身边的安全信息。海外同胞也可通过在线客服进行对话或直接求助。

图 4 – 1 中国外交部的微信服务窗口

在 2018 年"外交部 12308"手机应用客户端也上线了。中国公民任何时间在全球各地都可以依托移动互联网拨打外交部 12308 热线，无须另行支付国际通话费。打开 12308 手机 App 界面，顶端共有五个栏目。分别是通知公告、安全提醒、领事新闻、出行指南以及应急电话。在安全提醒栏目中，以暂勿前往、谨慎前往和注意安全三个级别给出了相关国家和地区的安全形势。出行指南的内容包含护照及签证信息、出国提醒、领事保护与协助问答等出国一定能遇到的实用信息。应急电话一栏，将各大洲的中国使领馆电话分别列出。在界面下方，还有一键求助、自愿登记、在线客服、我的 12308 等非常实用的栏目。例如点击"一键求助"后，会出现特别醒目的"电话求助"框。世界上凡能够连接互联网的地方，只要点击这里，便可拨打外交部全球领事保护与服务应急呼叫电话。可见，有了这个手机 App 客户端，中国公民在海外又多了一重安全保障！

总之，外交保护是一项确定的习惯国际法规则，其提起必须具备国籍原则、用尽当地救济原则、实际损害原则三项。而领事保护攻破了用尽当地救济原则一项，应急保护机制在领事保护基础上又攻破了实际损害原则，只要求有实际损害的威胁即可。外交保护、领事保护和应急保护机制的适用范围持续宽松，在实践中被采用的频率也一个比一个高。

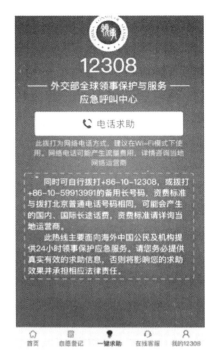

图 4 – 2　中国外交部 12308 手机客户端的一键求助界面

第四节　海外同胞安全预警与事故应对的规程

海外同胞遍布世界各地，随着我国海外利益规模扩大和区域拓展，人员的生存和投资存在的风险与日俱增。为有效应对、降低和排解海外同胞生存发展的风险，中国政府需要科学构建、有序推动海外利益风险预警与保卫机制。

一　海外安全监测预警须知

当代中国海外利益已经成为国家"走出去"战略的重要组成部分。在全球化的时代背景下，海外同胞安全以及经济利益存在着不同程度、不同类别的安全风险，需要通过中国政府、"走出去"企业和海外同胞共同进行管控、预警与应对，形成全方位的海外风险应对防控机制。

1. 海外安全监测预警系统含义

海外安全监测预警系统是指对海外同胞安全态势监测预警体系的制度安排、组织安排和技术安排。其中，监测是指对目前的系统运行状态进行实时评价，为及时进行调控决策、采取调控措施提供依据。预警是指对某一系统未来的演化趋势进行预期性报知，提前发现系统未来运行可能出现的问题及其成因，以便为提前进行某些决策、实施某些措施提供依据，其主要是面对外来的状态（聂富强，2005）。建立海外安全态势监测预警机制，通常都认为其关键是借助体系化的制度安排、组织安排和技术安排，对中国的海外安全状态进行监测，充分把握与评价各种因素的紧急形态及其对海外公民安全的影响。同时，对可能威胁中国公民安全的各种因素精细监测，以便迅速捕捉危机前兆，及时进行预测、预警与预报，制定和实施相应的对策。

要特别补充强调的是，海外安全态势监测预警机制中必须首先重视被监测系统的信息、消息和情报的及时采集和更新，没有这前置一环，后面的监测预警就无从谈起，等于没有调查就没有发言权。而这一环节恰恰是我国目前最薄弱的。具体情况这里不再重述，前文已经有详细论证。

2. 构建海外安全监测预警系统的原则与要求

（1）构建海外安全监测预警系统原则。一是预知性。通过对有关信息和数据的分析、跟踪、预测，发现现存的和潜在的问题，发出预警信号，以防患于未然。二是及时性。监测预警系统能够及时地反映问题、做出提示，避免因错失控制危机时机导致更大的损失。三是准确性。监测预警系统必须反映海外公民生活的各种规律，提出存在的问题，避免使用失真的资料或错误的方法得出错误的结论。四是完备性。监测预警系统应能全面收集与海外中国人安全相关的各类信息，从不同角度、不同层面全面分析海外安全的发展态势。五是连贯性。为保证危机预警分析不致因独立、片面而得出错误结论，当期的分析应以上一期的分析为基础，紧密衔接，确保危机预警分析的连贯性和准确性。

（2）构建海外安全监测预警系统要求。一是海外安全监测预警系统应以准确、客观的统计数据和相关信息为基础。二是海外安全监测预警系统应以国际法为依据，否则难以保证得出的分析结论被用于实践。三是海外安全监测预警系统需要具备实用性和操作性。实用性要求尽力搜集以往的经验数据，多层次、多视角选择评价指标，确认与海外同胞风险有显著联系的变量，指标方便实用，对各种海外安全有普遍的指导意义；操作性要求尽量从广泛的生活信息及活动过程中获得相关的可靠信息，操作简单方便。四是海外安全监测预警系统建设包括硬系统建设、软系统建设。其中，硬系统建设包括信息采集和处理中心、信息资料库和专家库等建设；软系统建设包括风险识别、测度指标体系、预测模型和对策系统等建设。

3. 海外安全监测预警的实施

海外安全监测预警系统是帮助决策者评估现时的与潜在的风险，分配有限资源以及在不确定条件下采取监测、报知和防控策划的行动过程，其步骤如下：一是确定可能发生但尚未发生的问题，如海外华侨人身安全状态、华侨企业安全状态、华侨社团安全状况等；二是分析问题的根源并按照问题的危害烈度排列出优先解决的问题，如战乱、暴恐、种族冲突、社会治安、自然灾害等；三是制定抑制问题发生的计划和办法；四是针对锁定的问题配置必要的资源（人力、财务、技术）；五是实施消弭问题的办法；六是跟进监测、评估执行效果，并及时调整计划（张曙光，2009）。

在预警机制方面，要利用互联网和其他各种媒体渠道，充分、及时发布各国的安全状况、旅游、经商、劳务等信息；跟踪、分析和研究涉及海外中国公民和法人安全的信息；对不同国家和地区的安全状况进行动态评估，及时向社会发布安全风险的预警等级报告。根据中国现代国际关系研究院研究结果，我国海外华侨面临的风险分为五个等级。第一级：所在国发生严重骚乱、内战或政变。在这类事件中，海外华人通常会遭受严重的财产损失，甚至生命安全受到威胁，这类事件对海外华人造成的威胁最大。由于当事国政府处于混乱甚至被颠覆状态，海外华人事后维权和索赔的希望渺茫。第二级：发生恐怖袭击。近年来，由于国际暴力恐怖活动猖獗，华侨华人越来越多地受到危害，甚至在有些地方还发生了直接针对海外华人的恐怖袭击事件。第三级：刑事犯罪事件。这类情况在很多国家业已普遍，如在南非就经常发生针对华商的抢劫事件。第四级：跨国有组织犯罪，如人口走私、偷渡等。英国莫克姆海湾拾贝惨案就是这类事件的代表。第五级：海外华侨遭遇非法行政（杨芹、胡文辉，2007）。

二　海外风险应对机制知识

进入 21 世纪后，中央一直强调统筹国内国际两个大局，注重外交创新、策略运筹和顶层设计，这是中国从着眼国家发展到注重国家海外利益安全的一个必然过程。在很多具体问题上，原有海外安全应对机制已不适应形势发展的需要，解决这一体制机制障碍已迫在眉睫。安全应对需要政府提供，但依据什么标准提供则是每个国家必须面对的现实选择，也直接影响应对方式和应对手段的实施。

1. 应对海外安全风险的三点认知

随着保护海外同胞安全意识的加强，构建海外安全应对机制需要首先明确以下三点。

（1）海外同胞安全是国家安全利益的核心。国家海外安全风险的应对机制的构建，首先要考虑海外同胞自身的安全利益以及国家安全利益。只考虑海外同胞自身安全是不够的，还要考虑整体地区性海外同胞的安全。在相互依赖的地区环境中，如果对一国海外同胞实施安全应对机制，就势必会影响到其他国家海外同胞的安全，导致本国海外安全应对机制的失败。因此，在建立海外安全应对机制时，必须充分考虑国家安全利益与海外公民安全的统一。

（2）对海外同胞安全形势需要客观判断。实施海外安全应对机制，必须对整个地区同胞的安全环境进行评估，分析现阶段是否存在潜在的不稳定因素，是否存在发生冲突的可能性与趋势，是否对该地区的华侨华人构成安全威胁等，在此客观分析的基础上，决定采取什么样的海外安全应对措施。

（3）要恰当使用国家的综合实力。各国综合实力不同，直接决定了在海外公民安全保护中提供救助的数量多少和方式。综合实力比较强的国家，有能力在海外同胞安全保护中发挥主导性作用，采取霸权式的救护措施；综合实力一般的国家，则采取多边协作式或集团协作式；而实力比较弱的国家，很多都采取"搭便车"的方式或联合方式为同胞提供保护。因此，根据国家维护海外同胞的能力来决定海外同胞保护方式的特点就比较明显（李志斐，2012）。

2. 涉及海外风险的四类应对机制

海外安全应对要求政府把保护海外同胞权益付诸实践，积极构建海外同胞的安全环境，其保护方式选择主要有预防性、霸权性（军事性）、互动性、组织性四种性质的安全应对构建行为。

（1）预防性保卫机制。预防性机制本质上是一种预防式的安全警示方式。由于潜藏许多可能引发战争、冲突和恐怖威胁的因素，各国为了保护侨民安全，常常有意识地进行预防式的安全建构。一是关注潜在安全威胁的地区和问题，尽早发现可能引发危及本国公民安全甚至冲突的事件，在危害发生之前采取和平手段消除冲突根源或将危害降到最低。二是争端出现之前"防止双方争端"或防止事态的扩大。三是采取参与双边或多边谈判、调停、和解等和平手段，防止事态进一步扩大。

（2）霸权性救护机制。在海外侨民安全救护机制中，美国是占据着主导性的角色。冷战结束后，美国成为世界上唯一的超级大国，海外美国人安全保护成为美国彰显霸权的影响力和威慑力的一种手段。美国凭借超强的综合实力，在世界许多地方保持了上百万人的军队以及美日、美韩、美澳等军事同盟体系，在安全领域形成主导性的霸权体系。美国依靠这种霸权地位，利用自身在世界上构筑的庞大安全关系网络，尽可能地维护海外侨民安全。

（3）互动性风险应对机制。为了创造良好的外部环境，各国纷纷缔约构建"不搞互相敌对和对抗，倡导互相协调和合作，双方互相尊重和平等互利"的关系，如中俄之间的全面战略协作伙伴关系、中美之间的建设性战略伙伴关系等，进一步增进国家的对话、弱化对抗，加强合作，有助于维护本国公民的安全与稳定。

（4）组织性风险应对机制。在海外安全领域中，一些国家组成地区性组织制定促进地区间海外公民安全的目标，逐步实现机制化和可持续性的安全建构行为，这是地区间海外公民安全保护的最有效方式之一。最典型的例子是欧盟和东盟。东盟是东南亚地区国家之间的一种制度性安排，在其《东盟宣言》中明确规定"通过维护正义和法律的准则以及遵循联合国宪章所规定的各项原则，来促进本地区国家间的和平与稳定"（王子昌、郭又新，2005）。这一机制对东盟内部海外侨民安全也起到重要的促进作用。在成员国的争端处理上，东盟主张通过设立专门委员会来解决成员国直接协商和谈判解决不了的可能破坏区域和平的争端和分歧，专门委员会可以在获得当事国允许的前提下开展斡旋、调解、协商、谈判等事宜，以促进争端的和平解决。目前，组织机制性的和平构建行为已经获得越来越多国家的认可和青睐，正在地区间和平安全中扮演着重要角色。

3. 海外风险应对机制的构建

在当今全球化时代，保护海外同胞安全对中国经济社会发展至关重要。随着改革开放的继续深化和扩大，中国将有更多的企业和人员走出国门、定居海外。与此同时，海外安全环境的不确定性因素增大，存在诸多风险，海外同胞权利日益受到威胁。因此，如何构建安全应对机制保护海外同胞权益，成为当前和今后较长时期内中国面临的一个重大课题。

（1）设置决策机构——安全领导小组。安全决策机制是指安全决策系统的机构设置、功能定位和运行制度总和，包括安全决策机构的功能、安全决策权限的划分、安全决策的程序与制度等。研究中国安全决策机制，先要弄清中国安全决策结构（组成及功能）和决策过程（运行程序和方式）。

决策结构。保护海外同胞的决策结构主要由三部分构成：中央领导层、中央部委及介于两者之间的协调指挥机构。中央领导层包括最高领导人、核心领导层、中央政治局及其常务委员会等；中央部委可分为党、政、军三大垂直系统，主要是与外事、华侨、经贸相关的部委。中央外事协调机构主要是中央外事工作委员会和国务院外事办公室，负责指导政策执行、协调外事口工作。

决策过程。在海外安全的决策过程中，实施海外安全工作"归口管理"。其中，"外事口"专门负责协调外交政策相关领域工作，国务院外事办公室（领事司）就是代表当时主管和协调外事工作的"口"。这种跨部门、跨领域的管理体系，命令和决定直接向下传达，而信息和建议自下向上呈递，呈现垂直流动的特征。

具体操作。目前中国海外同胞安全问题主要是属于外交部职责范围内的事务。一般来说，海外安全问题先由相关处室负责起草，与处室负责人协商并达成一致意见后，交给司级领导进行技术修正后签署，然后呈给部长或副部长达成共识后上报。其中，决策动议来自核心领导层，执行层面则是主导起草建议的相关机构。这种纵向的流动保证了上传下达，但也带来了诸如缺乏横向交流和协调等问题。

早在 198□ 年，我国就成立中央外事工作领导小组，下设办事机构"国务院外事办公室"。2000 年 9 月，中共中央决定组建"中央国家安全领导小组"，与"中央外事工作领导小组"合署办公。其中中央国家安全领导小组由主管外事工作的中央政治局常务委员会委员、分管外事工作的中央政治局委员和与外事、国家安全密切工作联系的相关机构部长组成，对外事、国家安全等重大问题做出决策。国家安全委员会成立后，国家能够有效整合力量，发挥合力作用，不断提升国家的外交与安全决策的协调性和执行力。

（2）建立协调机制——部际联席会议。2004 年 11 月 4 日，中国政府成立"境外中国公民和机构安全保护工作部际联席会议"，统一指挥、协调重大领事保护事件的处置工作。自部际联席会议机制成立以来，经过不断探索和实践，已基本建立中央、地方、驻外使领馆和企业"四位一体"的境外安全保护工作联动机制。保护境外中国公民和机构安全是维护国家和人民利益、践行"以人为本、外交为民"理念的一项重要工作。2007 ~ 2012 年，由外交部牵头，会同有关部门、地方、企业，指导驻外使领馆妥善处理政局动荡、绑架劫持、自然灾害、意外事故、劳务纠纷等引起的各类涉我领事保护案件 12 万余起，执行撤侨任务 10 余次，有力维护了数以十万计的中国公民和企业的安全和合法权益（沈朋春，2012）。

（3）形成风险应急机制。建立海外突发事件应急管理体系是维护海外中国人安全不可或缺的重要环节。当前，海外中国人突发安全事件处于多发期，迫切需要建立健全突发事件的应急管理体系，包括监测预警、应急启动、应急处置、善后处理、调查评估、恢复重建等环节。在此，重点探讨突发事件的事前风险防范、事中风险处置与事后恢复评估。

第一，海外应急机制的法律法规建设。2007 年 11 月，我国开始实施《中华人民共和国突发事件应对法》，各级政府机构都建立相应的应急预案。在涉外领域，国务院制定了《国家涉外突发事件应急预案》，各级政府部门制定了相应的涉外突发事件应急预案。2006 年 4 月 25 日，在国务院应急管理办公室的指导下，外交部、国家旅游局联合发布了《中国公民出境旅游突发事件应急预案》，首次建立包括信息收集、预警评估和预警发布等内容的预警和应对机制。

第二，各层面的海外应急机制建设。在中央政府层面，境外中国公民和机构安全保护工作部际联席会议负责统一指挥、协调境外涉中国公民和企业的重大领事保护事件的处置工作,上述机制的成员包括26个国务院机构和军方有关部门(夏莉萍,2011)。一旦发生涉及海外中国公民安全的大规模突发事件,部际联席会议制度就会启动,就各部门协调处理此类案件做出紧急部署(白洁,2007)。在地方政府层面,各级地方政府建立了相应的应急协调机制,如广东、福建等省的外事办公室新设涉外安全处,专门负责协助外交部处理涉及海外华侨和本省居民的领事保护案件和海外华侨安全应急处置。在企业层面,一些大型企业也建立起一整套海外应急和协调机制,如中石化成立了三级处理境外突发事件的体系:分别为集团公司层面,执行境外投资项目、工程建设、外派工程劳务及设有境外机构的各分公司层面,各驻外机构(代表处、办事处、公司、项目部)的项目部层面。

第三,海外安全应急联动机制。中国政府在海外安全保护工作部际联席会议制度的基础上,还建立起一套针对海外安全意外事件的应急机制。为了更好地保护海外中国公民的安全,中央各部委、各国家机关通力合作,建立联合预警机制。2005年9月,国务院办公厅转发的《关于加强境外中资企业机构与人员安全保护工作的意见》,勾勒出一个多个部门参与的境外中资企业机构和人员的安全风险防范机制建设的蓝图,如图4-3所示。总之,在我国现有法律框架内,中央、地方、驻外使领馆和企业"四位一体"的海外公民和企业安全保护联动应急机制已基本建立起来(康淼,2011)。

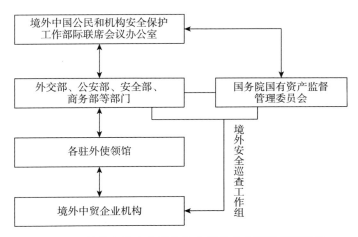

图4-3 境外中资企业机构和人员的安全风险防范机制

（4）建立磋商应对机制。通过双边定期磋商、紧急交涉、派出外交部部长特别代表或政府工作组等形式，赴事发地点，敦促有关国家采取措施，切实维护海外中国公民合法权益。同时，工作组还加强与当地华侨华人组织的合作，要求其提供必要的协助。

（5）加强境外领事保护和服务。外交部领事司向全社会颁布了《中国境外领事保护和服务指南》，部分驻外使领馆还实行侨民登记制度，与其建立直接联络。海外中方企业等也要加强安全风险防范意识，在对海外投资前，必须结合国家的有关安全风险评估，对具体的投资地进行全方位的安全测评，并对安全成本设立一个预算额度。

三 海外安全事故应对实际操作

随着改革开放与经济全球化的发展，中国公民的海外活动频繁活跃。与此同时，国际安全局势复杂多变，政局动荡时有发生，海外同胞群体容易受到波及，中国海外同胞安全问题已成为中国融入世界不可回避的话题。

1. 事前的风险预警

事前的风险预警的关键问题，即该事件是否发生于高风险国家。统一评估海外风险的标准，有利于更好地指导海外同胞和企业的安全风险防范工作。本书基于 2000 年至今的涉侨突发事件的案例，在第二章和第三章对全球各国按照事件的五个危害等级和可能的事发类型进行了统计，给出了较全面的分析和预警报告。

（1）有关的各类安全风险预警。在处理应对风险的过程中，外部信息收集至关重要。及时如实地向公众发布事态信息，不仅可以有效避免恐慌，促进公众在紧急事件中主动配合，而且有利于发挥公众在紧急事件中的集体智慧。预警报知可以根据需要采用以下不同的办法。

第一，按照威胁程度，将海外同胞面临的安全问题进行分类报知。可分为三类：第一类风险程度最高，即直接威胁海外同胞的生命安全，如枪杀、交通事故、恐怖袭击等；第二类风险程度稍次，对生命安全有威胁，主要是导致巨大的经济损失，如海盗劫持、绑架等；第三类风险性最低，仅是造成经济损失，不至于威胁生命安全，如商业纠纷、劳务纠纷、留学纠纷等，处理起来往往比较复杂。

第二，根据相关指标体系划分，将各国安全划分为高危、低危和安全的三个等级并进行了分析。例如，中国出口信用保险公司编写出版的《国家风险分析报告2010》中，风险级别被列为9级（中国出口信用保险公司，2010）。

高危国家：南亚阿富汗、中东巴以地区和伊拉克等国家。美国深陷武装占领泥潭，在短时间内无力扭转伊拉克的混乱局势；巴以冲突、黎以冲突虽进入相对缓和期，但根本矛盾未见解决，仍有可能随时激化。南亚的阿富汗将继巴勒斯坦、伊拉克之后成为世界上最凶险的地区，恐怖袭击、绑架、凶杀时有发生。

低危国家：非洲、南美洲和俄罗斯。这些地区部分区域治安状况不容乐观。在南美的委内瑞拉、哥伦比亚等传统治安混乱地区，国内治安状况难以迅速改观，治安秩序仍旧堪忧；非洲贫富差距较大，各国国情千差万别；俄罗斯西部光头党猖獗，东部西伯利亚恶劣的工作环境仍然是最重要的安全威胁。

安全国家：欧、美、日、韩和大洋洲等国家和地区。该地区社会治安较为稳定，相对安全，但少数城市扒窃、偷盗和抢劫猖獗。同时，这些地区也是劳务输出"黑中介"活动的中心点，偷渡、诈骗等犯罪行为高发。南太平洋诸小岛国动乱时有发生，某些还带有排华性质，当小心提防。

时过境迁，《国家风险分析报告2010》中的结论已经发生了一些变化，过去认为的安全国家也遇到了新的难民危机和恐怖袭击。随着恐怖活动肆虐，地缘政治动荡和经济持续低迷的相互叠加和影响，全球政治安全局势严峻复杂，部分国家的社会治安形势出现恶化，特别是恐怖主义威胁将继续呈现扩散和上升趋势。

第三，根据事件安全性质，将安全风险进行分类。可分为七类：第一类是地区冲突与恐怖活动威胁，如伊拉克、阿富汗、巴基斯坦、尼日利亚、埃塞俄比亚、索马里等国，袭击和绑架中国人员与机构的案件频发；第二类是经济利益矛盾产生的伤害案件，包括当地犯罪分子对华人华商实施暴力袭击，当地执法当局恶意伤害中方经贸商业利益，政治原因导致中国经贸利益受损害等事件；第三类是带有种族歧视与排华性质的民事伤害案件，受"中国威胁论"等思想影响，种族歧视与仇恨情结有所上升，导致中方人员成为种族暴力的宣泄对象；第四类是针对中国人的非法行政案件，如外国一些执法机构针对中国人的恶性伤害与侮辱事件；第五类是非法移民伤害事件；第六类是中国留学生被骗和伤害事件；第七类是意外伤害事件，如交通意外、自然灾害等。

（2）必要的事故应急预案。应急预案包含应急措施执行程序、应急指挥系统。对海外同胞动态安全风险做出应对评估，要求应对管理部门能够准确判断危及同胞安全事态的发展趋势，估计出事故对同胞生存发展以及财产可能造成的伤害或损失。应急的基本原则，就是可以冒很大的风险去保护可能获救的生命，会冒较小的风险去保护财产损失，但绝不能以牺牲自己为代价去救护已经失去的生命或损失的财产。风险评估之后，由应对管理指挥系统宣布应对安全事件采取何种"策略模式"——自保、法律保护、外交领事保护、撤侨。

2. 事中安全处置与应对

事中安全处置与应对要有科学高效的机构机制作为保障。我国已建立境外中国公民和机构安全保护工作部际联席会议制度、涉外安全事务司和领事保护中心，标志着海外安全应对工作逐渐走向机制化。

（1）启动应急机制。我国海外安全应急机制启动必须具备以下条件：一是国籍原则。在应急保护机制中，被保护人同样需要具有保护国国籍，这与外交和领事保护相同，是国际法属人管辖原则的体现。二是实际损害或实际损害威胁。在应急保护机制中，被保护人并不一定受到实际侵害，只要受到实际损害的威胁即可；这种侵害不一定是来自所在国的国家责任，多数是一种不可抗力（如自然灾害或政变等）。三是尊重所在国的国家主权。保护国要遵守国际法原则，不得侵犯所在国的主权，并依据所在国法律合法进行保护。

启动海外应急和协调机制程序是：首先，从驻外使领馆开始，外交部和驻外使领馆根据发生的领事保护案件涉及中国公民或法人重大人员伤亡或财产损失事件做出判断，并迅速上报中央请求启动应急机制；其次，和使馆保持联系，及时掌握最新情况；最后，把信息尽快传达给派出单位的主管部门，应急小组要出面协调，在国际法律、条约和协议允许范围内，与主管部门交涉、磋商调动所需资源，为当事人提供必要协助，做好善后工作，协调工作对象包括国内的政府机关和有关部门。

（2）妥善处置与应对。中央层面。我国已经构建较为完善的应急机制，并积累大量经验，中央层面应急机制反应迅速。例如，在利比亚撤侨事件中，接到外交部关于海外同胞安全受到威胁的报告后，中央主要领导做出重要指示和批示，要求有关方面迅即采取切实有效措施，全力保障中国公民的生命财产安全。国务院当即启动应急机制并成立撤离应急指挥部，负责协调撤离工作。应急指挥部立即召开全体会议，外交部、国务院国有资产监督管理委员会、公安部、交通运输部、商务部、中国民用航空局、卫生部等部委负责人和部分驻利比亚央企总部负责人与会，军方代表也列席会议，决定立即启动国家涉外突发事件Ⅰ级响应，撤离利比亚的中国公民。会后，领事司立即上报撤离方案，公布24小时热线电话；应急指挥部抽调外交部、公安部、国防部、国务院国有资产监督管理委员会等部门人员组成若干个工作组赶赴相关国家。在利比亚撤侨过程中，应急指挥小组组成3个工作组飞赴利比亚首都的黎波里、利比亚与突尼斯边境，东部和中部城市班加西、米苏拉塔，南部城市塞卜哈协助组织撤离工作。同时，外交部派52名外交官赴中国驻利比亚周边国家使馆进行支援。在整个撤离行动中，领事保护中心充当总协调者角色，国内外相关部门、单位、企业和驻外使领馆及时协调沟通，确保撤离行动安全、有序、高效。

地方政府层面。在撤离方案确定后，地方政府在信息传输、撤离后的人员安置方面发挥了积极作用。海外企业国内总部所在地的地方政府部门按要求将企业报回的信息上报给外交部，以便统一协调。各省市政府、侨务和商务等部门相应启动了应急机制，帮助核实本省海外华侨人数、企业数量、项目所在地和安全情况，并和其他部门一起协调安排已撤离回国的人员。

中国驻外使馆层面。中国驻利比亚使馆协助国内派出的工作组开展撤离行动。驻利比亚周边国家的使领馆接到外交部领事保护中心的指示后，用一切办法租用交通工具协助撤离。此外，驻外使领馆还负责国内包机或军机在驻在国境内停留、加油等后勤保障事宜，组织当地中资企业和华侨、留学生志愿者成立小组，和使领馆工作人员一起安排从利比亚撤离到驻在国境内的中方人员的食宿及回国旅行事宜等。

企业层面。中央企业在此次撤离中发挥了关键作用。例如,利比亚危机发生后,有关中央企业成立应急指导小组和前方指挥部,启动撤离方案,建立前后方沟通协调机制。又如,国务院国有资产监督管理委员会要求中央企业统计上报人员情况,做好分批分期撤离方案、留守人员保障方案和财产保全方案。国务院国有资产监督管理委员会应急小组与中国建筑股份有限公司、中国交通集团有限公司等企业主要领导联系,要求他们通过各种渠道与港口有关方面沟通,保证船舶进港停靠。中国建筑股份有限公司、中国交通集团有限公司、中国水电建设集团和葛洲坝水电站负责利比亚4个分区指挥中心,除组织本企业人员撤离外,还统一协调安排其他中资企业、华侨华人的撤离工作。中国国际航空股份有限公司、中国东方航空股份有限公司、中国南方航空股份有限公司等航空公司抽调飞机赴利比亚和周边国家接回撤离人员。中国远洋运输总公司、中国海运总公司命令在地中海附近的轮船向班加西方向集结。中国船级社协调希腊船公司的渡船并派员随船抵达班加西港协助撤离。

总之,在利比亚撤离行动中,在国内是从中央到地方各级政府部门再到各企业总部,在国外是从驻外使领馆到各中资企业海外分部,都启动应急机制,具有较强的协调运作能力,达到了迅速有序的撤离目的。利比亚35860名中国公民顺利撤出并回国,可谓空前壮举。

3. 事后的恢复与评估

海外风险应对是我国"走出去"战略下的新任务,及时总结每次解决海外突发事件的经验和教训是走向成熟必须做的事情,所以政府、企业、研究机构、社会团体和海外同胞个人都应该在事发之后的恢复建设时期,注重做好评估,以利再战。

我们在这里推荐一个很好的尝试:中国大型企业安保和应急管理论坛。这是一个由几十个大型央企自发组织的内部交流和讨论海外安保工作情况和经验的论坛。论坛每年由参与方轮流主办,会议半天,议程紧凑而且高效。2015年4月8日在中国北方工业公司北京总部举行了年度第一次会议(见图4-4)。这次会议除发起单位及承办单位中国北方工业公司外,中国工商银行总行、中海油、中石油长城钻探、中机集团CMEC、中石油东方地球物理公司、中冶海外工程有限公司、中水电海外投资有限公司、中国航空工业集团公司、山东高速苏丹公司等大型国企均派出应急和安保

高管共 20 多人参会。中国海外发展研究中心以及中坤鼎昊（北京）国际
商务服务有限公司也派高层参加了本次论坛会议。

图 4 - 4　会议主持

　　会议首先由中国工商银行总行安全保卫部领导介绍工商银行海外发
展情况以及遇到的安全问题和应对措施。论坛发起单位领导以及中海油
HSE 部领导等众多参会嘉宾踊跃发言，会场气氛相当热烈，大家畅所欲
言，充分交流及分享各自企业"走出去"后遇到的各种安全难题及解决经
验（见图 4 -5）。

　　该论坛每次会议的环节都会提出不同新议题供大家分组讨论，参会者
都收获了实实在在的知识和经验，获益良多，一致表示愿意参加本论坛的
会议，希望本论坛越办越好，成为本论坛成员信息分享及互助的平台，为
国家"一带一路"倡议的安全实施做出应有的贡献。

　　众所周知，由于我国企业"走出去"时间短、经验少，大部分投资存
量又集中在以资源为经济支柱的发展中国家，根据"资源诅咒"理论，这
类国家最大的特点是政府腐败程度严重、规则不健全或边缘不清晰、争端
与冲突不断，这对我国企业的海外投资的安全管理提出了巨大的挑战。针
对这种情况，中石油安全环保研究院海外 HSE 中心、中海油总公司 QHSE
部、北京伟之杰安保服务有限公司等公司共同发起，形成内部交流相关经

图 4 - 5　会议分组讨论

验的安保和应急管理论坛，并且吸引了高校和研究机构的同行参加。

这是一个极好的现象，也是一个极好的模式，国家主管部门应该给予关注、指导和扶持。

第五节　预警管理体制与预警指标体系的设计

在国务院侨务办公室的"完善涉侨事件防控机制，促进侨社和谐发展"研究报告中，骆克任教授曾经指出，海外安全预警是指对海外同胞突发事件发生频次较高的国家或地区，进行相关信息收集，并分析处理获得的信息，预测同类事件再次发生的可能性，并向国家有关部门和群体报告风险情况，结合中国涉外领事保护制度和住在国法律，最大限度地降低危险区域同胞受损的程度，并为前往危险区的其他同胞提供警告信息。它发挥着预测、警示、宣传三大功能。

海外同胞突发事件的处理，往往涉及国家之间的外交，目前国家涉侨突发事件的预警机制主要依靠的是国家的领事保护制度。基于《中国领事保护和协助指南（2011 年版）》的研究发现，涉侨突发事件预警机制的构建，主要是从相关出国人员自我安全防范与求助角度考虑的领事保护制度。外交学院夏莉萍教授认为，"中国领事保护机制进一步发展主要有来自以下四方面的挑战：第一，领事保护案件数量增加，领事保护的许多重大案件同时多点爆发的可能性大大增加；第二，领事保护案件种类繁多、信息复杂；第三，民众对于领事保护的范围还缺乏明确的认识；第四，专业的领事保护人员严重匮乏"。

基于以前学者对国内突发事件研究成果的启示和借鉴，以及实际工作的需要，针对海外同胞这一特殊群体，也应该根据该群体的实际情况，以制度为保障，全面建设突发事件预警模式。这些制度包括高效管理合作体制、全民参与预警机制和涉侨安全保障法规。

重要的海外同胞突发事件需要构建国际合作机制。国际合作机制可以分为非政府组织合作、救援企业合作和政府合作。海外同胞的突发事件，往往需要多方参与合作。以两国政府为责任主体，双边国家的跨国企业、国际非政府组织、双边国家的侨民团体甚至第三方国家协助合作等，可以形成多方合作模式，在最大努力范围内，保护本国公民的生命安全，包括国家层面的合作、民间层面的合作和政府与民间层面的合作三个方面（骆克任等，2014）。

本节将在海外安全预警的管理体制和预警的指标体系建设方面给出本研究补充的研究成果。

一　系统构建海外安全预警管理体制

有关预警管理体制的构建，现在国内学界比较成熟的是基于吴卫华的危机管理"8R"法则，即危机识别（recognition）、快速反应（rapid）、社会责任（responsibility）、核心关系（relation）、信息披露（reach）、危机预案（rehearsal）、发言人（representative）、品牌修复（recovery）（吴卫华，2009）。借鉴到海外安全预警管理体制也可以基于危机管理的"8R"法则，以危机信号的识别、快速应急处理机制、政府公共职能与社会责任表达、核心关系调查、信息沟通机制、风险控制预案、国内外新闻发言机制以及事后海外同胞生产生活秩序重建机制等，在理论层面上进行系统构建，如图4-6所示。海外安全的预警管理体制分为两个圈层：一个圈层是图中最外圈，外圈实际上是内圈危机管理理论构建的现实表达，即每个内圈理论对应一个外圈涉侨突发事件预警机制应该建设的方面。另一个就是内圈层，即危机管理理论建设的几个基本方面。从理论指导到现实构建，形成了预警管理体制系统。其中几个关键点是海外安全的损害识别、重大突发事件的应急处理、事件发生后与内外公众的沟通三个方面。

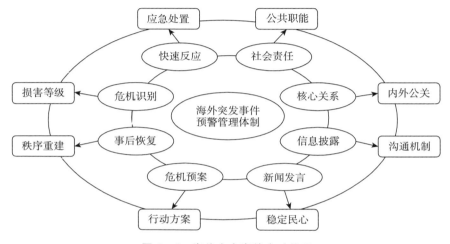

图4-6　海外安全事件应对关系

（一）危机识别

国内针对公共突发事件的信号预警，按照其性质、严重程度、可控性和影响范围等因素，一般分为四级：Ⅰ级（特别重大）、Ⅱ级（重大）、Ⅲ级（较大）和Ⅳ级（一般）。Ⅰ级由国务院负责组织处置，如汶川地震、2008年南方雨雪冰冻灾害；Ⅱ级由省级政府负责组织处置；Ⅲ级由市级政府负责组织处置；Ⅳ级由县级政府负责组织处置（详情参见国务院2006年颁发的《国家突发公共事件总体应急预案》）。基于对200件各类型海外安全事件的研究，发现其与国内公共突发事件具有一定的相似性，但又有所不同，各类级别事件具有一定的规律性。基于国内公共突发事件分级的启示，按照事件对生命的损害程度，以及其事件发生的性质，可以对海外安全事件进行分级处理，如表4-2所示。

表4-2 海外安全事件预警等级

等级	事件性质	损害程度	政治介入	说明	处理方式	事件评价	影响范围
0	安全	无伤害	无	同胞个体正常生活，无突发事件发生	注意安全防范	无	无
1	肢体冲突	身体伤害，无伤亡	不明显	同胞个体在居住国与当地居民发生肢体冲突	侵权法律申述	轻度	较小
2	经济纠纷	无伤亡，或估计财产损失10万美元以下	不明显	针对同胞所产生的一系列经济纠纷	侵权法律申述	轻度	较小
3	自然灾害	伤亡1人以上，或估计财产损失10万美元以上	不明显	突发自然灾害，如台风、海啸、地震等	国家间援助，提供领事帮助	中度	较大
4	事故伤亡	伤亡1人以上，或估计财产损失10万美元以上	不明显	同胞个体在居住国生活过程中发生的诸如交通意外的伤亡事故	侵权法律申述，提供领事帮助	中度	较大
5	社会犯罪	伤亡1人以上，或估计财产损失10万美元以上	不明显	针对同胞所产生的恶性社会犯罪事件，如劫持、焚烧等	侵权法律申述，提供领事帮助	中度	较大
6	政治扣留	伤亡1人以上，或估计财产损失10万美元以上	明显	出于国家间利益冲突对中国公民的政治扣留	外交干涉，提供领事保护	重大	大
7	政治排华	伤亡1人以上，或估计财产损失10万美元以上	明显	含政治因素的排华运动，所在国政府驱逐中国公民或暗中刺杀，造成人员伤亡	外交干涉，提供领事保护	重大	大
8	战争状态	伤亡人数和财产损失难以估计	直接	所在国国内或与他国进行战争（含中国）	外交干涉，提供领事保护或军事保护	恶性	极大
9	种族屠杀	伤亡人数和财产损失难以估计	直接	针对中华民族的种族屠杀	军事反抗	恶性	极大

　　轻度海外安全事件：事件性质一般为轻度且无人员伤亡的涉侨突发事件，或估计财产损失不超过 10 万美元。此类事件最大的特点是没有人员伤亡，且不明显受政治因素影响。事件影响范围较小，华侨个体可以向所在国相关司法机关寻求法律上的公正裁判。此类事件，不必由中国政府通过外交途径解决。海外同胞个体要注意自我安全防范，防止不必要的事故意外发生。

　　中度海外安全事件：事件性质一般为中度且有人员伤亡的涉侨突发事件，或估计财产损失超过 10 万美元。此类事件最大的特点是已经有人员伤亡，且伤亡人数都在 1 人以上，不明显受政治因素影响。事件本身影响范围较大，但是性质不恶劣。受害同胞可以向所在国相关司法机关寻求法律上的公正裁判。对于此类事件，中国政府应该出面，通过外交途径督促所在国查找事件原因，惩治主要责任人。海外同胞个体注意自我安全防范，谨防不必要的针对性犯罪事件的发生。

　　重大海外安全事件：事件性质一般为重大且有较大规模人员伤亡的海外安全事件。此类事件最大的特点是已经有超过 1 人死亡，或估计财产损失超过 10 万美元，事件发生明显受政治因素影响，而且事件在国际上影响范围较大。受害海外同胞已经无法向所在国相关司法机关寻求法律上的公正裁判。对于此类事件，中国政府必须出面，通过外交途径要求海外同胞所在国解释事件原因，释放受害海外同胞。在一定条件下，为受害海外同胞提供领事保护。海外同胞个体应注意预警，一旦事件发生应立即向国家相关部门反映。

　　恶性海外安全事件：事件性质一般为恶劣且有较大规模人员伤亡的海外安全事件，死亡人数和财产损失难以估计。此类事件最大的特点是针对性地仇视中国人，针对中国人的犯罪行为，事件发生直接受政治因素影响，而且事件在国际上影响范围极大。受害海外同胞已经无法向所在国相关司法机关寻求法律上的公正裁判。对于此类事件，中国政府必须出面，通过外交途径要求海外同胞所在国解释事件原因，停止犯罪行为。在一定条件下，甚至要为受害的海外同胞提供领事保护和军事帮助。在两国宣战的情况下，国家进入战争状态，用军事力量对中国海外同胞进行全面保护。涉侨突发事件等级划分图如图 4-7 所示。

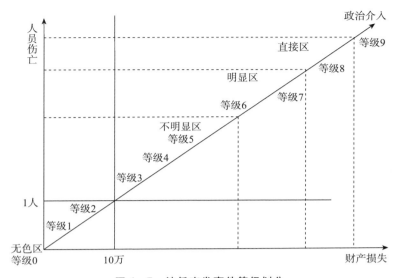

图 4 - 7 涉侨突发事件等级划分

（二）快速反应

针对重大海外安全事件，中国政府应立即启动应急处置系统，执行应急预案。海外安全事件应急处置系统主要包括海外安全事件指挥协调系统、海外安全事件决策支持系统、海外安全事件信息沟通系统、海外安全事件管理实施系统、海外安全事件资源保障系统、归国华侨安置社会支持系统等方面的内容。

（三）社会责任

强化政府公共职能的客观要求。海外安全事件的处理，必须基于国内社会或国际社会的要求，体现中国政府处理国际事件的态度和社会责任。与国内公共突发事件不一样，海外安全事件的社会责任，必须要充分考虑所在国的社会因素，中国政府除了做好相关同胞应急工作以外，还必须重视国家之间的外交问题。《联合国宪章》和相关联合国文件规定，当突发事件发生后，特别是战争下的种族屠杀，侨民原籍国必须为本国侨民提供一定的领事保护，甚至出于人道主义的需求，第三国领事也可以提供一定的领事保护。在和平时期，满足政府公共职能的客观要求，需要做好以下几个方面：一是中国任何海外单位或个人均有权向政府或者政府部门报告突发事件，相关领事馆根据事件性质，提供在法律规定范围内的领事保护；二是中国任何海外单位或个人均有权举报相关领事的不作为或违法行为；三是中国政府对受害同胞可以提供在法律规定范围内的资金或物质上的帮助；四是当重大海外安全事件发生时，中国政府必须通过各种手段，保护海外同胞安全，把事件危害降到最低。

（四）核心关系

调查事件的原因做好内外公关。当海外安全事件发生后，要抓住事件发生的关键，调查事件发生的原因，弄清突发事件发生的核心关系。只有通过明确事件责任主体、事件性质、影响范围和海外同胞所在国政策法规等情报，中国政府才能够采用正确的处理方式，避免在外交上的被动。另外，借此机会，做好国内或国际公共关系工作。内外公关的主要目的是"内求民族团结，外求国家发展"。通过事件的处理，变危害为机遇，树立中国国家新形象。这对团结海外同胞、增强海外同胞国家荣誉感和归属感十分重要。

（五）信息披露

做好海外安全事件的信息沟通。为了让社会公众及时了解海外同胞安全的动态信息，避免谣言带来的更大社会灾害，政府应该构建一个及时的海外同胞安全信息发布平台或动态监测信息平台。现在外交部网站已经有相关国家安全信息的公布（前文已有叙述），但还存在一定的缺陷，发布的海外社会风险信息不够详细。涉侨安全信息的发布要具体包括事件名称、类别、时间、地点、所在国、人数、主要特征、可能原因、处理措施、发展趋势、国家预防计划等。

（六）新闻发言

新闻发言是稳定民心、排除恐慌的宣传方式。由于国内一般公众对海外各国情况不甚了解，当海外安全事件发生时，国内相关亲属会产生巨大的恐慌。海外安全事件往往也会成为国内新闻报道和舆论讨论的焦点内容。做好海外安全事件的新闻报道，通过政府代表发言，发布事件进展真实情况，避免误传引来的社会恐慌，这具有重要的作用。另外，新闻发言人的选择十分重要，其个人言行与发言的现场应变，直接关系到政府在国内外公众中的形象，以及中国政府的态度。

（七）危机预案

应对海外安全事件的行动方案。为了及时、有效、快速地组织各方人力，动用国内外各种资源，在以前突发事件研究的基础上，国家主管部门应该牵头制订应对海外安全事件的行动方案。可以按海外安全事件的等级及其报警颜色制定不同的行动预案。例如，针对白色警报，政府主要执行的是海外安全教育的相关行动方案；针对黄色警报，政府主要执行的是提供领事帮助的相关行动方案；针对蓝色警报，政府主要执行的是外交干涉的相关行动方案；针对红色警报，政府主要执行的是提供领事保护或军事干预的行动方案。针对不同级别的海外安全事件，应该分级处理，这样才能有效地实现对侨保护，且在外交上不处于被动地位。

（八）事后恢复

外交关系与侨民生活的秩序重建。在蓝色警报以上的海外安全事件中，往往会产生外交问题。特别是红色警报类事件，对两国关系会直接产生十分恶劣的影响。相关事件发生后，为了国家之间的可持续发展、两国人民之间的友谊、世界的稳定与发展，两国政府必须通过外交恢复关系，帮助侨民重建正常的生活秩序。中国政府也可以总结经验，避免类似事件的再次发生。例如，第二次世界大战后，中国政府与美国、日本、英国等国家再次建交，恢复正常的国家贸易与人才交流，促进世界共同发展。

二　海外同胞安全预警指标体系

海外安全事件直接威胁到我国海外华侨的安全。解决突发事件的根本目的，也就是保障我国侨胞安全。通过各种信息情报，构建一套可以预测海外同胞所在国的安全的预警指标体系，这具有重要的现实意义。

（一）预警指标选择的原则

危及中国海外公民安全的风险种类和因素十分复杂，我们设计的预警指标系统，只有提供一套衡量海外安全程度的指标参考体系，才能构建适应不同地区、不同时间、不同条件、不同人群的预警模型以供使用。为了具有可用价值，这些指标的数据将遵从以下三个基本原则。

①有效性（validity）：这些指标数据要能够真实和准确地为计量中国海外公民安全程度贡献力量。这里包括了指标数据要能够说明所反映的问题，同时指标数据必须是可以采集到或可以测试的。由于一些反映安全程度的指标会难以定量，且不确定，这给定量评估事件发生的概率带来困难，所以在众多的指标中选择或构建出具有有效性的指标就更显重要。

②可靠性（reliability）：每次使用这些指标都能得出同样预警结果，这些指标才可靠、可信。在突发事件风险即将发生或刚刚发生的时候，能够采集到可靠地表现这种变动征兆的特征指标是不容易的。

③准确性（accuracy）：指标的数据值与真实的实际值的差距要达到要求。实际工作中，不少的指标数据存在一些误差，甚至存在一些虚假的数据，所以采集准确度高的数据是必要的。

采用主观经验法、调查法与文献法，选择和构建出中国海外同胞安全预警指标，尽可能将有关安全预警的定性理论陈述，转化为理论假设，并形成可操作的定量预警模型，再经过假设检验过程，形成可以实际应用的安全预警模型，最后结合指标的动态数据库，进行仿真模拟，发出比较准确的预警信号，这就建立了有实践价值和理论意义的中国海外同胞安全预警系统。

（二）海外同胞安全预警综合指数

对海外同胞安全预警指标的设置，首先应以突发事件风险发生的实际过程为依据。一般对突发事件风险发生过程的评判，是根据事件的孕育、发展与表现三个阶段来划分的。对应的三类因素分别是警源、警兆、警情三个方面（宋林飞，1995）。警源是指产生突发事件的根源；警兆是指突发事件在孕育与滋生过程中先行暴露的现象；警情是指突发事件的外部形态表现，包括经济、政治、社会、文化、自然环境五个方面。基于前面有关涉侨突发事件研究可知，突发事件表现类型多样，原因也比较复杂。由突发事件的分级可知，海外同胞安全的预警往往重点落在对重大突发事件的预警上面，这涉及所在国上述警情指标的五个方面。通过对所在国的每一个方面指标有关警源、警兆和警情的分析，可以构建起海外同胞安全总体指标体系。采用文献资料法，我们对相关指标进行初步筛选，结果如表4-3所示。

表4-3 海外华侨安全预警综合指数

安全评估	警源指标（Y）	警兆指标（Z）	警情指标（Q）
政治环境安全指数（P）	内治综合指标： 话语权和问责制评估指数（PY1） 政治稳定性评估指数（PY2） 政府效能评估指数（PY3） 监管质量评估指数（PY4） 法治水平评估指数（PY5） 腐败控制评估指数（PY6） 涉华外交指标： 意识形态对立程度评估指数（PY7） 与中国外交等级评估指数（PY8） 与中国军事交流评估指数（PY9）	牢骚评估指数（PZ1） 激进言论评估指数（PZ2） 对党政主要领导人的认同度（PZ3） 中国负面新闻报道评估指数（PZ4） 国际事件政治争论评估指数（PZ5）	政府与反政府组织武装冲突度（PQ1） 大规模游行示威频率（PQ2） 行政诉讼频率（PQ3） 政治扣留中国人员频率（PQ4） 政治干涉中国内政频率（PQ5） 遭受恐怖袭击频率（PQ6）
社会环境安全指数（S）	社会结构指标： 社会老龄化程度（SY1） 性别比（SY2） 劳动适龄人口比重（SY3） 华侨华人人口比重（SY4） 社会保障指标： 养老保障覆盖率（SY5） 失业保障覆盖率（SY6） 医疗保障覆盖率（SY7） 社会公平指标： 基尼系数（SY8）	城镇失业率（SZ1） 最低生活保障线下人口比重（SZ2） 社会保障总支出占GDP比重（SZ3） 社会保障综合给付率（SZ4） 预期平均寿命（SZ5） 对社会公共道德的评价指数（SZ6） 城乡收入水平差距指数（SZ7） 对华排斥评估指数（SZ8）	社会犯罪率（SQ1） 自杀率（SQ2） 婴儿死亡率（SQ3） 重大事故发生率（SQ4） 团体犯罪率（SQ5） 涉侨社会犯罪事件频率（SQ6）
社会环境安全指数（S）	中等收入阶层所占比重（SY9） 10%最富有家庭收入与10%最贫困家庭收入比重（SY10） 华侨掌握经济比重（SY11） 社会发展指标： 信息化水平（SY12） 城市化率（SY13） 高等教育毛入学率（SY14） R&D经费占GDP的比例（SY15）		

安全评估	警源指标（Y）	警兆指标（Z）	警情指标（Q）
经济环境安全指数（E）	经济发展指标： 人均 GDP 指数（EY1） 平均 GDP 增长率（EY2） 产业对外依存度（EY3） 资源对外依存度（EY4） 对外经济指标： 对外贸易综合依存度（EY5） 对外贸易构成指数（EY6） 重点品牌对外依存度（EY7） 经济风险指标： 国债负债率（EY8） 财政赤字率（EY9） 外债负债率（EY10） 外汇储备率（EY11） 汇率波动度（EY12） 涉侨经济指标： 侨商经济比重（EY13） 侨胞就业比率（EY14）	物价指数（EZ1） 通货膨胀指数（EZ2） 贫困率（EZ3）	集体罢工率（EQ1） 涉侨经济纠纷案件率（EQ2）
文化环境安全指数（C）	民族差异评估指数（CY1） 文化冲突评估指数（CY2） 信仰差异评估指数（CY3）	宗教冲突率（CZ1） 民族冲突率（CZ2）	移民排斥评估指数（CQ1）
自然环境安全指数（N）	严重自然灾害频率（NY1）	物资短缺度（NZ1）	生命损失度（NQ1）[3] 财产损失度（NQ2） 生产破坏度（NQ3）

资料来源：D. Kaufmann, A. Kraay, M. Mastruzzi, "Worldwide Governance Indicators Project: Answering the Critics," *Policy Research Working Paper*, 2007, 46（2）: 350－370；顾海兵、刘玮、周智高等：《中国经济安全预警的指标系统》，《国家行政学院学报》2007 年第 1 期，第 49～52 页；宋林飞：《社会风险指标体系与社会波动机制》，《社会学研究》1995 年第 6 期，第 90～95 页。

表 4－3 中的指标值，一般为 0～1 的小数（评估指数、测量度、比率等）。要确定初步筛选的安全衡量指标是否满足有效性、可靠性、准确性三大原则，哪个指标具有决定性因素，就必须对指标进行进一步的定量测试，才能确定指标的有效性与权重。定量测试的数据来源可以分为以下几个方面。

一是对于一些不能用数据直接反映所在国居民对中国华侨态度的指标体系，其定量研究的数据来源，可以用问卷调查的方式，直接对重点地区进行问卷，获取第一手资料。这种资料是最有效，也是最可靠的情报，可以通过数据的研究推测，直接了解某一地区居民对中国人的总体态度。对发现一些潜在的涉我同胞安全隐患有着极大的帮助。

二是对于一些能够用宏观数据直接反映海外同胞所在国最新政治、社会、经济等环境安全的指标体系，其数据来源可以通过收集调查海外同胞所在国或联合国官方权威公布的数据，这可以直接了解目前该国宏观安全总体状况。

三是对于一些需要长时间比较研究的数据资料，可以采用文献资料收集的方法，其数据来源是海外同胞所在国或联合国官方权威公布的历年数据。这对发现该国安全隐患规律、进行科学预测有着直接的帮助。

（三）安全预警指数计算与分类

安全预警的目的是有效防止突发事件的发生，或是减少突发事件发生后的损失程度。在计算海外同胞安全指数之前，首先应该有一个定性的判断，即研究目标国是否处于以下三种状态之一：对外战争、国内战争、特大自然灾害受灾区。如果是，那么海外同胞安全指数就是最低值，即危险。如果不是处于这样的特大事件，可以启动安全预警指数评判系统，那么安全预警指数才能够发挥功能，预测潜在的突发事件发生状态或级别。基于事件原因与分级研究，海外华侨安全预警总体指标关系如下。

安全预警指数（R）＝权重×政治环境安全指数（P）＋权重×社会环境安全指数（S）＋权重×经济环境安全指数（E）＋权重×文化环境安全指数（C）＋权重×自然环境安全指数（N）

即 $R = W_1 P + W_2 S + W_3 E + W_4 C + W_5 N$，其中，$W$ 代表权重，P、S、E、C、N 分别代表政治（policy）、社会（society）、经济（economy）、文化（culture）、自然（nature）五个环境因子。

基于表 4-3 的指标系数，Y 表示警源指标体系，Z 表示警兆指标体系，Q 表示警情指标体系，各类环境安全指标综合系数的计算公式如下。

（1）政治环境安全指标综合系数计算公式如下：

$$P = \frac{\sum_{i=1}^{n} PY_i}{n} + \frac{\sum_{i=1}^{n} PZ_i}{n} + \frac{\sum_{i=1}^{n} PQ_i}{n}$$

其中，P 表示政治环境；i 表示指标变量；n 表示对应计算警示指标的个数；PY_i 表示政治环境警源指标；PZ_i 表示政治环境警兆指标；PQ_i 表示政治环境警情指标。

（2）社会环境安全指标综合系数计算公式如下：

$$S = \frac{\sum_{i=1}^{n} SY_i}{n} + \frac{\sum_{i=1}^{n} SZ_i}{n} + \frac{\sum_{i=1}^{n} SQ_i}{n}$$

其中，S 表示社会环境；i 表示指标变量；n 表示对应计算警示指标的个数；SY_i 表示社会环境警源指标；SZ_i 表示社会环境警兆指标；SQ_i 表示社会环境警情指标。

（3）经济环境安全指标综合系数计算公式如下：

$$E = \frac{\sum_{i=1}^{n} EY_i}{n} + \frac{\sum_{i=1}^{n} EZ_i}{n} + \frac{\sum_{i=1}^{n} EQ_i}{n}$$

其中，E 表示经济环境；i 表示指标变量；n 表示对应计算警示指标的个数；EY_i 表示经济环境警源指标，EZ_i 表示经济环境警兆指标；EQ_i 表示经济环境警情指标。

（4）文化环境安全指标综合系数计算公式如下：

$$C = \frac{\sum_{i=1}^{n} CY_i}{n} + \frac{\sum_{i=1}^{n} CZ_i}{n} + \frac{\sum_{i=1}^{n} CQ_i}{n}$$

其中，C 表示文化环境；i 表示指标变量；n 表示对应计算警示指标的个数；CY_i 表示文化环境警源指标；CZ_i 表示文化环境警兆指标；CQ_i 表示文化环境警情指标。

（5）自然环境安全指标综合系数计算公式如下：

$$N = \frac{\sum_{i=1}^{n} NY_i}{n} + \frac{\sum_{i=1}^{n} NZ_i}{n} + \frac{\sum_{i=1}^{n} NQ_i}{n}$$

其中，N 表示自然环境；i 表示指标变量；n 表示对应计算警示指标的个数；NY_i 表示自然环境警源指标；NZ_i 表示自然环境警兆指标；NQ_i 表示自然环境警情指标。

　　根据计算公式，R 的取值范围为 $0 \leqslant R \leqslant 1$。根据系数构成的基本性质，以及前文海外安全事件性质特点，将安全预警指数分为五个等级。一级为指数值 $R = 1$，即无警，海外中国公民在所在国处于安全状态；二级指数值为 $0.8 \leqslant R < 1$，即轻警，海外中国公民在所在国处于低度不安全状态；三级指数值为 $0.5 \leqslant R < 0.8$，即中警，海外中国公民在所在国处于中度不安全状态；四级指数值为 $0.1 \leqslant R < 0.5$，即重警，海外中国公民在所在国处于重度不安全状态，意味着特大突发事件极可能发生；五级指数为 $0 \leqslant R < 0.1$，即巨警，海外中国公民在所在国处于危险之中，生命财产安全没有保障。另外，警源、警兆、警情三方面的权重，初步分别定为 0.4、0.3、0.3。权重的科学性，要进一步通过定量研究验证，最后才能确定。为了更好地说明预警级别与警评分类的数量关系及其预警权重级别的分布范围，生存预警指标的分类评估如表 4-4 所示。

表 4-4　生存预警指标的分类评估

指标	警级				
警评分类	无警 （白色）	轻警 （绿色）	中警 （黄色）	重警 （蓝色）	巨警 （红色）
警源 Y（0.4）	1.00	$0.32 \leqslant Y < 0.40$	$0.20 \leqslant Y < 0.32$	$0.04 \leqslant Y < 0.20$	$0 \leqslant Y < 0.04$
警兆 Z（0.3）	1.00	$0.24 \leqslant Z < 0.30$	$0.15 \leqslant Z < 0.24$	$0.03 \leqslant Z < 0.15$	$0 \leqslant Z < 0.03$
警情 Q（0.3）	1.00	$0.24 \leqslant Q < 0.30$	$0.15 \leqslant Q < 0.24$	$0.03 \leqslant Q < 0.15$	$0 \leqslant Q < 0.03$

　　基于突发事件的等级分类与预警分级，海外安全事件安全预警系统对应说明表，如表 4-5 所示。

表 4-5　海外安全事件安全预警系统对应说明表

安全度级别	一级	二级	三级	四级	五级
安全度评价	安全	低度不安全	中度不安全	不安全	危险
预警级别	无警	轻警	中警	重警	巨警
预警指数值	0	$0.8 \leqslant R < 1$	$0.5 \leqslant R < 0.8$	$0.1 \leqslant R < 0.5$	$0 \leqslant R < 0.1$

续表

安全度级别	一级	二级	三级	四级	五级
预警颜色	白色	绿色	黄色	蓝色	红色
政治介入度	无	不明显	不明显	明显	直接
可能突发事件等级	0	1，2	3，4，5	6，7	8，9
处理方向	无	司法裁判	司法裁判 中国领事帮助	外交干涉 中国领事保护	中国领事保护撤侨行动，军事保护

第六节　保障海外利益安全的有关建议

随着海外形势的不断变化和我国海外利益安全保障需求的持续增长，中国海外同胞的权利保护成为中国和平与发展的一个重大问题，因此我国亟须搭建一个强有力的统筹海外安全的工作平台，构建海外同胞安全应急救护机制，加强对海外安全工作的集中统一领导，以适应维护海外同胞安全的迫切需要。

一　应对海外风险的关注问题

面对当今严峻的海外安全形势，我国存在以下一些需要关注的问题。

（1）组织管理的体制还不完善，机制还不够高效。目前我国在境外的中资企业机构和人员安全的风险防范有图4－2所示的管理体制机制，但海外风险应对主要依仗的是政府管理，现有的应急机构主要是按照政府职能进行条块分割来各自为政的，统一组织指挥和统筹管理的能力还比较薄弱，缺乏认真、高效的协调运作机制。例如，各部门间并没有全面系统和清晰的有关责权的立法规定，在督办和管理方面也没有科学完整的考核评估和管理措施。

（2）海外利益安全保障缺乏系统理论指导和立法规范。从战略上来讲，在"整体国家安全观"和我国"走出去"的新背景下，还没有形成自己的海外安全防控理念和知识系统，在我国学科体系下也没有相关的设置。在这种缺乏理论指导的环境下，难以制定出完善的规章制度，致使国内相关立法基本空白，海外安保缺乏法律依据，因而当前我国海外利益安全保障的工作缺乏规范和指导，处于忙于应付的低效率状态。

（3）我国海外利益安全保障研究和安保企业建设相对落后。海外安全的应急保障工作中，专业智库和安保企业应该发挥重要的作用，而它们的作用如何，在很大程度上取决于信息情报网络建设与专业人才的能力和数量，但是恰恰在海外信息网络和专业人才的建设上，我国跟不上海外发展的需求，致使我们的相关智库承担不好眼下繁重的任务，而中国安保企业也由于情报网络建设和专业化分析能力的不足，在市场上缺乏竞争力。

（4）应急预警机制相对落后。与发达国家相比，我国尚未形成合理有效的应急预警机制。目前，我国对潜在的各种隐患不仅缺乏信息，而且缺乏深入的分析判断和风险评估，导致风险不能被提前发现和进行有效防范。此外，我国缺乏从国家安全高度制订的长期的风险应对战略和应急计划，应急预警能力和协同能力还比较低。

（5）应急联动机制尚未真正发挥作用。我国应急处置主体的联动机制尚不完善，中央、地方和政府部门条块之间以及预防与处置、先期处置、后期处置的衔接不够紧密，公共安全事件与日常应急管理存在脱节现象，政府应急管理机构与各类专项应急指挥机构的关系有待进一步理顺。

（6）应急保障机制欠缺。主要是应急保障机制存在不系统、不到位问题，各种应急救援力量分散于多个部门，局限于各自领域，导致各种资金、设备和人力资源投入不足，或者出现重复投入，产生大量的闲置；当遇到紧急状况时，容易造成职责不明甚至相互推诿的情况，从而失去救援的最佳时机。

二　维护海外安全的有关建议

针对上面存在的一些问题，为了进一步保障我国海外利益安全，这里提出一些建议。

（1）完善学科体系，加强队伍建设。为了满足我们对海外利益安全保障人才的需求，建议在学科发展、力量组织和培训服务各方面做好工作；一是在2018年4月教育部要求设立的国家安全学一级学科中确立"海外安全学"专业，尽快组织有基础的高校和研究机构共同研究规划海外利益安全保障专业的建设纲要，争取开展理论研究和高级专才的培养工作。二是成立全国性的中国海外发展研究会，以便汇聚和调配分散在全国各地的相关人才，满足当前建设海外利益安全智库的人才需求。三是搭建民营企业"走出去"的人才培训平台，以应对民营企业"走出去"的迫切需求。四是组织若干个中国的国际研究基金，向全球发布建设"一带一路"需要的重大课题，满足"一带一路"沿线国家的学者对研究项目和研究经费的迫切需求，同时弥补我们在海外研究力量方面的不足。

（2）加快我国海外利益安全保障的立法建设。为了落实国家关于维护海外利益战略部署的需要，体现国家的责任和人文的关怀，切实实施"依法行政"和"依法治国"，建议我国制定海外利益安全保障行动纲要，以立法形式全面规范本领域的主要内容、基本原则和权责界限等，以充分发挥海外利益与安全的立法引领和推动作用。为此建议设立专门的攻关科研组，研究我国维护和拓展海外利益的经验和不足，借鉴发达国家立法规范的做法，论证大量法理问题和诸多繁杂关系，提出适合当今国际环境以及我国海外安保理念和行业的法规和制度。

（3）加强海外利益安全保障的管理体制和运作机制。我国目前的海外安全保护工作部际联席会议制度似乎难以高效应对日益繁多的风险，有必要成立政府主导的海外安全常设管理机构，专职负责海外安全的应急管理。该机构作为中央一级的指挥与协调平台，通过整合应急资源，建立常态化管理机构，一旦危机爆发，立即转为国家应对海外同胞安全危机事件的具体指挥与协调机构，并且定期评估国家整体和各系统的风险预警和应对的效率问题，不断改进我国海外安全应急工作。

（4）建立民间参与的多层次应急预警机制。为保证我国政府部门、企业和民间的联系顺畅、协同应战，我国需要建立海外多元化、立体化与网络化的公共安全危机事件的预警机制，以形成可以共享的信息资源和各种社会资源，方便相互交流和协调的机制性平台，提升政府、企业和研究机构对突发危机的信息收集、监测、预警、报知的预控能力。对于我国目前民间海外预警能力的不足，需要在政策、资金和技术等方面给予特别的观照。

（5）加强海外应急保障机制的建设。海外应急保障机制要在认知、投入和管理等方面加强建设。一是"走出去"的企业和人员，一定要先进行培训，树立海外安全风险防范意识，打造符合自身要求和发展需要的安全保护体系，防范风险于未然。二是为了保证安全建设的投入，搭建多元化、多形式的应急资金筹集渠道。在加快构建公共财政应急机制的同时，企业按照主体责任意识来保证资金在安全投入方面的比例，在内部完善安保制度建设，设置安全风险评估、监测、预警和应急处置机制，同时全面建立综合性财政危机管理网络、应急预算资金来源和财政风险分担制度框架，以提高应急资金使用和管理的效率。

（6）规范建设应急保护机制。这条建议属于第（2）条的细化，以便启动应急预案的时候有应急法律体系支撑。对此，可以借鉴最具代表性的美国应急法律。美国应急法律包括1950年制定的《斯坦福法案》（《灾害救助和紧急援助法》）及其1974年修正案、1976年制定的《国家紧急状态法》、1992年制定的《联邦应急计划》等法律法规（莫于川，2011）。这些法律法规使得美国在应对风险时可以做到有章可循，有法可依。我国在国家安全委员会框架下，也要加快推动海外安全应对机制的体系化、规范化建设，对赴高风险国家和地区的人员和投资及时给予指导和监督。

（7）加强与周边国家和当地机构的合作。应急保护机制涉及两个国家之间的事务，一般而言，事发国可动用的资源已经相当有限，应及时调用事发地周边地区可利用的交通工具对事发地的公民进行紧急撤离。目前，我国仍与一些国家未建立外交关系，寻求周边国家合作，借助周边国家中国使领馆的帮助尤为必要。作为安保责任主体的企业，与投资地区的当地机构建立深层次的利益融合性的合作，使之成为利益安全共同体也十分重要。

（8）培养海外同胞安全防范意识。要加强海外同胞安全风险防范意识，促进文化认同，积极融入当地主流社会。要改变海外同胞各自为政、不尊重当地生活风俗习惯、漠视法律法规和道德规范等不良倾向，减少或避免成为受侵害的对象。

（9）强化应急管理人员的专业培养。应急管理人员的专业培养包括组建研究团队、对相关人员进行定期培训、开展模拟演习、与其他国家进行交流合作等。在突发性事件中，专业化应急队员快速高效地投入救助和保护，可以提高成功概率。当然对于这方面的培训，国家和企业完全可以借助互联网的条件，通过网络来进行。

（10）加强公众预警与服务机制。可以通过媒体介绍当前境外安全形势，利用外交部官方网站和社会上的众多涉外网站，发布高风险国家和地区的安全信息提醒，颁布《中国境外领事保护和服务指南》，宣传领事保护基本知识；有条件的驻外使领馆可实行中国公民自愿登记制度，以便及时提供领事保护服务；各驻外使领馆要建立新闻发布制度，及时向外界通报重大突发领事保护事件等相关信息。

（11）探索适应大数据时代和我国国情的安全风险防控办法。理念和梦想的实现与落地，需要工作方法的与时俱进。为了应对急速扩张的海外风险需求，我们可以依靠诸如"海外同胞＋互联网"等先进的运作模式，同时，对于海外各国的政治、经济和社会重大风险，境外投资的黑名单等信息，需要建立相关部门间有效的信息共享机制，大力发展国内有关海外市场评估的各种中介服务机构，全方位地提高我国海外同胞安全信息传递和风险防范的能力。

参考文献

白洁. 2007 - 09 - 01b. 领事保护——为海外公民保驾护航. 人民日报（海外版）.

白洁. 2007 - 09 - 02a. 领事保护工作：彰显中国外交"以人为本"的理念. http://www.gov.cn/jrzg/2007 - 08/31/content_733895.htm.

白庆哲. 2004. 新安全观下的海外华人移民与中国国家安全. 求索，(9)：111 - 112.

宝鋆. 1971. 筹办夷务始末（同治朝卷五一. 影印本）. 台北：文海出版社.

长野朗. 1929. 中华民族之国外发展. 黄朝琴译. 广州：暨南大学南洋文化事业部.

陈碧笙. 1991. 世界华侨华人简史. 厦门：厦门大学出版社.

陈俊武. 2010. 从突发事件看图书馆安全预警机制的建立. 林区教学，(12)：122 - 124.

陈里特. 1946. 中国海外移民史. 上海：中华书局.

陈天利，杨伟宾，李静波. 2013. 高校学生管理工作中的安全稳定预警机制研究. 学术界，(S1)：169 - 171.

陈宪奎. 2013. 华侨华人社会的历史发展、社会基础和特点//丘进. 华侨华人研究报告（2012）. 北京：社会科学文献出版社.

陈奕平，范如松. 2010. 华侨华人与中国软实力：作用、机制与政策思路. 华侨华人历史研究，(2)：14 - 21.

陈云云，张晨辉．2010．和谐世界视域中的华侨华人．中共山西省委党校学报，33（1）：103-106．

陈正良，薛秀霞，何先光．2009．析海外华侨华人在推动中国软实力形成和发展过程中的作用．浙江学刊，（6）：126-129．

陈志明．2016．博物馆、文化遗产与华侨华人研究．西北民族研究，（2）：39-48．

储昭根．2016-12-05．"一带一路"倡议远忧与近虑．联合早报．

大冢丰．2012．论海外华人华侨对全球中文推广的参与——东南亚诸国华语汉语教科书之分析．河北师范大学学报（教育科学版），14（2）：5-11．

戴二彪．2014．二十一世纪的日本华侨华人//丘进．华侨华人研究报告（2013）．北京：社会科学文献出版社．

戴二彪，彭雪．2014．二十一世纪的韩国华侨华人//丘进．华侨华人研究报告（2013）．北京：社会科学文献出版社．

德格拉，M. C. 1997．从苦力到主人翁——纪念华人到古巴150周年．刘真理，王树雄译．北京：世界知识出版社．

迪沙泰尔，M.，季北慈．2012-02-11．快速反应．南华早报．

董伟．2015-03-03．审计署原副审计长：央企4万亿境外资产基本没审计过．中国青年报．

方金英．2001．东南亚"华人问题"的形成与发展．北京：时事出版社．

方小教．2008．和谐世界理念与中国软实力建设．教学与研究，（4）：67-72．

冯亦珍，陈醇．2007．出境旅游凸显中国元素．瞭望，（19）：40-41．

福州市地方志编纂委员会．1998．福州市志（第八册）．北京：方志出版社．

傅义强．2006．欧盟移民政策与中国大陆新移民．暨南大学博士学位论文．

傅义强．2008．欧盟国家的中国大陆新移民述论．南方人口，23（3）：50-58．

傅义强．2009．改革开放以来欧盟国家中的中国大陆新移民．世界民族，（1）：60-67．

傅义强，张小平．2015．欧盟国家的中国大陆新移民迁移动因的多维探讨．中国总会计师，（4）：124 – 125.

盖建平．2009. 感性与诗情：作为华人生存经验的木屋诗．华文文学，（2）：59 – 66.

高伟浓．1993. 走向近世的中国与朝贡国关系．广州：广东高等教育出版社．

高伟浓．2003. 华人新移民在澳大利亚、新西兰的生存适应分析．华侨华人历史研究，（2）：44 – 51.

葛剑雄．1997. 中国移民史．福州：福建人民出版社．

桂世勋．2012. 海外华侨华人及其对祖（籍）国的贡献//丘进．华侨华人研究报告（2011）．北京：社会科学文献出版社．

郭剑波，陈红丽．2009. 青田华侨华人与中欧文化交流．八桂侨刊，（4）：47 – 52.

郭永强．2010. 试论高校校园安全管理预警机制建设．教育教学论坛，（4）：5 – 6.

郭玉聪．2006. 中国青年的国际迁移态势及主要迁移原因．中国青年研究，（5）：20 – 25.

韩晨霞，赵旭阳，贺军亮．2010. 石家庄市生态安全动态变化趋势及预警机制研究．地域研究与开发，（5）：99 – 103.

韩永福．1992. 清代前期的华侨政策与红溪惨案．历史档案，（4）：99 – 104.

韩震．2009. 全球化时代的华侨华人文化认同的特点．学术界，13（2）：50 – 60.

何汉文．1931. 华侨概况．上海：神州国光社．

何伟怡，陈伟珂．2005. 城市公共安全两级预警机制的基础研究．科学学与科学技术管理，26（6）：92 – 96.

胡文辉，严筠．2009. 关于建立海外华人安全风险防范机制的思考．商业时代，（1）：61 – 62.

华达．2007. 纽约华人的安全状况．侨园，（5）：32 – 33.

黄警顽．1940. 华侨对祖国的贡献．香港：长风书局．

黄昆章．2007. 宽容与融合：泰国华人争取生存发展问题的思考——以泰北美斯乐"云南村"为例．八桂侨刊，（3）：13 – 16.

黄利群．1990．中国近代留美教育史略．沈阳：辽宁大学出版社．

黄彦．2006．孙文选集．广州：广东人民出版社．

黄遵宪．1933．留学日记．长沙：湖南印书馆．

霍晓莉，郭晓静，李亚红．2011．试论社会食品公共安全防范及预警机制．企业导报，(1)：49-50．

吉中会，张华兵．2007．江苏省盐城市生态安全预警机制研究．中国地理学会学术年会．

金建．2016-12-15．中国企业海外并购、投资成功率只有5%．http：∥ house．hexun．com/2016-12-15/187358359．html．

君君．2008．海外华人安全问题透视．政府法制，(5)：16-18．

康淼．2011-05-26．中国已基本建立"四位一体"的境外安全保护工作联动机制．http：∥news．xinhuanet．com/politics/2011-05/26/c_121463287．htm．

劳动和社会保障部，国务院侨务办公室．2007．关于认真贯彻落实国务院推进华侨农场改革和发展意见的通知．

黎海波．2009．国际法的人本化与中国的领事保护．暨南大学博士学位论文．

黎海波．2011．论中国领事保护的运作机制及发展趋势——以撤离滞泰游客为例的比较与探讨．八桂侨刊，(4)：62-66．

李安山．2000．非洲华侨华人史．北京：中国华侨出版社．

李安山．2005．生存、适应与融合：牙买加华人社区的形成与发展(1854-1962)．华侨华人历史研究，(1)：38-55．

李安山．2014．拉丁美洲华侨华人的生存、适应与融合//丘进．华侨华人研究报告(2013)．北京：社会科学文献出版社．

李春辉，杨生茂．1990．美洲华侨华人史．北京：东方出版社．

李观红．2010．电网企业安全管理预警机制研究．华北电力大学硕士学位论文．

李鸿阶，廖萌．2009．华侨华人经济与住在国融合发展研究．亚太经济，(5)：102-108．

李家鑫．2009．"红溪惨案"与清朝对于南洋华侨政策研究．山东大学硕士学位论文．

李明欢．2001．欧盟国家移民政策与中国新移民．厦门大学学报（哲学社会科学版），（4）：105 - 112.

李明欢．2002a．欧洲华侨华人史．北京：中国华侨出版社．

李明欢．2002b．9·11 之后欧洲移民政策的若干思考．华侨华人历史研究，（4）：12 -16.

李明欢．2012．国际移民大趋势与海外侨情新变化//丘进．华侨华人研究报告（2011）．北京：社会科学文献出版社．

李其荣．2007．华人新移民研究评析．东南亚研究，（5）：58 - 63.

李其荣．2008．寻求生存方式的同一性——美加新华侨华人的文化认同分析．东南亚研究，（5）：69 - 77.

李少杰．2016 - 04 - 14．2016 年中国安保公司排行榜．http://news. ifeng. com/a/20160414/ 48459713_0. shtml.

李升泉．2013 - 11 - 18．统筹国家安全的战略之举．学习时报．

李艳林．2007．华侨开拓南美市场的现状与展望．亚太经济，（4）：31 - 34.

李勇．2013．语言、历史、边界：东南亚华人族群关系的变迁//丘进．华侨华人研究报告（2012）．北京：社会科学文献出版社．

李志斐．2012．东亚安全机制构建——国际公共产品提供与地区合作．北京：社会科学文献出版社．

梁诚子．2009．"海恩法则" 与我国公共安全环境的创新——从突发事件的应急处理看建立国家长效预警机制的紧迫性．现代经济（现代物业中旬刊），8（5）：26 - 27.

梁英明．2006．从东南亚华人看文化交流与融合．华侨华人历史研究，（4）：32 - 38.

廖威．2016 - 04 - 11．"'一带一路'沿线企业员工安全与海外安保风险研讨会"在京举行．http://travel. news. cn/2016 - 04 - 11/c_128883958. htm.

廖小健．2009．海外中国公民安全与领事保护．南洋问题研究，（3）：52 - 59.

林蒲田．1995．华侨教育与华文教育概论．厦门：厦门大学出版社．

林咏梅．2008．学校网络安全预警机制研究．四川文理学院学报，18（4）：62 - 64.

林云谷．1938．抗战与华侨．重庆：重庆中山文化教育馆．

刘宝东．2009．1912 年 "泗水惨案"：孙中山与袁世凯联手护侨．百年潮，（8）：23.

刘宏．2013. 华侨华人与"中国梦"．公共外交季刊，（3）：12-16.

刘金卫．2016. 缅甸华人华侨与一带一路建设．商，（10）：113.

刘瑞常，陈铭，澄湜．2004-12-31. 血的代价敲响警钟　海外华人安全问题引起重视．http：//news. china. com/zh_cn/domestic/945/20041231/12042659. html.

刘文正，王永光．2014. 二十一世纪的东南亚华人社会：人口趋势、政治地位与经济实力//丘进．华侨华人研究报告（2013）．北京：社会科学文献出版社．

刘雄，尹新华．2006. 20世纪五六十年代的东南亚华侨问题与美国对华遏制政策．当代中国史研究，（4）：39-46.

刘志军．2010. 论海外华侨权益的法律保护．湘潭大学硕士学位论文．

骆克任．2013. 完善涉侨事件防控机制　促进侨社和谐发展．http：//qwgzyj. gqb. gov. cn/ yjytt/170/2169. shtml.

骆克任，何亚平．2012. 大洋洲的华侨华人与展望//丘进．华侨华人研究报告（2011）．北京：社会科学文献出版社．

骆克任，王超，谢婷婷．2014. 全球涉侨突发事件的危害等级研究//丘进．华侨华人研究报告（2013）．北京：社会科学文献出版社．

马晓钰，叶小勇．2012. 新疆"脆弱生态环境—人口"系统安全预警机制初探．生态经济（中文版），（1）：176-178.

毛起雄，林晓东．1993. 中国侨务政策概述．北京：中国华侨出版社．

毛竹青．2011. 加强领事护侨工作的若干思考．华侨大学学报（哲学社会科学版），（3）：27-34.

米立公．2006. 一次漂亮的护侨行动．瞭望，（18）：56.

宓亨利，M. 1928. 海外华人的地位及其保护．岑德彰译．上海：商务印书馆．

莫于川．2011-05-08. 国外应急法制的七个特点．http：//www. aisixiang. com/data/46125. html.

聂德宁．2007. 二战前中马贸易关系中的华侨因素．东南亚研究，（5）：52-57.

聂冨强．2005. 中国国家经济安全预警系统研究．北京：中国统计出版社.

潘琳. 1992. 炎黄子孙——华人移民史. 陈定平, 陈广鳌译. 上海: 上海三联书店.

齐坚. 1999. 红色高棉时期柬埔寨华人的遭遇. 炎黄春秋, (9): 52－55.

齐凯, 王新华, 何成忠. 2011. 大型起重机械安全预警机制的研究. 中国安全科学学报, 21 (1): 136－139.

钱江, 纪宗安. 2009. 世界华侨华人研究. 广州: 暨南大学出版社.

乔鲍. 2007. 欧洲华人生存状态. 侨园, (5): 6－7.

丘汉平. 1945. 战后华侨问题. 福州: 福建省银行经济研究室.

丘进. 2011. 华侨华人研究报告 (2011). 北京: 社会科学文献出版社.

丘进. 2012. 华侨华人研究报告 (2012). 北京: 社会科学文献出版社.

丘进. 2013. 华侨华人研究报告 (2013). 北京: 社会科学文献出版社.

邱淑如. 2005. 网路上的海外华人组织: 暨网路景观外的社会文化现象注解. 资讯社会研究, (9): 343－380.

裘援平. 2015. 华侨华人与抗日战争. 求是, (19): 30－32.

全博. 2008. 法国华人的来源及其生存方式的变迁. 中央民族大学硕士学位论文.

饶芃子. 1999. 中国文学在东南亚. 广州: 暨南大学出版社.

任贵祥. 2009. 海外华侨华人与中国改革开放. 北京: 中共党史出版社.

沈朋春. 2012－02－11. 外交部: 中国公民海外安全保护工作取得明显成效. 中国日报.

斯图尔特, W. 1985. 秘鲁华工史. 张铠, 沈恒译. 北京: 海洋出版社.

宋李瑞芳. 1984. 美国华人的历史和现状. 朱永涛译. 北京: 商务印书馆.

宋林飞. 1995. 社会风险指标体系与社会波动机制. 社会学研究, (6): 90－95.

宋英华. 2009. 突发事件应急管理导论. 北京: 中国经济出版社.

万霞. 2006. 海外中国公民安全问题与国籍国的保护. 外交评论, (12): 99－105.

万晓宏. 2007. 南非华人现状分析. 八桂侨刊, 3 (1): 27－33.

王瑾, 张广磊. 2011. 建立健全生态安全预警机制, 维护生态安全——从法律与政策层面完善生态安全预警机制. 商品与质量: 理论研究, (S8): 164.

王军, 崔秀丽, 赵金龙. 2006. 建立河北省农业生态安全预警机制的理论探讨. 生态经济, (5): 30 – 133.

王丽霞, 肖群鹰. 2013. 海外侨民遭遇突发事件的政府救援响应研究——以东南亚华侨为例. 政治学研究, (8): 57 – 66.

王绍坊. 1988. 中国外交史 (1840—1911). 郑州: 河南人民出版社.

王晓鹏. 2008. 南非华人生存调查. 南方人物周刊, (24): 47 – 51.

王晓易. 2015 – 11 – 22. 习近平: 加强境外安全保护工作. 中国将加强国际合作打击暴恐. 东方早报.

王逸舟. 2008. 中国外交新高地. 北京: 中国社会科学出版社.

王志章, 陈晓青. 2012. 北美地区华侨华人族群研究——以硅谷为例//丘进. 华侨华人研究报告 (2011). 北京: 社会科学文献出版社.

王子昌, 郭又新. 2005. 国家利益还是地区利益. 北京: 世界知识出版社.

王子晖. 2014 – 04 – 15. 习近平: 坚持总体国家安全观　走中国特色国家安全道路. http:// news. xinhuanet. com/politics/2014 – 04/15/c_1110253910. htm.

魏中许, 刘慧娟, 贺元骅. 2013. 民航空防安全威胁预警机制创新——基于情报信息融合视角. 中国软科学, (9): 1 – 9.

温聪. 2011. 论我军维护海外国家利益的法律支持. 湖州师范学院学报, (5): 81 – 84.

巫乐华. 1996. 华侨史概要. 北京: 中国华侨出版社.

吴凤斌. 1988. 契约华工史. 南昌: 江西人民出版社.

吴建雍. 1999. 18 世纪的中国与世界: 对外关系卷. 大连: 辽海出版社.

吴前进. 2003. 国家关系中的华侨、华人和华族. 北京: 新华出版社.

吴卫华. 2009. 危机管理 8R 法则. 国际公关, (3): 79 – 80.

吴文海. 2006. 华侨国内权益保护法律制度研究. 外交学院硕士学位论文.

夏莉萍. 2008. 日本领事保护机制的发展及对中国的启示——基于日本外交蓝皮书的分析. 日本问题研究, (2): 46 – 51.

夏莉萍 . 2009 . 20 世纪 90 年代以来英国领事保护机制改革：挑战与应对 . 外交评论，（4）：114－126.

夏莉萍 . 2011 . 从利比亚事件透析中国领事保护机制建设 . 西亚非洲，（9）：104－119.

肖洪 . 2004 . 浅谈清代侨务政策 . 侨务回顾，（3）：37.

肖顺武 . 2010 . 刍议完善我国粮食安全预警机制的三个核心问题 . 改革与战略，

26 （4）：22－25.

新晋商编辑部 . 2011 . 撤侨，由远及近 . 新晋商，（4）：116.

徐学聚 . 1962 . 报取回吕宋囚商疏//陈子龙 . 明经世文编 . 北京：中华书局 .

徐云 . 2001 . 华侨华人文献信息专题数据库建设的理论与实践 . 图书馆杂志，20 （12）：10－13.

徐云 . 2002 . 华侨华人文献信息资源保障体系与共享网络的建设 . 华侨华人历史研究，（4）：43－48.

徐云 . 2007 . "华侨华人文献信息专题数据库" 建设思路与实践评价 . 图书馆论坛，27 （2）：15－18.

严筠，胡文辉 . 2007 . 刍议当前海外华人人身与财产安全问题及其原因 . 商业时代，（30）：43－44.

杨发金 . 2015 . 拉美华侨华人的历史变迁与现状初探 . 华侨华人历史研究，（4）：37－46.

杨刚，王志章 . 2010 . 美国硅谷华人群体与中国国家软实力构建研究 . 中国软科学，（2）：14－24.

杨芹，胡文辉 . 2007 . 关注海外华人，降低风险系数 . 经济导刊，（12）：173－174.

杨照海，黎晓林 . 2010 . 风险分析在动物性食品安全管理中的应用及预警机制的建立 . 现代农业科技，（18）：24－25.

叶隽 . 2012 . 中国现代留欧学人与外交官、华工群的互动 . 福州：福建教育出版社 .

于谨凯，杨志坤，单春红 . 2011 . 基于可拓物元模型的我国海洋油气业安全评价及预警机制研究 . 软科学，25 （8）：22－26.

于琬，李唯，骆克任．2013．二十一世纪的美国华人//丘进．华侨华人研究报告（2012）．北京：社会科学文献出版社．

袁林，何鸣．2010．北京市药品安全预警机制现状分析与对策研究．中国药事，24（8）：731－735．

袁源．2014．论北美华侨华人专业人士跨境活动的载体．南方职业教育学刊，（6）：72－76．

岳艳明．2009．试论高校图书馆特色数据库建设——以华侨华人信息数据库建设为例．农业图书情报学刊，21（7）：51－53．

张冰慧．2006．欧盟国家移民政策及其对中国新移民的影响．暨南大学硕士学位论文．

张德笔．2016－05－18．中铁承建的委内瑞拉高铁为何成为废墟．http://view. news. qq. com/ original/intouchtoday/n3529. html.

张倩．2014－08－20．中国人投资海外90％以上亏损．http://life. xinhua08. com/a/20140820/1 373699. shtml.

张秋生．1998．澳大利亚华侨华人史．北京：外语教学与研究出版社．

张秋生，孙红雷．2007．20世纪八九十年代澳大利亚华人新移民的社会特征——以澳大利亚移民部有关历史档案资料为据．历史教学，（3）：76－78．

张曙光．2009．国家海外利益风险的外交管理．世界经济与政治，（8）：6－12．

张文昌，于维英．2005．论建立现代安全管理新体系．商场现代化，（19）：23－24．

张小平．2009．简述黑龙江大豆加工产业安全预警机制建设．农业工程技术（农产品加工业），（8）：14－17．

张欣．2016－04－25．让中国人行走海外更安全．http://news. xinhua-net. com/politics/2016－04/ 25/c_1118726565. htm.

张秀明．2008．改革开放以来侨务政策的演变及华侨华人与中国的互动．华侨华人历史研究，（3）：1－10．

张学惠．2002．华侨华人在祖籍地的作用方式研究——对融籍华侨华人创新"作用方式"的实证分析．华侨华人历史研究，（4）：17－18．

张荫桐．1946．南洋华侨与经济之现势．北京：商务印书馆．

张禹东．2005．宽容：一种生存方式——以海外华侨华人的生存实践为例．哲学动态，（11）：21 – 24

张月．2012．日本华侨华人与中国对日公共外交．东南亚纵横，（7）：61 – 66．

赵桂娟．2009．厦门竹坝华侨农场社会保障问题调查研究．河北工程大学学报（社会科学版），26（2）：11 – 14．

赵欣．2007．近代旅美华侨华人与中美文化的双向交流．史学集刊，（4）：75 – 82．

郑学益．1997．商战之魂——东南亚华人企业集团探微．北京：北京大学出版社．

中国出口信用保险公司．2010．国家风险分析报告2010（上册）．北京：中国财政经济出版社．

中华人民共和国常驻联合国代表团．2016 – 11 – 17．联合国大会一致通过决议呼吁各国推进"一带一路"倡议．http：//www．fmprc．gov．cn/ce/ceun/chn/gdxw/t1416496．htm．

周南京．2002．华侨华人百科全书．北京：中国华侨出版社．

周中坚．1993．柬埔寨华人沧桑四十年．东南亚南亚研究，（2）：44 – 48．

朱东芹．2012．东南亚华侨华人社团的历史与现状//丘进．华侨华人研究报告（2011）．北京：社会科学文献出版社．

朱国宏．1994．中国的海外移民——一项国际迁移的历史研究．上海：复旦大学出版社．

朱杰勤．1989．东南亚华侨史．上海：中华书局．

朱杰勤．1991．海外华人社会科学家传记．广州：广东人民出版社．

庄国土．2001．华侨华人与中国的关系．广州：广东高等教育出版社．

庄国土．2009．东南亚华侨华人数量的新估算．厦门大学学报（哲学社会科学版），（3）：62 – 69．

Alcik H．，Ozel O．，Wu Y．M．et al．2011．An alternative approach for the Istanbul earthquake early warning system．*Soil Dynamics & Earthquake Engineering*，31（2）：181 – 187．

Allen R．M．，Boese M．，Brown H．，et al．2011．CISN ShakeAlert：delivering test warnings for California earthquakes. American Geophysical Union, Fall Meeting 2011.

Amitrano D. , Arattano M. , Chiarle M. et al. 2010. Microseismic activity analysis for the study of the rupture mechanisms in unstable rock masses. *Natural Hazards & Earth System Sciences*, 10 (4): 831 – 841.

Bail H. L. , Wei S. 2008. The return of the "Brains" to China: what are the social, economic, and political impacts? Asie Visions.

Barabantseva E. 2005. Trans – nationalising Chineseness: overseas Chinese policies of the PRC's central government. *Asien*, (7): 7 – 28.

Berger P. L. , Hefner R. W. 2003. Spiritual capital in comparative perspective. Spiritual Capital Planning Meeting.

Brils J. , Brack W. , Müller – Grabherr D. et al. 2014. Risk – informed management of European river basins. *Springer Berlin Heidelberg*, 22 (4): 511 – 512.

Chiyo P. I. , Archie E. A. , Hollister – Smith J. A. , et al. 2011. Association patterns of African elephants in all – male groups: the role of age and genetic relatedness. *Animal Behaviour*, 81 (6): 1093 – 1099.

Chong K. Y. , Corlett R. T. , Yeo D. C. J. et al. 2011. Towards a global database of weed risk assessments: a test of transferability for the tropics. *Biological Invasions*, 13 (7): 1571 – 1577.

Christenson B. W. , Mazot A. , Britten K. 2010. Gas transfer through Ruapehu Crater Lake: insights gained from a recent water – borne survey. American Geophysical Union, Fall Meeting 2010.

Colóngonzález F. J. , Lake I. R. , Bentham G. 2011. Climate variability and dengue fever in warm and humid Mexico. *American Journal of Tropical Medicine & Hygiene*, 84 (5): 757 – 763.

David I. P. , Chi W. L. , Chui W. H. 2007. Veiled entrapment: a study of social isolation of older Chinese migrants in Brisbane, Queensland. *Ageing & Society*, 27 (5): 719 – 738.

Elshazly A. 2011. Designing an early warning system for currency crises: an empirical treatment. *Applied Economics*, 43 (14): 1817 – 1828.

Fahjan Y. M. , Alcik H. , Sari A. 2011. Applications of cumulative absolute velocity to urban earthquake early warning systems. *Journal of Seismology*, 15 (2): 355 – 373.

Fosha R. E. , Leatherman C. 2008. The Chinese experience in Deadwood, South Dakota. *Historical Archaeology*, 42 (3): 97 – 110.

Frost M. R. 2005. Emporium in imperio: nanyang networks and the straits Chinese in Singapore, 1819 – 1914. *Journal of Southeast Asian Studies*, 36 (1): 29 – 66.

Gadzala A. 2009. Survival of the fittest? Kenya's and Chinese businesses. *Journal of Eastern African Studies*, 3 (2): 202 – 220.

Harris K. S. 2006. "Not a Chinaman's chance": Chinese labour in South Africa and the United States of America. *Historical Association of South Africa*, (11): 177 – 197.

Hoff G. L. , Frye F. L. , Jacobson E. R. 1984. *Diseases of Amphibians and Reptiles*. New York: Plenum Press.

International Organization for Migration. 2010. World Migration Report.

Jenkins P. F. , Thompson C. H. , Barton L. L. 2011. Clinical deterioration in the condition of patients with acute medical illness in Australian hospitals: improving detection and response. *Medical Journal of Australia*, 194 (11): 596 – 598.

Kamigaichi O. , Saito M. , Doi K. et al. 2009. Earthquake early warning in Japan: warning the general public and future prospects. *Seismological Research Letters*, 80 (5): 717 – 726.

Katila S. 2010. Negotiating moral orders in Chinese business families in finland: constructing family, gender and ethnicity in a research situation. *Gender Work & Organization*, 17 (3): 297 – 319.

Kilic A. , Aktas Z. , Bedir O. et al. 2011. Identification and characterization of OXA – 48 producing, carbapenem – resistant Enterobacteriaceae isolates in turkey. *Annals of Clinical & Laboratory Science*, 41 (2): 161 – 166.

Kleining J. 2008. Dispersed economic power? Overseas Chinese between discrimination and success in business. KAS Overseas Information.

Korostelina K. 2010. War of textbooks: history education in Russia and U-kraine. *Communist and Post - Communist Studies*, 43 (2): 129 - 137.

Krefis A. C., Schwarz N. G., Nkrumah B. et al. 2011. Spatial analysis of land cover determinants of malaria incidence in the Ashanti region, Ghana. *PLoS One*, 6 (3): e17905.

Kwong P. 2005. *Chinese America: The Untold Story of America's Oldest New Community*. NewYork: New Press.

Laneri K., Bhadra A., Ionides E. L. et al. 2010. Forcing versus feedback: epidemic malaria and monsoon rains in northwest India. *Plos Computational Biology*, 6 (9): e1000898.

Lauterjung J., Münch U., Rudloff A. 2010. The challenge of installing a tsunami early warning system in the vicinity of the Sunda Arc, Indonesia. *Natural Hazards & Earth System Science*, 10 (4): 641 - 646.

Li M. H. 1999. *We Need Two Worlds: Chinese Immigrant Associations in a Western Society*. Amsterdam: Amsterdam University Press.

Locatelli C., Serpelloni G., Macchia T. et al. 2011. The Italian national early warning system for drugs of abuse: toxicovigilance on new psychoactive substances. *International Congress of the European Association*, 49 (3): 215 - 216.

Martin P. 2008. Epidemics: lessons from the past and current patterns of response. *Comptes Rendus Geoscience*, 340 (9 - 10): 670 - 678.

Mohan G., Tan - Mullins M. 2009. Chinese migrants in Africa as new agents of development? An analytical framework. *European Journal of Development Research*, 21 (4): 588 - 605.

Mullins P. R. 2008. "The strange and unusual": material and social dimensions of Chinese identity. *Historical Archaeology*, 42 (3): 152 - 157.

Neumann T., Sundermeyer A., Esser S, et al. 2010. Recruiting and baseline of the HIV - HEART study: a prospective, multicenter trial to analyze cardiac diseases in HIV - infected patients. *Open Clinical Trials Journal*, 2: 1 - 7.

Nieto G. 2003. The Chinese in Spain. *International Migration*, 41 (3): 215 - 237.

Nordvik T., Blikra L. H., Nyrnes E. et al. 2010. Statistical analysis of seasonal displace – ments at the Nordnes rockslide, northern Norway. *Engineering Geology*, 114 (3): 228 – 237.

Parker G. , Chan B. , Hadzipavlovic D. 2007. Lower rates of depression in westernised Chinese in the US. *Journal of Afferctive Disorders*, 104 (3610): 175 – 178.

Raziei T. , Mofidi A. , Santos J. A. et al. 2011. Seasonal regimes of daily precipitation in Iran. *Journal of Mathematics.*

Reinhard K. J. , Costello J. G. , Swope K. et al. 2008. Chinese liver flukes in latrine sediments from Wong Nim's property, San Bernardino, California: archaeoparasitology of the Caltrans District Headquarters. *Journal of Parasitology*, 94 (1): 300 – 303.

Sawant R. J. 2010. The economics of large – scale infrastructure FDI: the case of project finance. *Journal of International Business Studies*, 41 (6): 1036 – 1055.

Sissoko K. , Keulen H. V. , Verhagen J. , et al. 2011. Agriculture, livelihoods and climate change in the West African Sahel. *Regional Environmental Change*, 11 (1): 119 – 125.

Sivalal S. 2009. Health technology assessment in Malaysia. International *Journal of Technology Assessment in Health Care*, 1 (S1): 224.

Suess T. , Buchholz U. , Dupke S. et al. 2010. Shedding and transmission of novel influenza virus A/H1N1 infection in households—Germany, 2009. *American Journal of Epide miology*, 171 (11): 1157 – 1164.

Tonini R. , Armigliato A. , Tinti S. 2011. The 29 September 2009 Samoa Islands Tsunami: simulations based on the first focal mechanism solutions and implications on tsunami early warning strategies. *Pure & Applied Geophysics*, 168 (6 – 7): 1113 – 1123.

Voss B. L. , Allen R. 2008. Overseas Chinese archaeology: historical foundations, current reflections, and new directions. *Historical Archaeology*, 42 (3): 5 – 28.

Weaver K. N. , Jones R. C. , Albright R. et al. 2010. Infection among mechanically ventilated patients in a long – term acute care facility. *Infection Control*

& *Hospital Epidemio logy*, (31): 54 – 58.

Werner M. , Cranston M. , Harrison T. et al. 2009. Recent developments in operational flood forecasting in England, Wales and Scotland. *Meteorological Applications*, 16 (1): 13 – 22.

Yoo D. G. , Chang D. E. , Jun H. et al. 2012. Optimization of pressure gauge locations for water distribution systems using entropy theory. *Environmental Monitoring & Assess ment*, 184 (12): 7309 – 7322.

Yoon M. , Kim K. Y. , Bang I. C. et al. 2011. Complete mitogenome sequence of the Chinese Medaka Oryzias Sinensis (teleostei: beloniformes) and its phylogenetic analysis. *Genes & Genomics*, 33 (3): 307 – 312.

附　录

世界各地华侨华人人口统计表（截至 2016 年 6 月 16 日统计数据）

区域	国家/地区	华侨华人数量（万人）	年份	数据来源	占全球华侨华人的百分比(%)	居住地人口（万人）	占居住地人口的百分比（%）
亚洲	合计	3700.97			74.89	232320.90	1.59
东南亚	文莱（Brunei）	6	2011	《华侨华人研究报告 2013》	0.12	38.82	15.46
	柬埔寨（Cambodia）	71	2011	《华侨华人研究报告 2013》	1.44	1449.43	4.90
	印度尼西亚（Indonesia）	1057	2011	《华侨华人研究报告 2013》	21.39	24027.15	4.40
	老挝（Laos）	32	2011	《华侨华人研究报告 2013》	0.65	683.49	4.68
	马来西亚（Malaysia）	660	2011	《华侨华人研究报告 2013》	13.36	2571.58	25.67
	缅甸（Myanmar）	263	2011	《华侨华人研究报告 2013》	5.32	4813.77	5.46
	菲律宾（Philippines）	162	2011	《华侨华人研究报告 2013》	3.28	9797.66	1.65
	新加坡（Singapore）	384.16	2011	《华侨华人研究报告 2013》	7.77	465.75	82.48
	泰国（Thailand）	718	2011	《华侨华人研究报告 2013》	14.53	6590.54	10.89
	越南（Vietnam）	155	2011	《华侨华人研究报告 2013》	3.14	8696.75	1.78

续表

区域	国家/ 地区	华侨华 人数量 （万人）	年份	数据来源	占全球华 侨华人的 百分比（%）	居住地人 口（万人）	占居住地 人口的百 分比（%）
东北亚	日本（Japan）	75.8	2012	《华侨华人研究报告2013》	1.53	12707.87	0.60
	韩国 （R. O. Korea）	51.45	2012	《华侨华人研究报告2013》	1.04	4850.9	1.06
	朝鲜 （DPRK）	0.5	2011	http://club. kdnet. net/ dispbbs. asp? boardid = 1&id = 11183700	0.01	2266.53	0.02
	蒙古国 （Mongolia）	0.43	2013	http://www. chinaqw. com/ hqhr/2014/04 - 21/1158. shtml	0.01	304.11	0.14
南亚	印度（India）	13	2011	台湾"侨务委员会"	0.26	116607.9	0.01
	巴基斯坦 （Pakistan）	0.8	2009	Asia Times. 2009 - 09 - 11	0.02	17624.29	0.00
	斯里兰卡 （Sri Lanka）	0.35	2013	http://www. nationmaster. com/graph/peo_chi_pop - people - chinese - population	0.01	2132.48	0.02
	尼泊尔 （Nepal）	1	2011	台湾"侨务委员会"	0.02	2856.34	0.04
	以色列 （Israel）	2.3	2001	Front Page Mag. Retrieved September. 19，2012	0.05	723.37	0.32
西亚	沙特阿拉伯 （Saudi Arabia）	2	2011	台湾"侨务委员会"	0.04	2868.66	0.07
	土耳其 （Turkey）	4	2011	台湾"侨务委员会"	0.08	7680.55	0.05
	阿拉伯联 合酋长国 （The United Arab Emirates）	11	2011	台湾"侨务委员会"	0.22	479.85	2.29
中亚	哈萨克斯坦 （Kazakhstan）	30	2009	《哈萨克斯坦华侨报》	0.61	1539.94	1.95
	吉尔吉斯斯坦 （Kyrgyzstan）	0.18	2009	Bishkek：National Committee on Statistics，2010	0.00	543.17	0.03

续表

区域	国家/地区	华侨华人数量（万人）	年份	数据来源	占全球华侨华人的百分比（%）	居住地人口（万人）	占居住地人口的百分比（%）
美洲	合计	815.1			16.49	82179.45	0.99
北美洲	加拿大（Canada）	151	2011	台湾"侨务委员会"	3.06	3348.72	4.51
	墨西哥（Mexico）	6	2011	台湾"侨务委员会"	0.12	11121.18	0.05
	美国（United States）	416	2011	台湾"侨务委员会"	8.42	30721.21	1.35
中美洲	伯利兹（Belize）	1	2011	台湾"侨务委员会"	0.02	30.79	3.25
	哥斯达黎加（Costa Rica）	6	2007	《2007年世界华商发展报告》	0.12	425.39	1.41
	古巴（Cuba）	11.4	2008	CIA World Factbook. Cuba. May. 15，2008	0.23	1145.17	1.00
	多米尼加（Dominican Rep.）	2	2011	台湾"侨务委员会"	0.04	7.27	27.51
	危地马拉（Guatemala）	2	2011	台湾"侨务委员会"	0.04	1327.65	0.15
	牙买加（Jamaica）	2	2011	台湾"侨务委员会"	0.04	282.59	0.71
	尼加拉瓜（Nicaragua）	1.2	2013	http：//www. joshuaproject. net/countries. php? rog3 = NU	0.02	589.12	0.20
	巴拿马（Panama）	14	2011	台湾"侨务委员会"	0.28	336.05	4.17
南美洲	阿根廷（Argentina）	9	2011	台湾"侨务委员会"	0.18	4091.36	0.22
	巴西（Brazil）	25	2011	台湾"侨务委员会"	0.51	19873.93	0.13
	智利（Chile）	1	2011	台湾"侨务委员会"	0.02	1660.17	0.06
	厄瓜多尔（Ecuador）	16.5	2007	《2007年世界华商发展报告》	0.33	1457.31	1.13
	圭亚那（Guyana）	1	2011	台湾"侨务委员会"	0.02	77.23	1.29
	秘鲁（Peru）	130	2007	《2007年世界华商发展报告》	2.63	2954.7	4.40
	苏里南（Suriname）	4	2007	《2007年世界华商发展报告》	0.08	48.13	8.31
	委内瑞拉（Venezuela）	16	2007	《2007年世界华商发展报告》	0.32	2681.48	0.60

续表

区域	国家/地区	华侨华人数量（万人）	年份	数据来源	占全球华侨华人的百分比（%）	居住地人口（万人）	占居住地人口的百分比（%）
欧洲	合计	263.7			5.34	66133.95	0.40
西欧	比利时（Belgium）	4	2008	欧华联会秘书处	0.08	1041.43	0.38
	法国（France）	50	2008	欧华联会秘书处	1.01	6442.01	0.78
	爱尔兰（Ireland）	6	2008	欧华联会秘书处	0.12	420.32	1.43
	卢森堡（Luxemburg）	0.15	2008	欧华联会秘书处	0.00	49.18	0.31
	荷兰（Netherlands）	16	2008	欧华联会秘书处	0.32	1671.6	0.96
	英国（United Kingdom）	60	2008	欧华联会秘书处	1.21	6111.32	0.98
中欧	奥地利（Austria）	4	2008	欧华联会秘书处	0.08	821.03	0.49
	德国（Germany）	15	2008	欧华联会秘书处	0.30	8232.98	0.18
	瑞士（Switzerland）	1	2008	欧华联会秘书处	0.02	760.45	0.13
南欧	希腊（Greece）	1.2	2008	欧华联会秘书处	0.02	1073.74	0.11
	意大利（Italy）	30	2008	欧华联会秘书处	0.61	5812.62	0.52
	葡萄牙（Portugal）	3	2008	欧华联会秘书处	0.06	1070.79	0.28
	西班牙（Spain）	16.8	2008	欧华联会秘书处	0.34	4052.5	0.41
北欧	丹麦（Denmark）	1.8	2008	欧华联会秘书处	0.04	550.05	0.33
	芬兰（Finland）	0.2	2008	欧华联会秘书处	0.00	525.03	0.04
	挪威（Norway）	1	2011	台湾"侨务委员会"	0.02	466.05	0.21
	瑞典（Sweden）	3	2011	台湾"侨务委员会"	0.06	905.97	0.33

区域	国家/地区	华侨华人数量（万人）	年份	数据来源	占全球华侨华人的百分比(%)	居住地人口（万人）	占居住地人口的百分比（%）
	保加利亚（Bulgaria）	0.3	2008	欧华联会秘书处	0.01	720.47	0.04
	捷克（Czech Rep.）	0.4	2008	欧华联会秘书处	0.01	1021.19	0.04
	斯洛伐克（Slovakia）	0.5	2008	欧华联会秘书处	0.01	546.3	0.09
	波兰（Poland）	0.2	2008	欧华联会秘书处	0.00	3848.29	0.01
	塞尔维亚（Serbia）	1	2008	欧华联会秘书处	0.02	737.93	0.14
	黑山（Montenegro）	0.02	2008	欧华联会秘书处	0.00	67.22	0.03
	马耳他（Malta）	0.1	2008	欧华联会秘书处	0.00	40.52	0.25
	克罗地亚（Croatia）	0.08	2008	欧华联会秘书处	0.00	448.94	0.02
东欧	匈牙利（Hungary）	1.6	2008	欧华联会秘书处	0.03	990.56	0.16
	罗马尼亚（Romania）	1	2008	欧华联会秘书处	0.02	2221.54	0.05
	阿尔巴尼亚（Albania）	0.2	2008	欧华联会秘书处	0.00	363.95	0.05
	俄罗斯（Russia）	45	2011	台湾"侨务委员会"	0.91	14004.12	0.32
	斯洛文尼亚（Slovenia）	0.08	2008	欧华联会秘书处	0.00	200.57	0.04
	马其顿（Macedonia）	0.005	2008	欧华联会秘书处	0.00	206.67	0.00
	立陶宛（Lithuania）	0.035	2008	欧华联会秘书处	0.00	355.52	0.01
	拉脱维亚（Latvia）	0.02	2008	欧华联会秘书处	0.00	223.15	0.01
	爱沙尼亚（Estonia）	0.012	2008	欧华联会秘书处	0.00	129.94	0.01

区域	国家/地区	华侨华人数量（万人）	年份	数据来源	占全球华侨华人的百分比（%）	居住地人口（万人）	占居住地人口的百分比（%）
	合计	82.24			1.66	3278.58	2.51
	澳大利亚（Australia）	60	2011	澳大利亚2011年人口普查	1.21	2126.26	2.82
	斐济（Fiji）	1	2012	新华网 http://www.chinanews.com/hr/2012/02-06/3648106.shtml	0.02	94.47	1.06
大洋洲	法属波利尼西亚（French Polynesia）	2	2011	台湾"侨务委员会"	0.04	28.7	6.97
	新西兰（New Zealand）	17.14	2013	新西兰2013年3月人口普查	0.35	421.34	4.07
	巴布亚新几内亚（Papua New Guinea）	2	2011	台湾"侨务委员会"	0.04	605.73	0.33
	帕劳（Palau）	0.1	2012	CIA World Factbook, rertieved March. 23rd, 2012	0.00	2.08	4.81
	合计	79.624			1.61	58061.65	0.14
	安哥拉（Angola）	25.9	2012	http://visao.sapo.pt/angola-cerca-de-259000-chineses-vivem-atualmente-no-pais=f660830	0.52	1279.93	2.02
	博茨瓦纳（Botswana）	0.27	2009	《华侨华人研究报告2012》	0.01	199.09	0.14
	埃及（Egypt）	0.3	2009	《华侨华人研究报告2012》	0.01	8308.29	0.00
非洲	加纳（Ghana）	0.6	2013	注（3）	0.01	2383.25	0.03
	肯尼亚（Kenya）	0.4	2009	《华侨华人研究报告2012》	0.01	3900.28	0.01
	莱索托（Lesotho）	0.26	2009	《华侨华人研究报告2012》	0.01	213.08	0.12
	马达加斯加（Madagascar）	6	2009	《华侨华人研究报告2012》	0.12	2065.36	0.29
	莫桑比克（Mozambique）	0.05	2009	《华侨华人研究报告2012》	0.00	2166.93	0.00

续表

区域	国家/地区	华侨华人数量（万人）	年份	数据来源	占全球华侨华人的百分比(%)	居住地人口（万人）	占居住地人口的百分比（%）
非洲	毛里求斯（Mauritius）	4	2009	《华侨华人研究报告 2012》	0.08	128.43	3.11
	纳米比亚（Namibia）	0.12	2009	《华侨华人研究报告 2012》	0.00	210.87	0.06
	尼日利亚（Nigeria）	5	2009	《华侨华人研究报告 2012》	0.10	14922.91	0.03
	留尼汪（Reunion）	3	2011	台湾"侨务委员会"	0.06	70.95	4.23
	塞舌尔（Seychelles）	0.2	2009	《华侨华人研究报告 2012》	0.00	8.75	2.29
	南非（South Africa）	30	2010	《华侨华人研究报告 2012》	0.61	4905.25	0.61
	塞内加尔（Senegal）	0.2	2009	Radio Australia. 2009 - 02 - 26	0.00	1371.16	0.01
	坦桑尼亚（Tanzania）	3	2012	http://dailynews.co.tz/index.php/local - news/13620 - dar - beijing - for - improved - diplomatic - ties/	0.06	4104.85	0.07
	喀麦隆（Cameroon）	0.2	2009	《华侨华人研究报告 2012》	0.00	1887.93	0.01
	津巴布韦（Zimbabwe）	0.05	2009	《华侨华人研究报告 2012》	0.00	1139.26	0.00
	贝宁（Benin）	0.013	2009	《华侨华人研究报告 2012》	0.00	879.18	0.00
	佛得角（Cape Verde）	0.013	2009	《华侨华人研究报告 2012》	0.00	42.95	0.03
	刚果（金）（Congo, Dem. Rep.）	0.025	2009	《华侨华人研究报告 2012》	0.00	6869.25	0.00
	多哥（Togo）	0.013	2009	《华侨华人研究报告 2012》	0.00	601.99	0.00

续表

区域	国家/地区	华侨华人数量（万人）	年份	数据来源	占全球华侨华人的百分比(%)	居住地人口（万人）	占居住地人口的百分比（%）
非洲	黎巴嫩（Lebanon）	0.01	2009	《华侨华人研究报告2012》	0.00	401.71	0.00
全球	合计	4941.634			100.00	441974.6	1.12

注：

（1）本表数据由骆克任教授等统计汇总，由于各国统计口径的不同，表中数字仅供参考。

（2）数据来源中的《华侨华人研究报告 2011/2012》为社会科学文献出版社《华侨华人蓝皮书》的年度报告。

（3）按照南宁市调查的结果，该市上林镇 2013 年在加纳采金者曾有 6000 多人。

（4）表中很多国家的数字没有统计非正规移民。如果按照国际移民组织 2010 年的报告估计，当年 2.14 亿名国际移民人口中的 10% ~ 15% 是非正规移民，来自发展中国家的 1/3 的移民是非法的。这样的话，目前海外华侨华人总数要多于 5500 万人。

（5）表中百分比之和不等于 100%，是因为进行过舍入修约。

图书在版编目（CIP）数据

海外同胞安全研究：安全预警与风险应对／骆克任
等著. -- 北京：社会科学文献出版社，2018.11
ISBN 978 - 7 - 5201 - 3084 - 4

Ⅰ.①海⋯ Ⅱ.①骆⋯ Ⅲ.①华人 - 生存 - 安全措施
- 研究 - 世界 Ⅳ.①D634.3

中国版本图书馆 CIP 数据核字（2018）第 155029 号

海外同胞安全研究
——安全预警与风险应对

著　　者／骆克任 等

出 版 人／谢寿光
项目统筹／王　绯
责任编辑／黄金平

出　　版／社会科学文献出版社·社会政法分社（010）59367156
　　　　　地址：北京市北三环中路甲 29 号院华龙大厦　邮编：100029
　　　　　网址：www. ssap. com. cn
发　　行／市场营销中心（010）59367081　59367018
印　　装／三河市东方印刷有限公司

规　　格／开本：787mm × 1092mm　1/16
　　　　　印张：20.75　字数：339 千字
版　　次／2018 年 11 月第 1 版　2018 年 11 月第 1 次印刷
书　　号／ISBN 978 - 7 - 5201 - 3084 - 4
定　　价／98.00 元

本书如有印装质量问题，请与读者服务中心（010 - 59367028）联系